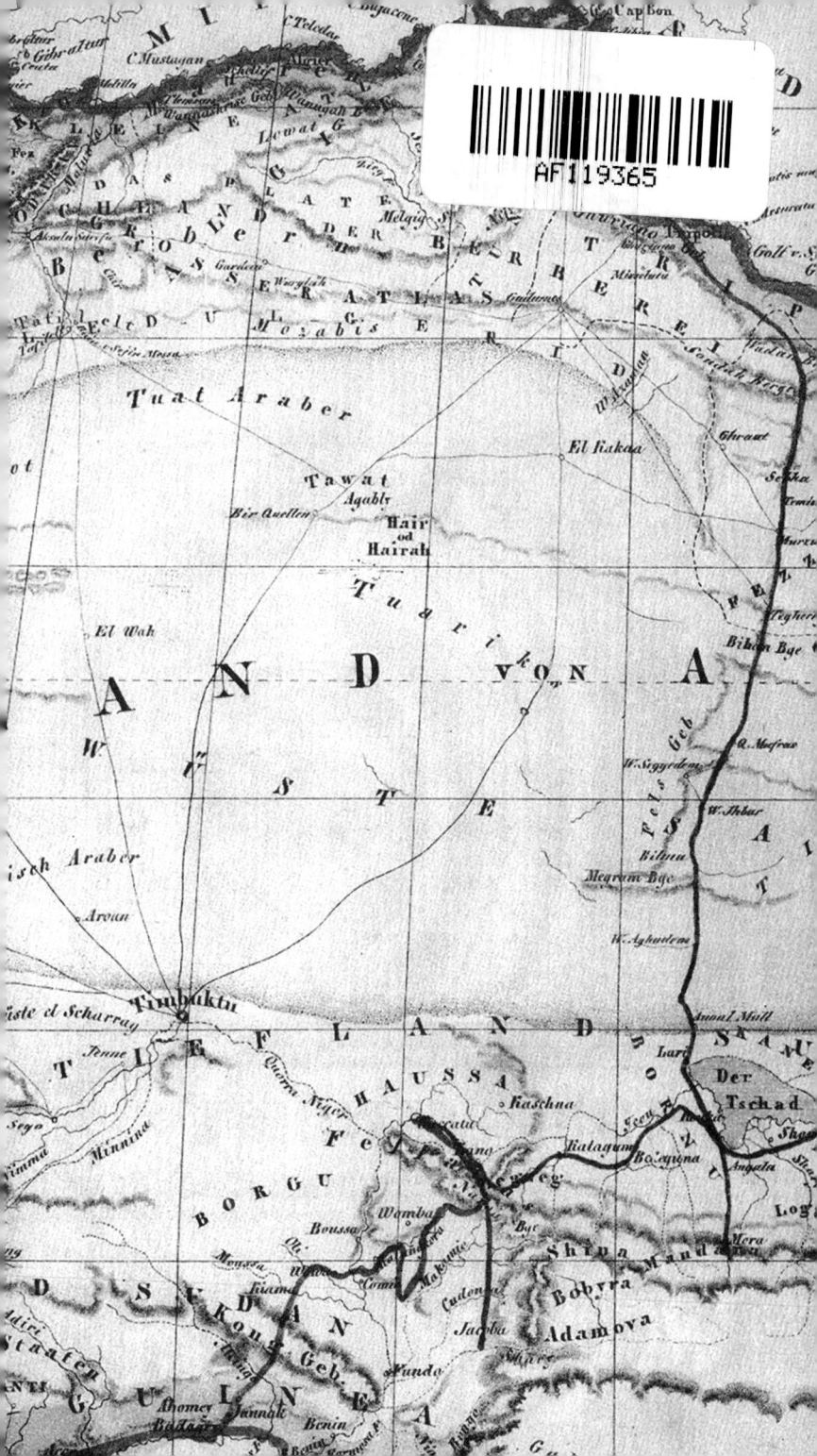

DIE 100 BEDEUTENDSTEN ENTDECKER

Abbildung 1: Heinrich Barth

Heinrich Barth

Reisen und Entdeckungen in Nord- und Zentralafrika

20.000 Kilometer durch Afrika

1849–1855

Herausgegeben von Heinrich Schiffers

Mit 54 Abbildungen

EDITION ERDMANN

INHALT

Einführung des Herausgebers

Man kann über einen Forscher wie Heinrich Barth in der traditionellen Art berichten, angefangen vom Lebenslauf über die Darstellung der Hauptreise bis zur Wertung der Ergebnisse. Dabei umhüllen die Persönlichkeit meist der Schleier und der Reiz ferner Vergangenheit. Leben und Taten werden zum Inhalt einer Geschichte, neben vielen anderen. Sie haben für solche Leser, die an Entdeckungen interessiert sind, oft den Reiz des Kuriosen.

Das betrifft die Person selbst, den »Helden«, aber auch die Umwelt und wie sie auf das Erscheinen des »Fremden« reagierte. In jedem Fall werden die Worte »Abenteuer« und »Unterhaltung« recht groß geschrieben.

Hier aber beginnt unsere Überlegung, ob so etwas heute noch genügt. Im 19. Jh. war der Erdteil Afrika für Europäer wie für Nordamerikaner, kurz für die »Weißen«, der »Dunkle Kontinent«. Es galt für die Forscher, sein »Herz«, die geheimnisvolle »Mitte« zu entdecken.

Dann wollte man den »armen Heidenkindern« den Segen des Christentums vermitteln und ebenso, wie schon zur Zeit der frühen Portugiesen des 16. Jahrhunderts, die allein gültige Lebensweise der »Weißen«. Man machte zugleich die Abschaffung des »abscheulichen Sklavenhandels« zum obersten humanitären Ziel. Für die »Schwarzen« wurde – aber keineswegs von allen »Weißen« – der Status des Unterentwickelten, des »Primitiven« vorausgesetzt.

Während Wissenschaftler die Erdteilerkenntnisse, die sie aus Abenteuer- und Forscher-Berichten und solchen der frommen Sendboten gewonnen hatten, in ihr System einpassten, wollte es das Schicksal, dass gleichzeitig der Imperialismus-Bazillus in den »herrenlosen Weiten« sich ungestüm ausbreitete. Er trübte alsbald das Bild harmlos-romantischen Fernwehs, missionarischen Sendungsbewusstseins und »wertfreien« Forscherbemühens.

Weit mehr als Amerika und Asien wurde im Europa des 19. Jahrhunderts gerade der »Dunkle Kontinent«, der Nachbarerdteil im Süden des »Landes der Weißen«, ein Interessen- und Sorge-Ziel.

Wenn heutzutage soviel von »Kolonialismus« und »Rassismus« gesprochen wird, bleibt meist unbeachtet, in welchem Ausmaß der

Begriff des »Mutter-Kontinents« (Europa) für Europäer eine Realität war, und es unterschwellig noch ist.

Nur, was heute manchem »Weißen« schwerfällt zu begreifen, dieser »Tochter-Kontinent«, ist inzwischen aus dem durch die Europäer mithilfe ihres kolonialpolitischen Zerstückelungswerkes herbeigeführten Zwangsschlaf erwacht. Er entsinnt sich der Identität, so wie es Heinrich Barth in der Mitte des 19. Jahrhunderts erlebte, und, was weitaus wichtiger ist, durch seine in seltener Vollständigkeit erhaltenen Berichte (Tagebücher, Korrespondenz, Hauptreisewerk) uns vermitteln konnte.

Das Glück wollte es, dass dieser Mann, den man ohne Übertreibung als einen der besten, wenn nicht als den größten Afrikawissenschaftler seiner Zeit bezeichnen darf, sowohl ein scharfer als auch unvoreingenommener Beobachter war.

Für ihn gab es zwar Räuber, die sein Leben bedrohten, aber keine »Wüstenräuber« im Sinne »primitiver Afrikaner«. Ja, man kann ihn, so man seine oft schwierig zu lesenden Ausführungen gründlich studiert, kurzweg als einen *modernen* Autor bezeichnen. Einen, der uns auffordert, die »weiße«, europazentrische, altmodische Erforschungsgeschichte zu revidieren, am besten ganz neu zu schreiben, ohne einen Stanley länger als »Helden« und ohne das oft auch heute noch reproduzierte Bild »Stanley trifft Livingstone« als Dokument *afrikanischer* Geschichte aufzubauen.

Das Merkwürdige dabei ist, dass dieser Heinrich Barth in seiner Heimat nie volkstümlich wurde, wie Gustav Nachtigal oder Gerhard Rohlfs. Sein Hauptwerk sei über die Maßen »trocken« und verliere sich in Einzelheiten, sagte man. Obendrein wurde er als »unwirscher, rechthaberischer Einzelgänger« bezeichnet und er stand infolgedessen nach der Großen Reise dem verdienten beruflichen Aufstieg selber im Wege.

Der frühe Tod mit 44 Jahren brachte rasches Vergessen, abgesehen bei Spezialisten, die aus seinen Werken schöpften.

Doch in den Ländern seiner Forschungen, von Tripolis bis zum Tschadsee und in den Nigerländern blieb er unter Afrikanern sagenhaft berühmt als Abd el Kerim (Diener des Allerhöchsten), der Islamkundige und Weitgewanderte. Die armen Leute stellten sich an den Weg, den er kam, und baten um Handauflegung und Segen. (Man vergleiche damit das Auftauchen heutiger Entwicklungsexperten ebendort!) Im Jahr 1965 noch wurde die Erinnerung an seinen 100. Todestag im Sahel-Sudan mit Gedenktafeln und Festakten begangen.

Das große Reisewerk Heinrich Barths ist in letzter Zeit häufiger zu recht hohen Preisen aus Antiquariaten und auch aus Archiven aufgetaucht, zurate gezogen von denen, die das »wahre Afrika« aus jener Zeit kennenlernen möchten, »als die Weißen kamen«. Es besteht aus fünf Bänden. Ihr nur auf Genauigkeit bedachter Gesamttitel mag in unserer Bestseller-Ära nicht gerade aufregend formuliert sein. Er lautet: »Reisen und Entdeckungen in Nord- und Central-Afrika in den Jahren 1849 bis 1855 von Dr. Heinrich Barth. Tagebuch seiner im Auftrag der Britischen Regierung unternommenen Reise«. Gotha, Justus Perthes 1857. Die Bände (genau 120 Jahre alt) umfassen insgesamt in der deutschen Ausgabe 3.564 Druckseiten. Barth schrieb zuerst, mit der Hand natürlich, den englischen Text, mit millimeterkleinen, aber gut leserlichen Buchstaben, und unmittelbar danach den deutschen. Das waren zusammen über 7.000 Manuskriptseiten. Er füllte sie, umgeben von seinen Tagebüchern, von denen 20 erhalten sind, geschrieben teils in Deutsch, in Englisch und in Arabisch.

Viele Hunderte von Personen seiner Gegenwart und aus den verschiedensten Jahrhunderten ziehen, sachlich vorgeführt, manchmal auch grimmig kommentiert, auf den über 3000 Seiten mit kalter Computer-Genauigkeit an uns vorüber.

Den Spuren all dieser Kameltreiber, Fürsten, Ackerbauern und stillen Gelehrten in der Großen Wüste und im Sudan nachzufahren, fällt dem Landrover-Touristen von heute, dank der Barth'schen Tableau-Präzision, nicht schwer. Neben der Genauigkeit des Berichteten, für die Heinrich Barth besonders gerühmt wird, erfahren wir ebenso Szenen, die uns einen mitfühlenden Menschen zeigen, wie er zuvor daheim nicht zur Geltung kam. So ist die Präsentation von Geschichte, Grundriss und Sozialstruktur der Stadt Kano in Nordnigeria, als des »afrikanischen London«, eingehüllt in ergreifende, lebenswarme Alltagsszenen. Sie werden dadurch, im Gegensatz zu manchen modernen Strukturanalysen, auch für den »gemeinen Mann« annehmbar.

Während Barth dieses Standardwerk schuf, hauste er in einer bescheidenen Wohnklause zu London.

Im Nachfolgenden bringen wir Auszüge, die durch überleitende Worte des Herausgebers verbunden sind. Die Original-Texte sind so ausgewählt, dass sie das vorher prätendierte »Moderne« erweisen, eine Tiefe der Erkenntnis, eine Kraft der Darstellung und der Deutung, die über das Zeitgebundene hinausreichen in die Gegenwart.

Europäer *und* Afrikaner mögen daraus Einsichten gewinnen in das Wesen weiter Teile des Riesenkontinents, seiner Menschen und ihrer Verhältnisse.

Es entsteht vor uns unverfälscht die Zeit, als Afrika noch unabhängig war und afrikanische Entwicklungen ablaufen konnten. Störungen durch Einflüsse des »Mutterkontinents« zeichnen sich aber schon ab.

Das erneut unabhängige Afrika unserer Gegenwart steht, dank Heinrich Barth, wie vor einem klaren Spiegel seiner selbst. Dieser Spiegel wirft ein Bild jener Epoche zurück, als Afrika noch viele Jahre jünger war.

Zur näheren Betrachtung sind einige Überlegungen nützlich.

Mit den Augen der Afrikaner von damals gesehen, waren Europäer die bei ihnen auftauchten, seltsame Leute. Am meisten wunderte Oasenbewohner und Nomaden, dass die Fremden unentwegt nach allem fragten, Berge anzustaunen schienen und sich über Wasserlöcher beugten. »Seid ihr so arm, dass ihr in eurem kalten und dunklen Norden keine Berge wie die unsrigen habt?«, hieß es. Einige der Besucher schleppten Unmengen von Kisten mit. Die aus Metall dienten dem Wassertransport. Aber die Wüstenleute waren fest davon überzeugt, dass es sich um Gold handelte. Sie weckten naturgemäß »Erwerbsfreude«. Der reichen Holländerin Alexandrine Tinne brachten sie im Fessan (Südlibyen) den Tod (1869).

Außerdem waren die Fremden keine Moslems. Der Islam hüllte jede Regung und Bewegung und die gesamte Lebensweise ein. Allüberall im Raume der 12 Millionen Quadratkilometer des nördlichen Afrika sahen die »Nasrani«, die Christen, an jeder Wasserstelle, in jeder Stadt, in einsamen Gebirgstälern, die Männer den Tagesablauf zum Gebet unterbrechen. Die Nasrani standen dabei oder hielten sich in der Ferne und mussten empfinden, welche Mauer sie auch von den wohlwollendsten Reisebegleitern trennte.

Einige der europäischen Besucher tarnten sich als Moslems und sprachen sogar arabisch, was aber von den gewieften alten und weit herumgekommenen Händlern rasch erkannt wurde.

Von ihnen ging daher zuerst der Verdacht aus, es handele sich ganz einfach um Spione, zumal sie, wie es manchen der Einheimischen schien, in geradezu krankhafter Weise nach den Fragen immerzu schrieben. Wenn Kamele und Menschen draußen auf der mondüberglänzten Sandtenne schliefen, konnten misstrauische Karawanenleute

Abbildung 2.
James Richardson, der erste
Leiter der African Mission.
Geboren am 3. November
1809 in Schottland,
gestorben am 4. März
1851 im Sudan.

Abbildung 3 (links unten).
Dr. Adolf Overweg.
Geboren am 24. Juli 1822
in Hamburg, gestorben
am 27. September
1852 am Tschadsee.

Abbildung 4 (rechts unten).
Dr. Eduard Vogel. Geboren
am 7. März 1829 in
Krefeld, erschlagen
1856 in Wadai.

die Fremden hinter Felsvorsprüngen versteckt und mit merklicher
Hast Zauberinstrumente (den Kompass) und Schreibstifte hervor-
holen sehen. Ohne Zweifel wollten sie alles ausspähen.

Zu Barths Zeit musste das für die Franzosen geschehen, die schon
seit 1830 in Algier saßen, und auch am Senegal. Das erschien den
allein Rechtgläubigen wie eine Zange. Den Nordafrikanern drohten
fremde Herrschaft und Ende der gewohnten Lebensweise, was sich
in der Störung des uralt eingewurzelten Karawanenhandels bereits
bemerkbar machte. Auch an der Institution des Sklavenhandels
wollten diese »Christenhunde« rütteln. Einige waren so tollkühn,
es offen zu sagen. Heinrich Barth, der Mann, der sich kleidete und
sprach wie sie, tat sogar Sklavenarbeit, als er selber während des
Marsches sich bückte, eine lange Kette legte, sie aufhob, wiederum
legte und das stundenlang. Die Sklaven der Karawane staunten
ebenso darüber wie ihre Herren. Es war die Messkette, die der un-
erschrockene Mann zur Kontrolle von Wegdistanzen benutzte.

Glaubte er obendrein den Angaben des Kabir, des Karawanenfüh-
rers, nicht, wenn dieser sagte: »Den Berg, den du da siehst, werden
wir erst in zwei Tagen erreichen«? Und er hatte recht damit bei der
unwahrscheinlichen Transparenz saharischer Luft.

Es gab demnach, außer Sonnenglut und Sandsturm, manche
Barriere, die die »novarum rerum cupidi«, die neugierigen Abend-
länder, zu überwinden hatten.

Andere Schwierigkeiten lagen für die Fremden in ihrer Isolierung, der seelischen, die auch erhalten blieb, wenn es durch dicht
besiedelte Sudanzonen ging. Doch hatte es der Reisende, ob in der
Wüste, ob in der Residenz eines Sultans, meist mit Einzelnen zu tun,
mit den Karawanenchefs oder Ortsgewaltigen. Sie entschieden über
eine Lagererlaubnis, ob der Fremde Nahrung erhielt und ebenso oft
über dessen Leben.

Psychologisches Einfühlungsvermögen, Einstellung auf die je-
weilige Mentalität, war absolut erforderlich. Die Reisenden mussten
die gewünschten Reaktionen bei einem Stammesführer hervorrufen,
damit er sie, vielleicht nach zermürbendem, wochenlangem Warten
endlich ziehen ließ. Dazu gab es Bedingungen, diese oder jene Stadt
zu meiden, die womöglich gerade als wichtiger Punkt auf dem Reiseplan des Europäers stand.

Nerven kosteten – auch und gerade bei einer Reise im amtlichen
Auftrag, wie die von Heinrich Barth, der für das Foreign Office um
Anknüpfung von Handelsmöglichkeiten mit London besorgt sein

sollte – die Briefkontakte mit der Heimat. Antworten und Geld-
sendungen gelangten mitunter erst nach einem Jahr und mehr, und
meist nur durch puren Zufall, in seine Hände.

Dazwischen galt es, Gewaltritte oder -märsche, meist nachts,
von zwanzig und mehr Stunden hinter sich zu bringen, um Zonen
von regional-kriegerischem Hin und Her mit heiler Haut zu überwinden. In solchem Gebiet fand sich nur der zurecht, der die dort
gesprochene Sprache beherrschte, vor allem, wenn es sich um noch
nie von Europäern besuchtes Gebiet handelte.

Häufig mussten die Reisetiere gewechselt werden (Pferde, Kamele, Esel, Ochsen). Gleiches galt für Reisediener und Dolmetscher.
Man hatte sich auf immer andere Ernährungsweisen umzustellen,
auf andere Kleidung; und ständig waren neue Reiserichtungen zu
projektieren, und zwar während der 2.100 Tage, die Barth in der
Sahara und im Sudan[1] reiste. Nachschub oder Ersatz von »daheim«
gab es während dieser 70 Monate nur 8- bis 10-mal, wenn Kisten
oder Packen mit Geld, Briefen, Schreibpapier und Büchern anlangten. Ersatz für zerbrochene Messgeräte kam nie an.

In Europa wurden während der fünf Jahre die behördliche Aufmerksamkeit und das allgemeine Interesse von zahlreichen anderen
Unternehmen in Anspruch genommen. Überdies galt Barth monatelang als verschollen. Es erschienen Todesanzeigen und Nach-
rufe. Der Forscher erfuhr davon durch Andeutungen in Briefen.
Er notierte jedoch: »Das muss ein gewaltiger Tod sein, der mich zu
Boden zwingt.« Sein Selbstbehauptungswille blieb ungebrochen.
Der »Ferne Westen«, das Land am Niger, mit der in Europa von
einer Gloriole des Märchenhaften, aber auch dem Hauch des Gefährlichen umgebenen Stadt Timbuktu, sein Ziel nach Erreichung
des Tschadsees, erforderte erhöhte Vorsicht.

Das macht es verständlich, warum Barth in seinem Werk seiten-
lang anführt, wie er sich über Tage hinweg auf das Gespräch mit
einem Fulbe-Chef vorbereitete. Sachkundig musterte er, und ver-
warf auch, kostbare Kleidungsstücke (Toben) vom Markt, die als
Geschenk dienen sollten.

Das Geld dazu musste er sich häufig von sudanesischen Händlern ausleihen. Diese standen in engem »Überweisungs«-Austausch
über die ganze Sahara hinweg mit ihren Kollegen im fernen Norden

---

1   Damals umgriff der »Sudan« für Araber wie Europäer alles Land südlich der
     Sahara (etwa bis zur Regenwaldzone – summarisch: Guinea-Länder). Heute
     reserviert die Republik Sudan diesen Namen für sich allein.

Abbildung 5. Das Bilad es Sudan, »Land der Schwarzen«, am Südrand der Sahara. Von diesem Raum mit seinen Ländern, Städten und vor allem den Abgrenzungen existierten vor 1850, d.h. vor den Reiseerkundungen und schriftlichen Darstellungen des Dr. H. Barth, keinerlei Kartenbilder, die einen brauchbaren Überblick geboten hätten. Nach seinen Vorlagen wurde diese Karte von H. Schiffers gezeichnet. Sie findet sich interpretiert in »Heinrich Barth, ein Forscher in Afrika«, Wiesbaden, 1967.

(Marokko, Tuat, Ghadames). Man wusste, dass Englands politische Agenten bereits in Mursuk, in Südlibyen, saßen. Vom »Inglesi«, wie Barth als Emissär Londons auch genannt wurde, war zu erfahren, dass er wochenlange Umwege nicht scheute, um einen seiner Kre-

Libyen und West- und Mittel-Sudan (= „Central-Afrika") bereist, bzw. erkundet und dargestellt von H. Barth. Nach Entwurf und Zeichnung von A. Petermann, Gotha 1858, Bl. 15 und 16 in Band V des HRW.

Bemerkung Petermanns: „Alle Eintragungen, auch Wege, gehen ausschließlich auf H. Barths Arbeiten während der Unternehmung von 1850—55 zurück. Ausnahme: Lage von Tauat nach Laing. — Breite von Sokoto nach Clapperton."

Auf *vorliegender* Karte wurden die Angaben dem *neuzeitlichen* Kartenbild angepaßt. — Eingefügt sind Pfeile für vordringende Nicht-Afrikaner

Nr.	Reich, Land	Teillandschaft	Orte
1	Bambara[1]		
1a	Asserwaninki[2]		Walata (W) od. Birni früher Ghanata
1b	Asauad		El Hille, Arauan
1c	Aderer[2]		Wadan (W), Atar (A) Schinghit (Ch = Chinguetti)
1d	Tauat (heute Tuat)		Aulef (A), IS (Inssala)
2	Massina[4]		Hamd-Allahi, Timbuktu, Mobtu (Mopti)
2a		Hombori Gebirge	
3	Gilgodji		
4	Mossi[1]		Woghodogho (heute Wagadugu)
4a	Tombo[1]		
5	Ssonrhay (Sonrai, Songhoi)		Gao (Gogo, G), Tossaye, Burrum (Burrem)
6		Libtako (Liptako)	Dore
7	Gurma		
8	Wangara		
9	Burgu		
10	Joruba		
11	Dagomba		
12		Saberma	Ssay (Sai)
13		Kebbi	Gando Birni-n-Kebbi
14		Nupe (Nyffi)	
6, 12, 13, 14 zusammen = *Reich* Gando (G = *Ort* Gando)[4]			
15	Sokoto[4]	a Sanfara	
		b Katsena	
		c Kano	
		d Bautschi	Jakoba
		e Segseg	
		f Hamarrua	
		g Fumbina od. Adamaua	
		m Mendif, Gebirge	
16	Gober[1]		Maradi
17	Tassaua		Tassaua (Tessaua)
18	Bornu		Kukaua (K), Birni, Surrikolo, Jo, Maiduguri (M), Wasa, Logone, N'gigmi
		a Sinder	Sinder
		b Munio	
		c Manga	
		d Logon	Logone, Kussuri
19	Marghi[1]		Issge
20	Wandala[1]	od. Mandara (Bergl.)	Mora
21	Bagirmi[2]		Massenja
22	Wadai[2]		Wara (W), Mao (M)
22a	Kanem (umstritten zw. Wadai u. Bornu)	mit Landschaft Schitati	
23	Darfur[2]		
24	Air oder Asben[2]		Agades (A) Taghelel (T)
25	Baschalik (Bezirk) Fesan	türkisch	Mursuk (M), Sokna
26	Regentschaft Tripoli	türkisch	Tripolis Misda

Zeichen und Abkürzungen:

A = Aulef, au = Aulimmiden (Tuareg), Ch = Chinguetti, F = Fulbe, G = Gando, Gh = Ghadames, IS = In Salah, Kt = Katsena, m = Mendif (Berg), Ma = Maradi, N = N'gigmi, Rt = Rhat (Ghat, Gat), Si = Sinder, So = Sokoto, T = Tessaua, t = Tademekket (Tuareg), W = Wadan, Wg = Wagadugu, Wu = Wurno, B = Britische Vertreter (Konsuln, Handelsagenten)

[1] unabhängige Heidenstaaten
[2] maurische Stämme (Moslems)
[3] unabhängig, vorwiegend Moslems
[4] von den Fulbe beherrscht
12, 13, 15a, 15b, 15c = Haussa-Staaten

ditgeber wegen Rückzahlung irgendwo aufzustöbern, sobald eine Kiste mit Talern aus London Barth selber erreicht hatte. Der Sudan-»Telegraph« war es, der über weite Distanzen Meldungen zur Kreditwürdigkeit besorgte. Er bestand aus dem ständigen, auch zu Kriegszeiten kaum unterbrochenem Strom der Ost-West- und West-Ost-Wanderer im Sudan. Durch ihn erfuhr man in Timbuktu 1852 »alles über« Abd el Kerim am Tschad, seit 1851 Gast des Sultans Omar, bevor der nicht mehr so ganz Fremde, nach 2.610 Wege-Kilometern, 1853 ebendort anlangte.

Ein weiterer Beweis der geradezu stupenden Sorgfalt für sein Fortkommen und auch für die Bewahrung des Gesehenen und Erlebten ist der Raum, den in seinem Reisewerk jene Ausführungen einnehmen, die uns Tag für Tag mitteilen, wie er sich fühlte, und wovon er sich ernährte. H. Weinand, Düsseldorf, hat viele Monate damit verbracht, die einschlägigen Einzelheiten aus den über 3.000

Druckseiten zu exzerpieren, und es ist daraus ein wichtiges wissenschaftliches Arbeitsmittel für historische Medizin und Geschichte der Ernährung geworden.

Gleiches gilt für die Durchforstung der Barth'schen Textmassen durch Eberhard Jany, Sulzbach, der über die tausend von Heinrich Barth erwähnten Tiere und Pflanzen(-Namen) berichtet. (Beiträge in »Heinrich Barth, ein Forscher in Afrika«, Wiesbaden 1967, 564 S.)

Erst wenn wir uns dies alles klar vor Augen halten, bekommt das nachfolgende Biographische die rechte Dimension, und die erbrachte Reiseleistung erhält, zumal im Vergleich mit der Art, wie man heute reist, das gebührende Gewicht.

Noch ist darauf hinzuweisen, dass die Unternehmung, die für uns eng mit dem Namen Heinrich Barth verknüpft ist, ein Gruppenwerk bildete, eine offizielle »African Mission« der englischen Regierung, die auch nicht-englische Teilnehmer aussandte. Sie bestand, abgesehen von wenig hervorgetretenen englischen Helfern (Soldaten) aus vier Mitgliedern.

Es waren Männer verschiedenen Alters, verschiedener Allgemeininteressen, unterschiedlicher wissenschaftlicher Vorbildung und differierender Temperamente.

Als Leiter bestimmte das Foreign Office einen Schotten, den ehemaligen Missionar James Richardson, beim Aufbruch 40 Jahre alt, dem vor allem die Abschaffung des Sklavenhandels am Herzen lag. Er hatte das Unternehmen angeregt, er besaß auch Landeserfahrung, da er vorher bereits mehrere Monate im westlibyschen Raum (Ghadames–Ghat) zubrachte.

Heinrich Barth, der 28-jährige Wissenschaftler, wurde zu dem Zweck der Unternehmung beigegeben, um die Raum- und Wirtschaftserkundung zu pflegen, auch die Sprachen zu studieren.

Dazu kam Adolf Overweg, 22 Jahre alt und Hamburger wie Barth, ein Naturwissenschaftler, der die geologischen Kenntnisse seines Landsmannes erweitern half.

Richardsons Gesundheit war nicht die beste. Überdies vertrugen sich die drei nicht immer so recht, und, im Sahel angelangt, trennte man sich. Am Tschad wollten sie sich vereinigen. Aber nahe diesem See erlag der Expeditionsleiter den Strapazen (1851). Wenn er auch nicht die umfassende wissenschaftliche Vorbildung der »preussischen Herren« besaß (so wurden Barth und Overweg in einem FO-Dokument genannt), wenn manche Richardson als bigott bezeichnet haben, überzeugt uns doch ein Blick in sein »Narrative of a Mission to Central-Africa« (1853, 2 Bde.), dass er, im Schatten Barths, bisher nicht die genügende Würdigung gefunden hat.

Mit Overweg verband Barth im Laufe der Reise eine Art väterliche Zuneigung. Der durch eigenen Leichtsinn hervorgerufene Tod des Jüngeren am Tschadsee (1852) erschütterte ihn zutiefst. Auch bedauerte er, dass Overweg seine Notizen unregelmäßig und fast nur auf ungeordneten Zetteln machte. Während Barth mit eisern durchgeführter Regelmäßigkeit umfangreiche Ausführungen Tag um Tag niederschrieb, sie sogar vor Absendung nach Europa (mit einer Handelskarawane) kopierte und sie auch nicht unterbrach, als er einmal in Bagirmi, einer Landschaft südlich des Tschad, in Ketten gelegt wurde.

Wie die Ernennung Barths zum Nachfolger Richardsons in der Expeditionsleitung durch das FO über Wüsten und Savannen hinweg erfolgte, wird noch zu schildern sein.

Ein weiterer Teilnehmer, den man von London aus 1853 nachsandte, als die Trauerbotschaft vom Tod Richardsons und Overwegs bis dorthin gelangte, war Eduard Vogel aus Krefeld (24 Jahre alt), ein hoch befähigter Naturwissenschaftler, aber ebenfalls ein Opfer seiner eigenen Unvorsichtigkeit. (Er wurde erschlagen im damals fremdenfeindlichen Wadai, weil er sich zu wenig um die Mentalität der Bewohner und Vorgänge am »Hofe« kümmerte.) Leider haben wir von ihm gleichfalls nur Berichts-Bruchstücke, vor allem von der Reise bis weit nach Nigeria hinein.

Einiges lässt sich glücklicherweise bei Overweg wie bei Vogel aus der erhaltenen Korrespondenz ergänzen.

Man muss daher als Bedeutsamsten der »African Mission« Heinrich Barth bezeichnen. Die Kunst des Überlebens hat er, trotz harter Prüfungen, am vollkommensten entwickelt. Sein wissenschaftliches Werk umfasst mehrere Disziplinen, in jeder mit überragenden Leistungen. Um dies zu erweisen, schließen wir in unsere Betrachtung auch das die Mittelmeerländer betreffende Reisewerk (1849) mit ein, ebenso das umfangreiche Sprachenwerk von 1862.

Dank der weitgehenden Erhaltung seiner Niederschriften vermögen wir das vielschichtige Gesamtwerk gut zu analysieren und es im Rahmen des damaligen allgemeinen Wissensstandes zu beurteilen.

Im »Économiste français« vom 25.1.1866 bemerkt Dr. A. Warnier aus Algier: »In Timbuktu schrieb er (H. Barth) arabisch an den Scheich El Bakay, englisch an Lord Palmerston (London), deutsch

an Dr. Petermann (Gotha) und sprach mit den Barbaren (hier: Ein-
heimischen), unter welchen er in Afrika lebte, in zehn verschiedenen
Sprachen.« Heinrich Barth bewegte sich als wandernde »Ein-Mann-
Universität« durch die Räume von elf der heutigen selbstständigen
Staaten: Marokko, Algerien, Tunesien, Libyen, Tschad, Kamerun,
Niger, Nigeria, Obervolta und Mali.

Er schuf von diesen Räumen eine *Gesamtkarte*, die die Teilge-
biete abgrenzte und die wichtige Orte und die Verbreitung von
Völkerschaften zeigte: ein zuverlässigeres und weitaus besser gefülltes
Kartenwerk als alles, was vorher existierte. Es ist ein bislang kaum
beachtetes Lehrstück und Anlass zum Nachdenken beim Vergleich
mit den Karten gegenwärtiger Verhältnisse.

Es sei hier auch auf einen *Staatsvertrag* hingewiesen, seit seiner
Unterzeichnung bis zum Jahr 1965 nirgendwo in den Quellen seiner
Bedeutung entsprechend (außer von Albert Adu Boahen) gewür-
digt. Im letztgenannten Jahr zogen wir ihn aus dem Nachlass im
Hamburger Staatsarchiv in einer Originalkopie von damals hervor.
Er behandelt »Entwicklungshilfe«, die von zwei Staatsoberhäuptern
abgehandelt wurde, einem europäischen und einem afrikanischen,
nämlich der Königin von England und dem Bornu-Souverän Omar
in der Residenz Kuka. Heinrich Barths Hand schrieb den englischen
Part, und seine Hartnäckigkeit bewirkte es, nach vielen Mühen, dass
er ratifiziert wurde (3.9.1852).

Auf den folgenden Seiten:
Abbildung 6: Staatsvertrag, den H. Barth im Auftrag Englands mit dem
Herrscher von Bornu in dessen Residenz, Kukaua, nahe dem Tschadsee, am
3.9.1852, schloss. Der englische Text ist von Barths Hand, der arabische
wahrscheinlich im britischen Konsulat zu Tripolis geschrieben. – Ein Konsulat
wurde in Kukaua nicht eingerichtet. (Nachlass H. Barth im Staatsarchiv
Hamburg)

Treaty between Her Majesty, The Queen of England, and the Sovereign of the Kingdom of Bornou and its Dependencies.

The Queen of the United Kingdom of Great Britain and Ireland being desirous of forming amicable re- lations with the Chiefs of the Interior of Africa, for the purpose of inter- changing reciprocally the merchandize of Africa with that of Europe, has empowered Doctor Henry Barth to make Trea- ties in Her Name and on Her behalf, for the purpose stated expressly, and the Sovereign of the Kingdom of Bornou being also desirous of coopera- ting.

ting with Her Majesty The Queen of England, with the view of establishing and effecting what is pro- per, Her Majesty has therefore named the said Doctor Henry Barth as Her Agent to conclude the following Treaty, on behalf of Her Majesty, Her Name and Sovereigns:

Article 1st

English Subjects are permitted to enter the Capital of Bornou and any part of the King- dom, to travel or esta- blish themselves therein; and English residents shall be treated by the Inhabitants of the Country as Friends, their persons and proper- ties

Article 3rd

The Communication between the country of Borneo and other places shall be safe; that English Merchants may, without obstacle, import their Merchandize of lawful commerce, of whatever kind; and bring them for sale in Borneo or elsewhere; and it shall be equally free for them to export from Borneo such Merchandize of lawful commerce as they wish to sell in other places.— Merchants of other countries shall not be prevented from bringing their Merchandize of lawful commerce into Borneo and its Dependencies, or from passing through its Jurisdiction or elsewhere, when their ...

الفصل الثالث

Article 2nd

British Subjects may always trade freely, without hindrance by the people of Borneo, in all kinds of Merchandize of lawful commerce, which they may desire to sell or buy, in every part of the country.— The Sovereign of Borneo binds himself to grant to English Subjects all the commercial privileges, which may to enjoyed by the Subjects of any other Christian Nation.—

الفصل الثاني

shall be respected; and in case they wish to depart, no impediment shall be offered, either as regards their persons or their property.

Article 5th.

The Sovereign of Borneo, El Emir Umar the son of Mohammed el Jainimy, promises to do all he can to facilitate the passage of Couriers carrying despatches to or from the English Nation within his Territories and to provide for their security.

الشرط السادس

Article 6th.

The Sovereign of the Kingdom of Borneo will put in execution the present Treaty, will make it public, and cause it to be observed, and it shall not be violated, from this day forward for ever.

Written and Signed on the 3rd day of September 1852, corresponding with the 17th of Dhu el Kaab 1268.

Dr. Barth

---

purpose is to trade with English Subjects.

الشرط الرابع

Article 7th.

The Queen of England may appoint an Agent to reside in the Capital of Borneo and its Dependencies, to protect the interests of British Subjects, and to see that the present Treaty is fulfilled. The said Agent shall be respected and protected throughout Borneo and its Dependencies. The Sovereign will attend to his representations, will treat him with respect, and guarantee his person and goods.

KAPITEL 1

HEINRICH BARTHS LEBENSWEG
BIS ZUR GROSSEN REISE

Der jahrelange Weggenosse von Moslems, der mit Fürsten wie ein moderner Botschafter verhandelte, wuchs unter dem an Wolken und Nebel reichen Himmel der alten Hafenstadt Hamburg auf. Giebelhäuser der Seehandelsleute säumten die Straßen. Fischhändler, Schiffsbauer und Stellmacher waren die Nachbarn. Tiefe protestantische Gottesfurcht und strenge Pflichterfüllung in geregeltem Lernablauf für die Jüngeren erfüllten die geistige Welt in dem sich industrialisierenden Abendland. Die ersten Photographier-Ungetüme kamen auf den Markt. Vater Barth gab das Geld, damit der Sohn Heinrich auf einer Bildungsreise ums Mittelmeer diese letzte Neuigkeit zur Verfügung hatte.

Heinrichs Geburtsjahr war das Todesjahr Napoleons. Goethe war damals schon 72 Jahre alt, Alexander von Humboldt 52, Caspar David Friedrich 47. David Livingstone war ein Junge von 8 Jahren, der, wie viele seines Alters damals, in einer englischen Baumwollspinnerei Geld verdienen musste. Kurz bevor Heinrich Barth nach Tripolis kam, um zu seiner großen Reise aufzubrechen, erschien das Kommunistische Manifest von Friedrich Engels und Karl Marx. Revolutionen erschütterten Europa, und während der Krimkrieg tobte, hatte Heinrich Barth Mühe, sich in Timbuktu zu behaupten.

Trotz der spärlichen Kontakte mit Europa ist es interessant, in den Briefen zu verfolgen, was sich von den so fernen Ereignissen dennoch darin spiegelt.

Das meiste, was wir von Heinrich Barths Lebensweg wissen, überlieferte sein Schwager Gustav von Schubert (Kgl. Sächs. General-Lieutenant z. D.) in »Heinrich Barth, der Bahnbrecher der deutschen Afrikaforschung. Ein Lebens- und Charakterbild, auf Grund von ungedruckten Quellen entworfen«, Berlin 1897.

Die Eltern entstammten beide dem Handwerker-Milieu. Der Vater, im Thüringer Wald zu Hause, wurde, früh verwaist, von einem in Hamburg ansässigen Onkel mit 14 Jahren aufgenommen. Seit 1801 wohnte er am Hopfenmarkt. Er war als Knochenhauer (Schlachtermeister) tätig, danach Kaufmann in überseeischen Geschäften. Er galt als »streng solider, sparsamer, rechtschaffener, dabei wagemutiger und tätiger Mann.« Die Mutter war eine Schuhmacherstochter aus Hannover, »eine schlichte und häusliche Frau«. Sie überlebte ihren Mann um sechs Jahre.

Von vier Kindern der Familie war Heinrich, am 16.9.1821 geboren, das dritte. Eine der beiden Töchter heiratete Gustav von Schubert, des späteren Forschers ersten Biographen und Erben von dessen Nachlass.

Als Heinrich Barth ihn kennenlernte, meinte er in seiner impulsiven Art: »Wenn Sie meine Schwester nicht glücklich machen, schieße ich Sie tot!«

Der Vater wünschte im Sohn »strenge Moralität, Gewissenhaftigkeit, peinliche Ordnungsliebe, Sinn für Häuslichkeit und Familienleben zu wecken.« Da er zu Wohlstand gelangte, konnte er Heinrich eine gute Erziehung angedeihen lassen, seine ersten Bildungsreisen finanzieren und auch zu den Kosten der Hauptexpedition beitragen.

Mit elf Jahren kam Heinrich 1832 auf die angesehene Hamburger Gelehrtenschule des Johanneums. Mit den Klassenkameraden hatte er kaum Kontakt. Seine Liebe galt einer eigenen Bücherei. Er arbeitete die wichtigsten Schriftsteller des griechischen und römischen Altertums durch, sprach mit 14 fließend englisch und begann danach mit dem Studium des Arabischen.

Der verschlossene junge Mann entwickelte früh ein ausgeprägtes Selbstgefühl. Es fehlte die »nach außen hin sichtbare Lebensfreude.« Nach Erlangung des Reifezeugnisses (1839) begann er im gleichen Jahr das Universitätsstudium zu Berlin (bis 1844). Er studierte Altertumswissenschaft, Germanistik, Jura, Handelsgeschichte und Geographie (bei Carl Ritter). Eine erste Reise (1840/1841) führte durch Italien und verstärkte seine Neigung zur Archäologie. »Es bildete sich in mir der Plan aus, dieses Bassin (das Mittelmeer) womöglich in seinem ganzen Umfang zu durchwandern und seine Gestade rund umher aus eigener Anschauung kennenzulernen«, schrieb er 1849. Als Student pflegte er wenig Kontakt mit den Kommilitonen. Er war kein »flotter Bursch« wie Gustav Nachtigal.

Ohne sich irgendwie ablenken zu lassen, arbeitete er auf das früh erkannte Lebensziel hin: »Zu sehen, wie man von Stunde zu Stunde … tiefer … in die Wissenschaft eindringt, … ist ein unendliches Vergnügen. Freilich kann es in … Egoismus … ausarten … Ich habe ein ungeheures Streben in mir …, den Menschen etwas zu nutzen, sie anzuregen …, das ist mein einziges Streben … In diesem

Bewusstsein sehe ich, ... dass mich die meisten verkennen, dass
mich andere schändlich verleumden ... Ich bin zu stolz, mich vor
anderen, vor oft erbärmlichen Menschen zu rechtfertigen ... Mir
kommt es allein ... auf meine innere Tüchtigkeit an, um so den
Menschen so viel wie möglich nützen zu können, wofür ich dann
freilich Anerkennung und womöglich etwas Ruhm ernten möchte.«

Noch zehn Jahre später musste sein Schwager, bei Heinrichs wenig erfolgreichem Bemühen um eine angemessene Lebensstellung,
seinem Tagebuch anvertrauen: »Er ist bei allem Gemüt zu schroff ...
und ohne Weltklugheit ..., ist ein kühner und ausdauernder, aber
kein gewandter Schwimmer auf dem Strome des Lebens.«

Seine Doktorarbeit mit dem Prädikat »Doctrina conspicua«
(durch Gelehrsamkeit ausgezeichnet) war den Handelsbeziehungen
des alten Korinth gewidmet (1844).

Danach folgte eine weitere Studienreise ums Mittelmeer (von
Spanien über Marokko, nach Ägypten und weiter nach Konstantinopel und Griechenland, wie damals allein üblich, vorwiegend
zu Pferd), aus der ein heute nur noch in wenigen Exemplaren er-
haltenes, aufschlussreiches Werk hervorging: »Wanderungen durch
die Küstenländer des Mittelmeeres, ausgeführt in den Jahren 1845,
1846 und 1847« (Berlin 1849, 556 S.). Er führte eine umfangreiche Reisebibliothek mit. Eine Ausgabe des Koran und des Herodot
waren seine »Baedeker« auf dieser und der Großen Reise.

Die Unternehmung verlief nicht ohne Zwischenfälle. Im Juni 1846
wurde er im unruhigen libysch-ägyptischen Grenzgebiet von beutelustigen Arabern überrumpelt. »Obgleich ich an Mut vielleicht nur
eine zu starke Portion besitze, fehlte mir doch die Erfahrung und
Übung, um mit Erfolg ... in solcher Einsamkeit auf die Dauer
meine Sache durchzuführen«, notierte er. Am 7. Juni wurde er an-
geschossen. Der kostbare Photoapparat samt Platten ging zu Bruch.
»Ich stürzte mich in wilder Verzweiflung mit meinem Säbel auf die
Angreifer ... Ich war entschlossen, bis zum letzten Augenblick mich
zu wehren und mich dann selbst zu töten.«

Halb verhungert, nach nächtlichen Gewaltritten und Verlust fast
aller seiner Aufzeichnungen, gelangte er am 17. Juni 1846 nach
Alexandria. Eine Kugel fand sich 1865, bei der Sektion des Verstorbenen, im linken Oberschenkel eingekapselt.

Vom Vater wieder mit Geld versehen, setzte Heinrich die Reise
fort. Im Dezember 1847 war er wieder daheim. 14.000 Taler wa-

ren verausgabt worden. Die Reise hatte seiner Persönlichkeit den »Stempel des Gebieterischen, Abgeschlossenen und Asketischen aufgedrückt.« (W. Koner).

Die Universität Berlin nahm 1848 den Bericht über diese erste große Reise zur Habilitation an. Da Heinrich Barth als Privatdozent 1849 mit Vorlesungen über die »Bodengestaltung Afrikas« wenig Erfolg hatte, auch sein Mittelmeerwerk in der aufgeregten Revolutionszeit schlechten Absatz fand, ergriff er impulsiv die unvermutet auftauchende Möglichkeit einer neuen und noch ausgedehnteren Reise.

James Richardson bedrückte der Mangel an wissenschaftlicher Durchbildung, als das Londoner Foreign Office ihn mit der Durchführung der Sahara-Sudan-Expedition beauftragte. Der vielseitig interessierte preußische Gesandte zu London, von Bunsen, stellte über die Berliner Universität (C. Ritter) die Verbindung mit dem Privatdozenten Heinrich Barth her, der sogleich am 5. Oktober 1849 zusagte. Aber der besorgte Vater weigerte sich, die von jedem Teilnehmer aufzubringenden 200 Pfund zur Bestreitung der Privatbedürfnisse zuzuschießen, »… wenn ihm nicht für die Zeit nach seiner Rückkehr eine Professur mit 800 preuß. Talern garantiert würde.« (Prothero, 1958).

Der gehorsame Sohn sagte ab. August Petermann, der Begründer der heute noch erscheinenden, weit bekannten »Petermanns Geographische Mitteilungen« zu Gotha, damals Astronom an der Londoner Sternwarte, vermittelte nun Adolf Overweg. Die englische Regierung verpflichtete ihn und auch Barth, dem es gelang, den Vater umzustimmen. Der preußische Kultusminister erteilte den erbetenen »wenigstens zweijährigen Urlaub.«

Der Expeditions-Vertrag wurde zu London am 30.11.1849 abgeschlossen. Die beiden Deutschen reisten aber nicht als Angestellte der britischen Regierung.

Das Foreign Office formulierte folgendes Programm:

1. Weg, Art der Reise und Zeit sollten vom Leiter bestimmt werden.
2. Richardson sollte vom Tschad nach England zurückkehren.
3. Den beiden Begleitern sollte es freistehen, ebenso zurückzukehren, oder den Nil, wenn möglich gar stattdessen Mombasa (die Ostküste), als Endziel ins Auge zu fassen.
4. Man sollte Art und Menge der Waren feststellen, die im Inneren Afrikas verlangt würden, und was man dafür erhalten könne.

5. Es sollten mit dem Sultan von Bornu und anderen Herrschern
   Handelsverträge abgeschlossen werden.

Richardson erhielt ein besonderes Schreiben von Lord Palmerston,
dem Leiter des englischen Außenamts, nach dem er nur in Übereinstimmung mit den übrigen Mitgliedern handeln sollte.

Die Admiralität stellte ein Boot aus Mahagoni bereit, das zerlegt
auf Kamelrücken glücklich den Tschadsee erreichte und Overweg
bei dessen Befahrung diente.

Im November 1849 reisten Barth und Overweg von London nach
Paris, um Instrumente anzukaufen. Von da ging es über Marseille,
Philippeville und Bône nach Tunis.

Die Neujahrsnacht auf den 1.1.1850 sah beide auf einem Eilritt
nach Tripolis, wo sie am 18.1. anlangten. Fast ein halbes Jahr seit
dem Aufbruch von London war verstrichen, als auch Richardson
eintraf und die Zentralafrika-Expedition zur südlibyschen Landschaft Fessan, und damit in das »Innere des Dunklen Kontinents«,
aufbrechen konnte. Es war der 25. März 1850.

KAPITEL 2

VORWORT IM REISEWERK DES
DR. HEINRICH BARTH

Es war am 5. Oktober 1849, als mein verehrter Lehrer und Freund, Herr Professor Carl Ritter, dem ich gerade einen Besuch machte, mir mitteilte, dass die englische Regierung im Begriff stehe, Herrn James Richardson auf eine Mission nach Zentralafrika zu schicken, und dass sie durch den preußischen Gesandten in London, Herrn Ritter Bunsen, das Anerbieten gestellt hätte, einem deutschen Reisenden erlauben zu wollen, sich dem Unternehmen anzuschließen, falls er zweihundert Pfund Sterling zur Bestreitung seiner persönlichen Reiseunkosten mitbringe.

Gerade in jenen Tagen hatte ich die Herausgabe der Beschreibung meiner Wanderungen in den Nordgestade-Ländern Afrikas abgeschlossen.

Auf dieser Wanderung hatte ich als ein einzelner Reisender fast meine ganze Zeit mit den Arabern zugebracht und mich vollständig eingebürgert in jenes Leben, wo das Kamel und die Dattelpalme die charakteristischen Züge bilden. Ich hatte lange Reisen durch wüste Landschaften gemacht, hatte den weiten Saum der großen Syrte umkreist und nach einer durch das kleine malerische Gebiet von Cyrenaika gebotenen erfreulichen Abwechselung die Libysche Wüste nach Ägypten zu durchzogen. Auch in Ägypten war ich in den Gebirgstälern zwischen Assuan, Berenike und Kosser mehr als einen Monat lang zu Kamel umhergereist und hatte später meine Reise ein Jahr lang durch Syrien und Kleinasien zu Lande fortgesetzt.

Ich hatte also einen hinreichenden Versuch der Annehmlichkeiten sowie der Unannehmlichkeiten einer solchen Wanderung gemacht, und diese Vorübung und Gewöhnung an Reisebeschwerden war unschätzbar. Während Gefahren und Entbehrungen in den wüsteren Grenzbezirken der von mir durchwanderten Länder keineswegs gering waren, boten doch die Nähe der Küste und der Schutz europäischer Mächte den Vorteil dar, etwa Eingebüßtes leicht ersetzen zu können.

Mein Hauptaugenmerk auf jener Reise war allerdings auf die Reste des Altertums und auf Völkerverhältnisse gerichtet, die noch

gegenwärtig die alten Zustände beleuchten; dennoch aber war mir
die lebendige Gegenwart keineswegs gleichgültig geblieben, und ich
hatte stets einen Seitenblick nach jenen halb oder ganz unbekannten
Landschaften im Inneren Afrikas geworfen, welche in fortwährender
Verbindung mit der Küste stehen. Allerdings wurde ich auch in jene
Gegenden mehr durch den im Dunkeln verborgenen Handel des
alten Karthago als an dem Faden neuerer Entdeckungen geleitet,
wenngleich in früher Jugend schon Mungo Parks und der Gebrüder
Lander Reise insbesondere meine geistige Teilnahme im höchsten
Grade auf sich gezogen hatten. Wie dem immer sein mag, das Ver-
langen, mehr von jenen Gegenden zu wissen, bewegte mich nicht
wenig. Die Worte eines Haussa-Sklaven in der tunesischen Stadt
Kef, mit dem ich in einer Unterhaltung über sein Heimatland geriet,
tönten fortwährend in meine Ohren, und wiewohl sie während der
Reise von den lebhaften Eindrücken anziehender und malerischer
Gegenden in den Hintergrund gedrängt wurden, fingen sie doch an,
mich dringlicher zu mahnen, sobald ich zur Ruhe des europäischen
Lebens zurückgekehrt war.

Ne einfacher, aber eindringlicher Weise sagte mir der Eingeborene
des Negerlandes, als er das Interesse gewahrte, das ich an seinem
Lande nahm: »So es Gott gefällt, sollst du noch dich aufmachen
und Kano besuchen.«

Auf meiner dreijährigen Reise in den Gestade-Ländern des
Mittelmeeres hatte ich hinreichend Gelegenheit gehabt, die Macht
englischen Schutzes zu prüfen. Ich hatte die Beweise freundlicher
Gesinnung aller englischen Konsuln von Tanger bis Brusa erfahren
und wiederholt ihre Gastfreundschaft genossen. Es war ihr Schutz,
der mir es möglich gemacht hatte, mit einem gewissen Grad von
Sicherheit jene wüsteren Gegenden zu durchziehen, durch welche
mich meine Wanderung geführt hatte.

Der alte biedere Colonel Warrington, englischer Generalkonsul in
Tripolis, der in mir einen Erforscher Inner-Afrikas geahnt zu haben
schien, hatte selbst versucht, mich von meiner beabsichtigten Bahn an
den Küstenländern abzuziehen, indem er mir seinen vollen Beistand
zusicherte, im Falle ich versuchen würde, ins Innere einzudringen.

Von allen Gesichtspunkten aus betrachtet, musste das Anerbieten
der englischen Regierung sich mir auf das Lebhafteste empfehlen,
und mit Begeisterung bot ich mich Herrn Richardson zum Begleiter an, unter der Bedingung, dass der Erforschung des Inneren

Reisen und Entdeckungen

in ·

NORD- UND CENTRAL-AFRIKA

in den Jahren 1849 bis 1855

von

Dr. Heinrich Barth.

Tagebuch

seiner im Auftrag der Brittischen Regierung unternommenen Reise.

Fünfter Band.

Mit Karten, Holzschnitten und Bildern.

Der Verfasser behält sich das Recht der Übersetzung vor.

Gotha: Justus Perthes. 1858.

Abbildung 7: Original-Titelseite des Reisewerks

eine größere Bedeutung und Ausdehnung gegeben würde, während ursprünglich die Abschließung von Handelsbündnissen mit den Häuptlingen der Wüsten den fast alleinigen Gesichtspunkt bildete.

Inzwischen, weil Briefe zwischen Berlin, London und Paris – Herr Richardson hielt sich nämlich zurzeit in Paris auf – in oft höchst störender Weise sich kreuzten, drang mein seliger Vater, den ich von meinem Vorhaben in Kenntnis gesetzt hatte, in einer Weise in mich, von meinem gefahrvollen Unternehmen abzustehen, der meine kindliche Ergebenheit mich Folge zu leisten hieß. Ich trat daher von meiner Verpflichtung zurück und machte Herrn Dr. Overweg Platz, der in jugendlicher Begeisterung sogleich hervortrat, um, von der Berliner Geographischen Gesellschaft unterstützt, die von Anfang bis zu Ende mit dem regsten und tatkräftigsten Interesse das Unternehmen verfolgt und gehegt hat, seine Dienste anzubieten. Aber es war zu spät; mein Anerbieten war von der englischen Regierung schon angenommen.

Ich überwand daher Familienrücksichten und schloss mich der Unternehmung an. Väterliche Besorgnis zu beseitigen wurde mir erleichtert durch das Versprechen des Preußischen Ministeriums, dass meine Abwesenheit von der Universität in so verdienstvollem Berufe meiner akademischen Laufbahn keinen Eintrag tun sollte. – Meinem geliebten Vater wurde das Glück zuteil, mich, mit Ruhm gekrönt, von meiner Reise heimkehren zu sehen, aber es sollte ihm nicht vergönnt sein, diesen Bericht meiner mühevollen Wanderungen noch vor sich zu sehen. Während das Buch durch die Presse ging, schied er dahin.

Es war eine sehr freisinnige Handlungsweise der englischen Regierung, zwei Mitgliedern einer fremden Nation, anstatt eines einzigen, wie es beabsichtigt war, zu gestatten, an einer solchen Expedition teilzunehmen, die zugleich spezielle britische Handelszwecke beabsichtigte. Da aber einmal der Unternehmung eine ausgedehntere Richtung gegeben wurde, wurde auch ein Seemann den Reisenden beigestellt; und indem man dem Zweck der Erforschung volle Bedeutung gab, wurde nicht allein Herrn Overweg und mir nach der Trennung von Herrn Richardson freigestellt, in der von uns als günstig erkannten Richtung weiter vorzudringen, sondern auch beschlossen, ein Boot auszusenden.

Die Wahl des Seemannes war nicht ganz glücklich, und Herr Richardson hielt es für besser, ihn von Mursuk aus zurückzusenden. Das Boot dagegen, das auf dem ungeheuer schwierigen Landwege über Mursuk, Ghat, Aïr und Sinder fortgeschafft wurde und die Verwunderung und das Staunen aller Stämme des Inneren erregte, kam endlich sicher am Orte seiner Bestimmung an, den der Leiter des Unternehmens selbst nicht so glücklich war zu erreichen.

Die Regierung tat noch mehr. Sie erlaubte uns, Waffen zu führen, während man ursprünglich gemeint hatte, die Expedition solle ohne

Waffen gehen, weil Herr Richardson seine erste Reise nach Ghat in solcher Weise gemacht hatte. Aber Herr Richardson war damals in äußerst dürftigem Aufzug aufgetreten, ohne Instrumente, ohne Geschenke, ohne irgendetwas, das die Habsucht der Eingeborenen hätte reizen können. Wir aber sollten jetzt den Charakter einer wissenschaftlichen Expedition mit dem einer Gesandtschaft vereinen und neben der Erforschung der unbekannten Gegenden uns auch bemühen, Freundschaft mit den Häuptlingen und Fürsten der verschiedenen Länder zu schließen.

Man kann überzeugt sein, dass wir nie auch nur die Grenze des Landes Aïr ohne Waffen überschritten haben würden, und wie hätte ich später imstande sein können, in anständigem Aufzug unbewaffnet Länder zu durchwandern, die in fortwährendem Kriegszustand sind, wo kein Fürst den Reisenden anders beschützen kann als mithilfe einer zahlreichen Eskorte, und wo eben diese bei der ersten wirklichen Gefahr sich gewiss aus dem Staube macht! Es mag möglich sein, und wie es scheint, ist die Möglichkeit bewiesen worden, in einigen Gegenden Südafrikas unbewaffnet zu reisen, aber da ist der große Unterschied, dass hier nur heidnische Stämme sind, während in den Gegenden, die ich durchzogen habe, Islam und Heidentum einander beständig in offenem oder heimlichem Kampf gegenüberstehen, ganz abgesehen von dem an sich so unsicheren Zustande der Straßen in großen Reichen, die aus ganz heterogenen, nur lose verbundenen Elementen bestehen.

Bewaffnet muss der Reisende in diesen Ländern sein, aber es muss ihm zur strengen Pflicht gemacht werden, die äußerste Vorsicht im Gebrauch der Waffen anzuwenden. Der Grund nun, der mich glücklich so viele Gefahren überwinden ließ, war, glaube ich, weil jedermann wusste, dass ich völlig bereit war, ihn zu empfangen, dass meine Waffen stets scharf geladen waren, und ich oft den Beweis lieferte, dass sie es waren, und weil ich besonders während der Nacht wohl auf meiner Hut und umsichtig war. Dies waren meine Mittel, Feinde abzuhalten, während mein eifriges Bemühen dahin ging, Männer, mit denen ich in friedlichem Verkehr stand, durch wirkliche Achtung und Freundschaft an mich anzuschließen. Ich bin niemals weiter vorgedrungen, ohne zu wissen, dass ich hinter mir einen aufrichtigen Freund ließ, und dass, wenn ich genötigt sein sollte, meine Schritte zurückzumessen, ich dies mit Sicherheit tun könnte.

Aber ich habe gewichtigeren Grund, das Verhalten der englischen Regierung zu loben. Denn als Herr Richardson im März 1851 den Mühseligkeiten der Reise unterlag, schenkte sie mir ihr volles Vertrauen. In einer Depesche, die mir in Masena, der Hauptstadt Bagirmis, zukam und die ich im dritten Teile mitgeteilt, übertrug Lord Palmerston mir die Leitung der Expedition und stellte hinreichende Mittel zu meiner Verfügung, die Zwecke derselben auszuführen.

Wenn ich fähig und glücklich genug gewesen bin, in geographischer Entdeckung etwas zu leisten, so ist schwer zu sagen, wie viel davon englischem, wie viel deutschem Einfluss zuzuschreiben ist. Denn die Wissenschaft ist aus dem Baumaterial aufgebaut, das alle Nationen der Erde gesammelt haben; und sicherlich, in geographischer Unternehmung ist keine Nation größer als die englische, und wenig ist in Zentralafrika von anderen Reisenden geschehen als von englischen. Aber so schimpflich es wäre, wenn nicht der nachfolgende Reisende die Leistungen des früheren in jeder Weise vervollständigte und ergänzte, so ungerecht würde es sein, über den umfassenderen Leistungen des späteren die kleineren seines Vorgängers zu vergessen. Es ist das große Verdienst vom Rear-Admiral Henry Smyth, damals Lieutenant, unterstützt vom englischen Generalkonsul in Tripolis, Herrn Colonel Warrington, die Aufmerksamkeit der englischen Regierung auf die so überaus günstige Natur der Lage von Tripolis gelenkt zu haben, um von hier aus Verkehr mit dem Inneren Afrikas zu eröffnen; und wenn gegenwärtig der Flussverkehr auf dem Benuë die Hoffnung eines leichteren Zutritts zu Inner-Afrika eröffnet, so darf man die Bedeutung von Tripolis deshalb nicht unterschätzen. Denn diese Stadt mag lange Zeit der nächste Platz bleiben, von dem aus man einen ununterbrochenen Verkehr mit Teilen dieses Erdteiles unterhalten kann.

Mag man es meinem guten Stern oder meiner Ausdauer zuschreiben, ich hoffe, dass niemand in Abrede stellen wird, dass ich die Kenntnis des Inneren Afrikas um ein Ansehnliches gefördert und weite Landstrecken, die vorher als nackte, leblose Wüsten in unserer Kenntnis dieses Erdteiles dalagen, mit lebendigen Zügen der mannigfaltigen Schöpfung belebt habe. Ich war so glücklich, große schiffbare Ströme und von der Natur reich ausgestattete Länder zu entdecken. Das wissenschaftliche sowie das allgemeine Publikum haben mir seine Anerkennung bei meiner Rückkehr auf das Unzweideutigste ausgesprochen, und selten ist wohl einem Reisenden so viel Ehre zuteilgeworden, wie mir. Die Pariser und Londoner

Geographische Gesellschaft beehrten mich zu gleicher Zeit mit der goldenen Medaille. Ich habe mich durch dieses Lob nicht einschläfern lassen, sondern ohne Zeitverlust mich niedergesetzt, um die Hauptergebnisse meiner bewegten Wanderung dem Publikum vorzulegen. Ich trug hierbei meiner geschwächten Gesundheit nur zu wenig Rechnung, und ich habe die Nachsicht des Lesers in Anspruch zu nehmen, wenn ich hinter der von mir selbst gestellten Erwartung der schnellen Veröffentlichung meines Reiseberichtes ein wenig zurückgeblieben bin. Möge man zugleich bedenken, dass meine geschwächten Kräfte einer lebensvollen, gleichmäßigen Ausführung nicht wenig Eintrag getan haben.

Anspruchslos lege ich meinen Bericht dem Publikum vor, mir selbst bewusst, wie weit er hinter dem hehren Vorbild zurückbleiben muss, welches der gegenwärtige Nestor der Wissenschaft, Herr Baron von Humboldt, jedem Reisenden vorgesteckt hat. Aber wo ist ein Zweiter, der alle jene Eigenschaften in sich vereinigte? Man darf jedoch nicht vergessen, dass dieser große Mann zuerst die einzelnen Ergebnisse und Erscheinungen seiner Reise bearbeitete und so erst im Verlauf vieler Jahre zu jenem kosmischen Bild sich erhob, in dem alle Naturerscheinungen sogleich in ihrem allgemeinen Band hervortreten.

Ich kann mich nicht einen Naturforscher nennen, und eine genaue Kunde des lebensvollen Reiches der Pflanzen, das selbst den weniger begünstigten Landschaften ihren eigentümlichen Lebenskreis zuweist, geht mir ab. Dennoch aber werden meine Angaben des auch auf diesem Feld Beobachteten hoffentlich nicht ohne ihren Wert sein und wenigstens eine Ahnung der Verbreitung des Pflanzenlebens in jenen Zonen eröffnen. Eine wissenschaftliche Expedition sollte, um etwas Umfassendes zu leisten, verschiedene Kräfte in sich vereinen, da die Erscheinungen zu vielseitig sind, um von dem Einzelnen umfasst zu werden. Eine solche wissenschaftliche Erschöpfung aber wurde von Beginn an durch unser Unternehmen nicht erzielt, konnte es auch wohl nicht bei der Natur der Gegenden, durch welche die Reise ging.

Der Leser wird, auch ohne dass ich es hier ausspreche, bald meine Art der Anschauung wahrnehmen. Es ist der historische Zusammenhang des Menschen mit der reichen Gliederung der Erdoberfläche.

Die Darstellung hat an Anschaulichkeit ungemein gewonnen durch die vortrefflichen Bilder, die der durch seine äthiopischen Landschaftsbilder so rühmlichst bekannte Künstler Bernatz nach

des Verfassers Skizzen und unter seiner Anleitung entworfen hat.
Hätte der Künstler den ganzen Bericht des Verfassers vor sich haben
können, so hätte sich gewiss noch mancher kleine belebende Umstand hinzufügen lassen.

Ich bin kein Naturforscher und ebenso auch kein Astronom. Es ist
darum ein nicht genug anzuerkennendes Verdienst der englischen
Regierung, auch in diesem Fall wiederum angeregt durch Herrn
Dr. Petermann, den in astronomischen Beobachtungen praktisch
gewandten und auch in der Botanik nicht unerfahrenen, für alle
Erscheinungen der Wissenschaft und des Lebens frisch empfäng-
lichen Dr. Vogel mir nachgesandt zu haben. Möchte mir das Glück
zuteilgeworden sein, ihn von Anfang meiner Reise an zum Begleiter
gehabt zu haben; ganz anders würden die Ergebnisse ausgefallen
sein. Auch der junge, an so umfassende Unternehmungen noch
nicht gewöhnte Forscher würde dadurch vielleicht eine mehr prak-
tische Vorbildung zu eigenen Unternehmungen erhalten haben.

Eigentümliches Zusammentreffen! An demselben Tag, wo Dr. Vogel
im Begriff war, sich von England einzuschiffen, kam die Nachricht
von Dr. Overwegs Tod dort an. Glücklicherweise vereitelte weder
diese Nachricht noch die von meinem Aufbruch nach Timbuktu
die Abreise Dr. Vogels, und so wurde mir das Glück zuteil, durch
dessen astronomische Beobachtungen,[2] die durch die gänzliche Ver-
schiebung der Länge von Kukaua der Lage der Länder des Inneren
eine bedeutend verschiedene Gestalt gaben,[3] eine sichere Basis zu
gewinnen. Besonders ist in dieser Hinsicht seine Beobachtung von
Sinder, welche der langen westlichen Straße von Ghat einen sicheren
Endpunkt gibt, von größter Wichtigkeit. Denn freilich ging ich
auf unserer Hinreise nicht selbst direkt nach Sinder, und Herrn
Richardsons Angaben seines Marsches von Tághelel nach Sinder
sind sehr allgemeiner Natur; aber ich verband später diesen Platz

---

2   Indem ich von Dr. Vogels astronomischen Beobachtungen spreche, muss ich
    bemerken, dass seine Berechnungen bis jetzt noch nicht eingetroffen sind
    und ich aus Gründen, die anderweitig angeführt werden sollen, einige der-
    selben nicht zu Grunde legen konnte. In Ziffern kann sich leicht ein Fehler
    einschleichen.

3   William Allen hatte den Irrtum von Clappertons Beobachtung schon vollkom-
    men erkannt, aber er hatte seine eigenen vortrefflichen Bemerkungen durch
    die unglückliche Theorie des Zusammenhangs des sogenannten Tschadda und
    des Tschadsees verwässert.

Abbildung 8: Von H. Barth, weithin bekannt unter dem angenommenen Namen Abd el Kerim, als Wunderdoktor und mehrfach als Abgesandter des Messias betrachtet, erbitten die Leute des Sudans die Handauflegung zum Segen. – Bildliche Nachgestaltung der Szene in R. Browne, The story of Africa und its explorers. London, 1892/95.

mit meiner westlichen Marschroute durch meinen Weg von Sinder nach Gesaua.

Abgesehen aber von dieser Verrückung um fast anderthalb Grad nach Westen, welcher die ganze Topographie der um den Tschad umher lagernden Ländergruppe sich zu unterziehen hat, wird jeder Unbefangene finden, dass die von mir auf der Reise selbst unter allen Mühseligkeiten und Entbehrungen, und schwach wie ich war, entworfenen Kartenskizzen sich der Wirklichkeit annähern.

Und dies ist das Hauptverdienst, das ich für mich in geographischer Hinsicht in Anspruch nehme: die von mir durchzogenen Landschaften in dem Gesamtbild ihrer Oberflächenverhältnisse mit aller Treue dargestellt zu haben, wie es einem Beobachter bei einmaligem Durchzug oder kurzem Aufenthalt immer nur möglich war. Dass dies besonders bei gebirgigen Landschaften von der größten Wichtigkeit ist, wird jeder erkennen. Natürlich wäre es das Schönste, beides zu vereinen, genaue astronomische Bestimmung der Hauptpunkte und möglichst getreue Darstellung der Terrainverhältnisse des ganzen Landes. Dies ist aber für einen einzelnen Reisenden fast unmöglich, besonders unter solchen Verhältnissen, wie im Inneren des afrikanischen Kontinents.

Man muss auch die Länge meiner Reise in Anschlag bringen. Leider sind mir während der ganzen Dauer meiner Reise neue Instrumente, um die alten/unbrauchbar gewordenen zu ersetzen, nicht zugekommen. Zumal muss ich es dringend beklagen, dass ich weder ein Aneroid-Barometer, noch ein zuverlässiges Thermometer besaß, um Höhenmessungen mit kochendem Wasser anzustellen. Dies ist ein beklagenswerter Nachteil in der Darstellung des Reliefs der von mir allein durchwanderten Länder.

Ich muss hier ein Wort über Dr. Overweg sagen. Dr. Adolf Overweg war ein junger talentvoller, aufgeweckter und rüstiger Mann voll offenen Sinnes für Lebens- und Naturverhältnisse – aber er war für sein spezielles Fach der Geologie etwas zu einseitig gebildet. Er hatte die allgemeinen Naturwissenschaften zu wenig verfolgt und nie vorher eine Reise von einiger Ausdehnung gemacht. Leider hatte er daher auch nicht die leiseste Ahnung, dass es ihm bestimmt sein könnte, ein Opfer seines Unternehmungsgeistes zu werden, und er war zu wenig bedachtsam, um sein Tagebuch regelmäßig zu führen, obgleich er einige Abschnitte mit einer gewissen Sorgfalt ausgeführt hat. Daraus ließe sich noch ein hübsches Bändchen machen, das über die von ihm allein besuchten Gegenden mehr Leben verbreiten könnte. Herr Overweg hatte großes Geschick, sich mit den Eingeborenen zu befassen, und würde, wenn es ihm beschieden gewesen wäre, glücklich zurückzukommen, gewiss einen interessanten, lebensvollen Reisebericht entworfen haben; aber er verlor eben darüber fast alle seine Zeit für ernstere wissenschaftliche Untersuchungen. Dies ist besonders zu bedauern bei seiner Beschiffung des Tschadsees, wo sein Tagebuch, wie es vorliegt, über die interessantesten physikalischen Verhältnisse nichts sagt. Wie dem immer sein mag, so viel ist gewiss, dass durch seinen frühzeitigen Tod die Kenntnis Afrikas einen großen Verlust erlitten hat. Dr. Overwegs Breitenbestimmungen haben sich im Ganzen völlig bewährt; selbst seine Längenbestimmung von Belárigo, der Hauptinsel im Tschad, die er besucht hat, hält Herr Prof. Encke im Allgemeinen für richtig, und sie steht mit anderen Angaben im Einklang.

Ich will jetzt noch ein Wort über die Erforschung der großen zentralafrikanischen Lagune, des Tschad, sagen. Es ist gewiss, dass die Erforschung dieses Wasserbassins eine der hauptsächlichsten Aufgaben der Expedition war. Man muss die Natur dieses Beckens richtig verstehen, um völlig zu begreifen, wie unendlich schwierig, ja für zeitweilig hier sich aufhaltende Reisende unmöglich die Erforschung seiner ewig wandelbaren Ufer ist. Es bildet eine ungeheuere seichte Lache, die nur in der Mitte ein schiffbares Fahrwasser von ein bis zwei Klaftern Tiefe enthält, mit Inseln bestreut, die von einem unabhängigen, den Anwohnern feindlichen Stamm bewohnt sind, während rundumher Sumpf und niedriger Wiesengrund von gewaltiger Ausdehnung sich lagern. Jede Woche verändert der Tschad seine Ufer; diese Ufer aber sind in den Händen verschiedener unter sich feindlicher Stämme. Es war daher schon von Bornu aus, dass ich der englischen Regierung schrieb, wie die fruchtbare Erforschung dieses Wasserbeckens auf die Beschiffung des Fahrwassers und auf die Untersuchung der in das Becken einmündenden Ströme sich beschränken müsse, während die Aufnahme der Ufer die augenscheinliche Lebensgefahr, die damit verknüpft sei, nicht verdiene.

Das Fahrwasser dieses seichten, sumpfartigen Beckens wurde von Dr. Overweg beschifft, und es ist nur zu bedauern, dass ihm eine glückliche Heimkehr nicht zuteilgeworden ist, um mit eigener Hand eine lebendige Beschreibung seiner interessanten Wasserfahrt zu entwerfen.

Das östliche Ufer des Sees zu besuchen, war der hauptsächliche Zweck unserer vereinten Expedition nach Kanem, und nachdem unser Unternehmen dort vereitelt war und wir auf dem Heereszug nach Mussgu die interessante, überaus geringe Wasserscheide zwischen dem östlichen Zufluss des großen westlichen Stromes und dem Tschadbecken erforscht hatten, wandte ich mich nach Bagirmi, um von dieser Seite den Zutritt zu jenen unwirtlichen Landschaften zu versuchen, von deren Charakter wir einen vollen Vorgeschmack in Kanem gehabt hatten; aber es gelang mir nicht, Karga oder den

Inselarchipel im südöstlichen Winkel des Tschad zu erreichen. Ich überzeugte mich jedoch, dass jenes Becken keinen Abfluss auf der östlichen Seite habe und mit dem Fittri nicht in Verbindung stehe.

In der Tat scheint der Tschadsee ein wenig mehr Interesse in Europa erregt zu haben, als er in seinem gegenwärtigen Zustand wirklich verdient, obgleich er unzweifelhaft ein höchst charakteristischer und wichtiger Zug in dem ganzen Gebilde des inneren Afrikas ist, eine ungeheure Ansammlung frischen Wassers, die eine Fülle von Leben zu erzeugen fähig wäre. Und obgleich er zurzeit in keiner wirklichen Verbindung mit dem Ozean steht, wie ich hinreichend gezeigt habe, so bin ich doch überzeugt, dass dereinst, wenn europäische Industrie sich mehr diesen allerdings mit allen Nachteilen der Tropen ausgestatteten, aber unerschöpflich fruchtbaren und eisenreichen Gegenden zuwendet, die von der Natur schon vorgezeichneten, vom Menschen nur zu erweiternden Verbindungslinien in den Landschaften der Mussgu eine künstliche Verbindungsstraße zwischen dem Benuë und dem herrlichen Doppelstrom, der den Tschad nährt, bilden und so das weite Becken des Letzteren in ein Feld der reichsten Produktion verwandeln werden.

Jene schönen flachen Alluviallande am östlichen Rand der äußersten vereinzelten Vorposten der Gebirgsgruppe, die das kleine Wándala-(Mándara-)Ländchen umschließt, besuchten Overweg und ich sowie später Dr. Vogel, in Begleitung einer zahlreichen, auf Unterjochung und Sklavenjagd ausgezogenen Heeresmacht. Dies ist uns in England zu großem Vorwurf gemacht worden, und die »British and Foreign Anti-slavery Society«, das Wesen über der Form vergessend, hat dies zum Punkt einer ernsthaften Anklage gegen uns gemacht. Gewiss ist stets einer der Hauptzwecke der englischen Regierung in Bezug auf Afrika die Abschaffung des abscheulichen Sklavenhandels gewesen, und dies war ein Lieblingsgegenstand für den verstorbenen Herrn Richardson. Sicherlich wäre nichts wünschenswerter für den Reisenden, als wenn er alle Gegenden dieses Erdteils in Frieden und Ruhe besuchen könnte; da würde er Volk und Land in seiner wahren Natur kennenlernen. Das ist aber in einem zerrissenen Land wie Inner-Afrika nicht möglich, und besonders diese Landschaft, das Land der Mussgu, war, wenn irgendeine, eines Opfers wert.

Während die Mussgu vom Major Denham als in felsigen, fast unzugänglichen Schluchten einer hohen Bergmasse hausende Wilde dargestellt worden waren, erlangte ich schon auf meiner Reise nach Adamaua die vollständige Gewissheit, dass die Wándala umgebende

Berggruppe im Osten ganz vereinzelt und von durchaus flacher
Landschaft umgeben sei, eben der Heimat der Mussgu.

Dies höchst wichtige Ergebnis teilte ich schon damals Herrn
Baron von Humboldt mit. Es war also von äußerster Wichtigkeit,
diese Landschaft, die sich zwischen dem Schari und dem Benuë hin-
lagert, zu besuchen. Wir folgten daher, obgleich wohlbewusst, dass
wir dadurch scheinbar einen Anstoß geben würden, dem gewaltigen
Heer Bornus, das wir nicht zurückhalten konnten, auf seiner zerstörenden Bahn. Wir hatten von dem allgemeinen Charakter des
Landes eine vorläufige Idee, aber von seinem Reichtum konnten
wir nur eine schwache Vorstellung haben, und noch viel weniger
von der vorgeschrittenen Kultur seiner Bewohner bei aller Rohheit
in vielen Beziehungen.

In der Tat gewährte diese Reise eine reiche Ausbeute, so unendlich
sie auch beeinträchtigt wurde durch eben den Umstand, dass wir
sie in Begleitung eines feindlichen Heeres machten und im freien
ruhigen Forschen und im friedlichen Verkehr mit den Eingeborenen
gehemmt wurden. Gerade auf diesem Heereszug hatte ich Gelegenheit, mit dem Führer desselben über das Unpolitische eines solchen
Verfahrens zu sprechen und ihm anstatt so verwüstender Raubzüge
feste Eroberung der Nachbarländer anzuempfehlen.

Ich will jetzt zu einem anderen Punkt übergehen, der mit meiner
Reise in engem Bezug steht. Ich kann wohl sagen, dass ich stets
offen meinen christlichen Charakter an mir getragen und die reinen
Grundzüge des Christentums, die ich als die richtigen anerkenne, gegen diejenigen des Islams verteidigt habe. Nur während der
Dauer eines Monats etwa war ich gezwungen, meinen Charakter
zu verleugnen, um nämlich Timbuktu erreichen zu können. Dies
war unumgänglich nötig, da ich das Gebiet der raublustigen und
gesetzlosen Tuareg und der fanatischen Fulbe ohne Schutz eines
angesehenen Mannes, wie ich damals war, nicht als Christ hätte passieren können. Sobald ich mir aber einmal den Schutz eines Mannes
wie des Scheichs El Bakay verschafft hatte, machte ich kein Hehl aus
meinem Glauben, und die Eingeborenen verziehen mir, dass ich sie
eine Weile getäuscht hatte; ja, viele bewunderten mich, dass es mir
gelungen sei, sie zu täuschen. Aber obgleich ich mit dieser Ausnahme
niemals meinen christlichen Charakter verleugnet habe, hielt ich
es doch für verständig, in Kleidung und in anderen Beziehungen
mich den Gebräuchen der Eingeborenen anzubequemen, indem ich

ÜBERSICHT ÜBER DAS
GESAMTUNTERNEHMEN

24. 3. 1850 (Beginn)	ab Tripolis: Mursuk–Aïr–Agades nach Kuka; Richardson, Barth, Overweg 1. Etappe, Hinweg Richardson gestorben am 4.3.1851	4.640 km
20. 5. 1851 bis 24. 7. 1851	Barths 1. Expedition von Kuka aus: Kuka–Benuë—Jola–Kuka	5.540 km
11. 9. 1851 bis 14.11. 1851	Barths 2. Expedition von Kuka aus: nach Kanem	6.100 km
25.11. 1851 bis 1. 2. 1852	Barths 3. Expedition von Kuka aus: Schari–Tuburi	6.915 km
4. 3. 1852 bis 21. 8. 1852	Barths 4. Expedition von Kuka aus: Bagirmi–Massenja; Overweg gestorben am 27.9.1852	7.700 km
25.11. 1852 bis 11.12. 1854	Barths 5. Expedition von Kuka aus: Timbuktu–Kuka; am 1.12.1854 kommt Vogel	12.760 km
10. 5. 1855 bis 28. 8. 1855	Barths Rückreise: Kuka–Tripolis	15.550 km
(Ende)	dazu: 15% Umwege	2.332 km

18.000 km

Abbildung 9. Afrikanische Länder, in deren Bereich Heinrich Barth reiste.
Kartengrundlage nach Entwurf von H. Schiffers in Geogr.-R. vom Nov. 1965.
Zahlen im Kreis – Nummern der Tagebücher.

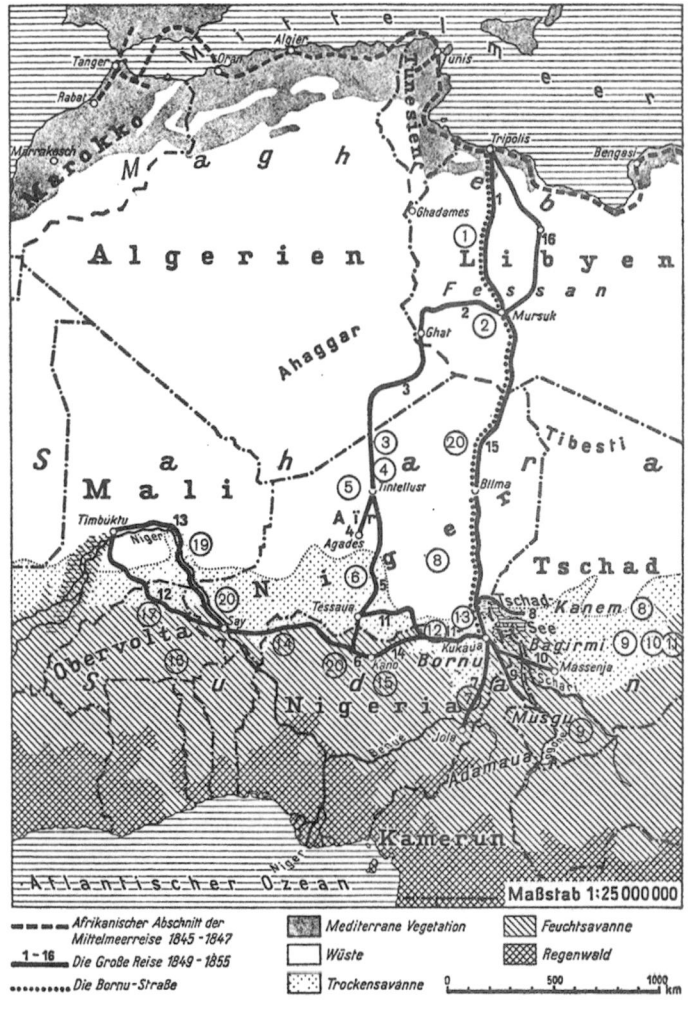

Tanger
Oran
Alger
Tunis
Rabat
Marrakesch
Tripolis
Bengasi
Ghadames
Ghat
Mursuk
Tintellust
Blima
Agades
Timbuktu
Niger
Say
Tessaua
Kukaua
Tschad-See
Massenja
Jola
Niger
Atlantischer Ozean

Marokko **Maghreb** **Algerien** **Ahaggar** **Libyen** **Fessan** **Tunesien**

Sahara **Mali** **Tibesti** **Aïr** **Niger** **Tschad** **Kanem** **Bornu** **Bagirmi** **Obervolta** **Nigeria** **Kamerun** **Adamaua** **Musgu**

① ② ③ ④ ⑤ ⑥ ⑦ ⑧ ⑨ ⑩ ⑪ ⑫ ⑬ ⑭ ⑮ ⑯ ⑰ ⑱ ⑲ ⑳

Maßstab 1:25 000 000

– – – Afrikanischer Abschnitt der Mittelmeerreise 1845–1847
1–16 Die Große Reise 1849–1855
·········· Die Bornu-Straße

▨ Mediterrane Vegetation   ▨ Feuchtsavanne
☐ Wüste   ▨ Regenwald
⠿ Trockensavanne

0   500   1000 km

eine halb arabische, halb sudanesische Tracht annahm, die sowohl
für das Klima mehr geeignet als auch in den Augen der Einwohner
anständiger ist als die Kleidung der Europäer.

Einige Handlungen des täglichen Lebens der Europäer sind in
den Augen des Mohammedaners so anstößig, dass es von einem
vereinzelten machtlosen Reisenden, der nach Erfolg in einem nicht
unedlen Unternehmen strebt, unverständig sein würde, wenn er
sich nicht in dieser Beziehung dem Anstandsgefühl des Letzteren
anbequemen wollte; denn wenn er es nicht täte, würde er sich der
Gefahr aussetzen, von einem Fanatiker auf der Stelle getötet zu
werden, ohne auch nur die Zeit zu haben, mit ihm zu rechten. Auf
der anderen Seite sind einige Gebräuche der Moslems so voll von
wahrer Gottesfurcht, dass ich glaube, ein christlicher Reisender mag
sich ihnen wohl anbequemen, ohne im Geringsten dadurch seinen
christlichen Charakter zu beeinträchtigen. Was ich hiermit meine,
bezieht sich nicht allein auf religiöse Phrasen, wie »*bism' illah*«, »im
Namen Gottes«, oder »*el hamdu lillah*«, »gelobt sei Gott«, sondern
ganz vorzüglich auf die »*Seddegah*« oder das Spenden von Almosen.
Ich bekenne offenherzig, dass in der Tat ein großer Teil der mir
von den Eingeborenen gezollten Anhänglichkeit den ansehnlichen
Almosen zuzuschreiben ist, die ich, sobald ich mich im Besitz aus-
reichender Mittel fühlte, zu spenden für gut hielt.

Durch solche Mittel, die hoffentlich kein wahrhaft religiöser und
verständiger Mann missbilligen wird, den Erregungen eines, wenn
auch keineswegs abergläubischen, doch gottergebenen Gemütes entsprechend, gewann ich mir die Achtung der Eingeborenen, und sie
nahmen ein so lebendiges Interesse an meiner Wohlfahrt, dass, selbst
wenn ich sterbenskrank daniederlag, sie zu sagen pflegten: »Abd el
Kerim[4] soll nicht sterben.«

---

4   Abd el Kerim (Diener des Gnädigen) war der Name, den ich gleich vom
       Anfang meiner Reise annahm, um mich den Eingeborenen ein wenig anzu-
       nähern.

Kapitel 3

Einleitung Heinrich Barths
im Reisewerk

Während Herr Richardson noch in Paris auf einige Depeschen wartete, gingen Herr Dr. Overweg und ich voran und erreichten Tunis über Marseille, Philippeville und Bona am 15. Dezember 1849. Unglücklicherweise war in Algerien ein Anschein von Cholera und es wurde als besondere Gnade angesehen, dass wir nach sechstägiger Quarantäne die Stadt betreten durften. Wir fingen sogleich an, uns mit Kleidungsstücken zu versehen, da Tunis ein kleines Paris ist und in Kunstschneiderei Tripolis bei Weitem den Rang abläuft. Mittlerweile unternahmen wir täglich höchst interessante Ritte nach der Stätte des alten Karthago. Diese Übungen waren um so notwendiger, da Herr Overweg nie vorher zu Pferde gewesen war – in der Folge wahrscheinlich die Hauptursache seines Unterliegens, wie man aus den Bruchstücken seines Tagebuchs sehen kann, in denen er beschreibt, wie ihn seine Reise nach Gúdjeba mitgenommen hatte.

Es war für mich ein höchst erfreuliches Gefühl, imstande zu sein, diese berühmte Stätte noch einmal vor dem Antritt meiner langen und schwierigen Reise zu besuchen, und es war auf den Ruinen dieser einst so mächtigen und gewerbstätigen Hauptstadt eines gewaltigen Reiches ausländischer Ansiedler auf dem afrikanischen Festland, mit denen ich innige Bekanntschaft gemacht hatte, dass ich die verwegensten Entwürfe für mein Unternehmen machte.

Wir waren auch so glücklich, in Tunis einen Diener zu finden, den Sohn eines befreiten Gober-Sklaven, der einen höchst nützlichen Begleiter hätte abgeben können, wenn nicht durch unglückliche Umstände seine Fehler die Überhand über seine guten Eigenschaften errungen hätten. So verließen wir Tunis mit einem hübschen Vorrat nützlicher und schmucker Artikel am Nachmittag des 30. Dezember und brachten die erste Nacht in Hammam el Enf zu. Vor drei Uhr morgens des letzten Tages im Jahr 1849 verließen wir unser Quartier hierselbst und folgten dem reizenden und anziehenden Weg über Krumbalia, das ein ebenso lebendiges Beispiel der Schönheit und Fruchtbarkeit des tunesischen Gebietes ist wie des unglücklichen, kläglichen Zustands, zu dem es herabgesunken ist. In der Tat ist dies

schön gelegene Dorf jetzt nichts als ein Haufen Ruinen. Wir ließen
dann die schönen Gärten von Turki zur Seite, die eine beschränkte
Stätte des Anbaues in einer weiten wüsten Fläche des schönsten
Fruchtbodens bilden; dann ließen wir El Chuin zu unserer Rechten
und erreichten El Arbain.

Ich werde nie diese Nacht vergessen, die Nacht, welche das neue
Jahr 1850 anfing, in dessen Verlauf wir so manche schwere Prüfung
bestehen und durch Ausdauer uns des Erfolges würdig machen sollten. Es war eine finstere, überaus kalte Nacht und kaum wussten wir
uns mit all' unserem Vorrat von Unter- und Oberzeug vor der Kälte
zu schützen. Als Mitternacht eintrat und der feierliche Augenblick
des Beginns des neuen Jahres da war, machten Overweg und ich
halt, begrüßten das neue Jahr mit Begeisterung und wünschten uns,
unsere Hände schüttelnd, glücklichen Erfolg auf unserer gefährlichen Laufbahn. – Wir hatten eine leise Vorahnung, dass wir manche
Schwierigkeiten zu überwinden haben und der besonderen Gnade
des Barmherzigen bedürfen möchten. Unsere mohammedanischen
Begleiter – außer unserem Diener und den beiden Maultierführern
vier Reiter des Bey und drei Eingeborene von der Insel Djirbi –
nahmen innigen Anteil an dieser Szene, als sie den Grund davon
erfuhren, und wünschten uns auch ihrerseits allen möglichen Erfolg
für das neue Jahr. Und auch sonst war uns während des ermüdenden
nächtlichen Marsches ihre Gesellschaft hochwillkommen; denn sie
unterhielten uns mit ihren nicht unharmonischen Gesängen, die auf
einer weiten öden Steppe und in der Stille und Unheimlichkeit der
Nacht einen tiefen Eindruck machen.

Als Dämmerung die Dunkelheit zu zerteilen begann, erreichten
wir das Djeriba genannte Gewässer, fanden es aber so tief, dass wir
genötigt waren, erst eine Art Damm zu bilden, ehe wir imstande
waren, es zu passieren. Auch in Herkla machten wir noch keinen
Halt, außer dass wir unter den Ölbäumen zur Seite des verfallenen Städtchens, ohne abzusteigen, einen Bissen Brot aßen. Um 1
Uhr nachmittags erreichten wir mit unseren ermatteten Tieren den
Funduk Sidi Djafer bei Susa, wo wir, obgleich durch einen Ammer
des Bey zur Bewirtung des Statthalters berechtigt, unser Quartier
nahmen, um imstande zu sein, wiederum bei Nacht aufzubrechen,
weil die Stadttore bis zum Morgen geschlossen bleiben.[5]

---

5   Das Innere der Stadt bot ganz denselben wüsten Charakter wie auf meiner
     früheren Reise, mit der einzigen Ausnahme, dass ein neues Tor gebaut war.
     Mehrere Bildsäulen waren von Medinet Sian hergebracht worden.

Mit der höchsten Begeisterung unserem schweren Unternehmen entgegeneilend, fanden wir keine Ruhe und vor 3 Uhr morgens waren wir wieder im Sattel, wo uns dann ein zwölfstündiger Ritt nach Djem oder Ledjem und zur ruhmwürdigen Burg der Prophetin brachte, die noch immer eines der glänzendsten Denkmäler römischer Größe ist und durch den Gegensatz gegen die elenden, zu ihren Füßen liegenden Behausungen mohammedanischer Lässigkeit noch mehr gehoben wird. Auf dem Weg hatten wir nach Westen eine schöne Ansicht vom malerischen Djebel Trutsa, an dessen Fuß entlang ich auf meiner früheren Wanderung gezogen war, und vom lang gestreckten Djebel Usselelt. Ein weiterer zwölfstündiger Ritt brachte uns am 3. Januar nach Sfakes.

Der Eilritt führt sie dann nach Tripolis.

Die interessanteste Persönlichkeit für einen afrikanischen Reisenden jedoch war augenblicklich nicht anwesend. Dies ist unzweifelhaft Herr Frederic Warrington, der Sohn des früheren englischen Konsuls, ein liebenswürdiges Beispiel eines arabisierten Europäers. Er hatte Herrn Charles Dickson nach Ghadames begleitet, wo dieser erste englische Agent am 1. Januar seinen Einzug hielt. Am 29. Januar kehrte Herr Warrington von dieser Reise zurück und widmete sich mit Eifer und Liebe dem Interesse unserer Expedition. Mag es mir vergönnt sein, diesem Freund, der um die Expedition ein großes Verdienst hat und später den jungen, in den materiellen Bedürfnissen eines großen Unternehmens damals noch unerfahrenen Dr. Vogel bis Mursuk begleitete und auf den Weg half, meinen Tribut darzubringen. Beim Aufbruch zu meinem Unternehmen im März 1850 nahm er am Kasr Ghurian von mir Abschied und empfing mich wieder bei meiner glücklichen Rückkehr im Sommer 1855 bei Delem nahe bei Mursuk; er sattelte und schmückte meinen treuen Bu-ssaefi und trug durch freundschaftliche Teilnahme sicherlich das Seinige zu meinem Erfolge bei.

KAPITEL 4

FERTIG ZUM AUFBRUCH

Tripolis – Die Steppe und die Bergschluchten – Die Araber und die Berber

Wir waren nun also in Tripolis und brannten vor Begierde, unser großes Unternehmen baldmöglichst anzutreten. Als es uns aber klar wurde, dass die Vorbereitungen für unsere endliche Abreise wenigstens noch einen Monat erfordern würden, beschlossen Herr Overweg und ich, die dadurch verursachte müßige Zeit zu einem längeren Ausflug in einem Umkreis von 60–80 Meilen um die Stadt zu benutzen, welcher nachmals als Grundlage für weitere Unternehmungen in verschiedener Hinsicht dienen könnte. Wir mieteten demnach zwei Kamele mit zwei Treibern und für uns selbst und unsere zwei Diener Mohammed ben Belal und Ibrahim vier Esel mit ein paar Leuten und erhielten durch Vermittlung des Konsuls einen Schausch namens Hadj Hamed als Begleiter auf dem ganzen Weg mit. Unsere Vorbereitungen waren einigermaßen unvollständig, sowohl in wissenschaftlicher, als in materieller Hinsicht, da weder die von der englischen Regierung angeschafften Instrumente noch die Zelte und Waffen bis jetzt angekommen waren. Indessen besaß Herr Overweg einen guten Sextanten und ich durch die Güte des Herrn Prof. Lepsius ein Chronometer, und beide hatten wir uns mit ziemlich guten Kompassen, Thermometern und einem Aneroid-Barometer versehen; auch war Herr Warrington freundlich genug, uns ein Zelt zu leihen.

In Tripolis – damals einer zum Türkischen Reich gehörenden Stadt von 20.000 Bewohnern – haben die Reisenden alle Hände voll mit den Vorbereitungen zu tun. Die Ausrüstungsgegenstände treffen nach und nach ein. Auch das Boot langt an.[6]

Über die *Art des Reisens* berichtet Gustav von Schubert: »Um den Verkehr mit den Einheimischen zu erleichtern und um weniger aufzufallen, hielten sie es für angezeigt, arabische Namen anzunehmen. Barth nannte sich Abd el Kerim, d.i. Diener des Allerhöchsten, Overweg Tabib, d.i. Arzt, Richardson Jakub, d.i. Jakob. Aus gleichen

---

6 *Kursiv:* Text des Herausgebers

Gründen trugen sie eine halb arabische, halb sudanesische Kleidung, die dem Klima angepasst war.

Die Expedition reiste bewaffnet und konnte fünf Diener mit Gewehren versehen. Barth führte für seine Person eine Doppelflinte und einen Revolver, kam aber nie in die Lage, sie ernstlich zu gebrauchen. Auch Jäger war er nicht. Aber schon das bloße Vorhandensein der Schusswaffen erwies sich als vorteilhaft; sie fanden überdies zu Signal-, Freuden- und Schreckschüssen oft genug Verwendung. Mühsam und zeitraubend war die erste Zusammenstellung der Karawane (Kafla) in Tripolis wegen der Menge und Mannigfaltigkeit des Gepäcks.

Da waren mitzunehmen: Muscheln, Tauschwaren und Geschenke als hauptsächliche Zahlungsmittel, Kleider, Bücher, Medikamente, Instrumente, Waffen und Munition, Wirtschaftsgeräte, drei größere und ein kleines Zelt, Proviantvorräte an Reis und Zwieback, Wasserschläuche, sodass die Karawane der beiden Deutschen allein zehn Kamele zählte, wovon zwei als Reittiere dienten. Richardsons Kafla war wegen des Bootes allein so stark wie die jener zwei zusammen.

Das kleinere, flache Privatzelt Barths wurde täglich aufgeschlagen und nahm das Hauptgepäck, Waffen, Tisch und Bänke (durch übergelegte Bretter zu Betten gemacht) in sich auf. Später änderte sich, je nach dem Stand der Geldmittel, die Stärke der Kafla. Barth kaufte sich bald ein Pferd und machte dann seine sämtlichen Reisen zu Ross, ein Fortkommen, das er besonders liebte.

Sehr wichtig war die Frage der Dienerschaft. In der Regel wechselte sie auf den Hauptetappen, um einer neuen Reihe Platz zu machen, durch welche man dann zugleich die Sprachen der neu zu betretenden Länder kennenlernte. Das Haussa, die Verkehrssprache für Zentralafrika, konnte Barth bald ebenso fließend sprechen, wie er das Arabische, die Sprache der Gebildeten, beherrschte.

Die Zahl der Diener Barths betrug gewöhnlich zwei bis drei, ohne die Kameltreiber. Sein Hauptdiener war von 1851–1855 fast ununterbrochen bei ihm: Mohammed, gebürtig aus Gatron (Gatrun) bei Mursuk in der Oase Fessan. Er genoss Barths vollstes Vertrauen und war ihm treu ergeben. (Dieser diente auch Gustav Nachtigal als Führer.)

Die Kafla brach täglich um 7 Uhr früh auf und marschierte bis zum Nachmittag, wobei sie unter normalen Verhältnissen in der Stunde ungefähr vier Kilometer zurücklegte.

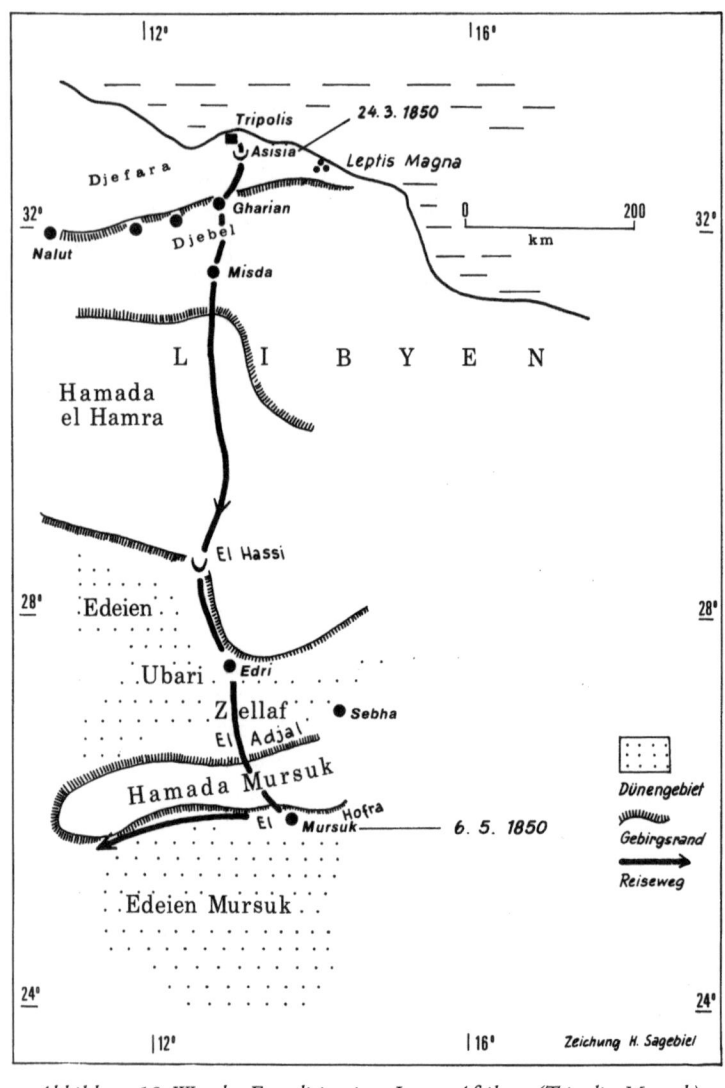

Abbildung 10. Weg der Expedition ins »Innere Afrikas« (Tripolis–Mursuk)

Barth beschäftigte sich auf dem Marsch hauptsächlich mit Beobachtung der Wegerichtung, die er nach Uhr und Kompass festlegte und am Abend in sein Tagebuch eintrug. Rasttage und längere Ruhepausen wurden von dem Unermüdlichen zur Aufzeichnung von Glossaren (Wörterverzeichnissen), Ausführung von Skizzen oder Stadtplänen, Erkundung und Niederlegung von Wegenetzen usw. verwendet.«

Reisegebiet bis Mursuk

Art und *heutige* Lebensverhältnisse der zuerst durchzogenen Gegenden werden in Wort und Bild geschildert in Heinrich Schiffers (Hrsg.): »Libyen, brennende Wüste, blühender Sand.« 1975. Safari-Verlag Berlin, 258 S., 75 Abb.

»Vom damals ummauerten Tripolis an der Küste geht es nach Südosten einige Kilometer zur ehemaligen Karawanenlagerstelle an der Quelle (arab. Ain) *Ain Sarah,* heute ein südlicher Vorort der Landeshauptstadt. Damit ist man in der *Djefara* genannten Küstenebene, die sich, mehr oder weniger breit, von Tunis bis nach Ägypten hinzieht und dementsprechend Schauplatz oft turbulenter Geschichte von 2.000 Jahren war.

Hier sind streckenweise ziemlich dichte Besiedlung und Anbau. Die Djefara wird nach 30–50 km südwärts abgelöst und begrenzt von einer Steilwand, aus deren Schluchten Wadis hervorziehen. An ihnen entlang erklettert man die 200–300 m eines Plateaus, kurz der *Djebel* (Berg, Gebirge) genannt. Er ist weiterhin stark zerschluchtet. Auf dem Plateaunordrand siedeln seit Urzeiten die Berber. Nalut, Djado, Jefren und Garian sind (von Westen nach Osten) einige ihrer ursprünglich festungsartig angelegten Orte.

Von Garian geht es zur Taloase *Misda.* Sie liegt im meist trockenen Tal des Wadi *Sofegin,* einer den Djebel ostwärts durchziehenden Ader, 130 km südlich von Tripolis. Weiter folgt zerschluchtetes Gelände, bis 400 m ansteigend. Das Küstenklima hat sich in das der Vollwüste gewandelt. Nach 350 km sind wir auf einer schwarz, auch braunrot getönten, monotonen Hochfläche, Hammada genannt, wegen der häufigen roten Tönung *Hammada el Homra* (Hamra, arab. – rot).

Über dieses menschenleere »Steinerne Meer« der Felsbrocken und Sandflächen zieht die Karawane 250 km südwärts, bis die Tafel in schroffen Stufen nach Süden abbricht zu einem gelb getönten »Sandmeer« (etwa so groß wie Belgien), die *Edeyen Ubari* genannt.

Wo sie beginnt, liegt in der siedlungsleeren Gegend ein Brunnen, uralter Halteplatz, genannt *El Hassi* (arab. – Brunnen). Nun stapfen die Kamele immer südwärts, von Sandwolken umhüllt, düneauf düneab zu einem weitem, ostwärts verlaufenden breiten Wadi-Tal und zur altertümlichen Siedlung *Edri*. Hinter dessen Palmenwald folgt auf 100 km ein weiteres Sandmeer, *Zellaf* genannt, mit steilen Dünen. Es folgt wieder ein ostgerichtetes Wadi-Tal *El Adjal* mit kleinen Siedlungen, danach eine steil aufragende dunkle Hochebene, die *Hammada Mursuk*. Sie wird auf 30 km überschritten, und nun »landen« wir in einem breiten, ostwärts gerichteten Tal mit zahlreichen Siedlungen. Salzsümpfe und Palmenwälder reihen sich in dieser *El Hofra* genannten Niederung.

Darin liegt das ummauerte Städtchen *Mursuk,* Verwaltungssitz der Türken, Rastplatz mit Markt, Sklavenstation für Tausende aus dem »Land der Schwarzen« (Bilad es Sudan) südlich der Großen Wüste.

In der Gegenwart ist hier nicht mehr das Zentrum der *innersaharischen Großlandschaft Fessan* (Fezzan), wo noch zur Römerzeit das Land der von Herodot beschriebenen *Garamanten* war. Es liegt heute 120 km nordöstlich, in der Stadt *Sebha* (60.000 Bew.), mit modernen Straßen und Vierteln, einem Mittelpunkt des innerlibyschen Kraftwagen- und Flugverkehrs.«

KAPITEL 5

AUFBRUCH NACH INNER-AFRIKA

Inzwischen, während wir selbst auf diese Weise in Entwicklung einer rastlosen und vielseitigen Tätigkeit uns für die größere Reise vorbereiteten, waren die von der englischen Regierung angeschafften Instrumente angekommen und erwiesen sich im Ganzen als brauchbar. Auch praktisch waren sie zum Gebrauch bei einem solchen Unternehmen berechnet, sodass es nur nötig war, für einige untergeordnete Instrumente Futterale machen zu lassen, hauptsächlich für die Thermometer. Unglücklicherweise waren die Minimum- und Maximum-Thermometer beim Transport in solche Unordnung geraten, dass Dr. Overweg nicht imstande war, sie wiederherzustellen. Wir hatten kein Barometer, und das einzige Aneroid-Barometer, womit wir versehen gewesen waren, war auf unserem Ausflug in meines Begleiters Händen verunglückt. Das Aneroid ist allerdings für große Höhen ganz unbrauchbar, aber doch für die geringen Abweichungen der Höhe der Marschroute höchst nützlich. Wir hatten also zur Höhenbestimmung nichts als die handlichen Kochinstrumente. – Unsere Fernrohre waren von sehr mittelmäßiger Güte. Ich will hier nur zum Nutzen anderer Reisenden erwähnen, dass ich nicht allein meinen Azimut-Kompass, sondern auch mein Chronometer stets um den Leib geschnürt trug und dies vortrefflich fand.

Die Zelte und Waffen waren noch nicht angekommen, und ich hielt es für besser, für jeden Fall ein sehr starkes und geräumiges, flaches Zelt machen zu lassen. Dies erwies sich, selbst nachdem die drei Regierungszelte angekommen waren, als nicht überflüssig, obgleich es für gewöhnlichen Gebrauch etwas zu schwer war. Ich will hier nur bemerken, dass Zelte, welche Reisenden nach tropischen Gegenden mitgegeben werden, gut gefüttert sein sollten. Diejenigen, welche wir erhielten, ermangelten dieser Eigenschaft gänzlich und waren bei ihrer Leichtigkeit weder fähig, irgendeinem starken Sturm zu widerstehen, noch auch hielten sie die Strahlen der Sonne genugsam ab, hauptsächlich, als ihr Gewebe etwas mürbe zu werden begann. Alle Zelte sollten mit drei oder, noch besser, vier Tauen, an ihrer Spitze versehen sein, da eine solche Vorkehrung allein imstande ist, ein Zelt in einem Tornado, wie sie in solchen Ländern gewöhn-

lich sind, zu schützen. Auch Herr Richardson musste sich gar bald
mit einem anderen Zelt versehen. Wir hatten also im Ganzen fünf
Gezelte, schlugen aber gewöhnlich nur zwei, oder wo wir uns für
längere Zeit lagerten, deren drei oder vier auf.

Herr Overweg und ich erlitten einen schweren Verlust dadurch, dass
unser schwarzer Diener Ibrahim zurückblieb; er hätte uns im Inneren
von unberechenbarem Nutzen sein können, da er sowohl der Kanori-
als auch der Bagrimma-Sprache vollkommen mächtig war. Er war
selbst, wie ich oben erwähnte, in den wenig bekannten Landschaften
zwischen Mándara und Bagirmi vielfach umhergewandert. Er erklärte
indessen, mit unserem Diener Mohammed ben Belal, dem Sohn eines
befreiten Gober-Sklaven, nicht länger zusammen in unserem Dienst
bleiben zu können. Mohammed war ein sehr gewandter, aber gewis-
senloser und hochmütiger Bursche und in jedem Sinne ein »Libertin«.
Ibrahim schien jedoch auch durch seine zahlreichen Frauen zurückgehalten zu werden. Er hatte deren, obgleich nur ein unbemittelter
Mensch, vier. Diese nämlich legten ihren Protest ein und wollten ihn
nicht gehen lassen, wenn er sich nicht förmlich von ihnen schiede, und
dazu konnte sich der arme Mensch nicht verstehen. Wir versuchten
alles, um die Sache abzuschließen, aber ohne Erfolg. So hatten wir
jetzt nur zwei Diener, von denen der eine, Mohammed e' Sintani, in
keinem Fall weiter gehen wollte, als bis nach Fessan. Europäer haben
keine Vorstellung, wie schwer es für den in jene Länder vordringenden
Reisenden ist, sich mit einem Diener zu versehen. Im besten Fall
kann der Reisende sicher sein, dass, wenn er nun wirklich im Sudan
angekommen ist und seine gefährlichen Erforschungsreisen beginnen
will, sein Diener von der Küste, den er durch alles an sich zu schließen
versuchte, ihn im Stich lässt. Dann muss er sehen, sich in einem Land,
wo alle Lebensverhältnisse auf den Besitz von Haussklaven begründet
sind, freie Diener zu verschaffen, die sich nicht scheuen, alle Arbeit zu
tun, die sie nur von Sklaven verrichten sehen.

Endlich war alles zu unserem Aufbruch Nötige beschafft, mit
Ausnahme des Bootes, das Herrn Richardson große Schwierigkeiten
verursachte, und ich schlug vor, einige Tage lang ein Zeltlager bei Ain
Sarah zu beziehen, um uns auf unsere lange Reise in jeder Hinsicht
vorzubereiten. Ich würde eine solche Vorkehrung jedem Reisenden
anraten, der wirklich alle nötige Aufmerksamkeit auf die Mittel
wenden will, seinen Erfolg zu sichern. Denn er wird dadurch, dass
er wenige Tage in seinem Zelt außerhalb des Ortes seines Aufbruches

zubringt, sich nun schon daran gewöhnen, die kleinen Vorräte, die er mit sich führt, als die hauptsächlichste, wenn nicht einzige Quelle seines materiellen und geistigen Lebens zu betrachten. Auch wird er lernen, Hitze und Sonnenbrand zu ertragen. Nichts ist verderblicher für einen Reisenden, als plötzlicher Aufbruch von städtischem Still-leben zu langer, angreifender Reise in heißem Klima. Dies ist ein Punkt, auf den ich oft zurückkommen werde.

Abschied nehmen

Es war spät nachmittags am 24. März 1850, als Overweg und ich in feierlichem Aufzug, auf unseren Kamelen sitzend, die Stadt ver-ließen. Unser Zug wurde angeführt von dem Konsul Herrn Crowe in seiner Kutsche, Herrn Reade und dem Dr. Dickson mit seiner Familie. So zogen wir unter dem Staunen der Tripolitaner zur Stadt hinaus, unserer verschleierten Zukunft entgegen. Unter den Oli-venbäumen bei Kasr el Haeni nahmen wir herzlich Abschied von unseren Freunden, obwohl wir sie vor unserer endlichen Abreise wahrscheinlich noch einmal sehen sollten. Wir setzten dann unseren Weg fort und schlugen unser Zelt bei herrlichem Mondschein am Rand der kleinen Gruppe von Ain Sarah auf. Diese Stätte, wo bis zum Jahr 1835 ein kleines Dorf gestanden hatte, hat ihren Namen von einer breiten morastigen Einsenkung, welche an der Südseite sich hinzieht und dicht mit Schilf und Rohr bewachsen ist. Gegen-wärtig lebt kein Mensch hier; die Brunnen sind mit Erde angefüllt und die Dattelpalmen, pflegender Sorgfalt entbehrend, sind teilweise vom Sand verschüttet, der sich hier in großen Hügeln angesammelt hat. Bei alledem ist es noch ein anziehender Platz, eine Mischung von angebautem Land und von Wüste, während eine Gruppe von etwa zehn Olivenbäumen, welche ihren frischen, kühlen Schatten über einen grünen Wiesenteppich breiten, einen willkommenen Rastplatz bildet. Rund umher ist viel angebautes Land, aber die spärliche, halb erstorbene Saat war kaum im Sand zu erkennen.

An dieser Stelle war es, wo mir bei meiner glücklichen Rückkehr im August 1855 Herr Reade, der Vizekonsul, entgegenkam und eine Nacht mit mir gelagert blieb. Damals war ein Brunnen sehr schönen Wassers gegraben und ein Steinhäuschen von einem Tripolitaner Kaufmann erbaut worden.

Wir blieben bei Ain Sarah bis Freitag, den 29. März, gelagert. Am Mittwoch kam Frederic Warrington, welcher uns einige Tagereisen weit das Geleit geben wollte, heraus und schlug sein großes Zelt neben dem unsrigen auf, sodass das Lager Leben und Behaglichkeit bekam. Unser Freund war vom amerikanischen Konsul, Herrn Gaines, begleitet und brachte uns die angenehme Nachricht, dass Herr Richardson bestimmt am Freitag die Stadt verlassen würde und dass wir ihn in Medjenin treffen sollten. Herr Overweg und ich brauchten acht Kamele für unser Gepäck, außer den beiden, welche wir selbst ritten und die unser Eigentum waren. Ich hätte freilich lieber einen Esel für mich gehabt, da man mit einem solchen Tier sich leicht hinwenden kann, wohin man will; aber in Tripolis gibt es keine Esel, welche für eine solche Reise stark genug wären. Ein Pferd dagegen mit dem nötigen Vorrat von Gerste und Wasser, den man immer mit sich führen muss, war für die mir damals zu Gebote stehenden Mittel zu teuer. Ich war wenigstens so glücklich gewesen, ein ausgezeichnetes arabisches Kamel von der berühmten Rasse der Bu-Ssaef zu kaufen. Dies liebe Tier blieb mein treuer Gefährte bis Kukaua.[7] Ich habe schon oben anzudeuten Gelegenheit gehabt, wie schön und bequem Herr Warrington mir mein Tier sattelte, sodass ich im Ganzen sehr angenehm beritten war.

Wie glücklich und leicht wäre der Reisende, wie unendlich geringer würden die Schwierigkeiten sein, mit denen er zu kämpfen hat, wenn er ohne die Bürde des mannigfaltigen Gepäcks dahinziehen könnte! Davon überzeugten wir uns vollkommen, als wir endlich am 29. unseren Lagerplatz bei den Dattelpalmen und dem kleinen Olivenhain von Ain Sarah verließen. Das den Kameltreibern sowohl wie unseren Dienern noch ungewöhnliche Gepäck verursachte uns unsäglich viel Mühe und langen Aufenthalt.

Die schwierigste Aufgabe für den Reisenden in tropischen Gegenden ist, sich gegen die Feuchtigkeit des Bodens zu schützen, da er nicht imstande ist, leicht packbare, auf Springfedern ruhende Gestelle mit sich zu nehmen, die, wenn einmal in Unordnung geraten, nicht wieder hergestellt werden könnten. Wir hatten uns also jeder mit einem Paar sehr schwerer Bretter und Untersätze versehen, die keineswegs leicht zu packen waren und, außer dass sie selbst unter Farbenschutz dem Zerspalten sehr ausgesetzt waren, doch ihrer Schwerfälligkeit halber auf den späteren Reisen im eigentlichen Sudan zurückgelassen werden mussten. Allerdings ist es, wie ich mich durch meine eigene Erfahrung überzeugte, von außerordent-

---

7   Kúkana, die Residenz des Bornu-Reiches am Tschadsee (auch Kuka).

lichem Wert für den Reisenden in der Wüste, der Sandwinde wegen wenigstens einen Fuß hoch über dem Boden erhaben zu liegen. Dies kann aber erreicht werden durch ein aufrollbares Gestell aus Palmblättern, das man über Kisten oder drei Untersätze ausbreiten kann. Im Sudan ist es dann hinreichend, ein solches Gestell über drei oder vier leichte Rollen, deren Enden etwa sechs Zoll Dicke haben, auszubreiten. Wenn man dann eine Matte und einen Teppich über das Lager breitet, so wird man, glaube ich, hinlänglich gegen den Einfluss der Feuchtigkeit geschützt sein.

Jedoch nach Ain Sarah zurückzukehren. Wir hatten kaum den verwahrlosten Palmenhain hinter uns, als wir in mäandrischen Windungen in tiefe, lose und nackte Sandhügel eintraten. Glücklicherweise wehte der starke Wind, welcher uns den Tag vorher selbst in unseren Zelten gestört hatte, nicht mehr. Als wir nach mehr als zwei Stunden mühseligen Marsches die Sandhügel hinter uns hatten, betraten wir Weidegrund und unsere Kamele konnten der Versuchung nicht widerstehen, die gute Gelegenheit, etwas zu naschen, so viel wie möglich zu nutzen. Das Fortkommen einer Araber-Kafla, wo jedes Tier seiner eigenen Neigung nach rechts und links abschweift und hier einen Strohhalm, dort einen Busch abweidet, wird natürlich langsamer, wo der Weg durch eine Gegend führt, die den Tieren Futter bietet. Diese Art des Marsches ist überaus langweilig und ermüdend für den Reiter, und die Gewohnheit der Tuareg, Tebus und der Völker des Inneren, welche die Kamele alle hintereinander befestigen, ist in dieser Beziehung ungleich angenehmer.

Durch so langweiliges Vorrücken war es beinahe Sonnenuntergang geworden, als wir Herrn Warrington einholten, der einen Vorsprung vor uns gewonnen und sein Zelt auf schönen Weidegrund nahe bei »bir Sbaea« aufgeschlagen hatte. Der Ritt während der letzten anderthalb Stunden, vom Brunnen Djenana an, war höchst angenehm gewesen, da er sich an einem Streifen gut bebauten Landes und blühender Gerstenfelder entlang gehalten hatte. Mit einem reichen Wuchs von »Chobbesen«, die mit ihrem schönen Blau das Grün der Felder angenehm unterbrachen, zog sich dieser Fruchtstreifen an dem engen Wadi Medjenin hin.

(Sonnabend, 30. März) Nachdem ich mich einige Stunden bei schöner Morgenbeleuchtung an der offenen, freien Landschaft erfreut hatte, machte ich mich mit unserem neuen Geleitsreiter auf, um Herrn Richardson und seinen Trupp, welche zwar gestern schon

die Stadt verlassen hatten, aber noch nicht eingetroffen waren, aufzusuchen. Nach einstündigem Ritt durch üppige Kornfelder, dann
über Weidegrund, der von den Pferden der türkischen Reiterei belebt wurde, welche hierher zur »rebia« gesandt werden, fanden wir
Muckeni, Herrn Richardsons Dragoman, und Crofft, den Seemann,
mit sämtlichem Gepäck und selbst dem Boot gelagert. Herr Richardson selbst war noch nicht herausgekommen. Da ich die Leute
nicht bewegen konnte, ihr Lager nach unserem Platz zu verlegen,
kehrte ich nach meinem Gezelt zurück. Zuvor jedoch stattete ich
dem Bin-bascha der Kavallerie einen Besuch ab.

Dieser Offizier kannte das Land sehr genau, da er 17 Jahre lang
hier gelebt hat. Er hatte sich ein angenehmes Ruheplätzchen zu
verschaffen gewusst, um die heißen Stunden daselbst zuzubringen,
indem er eine Grube, etwa 2½ Fuß im Viereck, in der Mitte des
Zeltes hatte graben lassen und sie stets voll Wasser hielt. Am Rande
dieses kleinen Wasserbeckens sitzend, konnte dieser gute Ossmanli
durch die phantasiereichen Rauchwolken seiner langen Pfeife sich
in die quellenreichen Berggegenden seiner Heimat versetzen.

Nachmittags machte ich mit meinem Sintani einen anderen Ausflug durch die Ebene, um ein Schaf zu kaufen; aber obgleich viele
Herden auf der reichen Weide zerstreut waren, wollte doch kein
Hirt seinen Trupp vermindern; denn reichliches Futter war ihnen
hier geboten und jeder hatte, was er brauchte.

(Dienstag, 2. April) Unsere Expedition setzte sich nun endlich
wirklich in Bewegung. Die Landschaft nahm sehr bald einen mehr
abwechselnden Charakter an, als wir uns dem Pass näherten, den
die beiden Felshöhen Bates und Ssmaera, als zwei vereinzelte Vorposten der Bergkette, bilden, während die mannigfaltigen Formen
der letzteren mit ihren hohen Kegeln, tiefen, jähen Schluchten und
breiten Tälern einen interessanten Hintergrund abgaben.

Nach langem Aufenthalt setzten wir unseren Marsch fort, indem
wir uns nun gerade auf die Berge zuwandten, und lagerten uns zu
sehr früher Stunde an einer sehr schönen Stelle, welche mit einer
Menge von Sidderbäumen *(Rhamnus Nabeca)* geschmückt war. Wir
beiden Deutschen fanden uns damals noch im Besitz unserer ganzen
Rüstigkeit, und anstatt uns dem ruhigen Genuss des Lagerplatzes
hinzugeben, fühlten Overweg und ich uns bewogen, unsere Schritte
einem Hügel, namens Fulidje, zuzuwenden, welcher, etwa eine halbe
Stunde nach Osten von unserem Lager entfernt gelegen, uns eine
günstige Lage zu haben schien, um die genauen Winkel einiger

hervorragenden Punkte der Bergkette zu nehmen. Auch täuschte er unsere Erwartungen nicht. Zufriedengestellt kehrten wir also von unserem kleinen Ausflug zurück und verbrachten den Abend höchst behaglich im Zelt Herrn Warringtons.

Unterwegs mit dem Boot

Wir hatten jetzt den Fuß des Abfalls der Bergkette erreicht und einige Befürchtungen wurden laut, der Transport des Bootes auf der vor uns liegenden Strecke möchte mit großen Schwierigkeiten verbunden sein; aber es konnte kaum deren verursachen, da jede Hälfte in zwei Abteilungen gesägt war, welche sich beinahe besser an die Seiten eines Kamels schlossen als die großen viereckigen Kisten und andere Dinge. Das Unbequemste waren die langen Ruder und Stangen, welche, stets auf und ab schwingend, dem Kamel große Anstrengung und Ermattung verursachten. Der Boden wurde, bald nachdem wir am nächsten Morgen aufgebrochen waren, steinig und nach einer Strecke von 3 Meilen sehr aufgerissen; er war hier von einer Menge jetzt trockener Rinnsale durchschnitten. Die Landschaft war nicht allein von unserer eigenen Karawane, die aus so mannigfaltigen Elementen zusammengesetzt war, sondern auch von anderen Reisegesellschaften, welche zufällig den Abhang herabkamen, belebt. Zuerst kam der Kaimakam des Djebel, dann eine Sklaven-Kafla, nicht weniger als sechzig dieser Unglücklichen umfassend. Jedoch schienen die Jüngeren unter ihnen die Mannigfaltigkeit der Landschaft mit Wohlgefallen zu betrachten.

Wadi Bu-Ghelan, welches als der natürliche Fuß des Bergabhanges zu bezeichnen ist, wird hier und da von Dattelbaum-Gruppen geschmückt und bildet eine freundliche Landschaft. Gerade in einer Stunde erreichten die ersten unserer Kamele die Terrasse von Béni Abbès, und bis der ganze Trupp den Anstieg vollendet hatte, blieb mir Zeit, von meinem folgsamen Bu-ssaefi ein wenig abzusteigen und, unter einem schönen Olivenbaum nahe der Kapelle des Merabet Ssames mich niederlassend, unseren ganzen eigentümlichen Trupp von Europäern, Arabern und freigelassenen Schwarzen einen nach dem anderen die Höhe heraufklimmen zu sehen, indem ich mich mit Behagen dem beruhigenden Gefühl überließ, dass unser Unternehmen nun wirklich im besten Gange sei.

Aufstieg aufs Gebirge

Wir fingen jetzt an, die zweite Terrasse zu ersteigen, und erreichten die Fläche des Plateaus um 2 Uhr nachmittags. Die Landschaft hatte gegenwärtig ein viel interessanteres Ansehen, als bei meinem ersten Hiersein vor zwei Monaten, denn alles war nun mit grünem Korn bedeckt. Kurz bevor wir das Kasr Ghurian (Ghurian ist Garian) erreichten, stiegen wir den abschüssigen Boden ein wenig abwärts nach dem Steilabfall ins Wadi Rumana und lagerten hier auf dem Platz, auf dem gemeiniglich die Truppen zu biwakieren pflegen. Hier blieben wir den folgenden Tag gelagert, indem wir all unser Gepäck offiziell auf dem Schloss wiegen ließen, um den Forderungen unserer Kameltreiber ohne Streit zu begegnen.

Unser gemütlicher Freund, Herr Warrington, wollte, ehe er auf eine Zeit, deren Dauer niemand vorausbestimmen konnte, von uns schied, unsere Gesellschaft noch bewirten und ließ daher eine ungeheure Schüssel Kuskus bereiten, auf so schmackhafte Weise gewürzt, dass unsere kleine Reiseschar in der Folge volle Gelegenheit hatte, sich durch die Erinnerung dieser Schmauserei als eines unerreichbaren Leckerbissens über gegenwärtige Entbehrungen hinwegzusetzen.

(Freitag, 5. April) Obwohl schon zu früher Stunde geschäftig, kamen wir doch erst spät fort, da an diesem äußersten Ausgangspunkt noch vieles in Ordnung zu bringen war. Endlich setzte sich unser schwer beladener Zug wieder in Bewegung.

Die Landschaft ganz in unserer Nähe wurde nun lebhafter. Eine Sklaven-Kafla mit 25 Kamelen und etwa 60 Sklaven, meist weiblichen, dem unglücklichen Erzeugnis der Landschaften, denen wir entgegenrückten, zog an uns vorbei. Endlich, etwa 1½ Stunden nach Mittag, betraten wir einen kleinen Engpass, aus welchem wir bald in den nordwestlichen Zweig des Tals von Misda, »Wadi Ude-Scherab« genannt, eintraten. Die kleine Rinne, welche die nackte, mit Kieseln bestreute Talebene durchzieht, war auch hier mit vielen Batumbäumen umsäumt. So erreichten wir nach etwa 3 Meilen das westliche Ende der kleinen Oase von Misda.

Oase Misda

Allerdings hatte ich sie mir von größerer Ausdehnung vorgestellt, als sie wirklich war; aber doch erfüllte mich der Anblick der schönen reifenden Gerstenfelder, die infolge künstlicher Bewässerung in der

Abbildung 11. Eine der arabischen Burgen am Weg nach Süden. Nach einer Handzeichnung von H. Barth. Gebiet des Wadi Sofedjin, aus der Zeit um 1350 n. Chr., in Nordlibyen, als die Dynastie der Beni Aamer hier herrschte.

größten Regelmäßigkeit dastanden, von den Dattelbäumen wie von einem lebendigen Rahmen umschlossen, mit inniger Freude. Wir zogen zwischen den zwei getrennten Quartieren oder Dörfern, die als das obere, »el fok«, und das untere, »el utah«, bezeichnet werden, hindurch und lagerten auf einem offenen sandigen Platz, ein wenig hinter dem unteren Dorf, nahe bei einem Brunnen, welcher früher ebenfalls einen Garten bewässert hatte. Leute, die nach Tripolis gehen, wie z.B. eine Kafla von Ghadamsi-Kaufleuten, die am nächsten Tage von Fessan mit Sklaven ankam, lagern am entgegengesetzten Ende der Oase.

Misda, höchst wahrscheinlich identisch mit dem östlichen »Musti Kome« des Ptolemäus, scheint eine sehr alte Niederlassung der Eingeborenen von Nordafrika, der Berber, und namentlich einer Familie oder eines Stammes derselben, namens »Guntarar« zu sein; selbst jetzt, obwohl vielfach mit Arabern vermischt, haben sie nicht ganz ihr Berber-Idiom verloren.

Der Eigentümlichkeit dieser kleinen Oase wegen hielt ich es für wert, eine besondere Skizze derselben auch von dieser Seite zu machen.

Obgleich alle Verhältnisse der Oase für die Begriffe eines Europäers in der Tat überaus geringfügig sind, ist sie doch immer noch von
hoher Bedeutung, da zwei Karawanenstraßen, die eine von Mursuk,
die andere von Ghadames, das von hier neun Tagesmärsche entfernt
ist, an diesem Punkt zusammentreffen. Ein solcher Verkehr bedingt
den Charakter der Bewohner; sie sind wohlwollend und erfreuen
sich des Rufes größter Redlichkeit. Alles ist hier sicher, und die
Kamele, die in der Nähe kein Futter finden, werden in ein 4–5
Meilen entferntes grünes Tal getrieben, wo sie ohne Hüter sich
selbst überlassen bleiben. Ich mache diese Bemerkung absichtlich,
da von anderer Seite Angaben verschiedener Art gemacht worden
sind. Man muss in Anschlag bringen, dass wir einen anmaßenden,
streitlustigen Geleitsmann hatten. Die Oase wird zum größten Teil
von diesem erhöhten Platz aus gesehen, und der Grund, warum
gerade an jenem Punkt erhöhte Lebenskraft sich äußern sollte,
wird klar. Wir kehrten mit einbrechender Nacht nach unserem
Zelt zurück.

Da unser Sintani-Diener so vielfach von einer alten Burg mit
zahlreichen Skulpturen zu erzählen wusste, die nicht eben in großer
Entfernung liegen sollte, beschloss ich, sie zu besuchen. Ich brach
also zeitig am Morgen des 9. April auf, von dem Araber und unserem
jüngeren Schausch begleitet. Vorher hatten wir noch eins unserer
Kamele zu holen, welche in die sandige Talsohle 3 Meilen südöstlich
von unserem Lager auf die Weide geschickt worden waren.

Zeugen der Vergangenheit

Es ist schade, dass wir über die Geschichte dieser Länder während
der arabischen Dynastien so wenig wissen, obwohl durch die endliche Veröffentlichung von Ibn Chalduns Geschichte ein Schritt
vorwärts getan worden ist. Sonst würden wir diese Reste ihrer feu-
dalen Lebensverhältnisse mit ganz anderem Interesse betrachten.

Sowohl diese Burg wie eine andere, deren Beschreibung ich lieber
gleich hier einen Platz eröffne, obgleich ich sie erst einige Tage später
besuchte, ist nach einem Mann oder Häuptling namens Chafaidji
Aamer benannt. Von ihm erzählt man, dass er ein mächtiger Häuptling gewesen sei, angesehen in Tunis nicht weniger als in Tarabolus
(Tripolis). Diese Angabe dürfte einer historischen Begründung nicht
ermangeln; wir wissen, dass vom Jahre 724 nach der Hedschra (1323
n.Ch.) bis zum Jahre 802 (1399) in Tripolis eine Dynastie der Beni
Aamer geherrscht hat; sie war höchstwahrscheinlich mit der gleich-

Abbildung 12. »Eine Stätte christlicher Glaubensverehrung ... auf einem Felsvorsprung«. In Nordlibyen. Dreischiffige Halle mit Apsis. Beweis für die Existenz einer christlichen Gemeinde ... noch im 12. Jh. ...« (H. Barth)

namigen Dynastie, welche beträchtliche Zeit die Herrscher über das syrische Tripolis geführt hatte, verwandt.

Die andere Burg nun, der eben beschriebenen im Namen wie im Baustil verwandt, aber in vielen Beziehungen interessanter, da sie unverkennbar einst eine Stätte christlicher Glaubensverehrung war, liegt auf einem schmalen isolierten Felsvorsprung in der Schabet Um el Charub. In der Tat scheint dieser Bau ursprünglich fast ausschließlich zu einer Kirche bestimmt gewesen zu sein. Das Gebäude, 43 Fuß ins Gevierte messend, ist groß genug für eine kleine Gemeinde, und zeigt mehr Kunst und Wohlhäbigkeit, als man von einer christlichen Gemeinde in diesem Teil der Welt hätte erwarten sollen. Es ist dieser Umstand, welcher dem Bau ein größeres Interesse verleiht, als er sonst erwecken würde. Die Halle schließt mit einer einfachen Apsis ab; in ihr sind zwei Türöffnungen, die in einen offenen Raum führen, welcher hinter der Wölbung und den Seitenschiffen sich befindet. Sie ist in drei Schiffe eingeteilt, von denen das mittlere acht, die an den Seiten befindlichen sechs und einen halben Schritt in der Breite messen. Sie werden durch Säulenreihen getrennt, welche mit verschiedenartig verzierten Kapitellen, auf denen die Bögen ruhen, geschmückt sind.

Die erste ganz unzweifelhafte Tatsache, welche sich uns aufdrängt, ist die Existenz einer christlichen Gemeinde oder eines Klosters in diesem abgelegenen Tal, am Wenigsten noch in der Zeit des zwölften Jahrhunderts, unter dem Schutz eines mächtigen Häuptlings. Dies hat in der Tat durchaus nichts Unwahrscheinliches, da wir sehr gut wissen, dass Mohammed ausdrücklich befahl, die eifrigen Priester und Mönche unangefochten zu lassen, und da wir so viele Klöster in manchen anderen mohammedanischen Ländern finden; Bischöfe wurden ununterbrochen für diese Gegenden ordiniert. Dass es nicht nur eine Kirche, sondern auch ein Kloster war, scheint deutlich hervorzugehen aus der Einteilung in Zimmer oder Zellen, die man im oberen Stockwerk findet; aber auch an der Nordseite der Kirche war ein Flügel angebaut mit mehreren ganz einfachen, gleichmäßigen Zimmern. An der Südecke des engen Felsrückens ist ein kleiner isolierter Turm in zwei Abteilungen.

Nahe bei diesem Schloss befindet sich ein anderes, »Kasr Labayed mta Deraier« genannt, während ein viertes, wie es scheint kleineres, namens »Kasr el haemer«, zerstört worden sein soll.

Kapitel 6

Spuren der Römerzeit

Wir traten also nun in unsere zweite Station. Aber wir verloren den besten Teil des Morgens dadurch, dass unsere Leute die Kamele, welche sich über das ganze Wadi zerstreut hatten, nicht so schnell, wie wünschenswert war, finden konnten. Als sie dann endlich eingebracht waren, mussten sie noch getränkt und die Schläuche gefüllt werden. Unser Weg war fast derselbe wie derjenige, auf dem ich gestern heimgekehrt war, und nach mäßigem Marsch lagerten wir im Wadi Sofedjin an einer von Büschen freien Stelle.

Von hier aus besuchte ich am nächsten Morgen die Burg oder das Kloster in Schabet Um el Charub, welches ich schon oben beschrieben habe, und ging von da quer über das steinige Plateau, um unsere Karawane einzuholen.

Etwa um 5 Uhr nachmittags lagerten wir im Wadi Talha, unfern eines römischen Kastells oder Turms, welcher auf einem Hügel zu unserer Linken lag. Als ich hinging, um den Bau in Augenschein zu nehmen, fand ich, dass er aus Quadern von unregelmäßiger Gestalt und ohne Zement aufgeführt war und im Inneren 20 Fuß im Quadrat maß. Die Ecken waren abgerundet, und nur ein enges Tor auf der Ostseite bildete den Eingang.

Dies schienen indessen nicht die einzigen Reste des Altertums in der Nachbarschaft zu sein; denn vor uns auf der Hochebene zeigte sich ein hoher, turmartiger Bau, und ich ging zeitig am nächsten Morgen, als unsere Leute angefangen hatten aufzupacken, hin, um zu sehen, was es sei. Ich fand ein römisches Grabmal, welches ursprünglich aus drei Stockwerken bestanden zu haben schien, von denen aber nur die Basis und das erste Stockwerk erhalten waren, während die Bausteine, welche den oberen Teil des Denkmales gebildet hatten, verstreut umherlagen; jedoch zeigten sie noch deutlich, dass die Ecken mit kleinen korinthischen Säulen verziert gewesen sein mussten. Denn alles, was von den Römern zu uns herübergekommen ist – mag es auch am abgelegensten Fleck sich finden – hat seine eigentümliche Vollendung.

Unweit von diesem Grabmal sind die Ruinen eines anderen, von welchem aber nur noch die Basis erhalten ist, wenn überhaupt das

Gebäude je einen Abschluss erhalten hat. Bis ich meine Zeichnung vollendet hatte, war unsere Kafla im Tal entlang vorübergezogen und ich eilte, sie einzuholen. Ich passierte mehrere isolierte Kegel, welche mit ihren steilen Abhängen, durch das Fortbrechen der unteren Steinschichten jählings abgerissen, wie Burgen aussahen. Nachdem ich Wadi Marssid durchschnitten hatte, kam ich bei den Kamelen an. Sie zogen heute mit besonderer Rüstigkeit und der größten Schnelligkeit, welche wir bei gewöhnlichem Marsch nur immer erreichbar fanden, nämlich eine halbe englische Meile in 12 Minuten und 10 Sekunden, also etwas weniger als 2½ Meilen in der Stunde; jedoch fanden wir vermittelst späterer Messungen, dass dies jetzt unser gewöhnliches Maß wurde bis zum Brunnen Tabonieh, während bis Misda kaum 2 Meilen in der Stunde gemacht wurden. Die Lasten der Kamele waren allerdings im Anfang bedeutend größer gewesen, aber dies kann wohl nicht als der einzige Grund dieser Verschiedenheit angesehen werden. Die ersten Tage einer solchen Reise gehen nie mit voller Rüstigkeit vorwärts und weder Tier noch Mensch spannt seine volle Kraft an. Jetzt aber, nachdem wir Misda hinter uns hatten, dachten sowohl unsere Treiber als ihre Kamele an die Genüsse der Heimat und eilten rüstig vorwärts. Dazu kommt auch die meist größere Dürre der Gegenden, die selbst dem einzeln dahinziehenden arabischen Kamel weniger Verführung darbietet, von der geraden Richtung abzuweichen.

Ich will hier ein für alle Mal erwähnen, dass Overweg und ich wiederholt die Schnelligkeit unseres jedesmaligen Marsches vermittelst einer Kette maßen, was eben keine angenehme Beschäftigung bei starkem Sonnenbrand und auf oft rauem Terrain war. Auch tat diese Arbeit unserem Ansehen in den Augen unserer Leute einigen Eintrag.

Der Tag wurde in der Folge höchst unbehaglich, indem uns ein heißer Westwind den Sand ins Gesicht trieb und die Luft verdunkelte.

Nach etwa 2 Stunden Weges erspähte ich in der Ferne etwas wie eine Säule. Ich ging gerade darauf zu und fand eines der schönsten Exemplare dieser Denkmalbauten, welche das Altertum uns zurückgelassen haben, und in ihm zugleich einen unumstößlichen Beweis, dass selbst diese Gegenden bei Weitem nicht so dürftig gewesen sein können, wie sie jetzt sind, dass sie im Gegenteil einst eine Bevölkerung ernährten, gebildet genug, um solche Werke der Kunst und menschlichen Größe zu würdigen.

Abbildung 13. Römisches Grabmal auf dem Weg zur Roten Hammada.
Nordlibyen. Holzschnitt nach einer Zeichnung von H. Barth.

Das Monument erhebt sich auf einer Basis von drei Stufen und
in drei Stockwerken zu beinahe 48 Fuß Höhe. Die Basis enthält
eine Grabkammer, 4 Fuß 10⅛ Zoll lang, 4 Fuß ½ Zoll tief, mit drei
Nischen, eine an der Nord- und zwei an der Ostseite.

Es ist eben nicht zu verwundern, dass die fast jeder Kunsttätig-
keit unfähigen Bewohner dieser Gegenden so hoch emporstrebende
und reich geschmückte Grabmäler der Vorzeit als Götterbilder oder
Kultussstätten der Heiden betrachten und sie »ssanem« nennen. Ich
selbst, als ich einsam und allein in diesem breiten, verödeten Tal,
das gegen Ost von der großartigen Wand des Plateaus überragt wird,
diesem wunderbaren, reich geschmückten und in seiner Schlankheit
wie von Genien getragenen Denkmal gegenüberstand, fühlte mich
von einem gewissen unheimlichen Gefühl ergriffen.

Wiederholt, während ich seinen kunstvollen Zierrat in meinem
Skizzenbuch zu entwerfen suchte, sah ich mich gezwungen, einzu-
halten und mich bedächtig nach allen Seiten umzusehen. Aber kein
menschliches Wesen ließ sich blicken, ja nicht einmal ein lebendes
Wesen überhaupt. Und für wen baute der Römer hier sein kunst-

reiches Denkmal? Konnte er ahnen, dass es nach so vielen Jahrhunderten von einem Nachkommen jener Germanen, die er verachtete
wie die Garamanten, der gebildeten Welt zur Bewunderung wieder
vorgeführt werden möchte? –

Nachmittags machte ich mit Overweg einen anderen Ausflug in
entgegengesetzter Richtung, das Tal hinab. Nach einer Stunde Wegs
erstiegen wir eine Berghöhe und gewannen eine höchst interessante
Aussicht über diesen eigentümlichen Boden. Das felsige Hochland
lag vor uns nach Westen, zerrissen und durchbrochen von wilden
Schluchten und Klüften, sodass nur einzeln stehen gebliebene,
klippenartige Wände die Höhe desselben angaben. Namentlich bemerkenswert war gegen Westen zu ein hoher, zerklüfteter Grat mit
jählings abstürzenden Mauern, der mit seinen natürlichen Zinnen
einer Geisterburg gleichsah. In einer Kluft an der Grenze dieser
wilden Szene großer Naturveränderungen war Overweg bei dieser
Expedition glücklich genug, einige sehr interessante Exemplare von
Versteinerungen in guter Erhaltung zu finden, besonders das überaus
interessante Stück, das nach ihm *exogyra Overwegi* benannt worden
ist.

Unser Eifer hatte uns aber etwas zu weit geführt, und es wurde
dunkel, ehe wir unseren Rückweg antraten, sodass wir einige Mühe
hatten, unseren Weg zu finden. Ermattet und abgespannt kamen
wir im Lager an, nachdem wir unseren Leuten schon starke Befürchtungen verursacht hatten.

(Sonntag, 14. April) Schon um 2 Uhr morgens wurden wir aus
unserem erquickenden Schlaf aufgestört. Es geschah dies durch die
Kameltreiber, welche vorgaben, den gestrigen Zeitverlust ersetzen zu
wollen. Wir kamen jedoch keineswegs zu so zeitiger Stunde fort. Unser Weg führte uns von Wadi zu Wadi gewöhnlich durch Engpässe,
von denen einige beim Übergang nicht geringe Schwierigkeiten darboten. Wir ließen eine Burg römischen Ursprungs, wie es schien, zur
Linken und weiterhin zur Rechten eine leichte Steinmauer, »hakl'
el Urínssa« genannt, die sich aus den Zeiten der kleinen Fehden
zwischen den arabischen Stämmen herschreibt.

Nach einem mäßigen Marsch von etwas mehr als 10½ Stunden
lagerten wir in einer kleinen Einsenkung, welche nach einer besonderen Art grünen Gesträuchs, das hier wächst, »el Djederia« benannt
ist. Es war sehr gut, dass wir zu so zeitiger Stunde gelagert hatten,
da sich bald hernach ein heftiger kalter Wind erhob, welcher Regen
brachte. Da unser Zelt nicht mit gehöriger Sorgfalt aufgeschlagen

Abbildung 14.
Reich verziertes
römisches Monument
in Nordlibyen, auf
dem Weg in den
südlibyschen Fessan.
Holzschnitt nach einer
Zeichnung von H.
Barth. (48 Fuß Höhe)
Hauptfront nach
Osten. »Beweis, dass
selbst diese Gegenden
… nicht so dürftig
gewesen sein können,
wie sie es jetzt sind«.
Von den arabischen
Bewohnern als
»Heiden-Zeugnis«
betrachtet. (Ssanem).

war, wurde es in der Nacht umgeweht, und es verursachte uns nicht
wenig Mühe, es wieder aufzuschlagen.

Indem wir unseren Marsch am folgenden Morgen fortsetzten,
stießen wir etwa um 10 Uhr auf einen ärmlichen einzelnen Talha-
baum, der als »el duheda« besonders bezeichnet war. Erwünschter
kamen die Trüffeln, die wir weiterhin fanden und die uns in unserem
Nachtlager am Abend zu einer vortrefflichen Suppe dienten.[8] Der
Himmel war sehr trübe und der Mond hatte einen außerordentlich
großen »dara« oder Ring. Wir schliefen diese Nacht ohne Zelt und
fanden die Kälte sehr empfindlich.

---

8   Auch die westliche Wüste zwischen Tuat und Timbuktu ist mitunter reich
     an Trüffeln, wie schon der größte aller arabischen Reisenden, Ibn Battuta,
     bemerkt.

KAPITEL 7

DIE »ROTE HAMMADA«

Am folgenden Tag (19. April) wurde die Einförmigkeit unseres Marsches durch die Begegnung zweier Karawanen ein wenig unterbrochen. Die erste bestand aus fünf Kamelen, die zweite, die Ghadamsi-Leuten gehörte, aus fünfzehn. Die letztere hatte Elfenbein geladen und führte eine Frau mit sich, welche, in ihrem kleinen Käfig sitzend, sich ziemlich behaglich zu fühlen schien. Etwa um 1½ Uhr nachmittags erreichten wir die höchste Erhebung der Hammada, 1450 Fuß über dem Meeresniveau. Sie ist durch eine Halde bezeichnet und trägt daher den Namen »redjm el erhha«, »das Zeichen der Steinhaufen«. Der Araber, der oft einsam und gedankenvoll über sein weites Gebiet schweift, ist wohlempfänglich für die leisesten Gestaltungen der Oberfläche des Bodens.

Bald darauf lagerten wir uns, da ein heftiger Wind von NNW zu stürmen anfing. Die Schwalben, oder vielmehr Felsenschwalben *(Cotyle rupestris),* die unserer Reisegesellschaft bisher gefolgt waren, flüchteten, vom Sturm getrieben, in unser Zelt und verbargen sich in den Zwischenräumen, welche von dem Gepäck gebildet wurden. Aber sie täuschten sich in der Erwartung, hier eine sichere Zufluchtsstätte gefunden zu haben; denn das leichte hochdachige Zelt wurde in der Nacht wiederum umgeweht, als ein dichter Regen den Sturm begleitete, sodass wir uns mit unseren kleinen Gästen eine Zeit lang in etwas unbehaglicher Lage befanden. Die Folge davon war, dass wir am folgenden Morgen etwas spät aufbrachen, wo wir dann den traurigsten Teil der Hammada betraten, der durch den Namen »el homrah«, »die Rote«, ausgezeichnet ist. Bis hierher hatte nur ein einziger Pfad über das steinige Plateau geführt, am Nachmittag aber erreichten wir eine Stelle, wo ein Arm sich zur Linken abzweigt. Dieser Seitenweg wird »msser ben Wafi« genannt und führt nach dem östlichen Teil von Wadi Schati. Früher war es der gewöhnliche Weg nach Fessan, da die Straße über El Hassi wegen der Räubereien der Urfilla als zu unsicher betrachtet wurde; und noch jetzt heißt die Letztere »trik el djedid«, »die neue Straße«.

Herr Richardson, welcher vom Nachtreisen genug bekommen hatte, namentlich, da es das kühle Wetter ganz überflüssig machte, hatte diesen Morgen infolge unseres kurzen Marsches am gestrigen

Tage einen ziemlichen Vorsprung vor uns gewonnen. Da er nun
noch bei Tageszeit eine ziemliche Strecke zurückgelegt hatte, hielten
wir lieber, um ihn einzuholen, einen heftigen Regenguss aus, ehe wir
unser Zelt zum Nachtlager aufschlugen.

(Sonntag, 21. April) Da die ganze Kafla nun wieder vereinigt war,
benahm die größere Mannigfaltigkeit unseres eigenen Trupps der
Gegend, welche wir durchzogen, viel von ihrem einförmigen,
öden Charakter. Nachdem wir etwa 7 Meilen zurückgelegt hatten,
erreichten wir die frischeste und größte Einsenkung der ganzen
Hammada. Es ist dies Wadi el Alga, das wir eigentlich schon gestern
hätten erreichen sollen, um am heutigen Tag dem Brunnen so nahe
wie möglich zu kommen. Die Folge davon war, dass wir, als wir
uns um 4 Uhr nachmittags lagerten, bis zum ersehnten Platz noch
eine lange Tagereise vor uns hatten. Diese Sorge war es, welche uns
am folgenden Tag mit allgemeinem Impuls zeitig aufbrechen hieß,
um »den Brunnen« sicher zu erreichen. Kein Mondschein belebte
unseren nächtlichen Marsch, und in der Dunkelheit mussten wir
Tiere und Menschen durch häufiges Rufen zusammenhalten. Nach
etwa 12 Meilen Wegs erreichten wir den ersten Abstieg, welcher von
der Hammada abwärtsführt. Er heißt »tnie Tuënnin«, war aber zu
steil und jäh für unsere schwer beladene Kafla. Wir verfolgten also
unseren Pfad, bis wir etwas nach 11 Uhr den breiten Pass »tnie el
ardha« erreichten und nun anfingen, abwärtszusteigen.

   Die raue, in gewundenem Lauf tief eingerissene Felsenkluft gab
uns hinreichend Gelegenheit, die sie bildenden Schichten zu beobachten. Der Sandstein zeigte eine vollkommen schwarze Oberfläche, nicht nur in der Gesamtmasse der Seitenwände der Klüfte,
sondern auch in den einzelnen massenhaften Blöcken, welche von
der Hauptmasse losgerissen waren und in wilder Unordnung herum-
lagen. Jeder würde das Gestein beim ersten Anblick für Basalt gehalten haben, aber der Bruch enthüllte sofort den wahren Charakter.
Über dieser mächtigen Sandsteinschicht, welche an einigen Stellen
ein Tonlager mit Beimischung von Gips deckte, ruhte eine Schicht
Mergel und auf dieser, als obere Kruste, Kalkstein mit Kiesel.

Endlich, der Brunnen

Nachdem wir uns eine volle Stunde in der engen Schlucht, die
von steilen, düsteren Wänden eingeschlossen war, hingeschlängelt
hatten, traten wir in eine Erweiterung derselben, wo dann unsere

Richtung weniger schwankend wurde. Aber noch verlor die Landschaft nichts an ihrem düsteren Aussehen; die Talsohle war mit
Blöcken schwarzen Sandsteins bestreut und die ganze Landschaft
vor uns in eine neblige Atmosphäre eingehüllt, die dem forschenden
Blick eine nahe Grenze setzte. Begierig, den Brunnen zu erreichen,
eilten wir drei, da die ganze Karawane sehr zersprengt war, mit
einem unserer Geleitsreiter voraus, wobei der Südwind uns den
Sand, welcher enge Streifen zwischen dem kiesigen Boden bildete,
ins Gesicht trieb. Wir hegten die Hoffnung, ein liebliches frisches
Wäldchen oder doch wenigstens leidlichen Schatten zu finden, wo
wir uns nach unserem angreifenden Marsch behaglich ausstrecken
könnten; aber als wir endlich um 5 Uhr nachmittags nicht mehr
weit vom Brunnen entfernt sein konnten, wurde zu unserer großen
Enttäuschung der Sand nur tiefer, während durchaus nichts als ein
paar kümmerliche Palmbüsche zu sehen war. Am Brunnen selbst
aber, der in der Mitte dieser Sandwüste ausgegraben und einstmals
von einem jetzt verfallenen ovalen Gebäude geschützt gewesen ist,
hörten selbst die verkümmerten Palmbüsche auf. Es war in der Tat
ein trauriges Lager nach so ermattendem Marsch, dessen Unbehag-
lichkeit nur durch den Gedanken gemildert wurde, dass nun aller
Furcht vor Wassermangel ein Ende sei; denn der Brunnen ist reich
an dem belebenden Element.

Es ist eben der Brunnen »el Hassi«, der *eine* wohlbekannte Brunnen auf dieser Straße, wie die Hammada die *eine* wohlbekannte
Hammada. Die »Durchglühte«, die heiße, wasser- und beinahe
vegetationslose steinige Hochfläche, die den Wanderer sechs lange
Tagemärsche ohne Rast und in Gefahr zu verdursten vorwärtstreibt,
und »der Brunnen«, der ewig wasserreiche Brunnen, der ihn an
ihrem Ende empfängt, welch ein Bild des Lebens dieser Weltgegend!
Diese beiden Wörter schließen eine ganze Welt des afrikanischen
Nomaden in sich. Wasser hat der Brunnen in Fülle, sonst hat er
nichts und verspricht auch nichts; und auch wir also wollen ihn
feiern wegen seines Reichtums und ihn nicht herabsetzen, weil er
das nicht besitzt, was er nicht verspricht.

In früherer Zeit war hier eine Art befestigten Chans, die man
nur sehr selten in diesen Gegenden zu sehen bekommt. Er war von
den Stämmen der Notman und Sueid erbaut, um ihre Karawanen
gegen die Raubzüge der Urilla zu schützen. Dies Gebäude bestand,
wie es scheint, aus 20 sehr einfachen Kammern, welche rings um
einen ovalen Hofraum lagen; dieser hatte einen Eingang von Norden

und einen anderen von Süden und war 30 Schritte lang, 16 breit, während der Brunnen seinen Mittelpunkt bildete. Der Brunnen ist 5½ Klafter tief. Die Temperatur seines Wassers maß 22 Grad Celsius. Es war im Vergleich mit dem von Tabonieh sicherlich sehr gut. Herr Overweg fand die Erhebung dieser Stätte 696 Fuß über dem Meer, sodass wir von der höchsten Kante der Hochfläche etwa 760 Fuß herabgestiegen waren.

Unter allen Umständen waren wir herzlich froh, als unser schweres, fast unerschütterliches tripolitanisches Zelt uns seine mit blauem amerikanischem Zeug gefütterten weißen Wände zur zeitweiligen Behausung öffnete. Das Gepäck, im Inneren an den Wänden umhergelagert, bot uns eine heimische, sichere Lagerstätte, wo wir uns behaglich ausstrecken konnten, ohne vom Sand verschüttet zu werden. Wir waren insgesamt höchst ermüdet und bedurften der Ruhe vielleicht mehr, als irgendeiner anderen Erquickung.

Gewiss war es nötig, sowohl aus Rücksicht auf unsere Leute, als auf die Tiere, den folgenden Tag hier Rast zu halten, ungeachtet der Tatsache, dass der Platz im höchsten Grad unbehaglich war und auch nicht den geringsten Schatten bot. Die Skizze, welche ich heute davon nahm, mit dem Abfall der Hammada im Hintergrund (Ansicht 4), kann von dem öden Charakter des Platzes nur einen schwachen Begriff geben. Kaum auf der ganzen Reise erschien mir irgendeiner unserer Lagerplätze so unbequem und unerfreulich. Hätte ich ein Tier zum Reiten gehabt, so würde ich mich, um etwas Schatten genießen zu können, nach einer Gruppe von drei oder vier Dattelbäumen aufgemacht haben, welche etwa 3 Meilen westlich vom Brunnen entfernt sein sollen und den Sintan gehören; aber unsere Kamele bedurften der Ruhe zu sehr.

Wie der Hassi die Hammada und den nordafrikanischen Saum abschließt, so eröffnet er die Zone der Oasen und zugleich die der Wohnstätte der äthiopischen Rassen. Denn alles Land von hier südlich gehörte ursprünglich, das heißt in der historischen Zeit des Altertums, zu Äthiopien, und nur die Eroberung der Berber und Araber hat die ursprüngliche Bevölkerung gemischt.

Unsere Ankunft am Brunnen El Hassi wird also passend diesen Abschnitt meiner Erzählung beschließen.

KAPITEL 8

MÜHSAMER MARSCH DURCH DAS
»SANDMEER« DES FESSAN

(Sonntag, 28. April) Wir verließen unseren malerischen Lagerplatz bei Ederi, um die Passage über die Sandhügel anzutreten, welche das flache Wadi e' Schati von dem tieferen Wadi el Gharbi trennen. Es schien mir sehr eigentümlich, dass selbst der höhere Boden, der wohl 50 Fuß über die Talsohle erhaben ist, mit der Salzkruste bedeckt erscheint. Nachdem wir diesen Boden durchschnitten hatten, begannen wir, die Region der Sandhügel hinanzusteigen. Sie entbehren keineswegs ganz und gar der Vegetation und erzeugen an einigen günstigen Stellen Gruppen von Palmbäumen, die ihre bestimmten Eigentümer haben. Muckeni – der Vater Yussufs, des Dolmetschers Herrn Richardsons – soll in dieser Gegend eine Menge Uëlad Sliman getötet haben, die hier ihre Zuflucht suchten.

Die bedeutendste aller mit Palmen geschmückten Einsenkungen in diesen hohen Sandwänden ist Wadi Schiuch, das in der Tat einen interessanten Anblick gewährt: ein ganz schmaler Streifen von Palmbäumen, zwischen hohen, bergartig aufsteigenden Dünen feinen weißen Flugsandes begraben; einige Bäume auf dem Gipfel kleiner Hügel, von anderen in den Höhlungen begrabenen kaum noch die Krone sichtbar.

Nach recht ermüdendem Marsch durch dieses Sandmeer lagerten wir endlich im Wadi Gober[9], einer anderen flachen Einsenkung zwischen Sandhügeln. Das Wasser in diesem Tal ist etwas salzig, und nur wenige Palmen finden hier Nahrung. – Hier besaßen unsere Kameltreiber selbst einige Bäume und waren daher mehr auf die Fürsorge für ihr Eigentum als auf einen zeitigen Aufbruch am nächsten Morgen bedacht.

Als wir endlich auf dem Marsch waren, fanden wir die Anstrengungen noch größer als am gestrigen Tag. Die Sandhügel wurden

---

9   Der Name ist bedeutsam. Er enthält wahrscheinlich eine schwache Andeutung des Wanderzuges der mit den Berbern nahe verwandten Gober-Rasse. – Gober und Tassaua in Fessan, Gober und Tassaua im Sudan – mögen sie die Fackeln werden im regen wissenschaftlichen Streben, bald die Pfade dieser Völkerwanderung klarer zu beleuchten!

steiler und steiler und boten die größten Schwierigkeiten für die
Kamele, hauptsächlich aber am Rande der Abhänge. Wir mussten
manchmal sogar die Kanten mit unseren Händen abflachen, um den
Tieren das Ansteigen zu ermöglichen. Ich war gewöhnlich ein wenig
voraus, von Mohammed ben Sbaeda geführt. Dieser, einer unserer
Kameltreiber, hatte seinen zanksüchtigen Charakter, wodurch er
sich bisher unangenehm gemacht, mit dem Eintritt in Fessan gänzlich geändert. Er zeigte sich gefällig und freundlich und beeiferte
sich, mir jede geforderte Auskunft zu geben. Er belehrte mich unter
anderem, dass dieser Sandgürtel sich von SW nach NO von Duessa
bis Fukka erstrecke. Fukka gab er als 5 Tagereisen diesseits von Sokna
gelegen an. Auch behauptete er, dass, obgleich uns diese Sandhügel
ungemein hoch und schwierig erschienen, sie doch im Vergleich
mit denen in der Richtung der Natronseen klein seien.[10] Indessen
schien es mir, als wolle er durch diese Nachricht vielmehr sich und
seine Gefährten entschuldigen, uns diesen langen westlichen Weg
geführt zu haben, da er wusste, dass wir die Natronseen zu besuchen
gewünscht hatten, und dass unsere gerade Straße bei denselben
vorbeiführte. Sie dagegen wollten uns nach ihrem geliebten Dorf
Ugraefe bringen.

Mohammed teilte mir auch mit, dass in Fessan jeder Distrikt
seinen eigentümlichen Dialekt habe, und behauptete, dass, während
die Bewohner von Wadi e' Schati ein gutes Arabisch sprächen, dem
in Misda jetzt gebräuchlichen Dialekt sehr ähnlich, die Einwohner
des »großen Wadis« (Wadi el Gharbi) ein sehr verdorbenes Idiom
hätten. Es lag mir viel daran zu wissen, ob in Fessan nicht außer
Berber-Dialekten und der Tebu- oder vielmehr Teda-Sprache noch
ein eigentümliches Idiom gesprochen würde, da ich gewiss bin, dass
die ursprüngliche Bevölkerung des Landes schwarz gewesen ist und
ihr eigenes afrikanisches Idiom hatte; aber ich war nicht imstande,
eine Auskunft über diesen interessanten Punkt von ihm zu erhalten.

Unter solcherlei Gesprächen war die Kafla weit hinter uns zurückgeblieben, und wir erachteten es für ratsam, in Wadi Tuil auf sie zu
warten, namentlich, da hier der Pfad sich trennte. Es war so heiß,
dass mein Kamel, als ich es sich selbst überließ, um zu grasen, nichts
anrühren mochte und ruhig am Fleck liegen blieb. In der Tat war
der Sand so glühend heiß, dass es kaum möglich war, langsam zu

---

10   Dr. Vogels Besuch der Natronseen hat die Großartigkeit der dortigen Sand-
     region vollkommen bestätigt.

gehen; so bedeutend brannte er durch die Schuhe. Ein auf einen Augenblick in den Sand gegrabenes Thermometer stieg auf 45 Grad.

Als nun die übrigen Kameltreiber endlich herangekommen waren, entstand ein Streit, welcher Pfad zu nehmen sei. In Wirklichkeit konnte gar kein Zweifel über die direkte Straße nach Mursuk obwalten; aber einige mochten uns gern bis nach Ubari von unserer Straße abführen. Schließlich indessen behielt die Partei, deren Interesse es war, uns nicht weiter westwärts als Ugraefe zu führen, die Oberhand; aber schon diese Richtung war um ein Bedeutendes außerhalb unseres Weges. Wir ließen daher die Straße nach Ubari, welche über zwei Wadis oder Einsenkungen, Tekur und Uglah, beide mit schlechtem Wasser, führt, westlich liegen und folgten der Straße nach Ugraefe.

So gelangten wir in das Wadi Mukmeda, wo wir uns um 4 Uhr nachmittags nahe bei den Sandhügeln, welche die südliche Seite begrenzen, im Schatten eines wilden Palmbusches lagerten. Unmittelbar dabei, nur 2 Fuß unter der Oberfläche, war sehr gutes Wasser; da jedoch das Loch eben erst gegraben und das Wasser also mit der Luft noch nicht genug in Berührung gekommen war, enthielt es sehr viel Schwefelwasserstoffgas.

Am folgenden Tage durchschnitten wir mehrere kleinere Täler mit einigen Palmbäumen. Ein größerer Hain schmückte Wadi Djemal, der das alleinige Eigentum eines unserer Kameltreiber, namens Bubakr, war. Er besaß hier ein aus alter Zeit stammendes, aus Backsteinen aufgeführtes Magazin, das aber ganz mit Sand bedeckt war. Hier hatte er vierzig Kamelladungen Datteln aufgespeichert, welche von der »tefsirt« genannten Art, von bedeutender Größe und ausgezeichnetem Geschmack waren. Sie mundeten unseren Leuten ganz vortrefflich.

Nachdem wir uns hier einen Augenblick erfrischt hatten, gelangten wir an den steilsten Anstieg von allen denen, die wir schon überwunden hatten, sodass selbst mein kräftiger und unermüdlicher Bu-ssaefi mich nicht hinübertragen konnte und ich absteigen musste.

Als wir diesen mächtigen Sandrücken nach vieler Anstrengung hinter uns hatten, wurde uns versichert, dass nun alles »Uar«, jede schwierige Passage, vorüber sei. Wir hatten indessen doch immer noch einige schwierige Stellen zu überwinden. In Wadi Gella, das wir zunächst durchschnitten, fanden wir die Fußstapfen einer großen Herde Schafe. Hier weidete auch ganz einsam ein Kamel,

welches in diesem Distrikt vollauf sein Futter findet und an dem
flachen Brunnen in Wadi Uglah ohne die Hilfe eines Menschen
seinen Durst löschen kann.

Von hier stiegen wir in das Wadi Tigidaefa hinab, wo wir bei
zwei zusammenstehenden Palmbäumen, den einzigen im ganzen
Tal, lagerten. Ein reicher Brunnen mit gutem Wasser, von dichtem
Palmgebüsch beschattet, war in der Nähe. Alles zusammengenommen, war es ein sehr zufriedenstellender Lagerplatz; er hatte nur den
Fehler, dass der ganze Boden voll von Kamelwanzen war, wie das
gewöhnlich bei diesen Lagerplätzen der Fall ist.

Aufbruch 2 Uhr morgens

(Mittwoch, 1. Mai) Getrieben durch einen allgemeinen Impuls von
Energie, brachen wir heute zu sehr früher Stunde etwas nach 2 Uhr
morgens, auf, um endlich aus den Sanddünen hinaus in das Wadi
zu gelangen. Nach 7 Stunden ununterbrochenen Marsches erhielten
wir denn auch die erste Ansicht der steilen und jähen Felsenwände,
welche die Südseite des Wadis begrenzen. Sie bildeten einen wunderbaren Gegensatz gegen die weißen Sandhügel im Vordergrund; indem sie sich in horizontaler schwarzer Linie, welche gegen die Enden
auf beiden Seiten schwächer und schwächer wurde, ausstreckten,
veranlassten sie das trügerische Gebilde eines Sees in weiter Ferne. Der
kühle Ostwind, welcher uns am Morgen erquickte und einen schönen Tag versprach, schlug gegen Mittag, wie das nur zu oft der Fall
ist, in einen heißen Südwind um, der uns höchst unbehaglich wurde
und die Ermüdung empfindlich fühlen ließ. Die Unannehmlichkeit
wurde dadurch noch bedeutend erhöht, dass sich die Entfernung als
weit größer herausstellte, als wir erwartet hatten, und es war schon
beinahe 2 Uhr nachmittags, als Herr Richardson und ich, die wir
weit vor der Karawane voraus waren, den Rand des Wadis erreichten. Bald darauf gelangten wir an den Brunnen Moghras am Fuße
zweier vereinzelter Palmbäume, wo wir eine Frau mit zwei niedlich
gekleideten Kindern fanden. Sie gehörte zu den Asgar-Tuaregs, einem
Stamm, der seine Wohnsitze jetzt weiter im Westen hat, aber, wie klar
nachgewiesen ist, erst allmählich aus den Gegenden Libyens, an den
Grenzen der Cyrenaika, über diese Gegenden Fessans dahin gedrängt
worden ist, sodass diese Familien nur wieder aus ihren öderen neueren
Wohnsitzen in die fruchtbareren älteren zurückgekehrt sind.

Ungefähr in der Mitte des Tales zieht sich ein Gürtel von Salz-
inkrustation von mehr als einer halben englischen Meile Breite hin

und trennt die vereinzelten Palmgruppen von dem eigentlichen Wäldchen. Nachdem wir endlich das Letztere erreicht hatten, erblickten wir bald das hochgefeierte Dorf Ugraefe, Residenz von vier unserer Kameltreiber und der große Gegenstand unwiderstehlichster Anziehungskraft für sie, um dessentwillen wir die weit umziehende westliche Straße genommen hatten. Wir fanden es nur aus dreißig leichten, niedrigen Wohnungen bestehend, die alle aus Lehm und Palmzweigen gebaut waren. Es lag nahe an einem freien Platz, wo wir gebeten wurden zu lagern. Da aber weiterhin zwei herrliche Ethelbäume, die größten, welche ich je gesehen habe, erwünschten Schatten versprachen, so wählten wir unseren Lagerplatz an ihrer Seite. Als die Kamele herangekommen und die Zelte aufgeschlagen waren, gewährte das Lager in der Tat einen höchst freundlichen Anblick.

Zeitig am nächsten Morgen vergnügte ich mich damit, in den Pflanzungen umherzustreifen. Ihr guter Zustand im Allgemeinen verfehlte nicht, einen angenehmen Eindruck auf mich zu machen. Das Korn, welches ausgezeichnet stand, war eben reif und wurde gerade eingeerntet. Ganz nahe bei unserem Lager waren zwei Negersklaven damit beschäftigt, es zu schneiden, und drei oder vier Sklavinnen trugen es nach den Speichern. Die Neger waren mächtig starke junge Burschen, die Weiber indessen eher hässlich, eine ausgenommen, die mit ihrer wirklich hübschen Figur sich durch leichtfertige Koketterie noch mehr Reize zu geben suchte. Die ganze Gesellschaft begleitete ihre Arbeit mit Gesang und gab von den Sitten dieser Landschaft durch übermütige, unanständige Bewegungen eine Vorstellung. Denn Wadi Gharbi ist nur zu berüchtigt wegen der Freiheiten, welche der weibliche Teil seiner Einwohner den jährlich auf ihrem Weg von oder nach Mekka durch das Wadi ziehenden Pilgerkarawanen gestattet.

Djerma-Garama, ein uraltes Kulturzentrum?

Da ich lebhaft wünschte, das alte Djerma zu besuchen, um mich zu überzeugen, ob es identisch sei mit dem Garama der Römer, so mietete ich in der Folge einen kleinen, elenden Esel, und in Begleitung des jungen, sehr dummen Sohnes von Sbaeda machte ich mich zu einer Untersuchungsreise in den östlichen Teil des Tales auf.

Indem wir uns längs des südlichen Randes der Pflanzungen hielten, rechts den jähen Abhang der Felsriffe, welche sich 300–400 Fuß erheben, rückten wir langsamen Marsches vorwärts, bis wir die südwestliche Ecke von Djerma kadim erreichten. Sie ist mit einem viereckigen Turm befestigt, der aus Lehm gebaut ist und eine wunderliche Einrichtung im Inneren zeigt. Der ganze Umfang der Stadt, welche seit langer Zeit verlassen ist, misst 5000 Schritt; die Südseite allein ist 1500 Schritte lang. In der Nähe der Stadt sind durchaus keine römischen Ruinen, aber die Überreste von mehreren großen, starken Türmen aus Lehm sind etwas weiterhin zu sehen. Da ich daher nicht imstande war, das Grabmal, welches Dr. Oudney beschreibt, ausfindig zu machen, musste ich nach Tuasch, dem von den Merabetin bewohnten Dorf gehen. Es besteht aus drei getrennten Teilen, nämlich einem Tuareg-Dorf, aus Hütten von Palmzweigen bestehend, einer äußeren Vorstadt vereinzelter Lehmwohnungen und einem kleinen, regelmäßig viereckigen Platz, von einer Erdmauer umgeben und mit zwei Toren versehen, einem an der Ost- und einem an der Westseite. Die Straßen sind regelrecht und kreuzen einander in rechten Winkeln.

Ich war hier so glücklich, von Hadj Mohammed e' Saidi, einem hier lebenden wohlhabenden Mann, dem fast alle unsere Kamele gehörten, einen Führer zu bekommen, der mich zu dem römischen Denkmal hinführen sollte. Es liegt in einer Bucht der südlichen Talwand. Seine leidlich gute Erhaltung überraschte mich bei den allgemeinen Ausdrücken, in denen Oudney es beschreibt. Da es als das südlichste Denkzeichen der Macht jenes großen Volkes mir ein großes Interesse in Anspruch zu nehmen schien, so nahm ich sofort eine Skizze davon. Es ist in der Tat eine merkwürdige Erscheinung, dass die Römer schon mehrere Jahre vor dem Beginn unserer Ära bis zu diesem Platz vordrangen;[11] und dass ihre Herrschaft nicht bloß ganz vorübergehender Natur war, scheint dieses Denkmal klar zu beweisen.

(Montag, 6. Mai) Wir hegten alle den lebhaften Wunsch, heute die erste große Station unserer Reise zu erreichen, und waren dem-

---

11   Lucius Balbus Gaditanus, der Eroberer sowohl von Cydamus (Ghadames) wie von Garama (Djerma), hielt seinen Triumpheinzug in Rom im Jahr der Stadt 735 oder 19 v.Chr. Plinius H. N. 1. V. c. 5. Vellejus Pat. II, 5. Strabo 1. III. p. 169. Marmor Capit. Die Namen und Darstellungen der anderen Nationen und Städte, die Balbus auf seinem Triumphzug mit sich führte (Plinius 1. c.), waren offenbar eine eitle Schau, bestimmt, den Stolz der Römer zu kitzeln, und enthielten wahrscheinlich alles, was Balbus auf seinem Zug über das Innere des Kontinents erfahren hatte.

nach in aller Frühe in voller Tätigkeit; da sich aber einige Kamele verlaufen hatten, konnten wir nicht so zeitig aufbrechen, wie wir gewünscht hätten. Im Allgemeinen war die Gegend mit Ausnahme weniger kleinen Dattelwäldchen, die wir in größeren oder kleineren Zwischenräumen passierten, sehr öde und wüst. Endlich erreichten wir die Pflanzung von Mursuk, fanden sie aber keineswegs von demselben malerischen und erfrischenden Charakter wie die, welche wir im Wadi bewundert hatten. Während die Dattelwäldchen im »Tal« einen dichten, prächtigen Schatten gewährten und in schönen Gruppen standen, war die Pflanzung von Mursuk weit zerstreut und in dünnem Wuchs vereinzelt. Kaum konnte man bestimmen, wo Anfang und wo Ende sei.

So erreichten wir die Mauern der Stadt, welche aus einer Art Lehm gebaut ist, der ganz von salzigen Inkrustationen glimmert. Wir umzogen die ganze West- und Nordseite der Stadt, die beide kein Tor haben, das groß genug für eine Karawane wäre, und machten an der Ostseite halt, unweit vom Lagerplatz der Pilgerkarawane, welche auf ihrer Heimreise von Ägypten nach Marokko und Tuat begriffen war. Nach einigem Warten kam Herr Gagliuffi aus der Stadt, um uns hineinzuholen. Herr Richardson war etwa eine Stunde vor uns angekommen.

Gagliuffis Haus hatte im Inneren eine sehr angenehme halb bedeckte Halle und ich wurde in ein leidlich luftiges und kühles Zimmer an der Nordostecke desselben einquartiert. Der Agent bewirtete uns mit aller möglichen Gastfreundschaft und versuchte alles, was in seiner Macht lag, uns den Aufenthalt in der Stadt so angenehm wie möglich zu machen.

Kapitel 9

Aufenthalt in Mursuk

Vor dem Aufbruch ins Unbekannte

Unglücklicherweise war alle Aussicht vorhanden, dass unser Aufenthalt in Mursuk sich in ansehnliche Länge ziehen würde, da die Häuptlinge von Rhat[12], welche uns in ihren Schutz nehmen sollten, erst eingeholt werden mussten. Der Eilbote mit dem Brief, welchem ein Schreiben des zeitweiligen Statthalters beigegeben war, in dem den Häuptlingen vollkommene Sicherheit versprochen wurde, ging nicht eher als am 8. Mai abends ab. Gewiss, um das Land Aïr, das noch nie die Schritte eines Europäers betreten hatten,[13] mit einiger Aussicht auf Sicherheit zu besuchen, war es notwendig, unter dem Schutz eines mächtigen Häuptlings zu stehen. Es war indessen sehr fraglich, ob einer der Häuptlinge von Rhat einen solchen Schutz zu gewähren wirklich imstande wäre. Auf der anderen Seite musste es die Ansprüche dieser Leute bedeutend steigern, wenn man ausdrücklich nach ihnen sandte, um nach Mursuk zu kommen, uns abzuholen; und nicht allein ihre eigenen Ansprüche, sondern auch die anderer Häuptlinge, durch deren Gebiet unser weiterer Weg ging, mussten gesteigert werden. Wie dem aber auch sei, da dies Verfahren einmal für unumgänglich nötig befunden wurde, so war die nächste Frage, ob wir alle drei nach Rhat gehen sollten.

Diese Frage wurde am nächsten Morgen entschieden, indem nach unserem Besuch bei Hadj el Amin, dem Bruder des Gouverneurs von Rhat, bestimmt wurde, dass nur der Direktor der Expedition nach jenem Platz gehen solle, um womöglich mit den Tuareg-Häuptlingen einen Vertrag zu schließen. Indessen sollten Herr Overweg und ich mit der Kafla auf der südlichen Straße geradewegs nach dem Brunnen Arukim gehen, um dort Herrn Richardson zu erwarten.

Da war ein Mann, in der Tat wie von der Vorsehung gesandt, welcher als Vermittler zwischen uns und den zunächst zu betreten-

---

12 Ich bemerke ein für alle Mal, dass die Schreibung dieses sowie vieler anderer Namen in europäischer Sprache höchst schwierig ist. Die Aussprache des den Namen beginnenden Kehllautes ist entschieden dem *r* näher als dem *g*.

13 Schon im 18. Jh. hatten italienische Patres Air erreicht und gelangten in den Sudan.

den Ländern dienen konnte; er war uns aufs Angelegentlichste von
Hassan Bascha empfohlen, dem früheren Statthalter von Fessan, den
wir häufig in Tripolis gesehen hatten und der die politischen Verhältnisse des Sudans und die dort an Macht und Einfluss angeseheneren
Männer sehr wohl kannte. Dieser Mann war Mohammed Boro mit
dem Titel »serki n turaua«, »Herr der Weißen«. Er wohnte gewöhnlich in Agades, hatte aber auch ein Haus und viele Verbindungen in
Sókoto und war gegenwärtig auf seiner Heimreise von einer Wall-
fahrt nach Mekka begriffen. Er bekleidete augenblicklich nicht das
Amt, dessen Titel er trug, sondern hatte es mehrere Jahre zuvor
bekleidet, zur Zeit, als Mohammed Gumma Sultan war, der in der
Folge von den Kelgeres zwischen Asben und Katsena getötet wurde.
Mohammed Gumma war der Vater von Mohammed e' Rufay, der
im Jahre 1853 anstelle Abd el Kaders die Sultanswürde von Agades
erhielt und ein großer Freund von Boro war. Dennoch aber war
Mohammed Boro auch zurzeit ein Mann von großem Einfluss und
von höchst wichtigen Verbindungen und konnte uns als solcher
ebenso gut von großem Nutzen sein, wie im entgegengesetzten Fall

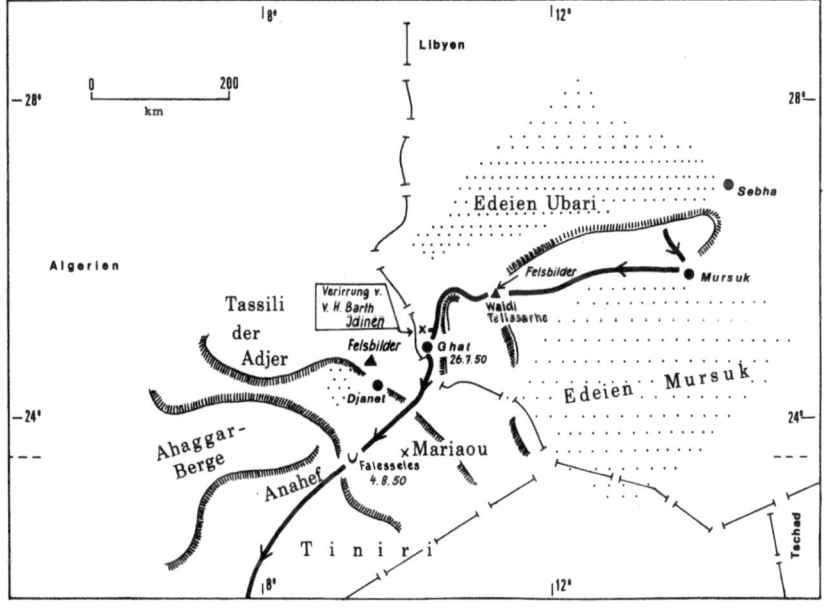

Abbildung 15. Reiseweg in die Tiniri.

höchst schädlich werden. Es ist sehr zu beklagen, dass Herr Gagliuffi
unter mir unbekanntem Einfluss die Wichtigkeit dieses Mannes in
Bezug auf die Erfolge der Expedition sehr unterschätzte und ihn
demgemäß behandelte. Ich habe die Ansicht, dass Hadj el Amin es
war, welcher absichtlich von Mohammed Boros Charakter gering-
schätzig sprach, aus Furcht, dass wir mindere Wichtigkeit auf die
Verbindung mit den Häuptlingen von Rhat legen würden, wenn
wir einen einflussreichen Mann aus Agades bei uns hätten. Er stellte
daher diesen als intrigant dar und erzählte, er habe sich viel mit den
Türken abgegeben und suche deren Macht zu benutzen, um seinen
früheren Rang und seine Stellung wiederzuerlangen; er maße sich
viel mehr Wichtigkeit an, als er in der Tat besäße; kurz, er sei ein
Mann, um dessen Freundschaft es kaum der Mühe wert sei, sich zu
bewerben, besonders nicht, wenn es die geringsten Opfer erfordere.

Mohammed Boro stattete uns am 8. Mai in Gagliuffis Haus einen
Besuch ab. Er war ein ältlicher, achtbar aussehender Mann in einem
grünen Burnus mit weißem Untergewand gekleidet. Unglücklicherweise konnte er nur sehr wenig Arabisch sprechen und ich war
damals noch nicht weit genug in der Kenntnis der Haussa-Sprache
vorgeschritten, um die Unterhaltung darin aufrechtzuerhalten. Er
sprach daher nur wenig, außer dass er Herrn Gagliuffis leere und
etwas ironische Versicherungen, dass Erfolg und Wohlfahrt der
Expedition gänzlich in seine (Mohammed Boros) Hände gegeben
seien, mit einer beständigen Reihenfolge von »el hamdu lillahi«
empfing. Er war in Begleitung seines ältesten Sohnes und eines
anderen »Ba-Asbentshi« oder Mannes von Asben. Später sandte er
uns einige Guro- oder Kolanüsse, wovon er großen Vorrat zu haben
schien, da er selbst auf dem Markte davon verkaufte.

Als Gegengeschenk sandte ihm Herr Gagliuffi ein ziemlich
mageres Schaf, was nebst einem kleinen Hut Zucker (zu 15 Silbergroschen) alles war, was dieser angesehene Mann in Mursuk von
uns erhielt. Die Folge dieses unverständigen Benehmens war, dass
wir, anstatt seine Freundschaft zu gewinnen, ihn außerordentlich
gegen uns aufbrachten, und dies hat sicherlich in der Folge großen
Nachteil für uns gehabt.

Nachdem ich dies Wenige von unseren Verbindungen in Bezug
auf den ferneren Erfolg unseres Unternehmens befürwortet habe,
will ich nun eine kurze Beschreibung von Mursuk geben, ohne in
eine Aufzählung unserer Besuche und Gegenbesuche einzugehen,
deren interessante Eigentümlichkeiten von Herrn Richardson so

charakteristisch beschrieben worden sind. Die Ansicht, welche ich
von der Terrasse des englischen Vizekonsulats aus aufgenommen
hatte, wird genugsam zeigen, dass die äußere Erscheinung der Stadt
keineswegs übel ist, sondern dass sie sogar etwas Malerisches hat.

Nichtsdestoweniger aber macht sich selbst beim ersten Anblick
ihr außerordentlich trockener Charakter fühlbar; bei einem längeren
Aufenthalt wird derselbe zum vorherrschenden Zug und macht den
Platz zu einem überaus unerfreulichen Wohnort, wenn man auch
von der glühenden Beschaffenheit der Atmosphäre dieses Platzes aus
Captain Lyons eigentümlich beeinflussten Beobachtungen in Europa eine übertriebene Vorstellung gewonnen hat. Die eigentümliche
Lage schließt alle reinigenden Luftbewegungen aus; der nur selten
von schwachem Regen befeuchtete Sandboden erfüllt die Luft stets
mit Sandteilchen, welche die Glut der Sonnenstrahlen allerdings in
hohem Grad vermehren müssen, und zugleich verpesten die Salz-
becken am nördlichen Rand der Stadt, die stets eine Ansammlung des
faulsten Wassers beherbergen, die Luft mit ungesunden Dünsten. Der
Mensch kann der drückenden Hitze nicht anders entfliehen als in den
kühlen Hallen seiner Behausung, und er findet keine Erheiterung als
in sinnlichen Genüssen. Besonders ist der starke Genuss des Palmwei-
nes bei der Fieberhaftigkeit des Platzes wohl in Anschlag zu bringen.

Drei Tore führen in die Stadt; das östliche ist das Haupttor, das
westliche von geringerem Umfang und das nördliche sehr klein.
Die Südseite hat kein Tor; sie ist überhaupt von Abd el Djelil sehr
eingerückt, wie die Reste der alten Mauer aus der Zeit der Muckenis
deutlich zeigen. Trotzdem ist die Stadt noch viel zu groß für ihre
geringe Einwohnerschaft, die sich, alles zusammengenommen, nur
auf 2800 Seelen belaufen soll. Der größte Teil der Stadt, namentlich
in einiger Entfernung vom Basar, ist nur dünn bevölkert und halb
verfallen.

Eine charakteristische Eigentümlichkeit der Stadt, welche deut-
lich zu erkennen gibt, dass sie mehr verwandtschaftliche Beziehun-
gen zum Sudan als zu den Ländern der Araber hat, ist die geräumige
Esplanade oder »dendal«, die sich vom östlichen Stadttor bis zum
Kastell erstreckt und den Hauptteil der Stadt luftiger, aber auch der
Hitze unendlich viel mehr ausgesetzt macht.

Die folgende Skizze des Planes wird eine ziemlich genaue Idee
von dem ganzen Charakter der Stadt zu geben vermögen.

In Bezug auf die Straße durch den Fessan will ich nur noch erwähnen, dass die Hotman, die Sueia und die Megescha die gewöhn-

lichsten Warenführer sind; auf der Straße nach Sudan dagegen ist
der Transport fast ganz in den Händen der Tinylkums, einer Klasse
Leute, mit denen wir sogleich in den engsten Verkehr treten werden,
da sie unsere Führer auf dem ganzen Weg von Mursuk nach Aïr, ja
einige von ihnen sogar bis nach Kano waren. Der Gesamtbetrag
des alljährlichen Umsatzes in Mursuk beträgt etwa 100.000 öster-
reichische Taler.[14]

Ich hatte im Anfang die Absicht gehabt, meine Mußezeit in dieser
Stadt zu einem Ausflug nach Tibesti zu benutzen, einer Gegend,
welche durch des gelehrten Franzosen Fresnel Forschungen viel Aufmerksamkeit in Europa erregt hat; nach reiflicher Überlegung aber
schien die damit verbundene Gefahr zu groß für den Anfang eines
so umfassenden Unternehmens, wie unsere Expedition. Ich werde
aber später auf dies Land zurückkommen, wo ich dann die über-
triebenen Begriffe von der großen Erhebung desselben, zu denen
des eben genannten Gelehrten Angaben verleitet haben, bedeutend
beschränken werde.[15]

Herr Gagliuffi hatte, sobald er den bestimmten Plan der Expedition kannte, ein Abkommen mit den Tinylkums getroffen, um
unser Gepäck bis nach Selufiet zu übernehmen, und sie betrieben
die Abreise mit Ungeduld. Nach vielfacher Verzögerung bestimmten
sie als letzten Termin den 6. Juni, um die Waren, mit denen wir uns
hier in Mursuk versehen hatten, auf ihren Kamelen fortzuschaffen, während wir selbst mit dem Rest des Gepäcks am 12. folgen
sollten. Da aber das Gepäck am bestimmten Tag nicht zu früher
Stunde fertig war, weil wir genötigt gewesen waren, alles umzu-
packen, damit die Ballen leichter würden, so wurde unsere endliche
Abreise auf den 13. bestimmt. Es war mir wohl nicht unbekannt,
dass wir darum nicht eine Stunde zeitiger die vor uns liegenden
unerforschten Länder erreichen würden, aber doch vertauschte ich
mit Freuden unser bequemes Quartier in Gagliuffis Haus mit dem
Zelt; denn ich habe mir es zum Grundsatz gemacht, mich jedes Mal
vor dem Antritt einer langen Reise an ihre Entbehrungen und an
die Sonnenhitze allmählich zu gewöhnen. Nichts ist bedenklicher
für einen Reisenden, als plötzlicher Wechsel von der Bequemlich-

---

14 Da sieben Achtel dieses ganzen Betrages auf den Sklavenhandel kamen, so sind
    die Folgen der Abschaffung dieses Handels, die jetzt schon in Kraft getreten
    ist, ganz unübersehbar.
15 Dr. Gustav Nachtigal gelang 1869/70 die Durchforschung, und er sah die
    3000er dieses Gebirges.

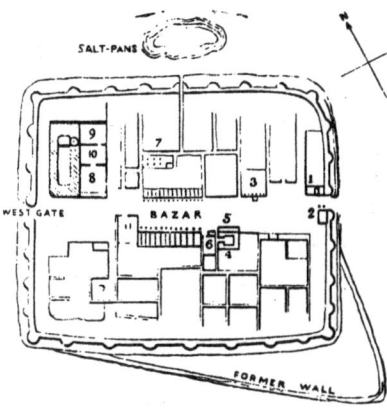

Abbildung 16.
Plan von Mursuk.

1 Zollhaus
2 Torwache
3 Wachthaus
4 Haus des englischen
  Agenten
5 Kleiner Garten desselben
6 Haus des Scheichs von
  Borno
7 Moschee
8 Hofplatz der Kasbah
9 Kaserne
10 Treppe in das Innere der
   Kasbah, wo der Statthalter
   residiert

keit einer kühlen, den direkten Einflüssen des Klimas entzogenen Wohnung in der Stadt mit der Anstrengung einer langen Tagereise über glutheiße Sandsteppen.

(Donnerstag, 13. Juni) Am Morgen verließen Overweg und ich in Begleitung Herrn Gagliuffis und einiger befreundeter Eingeborener die Stadt durch das westliche Tor. Mein Abschied vom englischen Agenten war herzlich. Er hatte uns auf die freundschaftlichste Weise empfangen und gastfreundlich bewirtet; er hatte lebhafte Teilnahme für unser ferneres Fortkommen gezeigt, um der Expedition möglichst allen Erfolg zu sichern. Dass er in seinen kaufmännischen Beziehungen zur Mission, die er den Anordnungen der englischen Regierung gemäß mit Waren zu versehen hatte, seinen eigenen Vorteil bedachte, ist ihm als Kaufmann nicht zu verübeln; aber nicht zu leugnen ist, dass es unendlich besser für uns gewesen wäre, wenn er uns mit einer zweckmäßigeren Gattung von Waren versehen hätte, als er wirklich tat.

Mohammed Boro zürnt

Kaum hatten wir uns bequem eingerichtet, als wir noch die angenehme Nachricht erhielten, dass Hatita mit zwei Söhnen Schafos eben von Rhat angekommen sei und bei uns vorsprechen werde. Ihre Ankunft war in der Tat von der größten Wichtigkeit geworden, da Herr Richardson nicht ohne sie aufbrechen wollte und gewiss recht hatte, so zu tun, obwohl es jedem, der im Geringsten mit den

Zuständen im Inneren bekannt war, offenbar werden musste, dass
sie uns nicht die geringste Sicherheit eines guten Empfangs in Aïr
oder Asben verschaffen konnte, da dies Land von einem gänzlich
verschiedenen Stamm beherrscht und bewohnt wird.

Auf der anderen Seite brachte uns die Ankunft dieser Häuptlinge in eine um so schiefere Stellung zu Mohammed Boro. Dieser
angesehene Mann hatte so lange auf uns gewartet und sah nun
deutlich, dass wir, anstatt – wie Herr Gagliuffi ihm gesagt hatte –
unseren Erfolg gänzlich von seinem Schutz abhängig zu machen,
uns ganz allein auf die Rhat-Häuptlinge verließen und mit ihm bloß
unser Spiel trieben. Er geriet in unmäßigen Zorn und drohte offen
vor unseren Leuten, er werde dafür Sorge tragen, dass wir auf dem
Weg von seinen Landsleuten angefallen würden. Im Verlauf unserer
Reise hatte ich vielfach Gelegenheit zu sehen, dass dies keine leeren
Drohungen waren, sondern der ernstliche Ausbruch des Zorns eines
ehrgeizigen und leidenschaftlichen Mannes. Auch kann man nicht
leugnen, dass er nicht ohne Grund sich als von uns schimpflich
vernachlässigt erachtete; er war von uns selbst gleichsam angereizt,
uns zu beweisen, dass er, woran wir zu zweifeln schienen, Einfluss
genug besitze, um uns sowohl nützlich sein als auf der anderen Seite
bedeutenden Nachteil verursachen zu können.

Dem heißen Tag folgte ein sehr schöner Abend, und ich streckte
mich bei dem prachtvollen Mondlicht, voll Freudigkeit im Herzen
und mit der innigen Hoffnung, dass unter göttlichem Beistand mein
gefahrvolles Unternehmen gelingen möge, vor unserem offenen Lagerplatz hin. Mit herzlicher Teilnahme lauschte ich den innigen und
ernsten Gebeten der Tinylkums, welche sie in tonreichem Gefälle,
oft mit dem lang gezogenen Laut »ha, ha« begleitet, jetzt zu einem
mächtigen, sturmähnlichen Geräusch sich erhebend, dann zu einem
melancholischen, geisterhaften Ton sich senkend, in asketischer
Weise in die Länge zogen. In der friedlichen Mondnacht, bei der
von Palmgruppen behobenen, phantastischen Landschaft, waren
diese dumpf dahinschallenden Laute wohl geeignet, einen tiefen
Eindruck auf des Hörers Gemüt zu hinterlassen.

Es ist eine bemerkenswerte Tatsache, dass, während der Islam an
den Küsten des Mittelmeeres, wo er zuerst gepflanzt wurde, mit
schnellen Schritten seinem Verfall entgegengeht, einzelne asketische
Sekten im Inneren sich verbreiten, welche die letzten eifrigen Be-

kenner zusammenhalten. Die besondere Sekte, der die Tinylkums, welche im Allgemeinen Maleki sind, zugehören, ist durch einen Mann namens Mohammed el Médani begründet. Er stiftete eine Art Kloster oder Sauya in der Nähe von Masrata, welches mit einem gewissen Grundeigentum versehen war, von dessen Ertrag er viele Pilger bewirtete und sich dadurch eine große Menge Anhänger erwarb. Die ausgezeichnetste Seite der Lehre dieses Sektierers ist die Abschaffung der Verehrung verstorbener Heiliger, die in so hohem Grad die Reinheit und hoch zu schätzende Einheit der Lehre des Islams beschmutzt hat. Mit dieser Lehre hängt der gegenwärtige Verfall einiger berühmter Kapellen, die ich oben erwähnt habe, innig zusammen. – Mohammed el Médani ist, wie man mir versichert hat, vor kurzer Zeit gestorben, doch setzt sein Sohn das fromme Institut fort; es ist eine Art von Freimaurerei damit verbunden.

Ich gestehe, dass ich mit Wohlgefallen die Ausbreitung dieser strengen Sekte des Islams sehe, da ich nicht zu denen gehöre, welche einen besonderen Fortschritt darin erkennen, dass Mohammedaner gegen ihre Religionsprinzipien gleichgültig gemacht und an berauschende Getränke und dergleichen christliche Vorrechte gewöhnt werden. Ich habe noch keineswegs den Glauben aufgegeben, dass Lebensfähigkeit im Islam liege, welche nur durch einen Reformator wieder hervorgelockt werden müsse. Ich halte es nicht für unmöglich, dass ein solcher in dem ruhigen Kampf und Zusammenstoß, in welchen nicht nur Christentum und Islam, sondern die ganze christliche und moslemische Welt unter den gegenwärtigen Verhältnissen geraten ist, früher oder später sich erheben werde. Ich werde im Verlauf meiner Reise vielfach Gelegenheit haben, auf diesen Punkt zurückzukommen.

Durch wiederholtes Messen mit der Kette hatten wir gefunden, dass auf leidlich ebenem Boden die durchschnittliche Geschwindigkeit, wie die Tuaregs reisen, eine halbe englische geographische Meile in 13 Minuten betrage. Es ist nämlich die Gewohnheit dieser Leute, ihre Kamele, während sie denselben auf dem Marsch nicht erlauben, zu grasen, des Nachts ganz auf der Weide zu lassen und sie erst am Morgen herbeizuholen, was allerdings Aufenthalt, mitunter bis zu sehr später Stunde, verursacht, zumal wenn jene, was nicht selten der Fall ist, sich verlaufen haben.

Schwierige Verhandlungen

Es wurde ein bedeutsamer Tag für die Entwicklung unseres Reiseunternehmens. Um 5 Uhr nachmittags kamen endlich Herr Richardson und die Häuptlinge der Asgar an. Glücklicher freilich wäre
der Tag gewesen, hätten wir mit der ganzen Kafla zusammenbleiben
und so vereinigt die Reise machen können. Dann würden wir uns
mit dem gesamten Personal haben befreunden und in ihnen treue
Beschützer finden können. Dem war aber nicht so, und die Art, auf
welche das Geschäft in Mursuk mit den Häuptlingen abgeschlossen
war, indem sie die verlangte Summe erhielten, ohne dagegen ein
schriftliches Versprechen, uns sicher nach Aïr zu bringen, auszu-
stellen, machte eher fühlbar, als ich erwartet hatte.

Am folgenden Abend nämlich berief uns Hatita zu einer Verhandlung. Er erklärte bestimmt, dass er einen Monat Zeit brauche,
um die nötigen Vorbereitungen zu einer Reise nach Aïr zu treffen;
es wäre daher notwendig, dass wir uns von unserem Gepäck oder
vielmehr von der Kafla trennten und unser Gepäck mit nach Rhat
nähmen, um dort andere Kamele zu mieten oder zu kaufen. Dagegen erklärten wir im Widerspruch mit diesem ungerechten und
absurden Verlangen auf das Bestimmteste, dass wir keine andere
Wahl hätten, als der geraden Sudanstraße in Gesellschaft der Kafla zu
folgen, und dass es unser fester Vorsatz sei, in jedem Fall nicht mehr
als sieben Tage in Rhat zu verlieren. Als Hatita, ziemlich unzufrieden mit unserem bestimmten, festen Verhalten, uns verlassen hatte,
kamen unsere Diener mit der Nachricht von den Häuptlingen, dass
wir sehr im Irrtum wären, wenn wir glaubten, die Straße nach Aïr
sei überhaupt schon offen für uns; es wäre notwendig, vorher einen
Boten abzusenden, um vom Häuptling jenes Landes die Erlaubnis,
dasselbe zu betreten, einzuholen; dass wir daher jedenfalls erst diese
Antwort abzuwarten hätten. Unsere Diener freilich würden sich sehr
gern einen oder zwei Monate in Rhat müßig umhergetrieben haben,
wie sie schon in Mursuk getan hatten, und waren daher warme Für-
sprecher der Meinung der Tuareg-Häuptlinge. Überhaupt nahmen
sie einen bedeutenden Grad von Unverschämtheit an, namentlich
in Folge unserer geringen Mittel. Diese waren allerdings so gering,
dass sie uns ohne den Hinterhalt einer Regierung wie die englische
nicht erlaubt haben würden, große Dinge zu unternehmen. Es war
dies unleugbar die schwache Seite unserer Expedition, die uns auch
gar manchen Schwierigkeiten und Entbehrungen aussetzte, die uns

aber auch vielleicht auf der anderen Seite größere Opfer ersparte und in gewisser Beziehung den endlichen Erfolg sicherte.

Während wir nun standhaft bei unserem Vorsatz blieben, fanden wir uns doch bereit, nach Rhat zu gehen, und versuchten indessen unsere Kamelführer zu beschwichtigen, indem wir ihnen für jeden Tag, den sie auf uns zu warten hätten, eine kleine Entschädigung bewilligten. Zuletzt ließen sie sich bewegen und versprachen, zehn Tage auf den Weg nach Arikim, einem Brunnen drei Tagereisen südlich von Rat, zu verwenden; von da sollten sie nach einem Aufenthalt von sechs Tagen, um uns zu erwarten, geradewegs nach Aïr weitergehen.

Den alten Häuptling nun bei seiner schwächsten Seite fassend, ließen wir ihm am nächsten Morgen die Nachricht zukommen, dass er, auch wenn er uns in Rhat lange Zeit zurückhalten wolle, nur wenig Wertvolles von uns würde bekommen können, da wir nur sehr wenig Geld bei uns hätten. Ich machte auch Yussuf Muckeni auf die Unehrlichkeit in des Häuptlings Verhalten aufmerksam, der, nachdem er alles, was er gewünscht, bekommen habe, einen ganz neuen Handel abzuschließen suche. Hatitas Antwort war zufriedenstellend, und mit der innigen Hoffnung, dass wir bald imstande sein würden, neue Regionen zu erforschen, neue Stämme und Menschen zu sehen, überließen wir die Entwicklung der ganzen Sache der Zeit.

Kapitel 10

Das Geheimnis der Felsbilder

Eine ganze Bibliothek mit kostbaren Bildbänden ist in den letzten zwanzig Jahren über das Thema »Felsbilder der Sahara« entstanden. Der düstere Gebirgskomplex Tassili der Adjer, an der algerisch-libyschen Grenze, bei den Orten Djanet und Ghat, Zentrum der Tuareg Adjer, ist, seitdem Henri Lhote und Attilio Mori ihre Felsbilder-Entdeckungen, nach den ähnlichen Funden von Leo Frobenius, mit spektakulärem Erfolg publik machten, ein Mittelpunkt von Reisen und Fotografen geworden.

Das Gebirge wird jahraus, jahrein durchwandert. Seine phantastischen farbigen Bilder an den hohen Steilwänden zeugen von vergangenen Menschenkulturen, als die Sahara noch keine Wüste war (vor 3000 v.Chr.).

Französische Forscher waren nach der Besetzung Nordalgeriens um 1840 ersten Spuren nachgegangen.

Mit Heinrich Barths Funden und deren Deutung im Wadi Telissarhe (1850) beginnt sich recht eigentlich die saharische Archäologie zu entwickeln.

(Freitag, 5. Juli) Wir mussten uns von den Tinylkums und von unserem Gepäck trennen, ohne irgendwelche Sicherheit zu haben, dass wir sie würden einholen können. Es geschah dies natürlicherweise in hohem Grad ungern, sodass wir ein gutes Stück hinter den Häuptlingen zurückblieben und ihnen nacheilen mussten. Wir waren vom Brunnen Scháraba fortwährend aufwärtsgestiegen – Scháraba scheint in der Tat die tiefste Einsenkung in der ganzen Gegend zu sein – und auch heute hatten wir beträchtlich anzusteigen. Indem ich unserer Truppe vorausritt und eine kleine Kafla passierte, welche zu meinem nicht geringen Erstaunen mit Vorräten und Waren für die Pilgerkafla der Tawatis, die ich schon in weiter Ferne wähnte, beladen war, holte ich bald Hatita und seine Gefährten ein.

Sie waren höflich und artig, aber der Freund der Engländer, welcher so viel als möglich aus uns zu ziehen wünschte, um wieder eine Heirat mit irgendeinem hübschen Amoscharh-Mädchen, einige 40 Jahre jünger als er selbst, schließen zu können, versuchte seine ganze Schlauheit, um mir das Geständnis abzulocken, dass ich etwas von

Abbildung 17.
Ein Tuareg. Nach einer
Zeichnung von H. Barth.

meiner Ausstattung zu seinem Besten entbehren könne, ein Paar Pistolen, einen Teppich, einen Burnus oder was sonst. Obgleich dies nun keinen Erfolg hatte, wurde er doch nicht unhöflich, sondern schien eher an meinem Verhalten im Allgemeinen Gefallen zu finden.

Wie er dann ruhig an meiner Seite dahinritt, nahm ich Gelegenheit, ihn unvermerkt in mein Memorandenbuch hinzuskizzieren.

Bei all' seinen Fehlern war er ein liebenswürdiger alter Herr. Man konnte es ihm kaum verdenken, dass er, in seinem hohen Alter noch mit frischer Empfänglichkeit für die Freuden des irdischen Daseins ausgestattet, die Gelegenheit, seinen Wüstenhaushalt etwas zu verbessern, nicht ungenutzt vorübergehen lassen wollte.

Nachdem wir ein anderes Tal von ansehnlicher Größe durchschnitten hatten, stiegen wir in das Wadi Elghomude – das Tal des Kamels – hinab. Reich mit Kräutern bewachsen, macht es einen tiefen Einschnitt in das steinige Plateau von Nord nach Süd und hat ein heiteres Ansehen. Sobald unser Zelt aufgeschlagen war, streifte ich meiner Gewohnheit gemäß umher. Es ist bei mir zum Grundsatz geworden, alles an und für sich getrennt zu betrachten, und das dürftige, flache Wadi in der Wüste mit seinem eigentümlichen Charakter erregt in mir dasselbe Interesse, das bei anderen nur durch die reichste Landschaft geweckt werden kann.

Der obere Teil des Tales, welcher außerordentlich reichen Graswuchs hatte, trug unverkennbare Spuren eines beträchtlichen Regenstroms, der vor Kurzem seine Fluten hier hinabgewälzt hatte, hauptsächlich kenntlich an dem Punkt, wo zwei Täler sich zu einem verbanden. Hier war ich glücklich genug, einen sehr freundlichen

und liebenswürdigen Hogar zu finden, welcher, nachdem er einige
Zeit meine Liebhaberei, umherzustreifen, mit Erstaunen beobachtet
hatte, an mich herantrat und ein Gespräch anknüpfte. Da er an
den Augen litt, war ich froh, durch eine Bleiauflösung helfen zu
können. Unser Lager breitete sich über einen weiten Platz aus und
war gleichsam ein ethnopraphisches Museum; denn es bestand aus
sechs getrennten kleinen Truppen oder Karawanen von Menschen
aus verschiedenen Teilen Afrikas und sogar aus Europa.

(Sonnabend, 6. Juli) Ein herrlicher Morgen eröffnete den Tag kühl
und frisch. Wir wurden durch eine kleine Kafla, welche von Sudan
kam, erfreut. Sie brachte uns zwei wichtige Neuigkeiten. Die erste
war, dass sie in Begleitung von fünf Männern aus der Familie des
Kel-owi-Häuptlings Annur nach Rhat gekommen seien und dass
jene Leute nach kurzem Aufenthalt in ihre Heimat zurückzukehren
beabsichtigten; die zweite, dass die Expedition der Kel-owis von
Kanem zurückgekehrt sei, nachdem sie die Uëlad Sliman gänzlich
aufgerieben.

Unsere Überraschung war groß, als wir unsere Begleiter sich im
Tal Telissarhe, nachdem wir erst weniger als 3 Meilen zurückgelegt
hatten, nach einem Lagerplatz umschauen sahen. Indessen wurden
wir bald durch das ungewöhnliche Interesse, welches das Tal erregte,
mit diesem Lagerplatz völlig ausgesöhnt. Schon der ganze Charakter
des Tales, das zwischen steilen Felswänden eingeschlossen und mit
schönen Talhabäumen bewachsen war, ließ uns unseren Führern
ohne viel Widerstreben folgen. Sie hielten sich an die westliche Felswand und wählten zum Lager eine Stelle, wo ein westlicher Zweig
in das Haupttal mündete, während am Fuß der Felswand auf dieser
Seite ein kleiner Wasserpfuhl, der sich aber natürlich nicht länger
als etwa zwei Monate im Jahre hält, gebildet war. Kaum hatten wir
hier unser Zelt aufgeschlagen, als wir fanden, dass das Tal einige
bemerkenswerte Skulpturen enthielt, welche unserer besonderen
Aufmerksamkeit wert waren.

Erste Felsbild-Analyse

In der Tat boten die steilen, glatten Wände am östlichen Winkel
des Tales, wo dasselbe den Seitenarm aufnimmt, etwas südlich von
dem Platz, wo wir unser Zelt aufgeschlagen hatten, einen überaus
günstigen Ort, um eine interessante oder bedeutsame Tatsache zu
verewigen, und wir fanden die Sandsteinblöcke an dieser Stelle mit

Zeichnungen der verschiedensten Gegenstände bedeckt, während sie auf der anderen verwittert waren. Und zwar bestanden sie nicht aus Kritzeleien, sondern, obwohl keine vollendeten Skulpturen, waren sie doch mit fester und ruhiger Hand, wohlgeübt in solcher Arbeit, in tiefen Umrissen eingegraben und trugen durchaus einen von allem, was sonst in diesem Landstrich gefunden wird, verschiedenen Charakter.

Ich will zuerst die Darstellung beschreiben, welche das größte Interesse in Anspruch zu nehmen scheint. Leider ist aber eben dies große Interesse der Grund, weshalb ich jetzt nur eine unvollkommene Skizze davon zu liefern imstande bin, da eine vollendetere Zeichnung, welche ich davon machte und im Laufe desselben Jahres nach England schickte, hier verlegt worden zu sein scheint.

Die Skulptur zeigt eine Gruppe von drei Individuen in vorstehender Anordnung und Charakterhaltung. Zur Linken sieht man eine große menschenähnliche Figur mit dem Kopf einer besonderen Art von Bullen oder einer Antilope mit langen, nach vorn gewendeten, aber an den Spitzen abgebrochenen Hörnern; anstatt des rechten Armes dient ein eigentümliches, ruderähnlich endendes Organ, wenn das nicht vielleicht bloß auf die ungeschickte Zeichnung kommt. In der linken Hand trägt die Gestalt einen Pfeil und einen Bogen. Die Art, wie beide zusammen dargestellt sind, lässt keinen Zweifel darüber und erlaubt nicht, letzteren Gegenstand für einen Schild zu halten. Zwischen den Beinen hängt ein langer Schweif von dem mageren Körper herab. Die Figur selbst ist stark vorwärts geneigt und zeigt sich entschieden in laufender oder angreifender Stellung, wahrscheinlich im Begriff, den Pfeil abzuschnellen. Gegenüber dieser sonderbaren Figur ist eine andere Gestalt von kleineren Verhältnissen, aber nicht weniger merkwürdig. Der bis hinaus zu den Schultern vollständig menschliche, obgleich sehr schlanke Körper trägt einen Tierkopf, der an den ägyptischen Ibis erinnert, ohne jedoch mit ihm identisch zu sein. Der kleine, spitze Kopf ist mit drei Ohren oder einem Paar Ohren und einem anderen Auswuchs versehen, und hinter ihm ist eine Art Kappe, welche am meisten auf ägyptische Kunst hinweist; sie ist indessen nicht gefurcht; über dem Vorderteil des Kopfes ist eine runde Linie, welche wohl irgendeinen Zierrat darstellt und entfernt an den Basilisken erinnert. Diese Figur hat in der rechten Hand gleichfalls einen Bogen, aber, wie es scheint, keinen Pfeil. Die linke Hand ist dagegen vom Körper abgewendet. Zwischen diesen beiden halbmenschlichen Figuren, welche

Abbildung 18. Überraschung an der Felswand.

im Kampf einander entgegenzustehen scheinen, ist ein Rind von kleinerer Gestalt, als das Verhältnis zu den menschlichen Figuren erfordern würde, sonst aber mit derselben Sorgfalt wie die erwähnten Figuren von derselben gewandten Hand eingemeißelt. Nur eine Ausnahme ist dabei zu machen; die Hufe nämlich sind weggelassen und die Beine enden in einer Spitze, ein Mangel, welchen ich auch in einer anderen Skulptur zu erwähnen Gelegenheit haben werde. Eine andere Eigentümlichkeit dieser Figur ist, dass der obere Teil des Bullen durch einen Zufall ausgetieft zu sein scheint, während sonst alle inneren Teile zwischen den tief eingegrabenen Außenlinien der Skulpturen in Hautrelief gelassen sind. Das Tier wendet sich gegen die Figur zur Rechten, deren Bogen es eben zerbrechen zu wollen scheint. Das kann jedoch vielleicht zufällig sein. Dies ist der Gegenstand dieser Skulptur. Der Block selbst, in dem sie gearbeitet ist, hat etwa 4 Fuß Höhe und 3 Fuß Breite. Er lag frei oben auf der Felswand und seine Oberfläche war in einem vortrefflichen Zustand der Erhaltung. Ursprünglich hatte er wahrscheinlich aufrecht gestanden.

Eigentümlich, wie die Arbeit in jeder Hinsicht ist, verdient sie gewiss die Aufmerksamkeit aller derer, welche sich für die Völkerkunde

dieser Gegenden interessieren, und manche jetzt schwierig zu be-
antwortende Frage wirft sich dabei auf.

Vor allem drängt sich dem Beobachter die Frage auf: Wem sind
diese Skulpturen zuzuschreiben?

Sicherlich konnte ein Barbar, welcher nie Gegenstände der Kunst
gesehen noch seine Hand darin versucht hatte, nicht mit solcher
Festigkeit die Linien eingraben und allen Figuren jene leichte und
natürliche Gestaltung geben, welche sie bei aller ihrer Wunderlich-
keit zeigen; eine solche Festigkeit und Gewandtheit aber zeigt sich
in einer anderen Darstellung in noch höherem Grade. Dass diese
Darstellungen nicht von einem Römer herrühren, scheint mir klar,
obwohl diese Nation ihre Herrschaft wenigstens für einige Zeit bis
nach Garama oder Djerma ausgedehnt hatte. Gewiss konnte sie
von da aus leicht Sendboten bis zu diesem Punkt und noch weiter
schicken. Aber diese Skulpturen haben durchaus nichts von römi-
schem Charakter. Meine Ansicht ist, dass diese Arbeit, wiewohl sie
durch einige Umstände an ägyptische Kunst erinnert, ebenso wenig
den Ägyptern zugeschrieben werden darf, sondern als Darstellung
eines mythologischen Gegenstandes der Eingeborenen dieses Landes
selbst von jemandem ausgeführt wurde, welcher in enger Beziehung
zu den weiter vorgeschrittenen Völkern an der Küste stand.

Vielleicht möchte sich hier karthagischer Einfluss zeigen. Wie
dem auch sei, die Erklärung des Gegenstandes finde ich in den
Ansprüchen, welche zwei Gottheiten auf ein und dasselbe Opfer
machen, wobei die Figur zur Linken für die höhere, siegreiche gelten
soll.

Heinrich Barth beharrt hier darauf, dass es sich um Zeugnisse
altinnersaharischer Kultur handelt. Die Diskussion darüber, ob
West-Ost- (aus der Sahara ins Niltal), oder Ost-West-Einflüsse (vom
Niltal her) bestanden, ist auch in der Gegenwart noch nicht beendet.

Man bedenke weiterhin den noch embryonalen Stand dieses
Zweiges der archäologischen Wissenschaft damals. Dazu die innere
Unruhe, die den Forscher wegen des Fortgangs der Expedition erfüllte und man lese in seinem Tagebuch die gleichmäßig geschriebenen, doch sehr ausführlichen Überlegungen zum Thema. Sie wurden
nicht erst später, in London, fixiert, sondern – von Einschüben
abgesehen – schon am Fuße der Felswand.

In der Tat, wenn wir forschen, wer diese beiden Gottheiten sein
mögen, so scheint die folgende Erklärung, die Herr Prof. Movers
mir in einem Brief mitzuteilen die Güte gehabt hat, durchaus

wahrscheinlich. Nach ihm nämlich stellt die Figur zur Linken den Garamantischen Apollo, die zur Rechten Hermes dar. Apollo ist der mythische Vater des Garamas, des Vorfahren der Garamanten, die in alten Zeiten diese Gegenden bewohnten, den Rindern hohe Verehrung zollten und sie als königliche Tiere betrachteten, während die Eigentümlichkeit der vorwärts gebogenen Hörner gerade durch den von den Alten den Rindern dieses Volksstammes beigelegten eigentümlichen Charakter erklärt wird. Hermes, der nicht allein auf den ägyptischen Denkmälern, sondern auch auf tyrischen Münzen mit dem Kopf des Ibis dargestellt ist, wird ausdrücklich als Nebenbuhler Apollos in Bezug auf die Mutter des Garamas erwähnt und gar oft von den alten Dichtern als mit Apollo um den Besitz der Herden kämpfend dargestellt. In der Tat kann ihr Verhältnis zu dem Rind in ihrer Mitte, dessen Geschlecht nicht klar zu ersehen ist, in verschiedener Weise erklärt werden, da es nicht unmöglich ist, dass es die libysche Gottheit Urania unter dem Bild einer Kuh darstellt.

Verschiedene Punkte, die ich eben berührt habe, erhalten ihre Bestätigung durch eine andere Skulptur an diesem Platz, zu deren Beschreibung ich nun übergehe.

Sie findet sich an einem großen Block, der jetzt, nachdem das westliche Ende abgebrochen ist, ungefähr 12 Fuß Länge und 5 Fuß Höhe hat und dessen Fläche noch ganz glatt ist, da sie einigermaßen von einem oben überstehenden Block geschützt war. Trotzdem hat jedoch die auf der Oberfläche befindliche Darstellung beträchtlich unter dem Wetter gelitten. Die Skulptur nun beansprucht, wenn auch ihr Gegenstand von geringerer Mannigfaltigkeit ist, doch bedeutendes Interesse, da sie Zeugnis von ganz anderen Lebensverhältnissen gibt, als wir gegenwärtig in diesen Ländern gewahren. Sie stellt eine dichte Gruppe Rinder in den verschiedensten Stellungen, aber alle nach der rechten Seite hin sich bewegend, dar. Hier auf dem abgebrochenen Ende war höchstwahrscheinlich der Teich oder Brunnen, wo die Tiere getränkt werden sollten, angedeutet. Einige der Rinder sind in der Tat bewunderungswürdig gearbeitet, mit einer Genauigkeit, welche der Vermutung Raum gibt, der Künstler habe die Gegenstände seiner Arbeit vor Augen gehabt. Meine Skizze kann nur eine sehr schwache Idee von der wahrhaft schönen, lebensvollen Gruppe geben. Der einzige Mangel, welcher schon oben erwähnt wurde, ist an den Beinen; die Hufe sind auch hier aus irgendeinem Grund vernachlässigt worden.

Dieses Bild, namentlich, wenn wir in Betracht ziehen, dass die Szene hier bei einem Wasserplatz an der großen Straße nach dem Inneren dieses Erdteils dargestellt ist, begründet die Annahme, dass Rindvieh zu jener Zeit in diesen Gegenden nicht nur gewöhnlich gewesen, sondern sogar ausschließlich anstatt des Kamels als Lasttier benutzt worden sei. Das Kamel nämlich, diesen gegenwärtig alleinigen und unentbehrlichen Vermittler zwischen weit auseinanderliegenden, von nackten Wüsteneien getrennten Rast- und Wohnplätzen des Menschen, sucht man auf den Skulpturen vergeblich, und nicht allein hier, sondern selbst unter den Kritzeleien, welche zu viel späterer Zeit an den umgebenden Blöcken gemacht sind und

Abbildung 19.
Rindergruppe.

Abbildung 20.
Felsbild aus dem südwestlichen Fessan, gezeichnet von H. Barth. Die Zeichnung von zwei bogenbewehrten Gestalten mit Tiermasken und Rind befindet sich, ohne nähere Angaben, auf einem kleinen Briefumschlag (Nachlass H. Barth, Slg. Stk. Hbg. Nr. 264951). – Das »v. Barths Hand« fügte G. v. Schubert hinzu.

Büffel, Strauße und andere Arten Vögel darstellen, ist der alltägliche Begleiter des nordafrikanischen Nomaden der gegenwärtigen Zeit nicht zu sehen. Übrigens ist es eine wohlbekannte Tatsache, dass es jetzt nach mehreren unumstößlichen Beweisen zur Gewissheit geworden ist, dass das Kamel selbst in Nordafrika erst zu späterer Zeit eingeführt wurde, in den östlichen Gegenden aber schon seit den Zeiten der Ptolemäer. Ich habe jedoch zu bemerken, dass selbst jetzt noch, nachdem doch die Wassermenge in der ganzen Ausdehnung der alten Welt sicherlich abgenommen hat, bisweilen nach der Regenzeit Rinder auf dieser Sudan-Straße über Rhat benutzt werden. So weiß ich ganz gewiss, dass der Tebu Hadj Aberma im Jahre 1847 oder 1848, zur Zeit des Aid el Kebir, also im Dezember eines der erwähnten Jahre, mit Rindern von Kano bis Rhat reiste, indem die Tiere jeden zweiten Tag getränkt wurden. –

Eine zweite, in ihrer Gesamtheit sehr ähnliche, vielleicht noch reichere Gruppe findet sich auf einem anderen Block dieser imposanten Felswand; aber die Oberfläche hat zu sehr gelitten, um die Einzelheiten zu unterscheiden. Doch konnte man recht wohl die Figur eines Esels sowie die eines Pferdes, dessen Hals indessen unverhältnismäßig lang war, inmitten der Rinder erkennen.

Nicht weit davon fand Overweg einen anderen bearbeiteten Stein, welcher, wie die Skizze zeigt, ein Rind darstellt, das durch einen Kreis oder Ring springt. Diesen Gegenstand nehme ich keinen Anstand als von allegorischer Bedeutung anzusehen, wenn er nicht vielleicht in ungeschickter Zeichnung den Eintritt des Opferrindes in den heiligen runden Opferkreis darstellen soll, wie wir solche Kreise über ganz Nordafrika verbreitet finden. Dass Herr Richardson an die Darstellung von Zirkusspielen denken konnte, ist vollkommen abgeschmackt.

Eine andere Skulptur, ebenfalls sehr merkwürdig und vielleicht noch merkwürdiger, war ich nicht imstande ganz zu verstehen und lasse daher auch die Skizze derselben hier weg.

Ein Kreis von der Art, wie die soeben erwähnten, welcher sehr regelmäßig mit großen Felsblöcken an dem Südwest-Abhang der Felswand ausgelegt ist, dürfte derselben Periode wie die eben beschriebenen Skulpturen zuzuschreiben sein.

Einer späteren Epoche gehören zahllose, aber sehr schlecht und nachlässig geschriebene Tefinagh-Inschriften an, mit denen die Felswände, welche die andere Seite des Tales begrenzen und den Wasserpfuhl überhängen, bedeckt sind. Dies sind bloße Schrifteleien und dienen nur dazu, das Verdienst, mit welchem, und die Zeiten, in welchen jene Zeichnungen eingegraben wurden, um so deutlicher hervorzuheben. Jedoch muss ich mein Bedauern äußern, dass ich, nachdem ich die interessanteren Gegenstände zu Papier gebracht hatte, nicht Energie genug besaß, auch dieses Gekritzel noch zu kopieren, da sich darunter einige bedeutende Namen oder auch neue Formen der Tefinagh-Buchstaben befinden konnten. In der Tat, ich gestehe, dass ich in diesem Augenblick den dringenden Wunsch meines Freundes, Herrn Jomard, vergaß, der gern möglichst viele Beispiele dieser merkwürdigen Schrift gesammelt haben wollte. Bei alledem schien es mir bemerkenswert, dass gerade auf dieser Seite, wo sich das Wasser gegenwärtig hauptsächlich sammelt, keine einzige Zeichnung zu sehen war, und ich zog daraus den Schluss, dass sich in jenen Zeiten das Wasser mehr an der anderen Seite gesammelt haben möge.

Das Tal wird durch die Vereinigung von zwei Armen, welche von Norden kommen, gebildet. Der westliche ist der beträchtlichere, indem er einige kleinere Wadis aufnimmt. Gerade an der Stelle unseres Lagers änderte dieser westliche Arm seine Richtung in eine ostwestliche, nachdem er bis dahin, im oberen Laufe, von NW nach SO gezogen war. Das Tal zieht sich nach der Vereinigung von Nord nach Süd und verliert für einen Augenblick beinahe den Charakter eines Wadi oder Erasar, indem es sich über kiesigen Boden erstreckt. Bald aber wird es wieder wohl eingegrenzt und mit schönen Gruppen von Talhabäumen geschmückt. An einigen Stellen zeigte es auch das Bett eines Regenbaches von nicht weniger als 8 Fuß Tiefe und noch feucht. In der Nähe der Höhle eines Schafhirten fand ich einen üppig aufgeschossenen Baum und überließ mich, in seinen Schatten mich hinstreckend, meinen Gedanken über die Vergangenheit dieser Gegenden, einst die mehr begünstigte Heimat einer Negerrasse,

Abbildung 21.
Ein Rind im Ring.

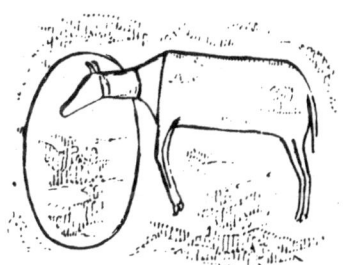

bis diese von den Berbern aus ihrem Besitztum verdrängt wurde, die wiederum das Kamel, das jetzt ganz und gar mit ihrer Existenz verschmolzen ist, erst von den Arabern angenommen haben.

Aber heute wenigstens wurde dieses Tal noch von mancher aufmunternden Szene belebt. Gegen Abend nämlich kam endlich die Pilgerkafla des Hadj Abd el Kader an, welche sich so lange Zeit im Wadi aufgehalten hatte. Sie bildete eine Szene, welche in der Beleuchtung durch die letzten Strahlen der eben hinter den Felsriffen verschwindenden Sonne wohl der Darstellung eines Künstlers würdig gewesen wäre. Das Tal hallte von dem Ruf der Kameltreiber und dem Schreien der Tiere wider, welche sich beiderseits mit gleicher Hast nach dem Teiche drängten. Es war ein Glück, dass wir unseren Vorrat schon geschöpft hatten, da wir sonst nicht eben klares Wasser erhalten haben würden.

(Montag, 8. Juli) Wir hatten jetzt eine ödere Gegend erreicht, und nur die mannigfache Form der großen Vorgebirgsmassen, welche das Plateau in die Ebene hinausschiebt, belebte die öde Einförmigkeit unseres Marsches am folgenden Tag. Nahe am Abhang erscheint das Land in der Tat etwas weniger kahl, und das Tal Támelelt – »die weiße« (Talebene) –, welches zwischen zweien der Vorgebirge sich hinzieht, hat sogar einen bedeutenden Ruf unter den Eingeborenen. Am Nachmittag betraten wir eine sandige Fläche, wo wir anfingen, allmählich aufwärtszusteigen, bis wir den Gipfel der Sandhügel erreicht hatten und nun auf höherem Boden fortrückten. Hier trat mitunter etwas Kalkstein an der Oberfläche auf.

Nach einem langen Marsch lagerten wir auf steinigem Boden, der nur sehr dürftig mit dem »ssebót« genannten Gras überwachsen war.

(Mittwoch, 10. Juli) Unser Weg ging talwärts anfangs in allmählichem Abstieg, aber jenseits des Tales Nkassewa, welches hohen felsigen Boden durchzieht und reicher an Krautwuchs ist, stiegen wir einen steilen, terrassenförmigen Abfall etwa 200 Fuß hinab. Vor uns lagen der eigentümlich eingezackte Kamm des Akakus und davor einige niedrige, mit Sand überschüttete Vorhügel. Der tiefste Grund der niedrigen Fläche, nach welcher wir hinabgestiegen, war eine breite nackte Sohle mit hartem, kalkigem Boden, von unregelmäßigen, halb verwitterten Bergrücken umgeben, und bot einen traurigen Anblick dar. Diese Sohle bildet die gegenwärtig angenommene Grenze zwischen dem Fessan und dem Land der Hogar.

KAPITEL 11

HEINRICH BARTH IN LEBENSGEFAHR

Wir brachen am nächsten Morgen frühzeitig auf und hielten uns in dem breiten, nackten Tal gerade auf das verzauberte Schloss Idinen zu, das durch die wunderbaren Berichte unserer Begleiter unsere Einbildungskraft aufs Höchste erregte. Trotz oder vielleicht noch mehr infolge der Warnungen unserer Imoscharh, unser Leben nicht bei so gefährlichem, gotteslästerlichem Unternehmen, wie ein Besuch in dieser Wohnung böser Geister sei, zu wagen, schien es eine unwiderstehliche Anziehungskraft zu besitzen. Fest überzeugt, dass es ein Platz altertümlicher Gottesverehrung sei und dass es wahrscheinlich einige sehr merkwürdige Skulpturen oder Inschriften enthalten würde, hatte ich beschlossen, es zu untersuchen.

Gerade um Mittag begann ein wenig Gras auf dem nackten Grund des Tales sich zu zeigen und nach einer Strecke von etwa 1 Meile, hinter einer Einsenkung in dem Boden, welche unzweifelhafte Spuren trug, dass vor einiger Zeit eine beträchtliche Wasseransammlung hier gewesen war, unterbrachen Talhabäume und Ethelbüsche die Einförmigkeit der Landschaft. Zur Rechten erblickte man zwischen den Sandhügeln einen breiten Streifen Grün, von der westlichsten Ecke des Idinen herkommend. Etwa noch 5 Meilen weiter ziehend, lagerten wir uns nahe bei einem von einem Ethelbaum überragten Hügel inmitten eines jetzt trockenen Wasserbeckens, welches die Gestalt eines weiten Kreises hatte und rings am Rand von Graswuchs eingeschlossen war. In der Nähe, nach SO zu, war der Brunnen Táhala, an welchem wir uns mit gutem Wasser versehen konnten.

Es war heute zu spät, um den Idinen zu besuchen; denn obwohl er nahe zu sein schien, war doch die Entfernung bedeutend und der Weg dahin durch die in weiter Ausdehnung sich verbreitenden Sandhügel sehr schwierig. Ich legte mich daher im Schatten eines schönen Talhabaumes nieder, in ruhigem Sinnen die turmähnlichen Spitzen der einzeln aus dem breiten Tal aufsteigenden Bergwand betrachtend, und zeichnete die nebenstehende Skizze. Dann begab ich mich zur Ruhe, von meinen Entdeckungen des folgenden Tages träumend.

(Montag, 15. Juli) Mein »dies ater« brach an. Overweg und ich hatten beschlossen, uns zeitig am Morgen nach dem Geisterberg

aufzumachen, den wir sowohl in geologischer wie in archäologischer Beziehung nicht seitwärts liegen zu lassen vermochten. Wir hatten uns indessen von unseren Begleitern keinen Führer verschaffen können, welcher uns nachmals von dem Berg aus bis zum nächsten Brunnen, wohin sich die Karawane eben auf der geraden Straße zu begeben beabsichtigte, hätte bringen sollen.

Schon früh am Morgen waren wir zum Marsch bereit, versahen uns mit einem kleinen Vorrat Wasser und einem Imbiss und wandten uns nochmals an Hatita und Utaeti, aber ohne besseren Erfolg. Abgesehen von religiösen Skrupeln, erklärten sie einen Besuch des Idinen für untunlich wegen seiner großen Entfernung von hier; auch würde es sehr schwierig sein, vom Berg aus den nächsten Brunnen zu finden, da die Ungleichheiten des breiten Tales beträchtlich seien. Da ich mich überzeugte, dass ferneres Unterhandeln mit diesen Leuten nutzlos sei, ja nur die beste und kühlste Zeit des Morgens uns rauben würde, und da ich einmal entschlossen war, den Berg um jeden Preis zu besuchen, machte ich mich mit meinem kleinen Wasserschlauch auf dem Rücken auf den Weg. Ich hegte die Zuversicht, dass ich imstande sein würde, den Brunnen, den mir gemachten Angaben nach, später wohl zu finden. Bei mehr Zuvorkommenheit unserer Führer hätte man sich die Sache ganz leicht machen können, indem man zu Kamel bis an den Fuß der Berghöhe gegangen wäre und sie dann mit frischen Kräften erstiegen hätte; aber sie behaupteten, Kamele könnten diesen Weg nicht machen. Zu meinem besonderen Missgeschick war unser Vorrat von Summita, einem kühlen, erfrischenden Teig aus geröstetem Gerstenmehl, worin unser Frühstück zu bestehen pflegte, gerade am Tag zuvor verbraucht, sodass ich als Stärkung trockenen Zwieback und Datteln, die möglichst unpassendste Kost in der Wüste, wo Wasser selten ist, mit mir nehmen musste.

Im Anfang ging alles gut. Ich verfolgte meinen Weg durch die Sandhügel, welche wahrlich keine angenehme Passage darboten, mit gewohnter Rüstigkeit. Dann betrat ich eine große nackte, öde Ebene, die mit schwarzen Kieselsteinen bedeckt war und von welcher einige Anhöhen von derselben düsteren Farbe aufstiegen. Ich durchschnitt hier den Anfang eines reich mit Gras überwachsenen Rinnsals, welches sich durch die Sandhügel nach der Talsohle hinschlängelte. Es war der Aufenthalt eines Paares sehr schöner Mareia, einer besonderen, von den Arabern »mohor« genannten größeren Antilopenart, welche, wahrscheinlich um ihre Jungen besorgt, sich

durch meine Annäherung nicht auf weite Entfernung verscheuchen
ließen, sondern bald stehen blieben, mich ansahen und mit den
Schwänzen wedelten. Da ich nur mit einem Paar Pistolen versehen
war, die ich ohnehin schwer genug fühlte, weil der entkräftende
Einfluss des Klimas mich schon stark angegriffen hatte, ließ ich sie
in Ruhe und verfolgte meinen Weg über den schwarzen, steinigen
Boden. Ich hatte allmählich anzusteigen, bis ich an eine bedeutende
Schlucht kam, die sich vom westlichen Teil des Berges herabsenkte,
wo ich wieder eine andere Gesellschaft von drei Antilopen auf-
scheuchte, welche sich ruhig unter dem Schutz eines großen Fels-
blocks gelagert hatten. Obwohl diese Tiere die Einförmigkeit der
Szene angenehm unterbrachen, fing ich doch schon an, mich vom
Marsch über die spitzen Steine ein wenig ermattet zu fühlen. Auch
erwies sich die Entfernung viel bedeutender, als ich selbst gedacht,
und es hatte fast das Ansehen, als hätte ich mich dem Fuße des
verzauberten Berges noch nicht um gar Vieles genähert. In der Tat
zeigte sich denn auch, dass der Kamm eine Art von Hufeisen bildet,
sodass der mittlere Teil, dem ich vorzugsweise meine Schritte zu-
gelenkt hatte, weil er mit seinem Sattel ein leichteres Hinansteigen
erlaubte, sich allerdings als der entfernteste herausstellte. Ich änderte
daher meine Richtung mehr nach Osten, traf aber nur auf ein noch
größeres Hindernis. Indem ich nämlich die Abdachung in der Hoffnung hinanstieg, bald die Berghöhe erklommen zu haben, kam ich
plötzlich an eine tief eingerissene, breite Schlucht, welche mich vom
Kamm trennte. Ermüdet, wie ich war, konnte diese Enttäuschung

*Abbildung 22. Idinen, die »Geisterburg«, isoliertes Tafelland nördlich von
Rhat: unten rötliches Gestein, oben weiß leuchtende Mergel-Zacken.*

nur entmutigend auf mich einwirken, und es erforderte alle meine
Kraft, um die Kluft hinunter- und an der anderen Seite derselben
wieder hinaufzusteigen.

10 Uhr morgens: Höchste Ermattung

Es war nun 10 Uhr geworden und die Sonne fing an, mit aller Macht
zu scheinen. An Schatten war nicht zu denken. In einem Zustand
höchster Ermattung erreichte ich denn endlich den engen, mauer-
ähnlichen Kamm. Die höhere Kuppe stieg neben mir zur Rechten
auf. Am Abhang entwickelte sich ein wildes Meer herabfallender
Felsmassen. Von Inschriften oder Skulpturen war ebenso wenig
etwas zu sehen, wie von den im Gehirn unserer Tuareg-Freunde
spukenden zauberhaften Palmhainen.

Unbefriedigt, erschöpft und ängstlich schaute ich um mich her.
Eine beträchtliche Fernsicht nach SW und NO ließ mich nicht die
Spur unserer Karawane entdecken. Obwohl ohne den geringsten
Schutz gegen die Sonnenstrahlen, war ich doch genötigt, auf meiner
hohen Warte mich niederzulegen, aber die Ruhe, ohne Schatten und
ohne einen stärkenden Imbiss, war mir nicht erfrischend; denn so
schwach, wie ich war, konnte ich nicht einen Bissen des trockenen
Zwiebacks oder eine Dattel verzehren, und mein geringer Wasservorrat musste mich sorgsam machen, sodass ich mich nur durch
einen ungenügenden Trunk aus meinem Schlauch erquickte.

Ich hatte nicht die Ahnung davon, dass Overweg mir in größerer
Entfernung gefolgt war, noch hörte oder sah ich etwas von ihm,
obgleich ich erwartet hatte, dass er kommen würde. Da die Zeit
verstrich, wurde ich ängstlich bei dem Gedanken, dass unsere kleine
Truppe, in der Meinung, dass ich schon vorausgegangen sei, ihren
Weg am Nachmittag fortsetzen möchte, und dem hoffnungslosen
Zustand meiner Kräfte zum Trotz beschloss ich, den Versuch zu
machen, das Lager zu erreichen. Ich stieg also in die nackte Kluft hinunter, um ihrem Lauf zu folgen, was mir nach Hatitas Angaben das
Ratsamste schien, um den Brunnen aufzufinden. Die Hitze war groß,
und da mich dürstete, nahm ich den geringen Vorrat von Wasser, der
mir übrig geblieben war, mit einem Mal zu mir, diese Erquickung für
besser erachtend, als das Wasser in kleinen, ungenügenden Zügen zu
verbrauchen. Das war etwa um Mittag. Ich fand jedoch bald, dass der
Trunk bloßen Wassers mich keineswegs gestärkt habe.

Die Schlucht, welcher ich folgte, zieht sich an dem niedrigen
Abhang einer höheren Fläche zur Linken hin und war an der nörd-

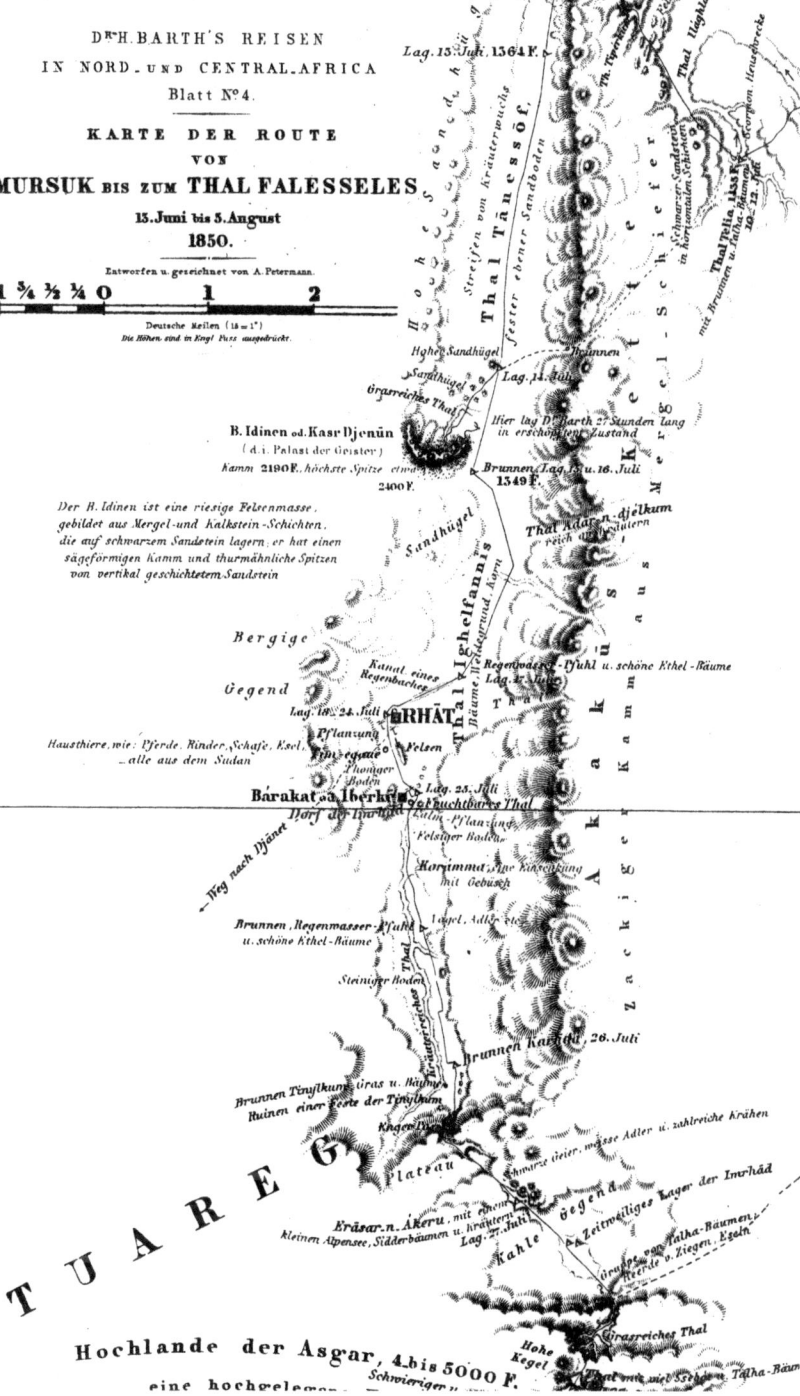

Abbildung 23. Kartenausschnitt.

lichen Seite von vereinzelten, obwohl nicht unbedeutenden Höhen begrenzt, deren eine ein eigentümliches Aussehen hatte, indem ihr spitzer Kegel aus schneeweißem, ihr unterer Teil dagegen aus schwarzem Sandstein bestand. Im Allgemeinen aber besteht der Kamm dieser Berggruppe aus horizontalen Schichten von Mergel und im unteren Teil aus Kalkstein. Endlich erreichte ich die breite Talsohle und machte einen Augenblick halt. Ich konnte Hatita nicht begreifen, der mir immer gesagt hatte, dass sie in geringer Entfernung vom Berg lagern würden; denn ich erblickte kein lebendes Wesen, so weit meine Augen reichten.

Allerdings war es ein unglückliches Zusammentreffen, dass man, wie ich nachher hörte, nicht einmal die Zelte aufgeschlagen hatte. Ich warf einen letzten Blick auf den Berg. Er schien mir von hier aus bei Weitem großartiger und eigentümlicher als von der Nordseite, von wo man die Hufeisenform nicht erkennen kann.

Indem ich von der Anschauung der eigentümlichen, wild zerrissenen Berghöhe wieder an meinen Pfad dachte, wurde ich an meiner Richtung irre, und indem ich so schnell, wie es bei meinen abnehmenden Kräften mir möglich war, vorwärts eilte, erstieg ich mit Mühe einen kleinen Sandhügel, der mit Ethelbüschen bewachsen war. Nachdem ich mich vergeblich umgesehen hatte, feuerte ich eine meiner Pistolen als Zeichen ab. Aber ich wartete vergeblich auf Antwort. Der starke Ostwind, der gerade wehte, mochte allerdings den Schall nach der Wüste zu getragen haben. Ich überdachte einen Augenblick meine Lage, und indem ich über den in Hügeln aufgehäuften Sand fortschritt und eine andere Anhöhe erklomm, tat ich einen zweiten Schuss. Zu der Überzeugung gelangt, dass niemand in dieser Richtung nahe sein könne, gab ich der Vermutung Raum, dass unsere Gesellschaft noch zurück sein möchte, und hielt mich unglücklicherweise mehr ostwärts, während bisher meine Richtung Süd von Ost gewesen war. Das Tal war hier reich mit ssebót bewachsen, und während ich mich umschaute, erblickte ich mit unaussprechlicher Freude in einiger Entfernung kleine runde Hütten, die sich an Ethelbäume anlehnten und mit hohem Gras gedeckt waren. Nach vorne waren sie offen. In höchstem Jubel eilte ich ihnen zu, aber sie waren verlassen. Weder ein lebendiges Wesen war zu sehen, noch ein Tropfen Wasser zu finden.

Meine Kraft hatte mich jetzt völlig verlassen. Ich setzte mich nieder, vor mir die volle Aussicht auf das breite Tal. Meine Besorgnis war noch nicht rege. Mit einiger Zuversicht erwartete ich die

Karawane, ja einen Augenblick glaubte ich, in der Entfernung einen Zug Kamele vorüberziehen zu sehen. Es erwies sich als Täuschung. Nichts in der Welt ist so voll täuschender Gebilde wie als die von der Sonnenglut erhitzten Täler und Flächen der Wüste. Dessen waren sich selbst die wegkundigen Araber von aller Zeit her bewusst und drückten ihre Empfindungen aus, indem sie diese Wüsteneien mit Geistern füllten, die den einsamen, genossenlosen Wanderer irremachen und seitwärts leiten. Ich erhob mich endlich wieder, um mich umzusehen, aber ich war jetzt so schwach, dass ich mich kaum auf den Füßen erhalten konnte. Die Sonne neigte sich zum Untergang und ich musste sehen, wo ich die Nacht zubringen könnte. Es blieb mir die Wahl zwischen einer der Hütten oder einem Ethelbaum, welcher mir in geringer Entfernung zuwinkte und eine Zeit lang als Brunnenschwengel meine durstige Phantasie getäuscht hatte. Ich wählte den Baum, weil er auf einem höheren Platz stand. Mit ungeheurer Anstrengung schleppte ich mich hin. Er war von ehrwürdigem Alter, mit großen, dicken Ästen, aber ohne ein einziges Blatt. Ich hatte die Absicht, ein Feuer anzuzünden, das als Signal fast untrügliche Rettung versprach; aber mir fehlte die Kraft, auch nur ein wenig Holz zusammenzusuchen. Ich war gänzlich zusammengebrochen und fühlte, wie Fieber sich meiner bemächtigte. Fast bewusstlos legte ich mich nieder.

Nach einer Rast von etwa zwei Stunden, als es völlig dunkel geworden war, erhob ich mich und schaute um mich. Da erblickte ich zu meiner höchsten Wonne in südwestlicher Richtung, abwärts im Tal, ein großes Feuer. Hoffnung lebte in mir auf. Es konnte nur das Feuerzeichen meiner mich suchenden Begleiter sein. Mich hoch emporrichtend, feuerte ich eine meiner Pistolen ab. Wie das das einzige Mittel war, welches mir zum Verkehr mit ihnen blieb, so schien es mir unfehlbar. Mit fester Zuversicht folgte ich dem gewaltigen Schall, wie er das Tal hinab der Flamme zurollte. – Ich horchte, horchte lange; alles blieb totenstill. Nur die Flamme schlug hoch zum Himmel auf, als ein Zeichen unerreichbarer Hilfe. Ich hatte lange, lange gewartet; da feuerte ich ein zweites Mal, aber auch jetzt kam keine Antwort. Ich legte mich wieder nieder, mich ruhig in mein Schicksal ergebend. An Schlaf war nicht zu denken. Rastlos und in heftigem Fieber warf ich mich auf dem Boden umher und erwartete den nächsten Tag halb sehnsüchtig, halb mit Furcht.

Endlich wich die Finsternis und Zwielicht trat ein. Alles war Ruhe und Stille. Ich war überzeugt, dass ich keinen günstigeren

Augenblick wählen könne, meinen Freunden ein Zeichen von mir zu geben. Ich sammelte daher alle Kräfte, die mir noch geblieben waren, und lud die Pistole mit einem gewaltigen Schuss. Ich feuerte einmal, zweimal; – ich glaubte, der Schall hätte die Toten erwecken können, so mächtig brach er sich am entgegengesetzten Abhang und rollte das Tal hinunter, aber keine Antwort traf mein Ohr. Ich begriff nicht, wie die Entfernung so groß sein könne, dass meine Begleiter meinen Schuss nicht gehört hätten.

Die Sonne stieg auf; obwohl ersehnt, sah ich ihr doch mehr mit Furcht und Schrecken entgegen. Mit der steigenden Hitze wurde mein Zustand immer unerträglicher. Ich kroch umher, jeden Augenblick meine Lage verändernd, um ein wenig Schatten, welchen die laublosen Äste bildeten, zu genießen. Um Mittag wich auch der geringste Schatten; nicht einmal genug blieb, um mein fieberkrankes Haupt zu schützen. Ich litt unsäglich an Durst, obgleich ich an meinem Blut sog. Endlich wurde ich besinnungslos und verfiel in eine Art von wahnsinniger Träumerei. Ich kam erst wieder zu Bewusstsein, als die Sonne sich hinter die Berge senkte, und indem ich mich aufraffte, kroch ich aus dem Schatten des Baumes hinweg und warf einen trüben, schwachen Blick über die Ebene. Da plötzlich traf der Schrei eines Kamels mein Ohr. Der klangreichste Ton, den ich je im Leben gehört hatte! Ich erhob mich etwas vom Boden und sah einen Targi in einiger Entfernung langsam, nach allen Seiten umherspähend, vor mir vorbeireiten. Er hatte meine Fußstapfen im Sand bemerkt, und da er die Spur auf dem steinigen Boden verloren hatte, suchte er ängstlich, nach welcher Richtung ich mich wohl gewendet hatte. Ich öffnete meine trockenen Lippen, und mit meiner geschwächten Stimme »aman, aman« – »Wasser, Wasser« – rufend, war ich entzückt, zur beruhigenden Antwort das bejahende »iwua, iwua« zu bekommen. In wenigen Augenblicken saß er an meiner Seite, wusch und besprengte meinen Kopf, während ich unwillkürlich in ein oft wiederholtes »el hamdu lillahi, el hamdu lillahi« ausbrach.

Nachdem mein Retter mich vorsichtigerweise so erfrischt hatte, reichte er mir einen Trunk. Bei dem gänzlich ausgetrockneten Zustand meines Gaumens und in meinem fieberhaften Zustand fand ich ihn gallenbitter; dann hob er mich auf sein Kamel, stieg vor mir auf und eilte den Zelten zu. Sie waren in beträchtlicher Entfernung. Die Freude des Wiedersehens, nachdem man mich schon aufgegeben hatte, war groß. Meinen Begleitern, welche sich so viel Mühe gegeben, mich aufzufinden, und so viel Sorge um mich erduldet hatten, war ich zu innigem Dank verpflichtet. Anfänglich indessen konnte ich nur wenig und undeutlich sprechen und war während der ersten drei Tage fast unfähig, etwas zu essen, bis ich allmählich wieder zu Kräften kam. Es ist in der Tat auffallend, dass der Europäer wenigstens in diesen Gegenden ganz ausschließlich nur von dem lebt, was er augenblicklich zu sich nimmt, und dass er, sowie er einen Tag durch Kränklichkeit oder sonst verhindert ist, das gewöhnliche Quantum von Nahrung zu sich zu nehmen, augenblicklich um alle seine Kräfte kommt. Overweg und ich haben oft genug Gelegenheit gehabt, dies zu bemerken.

Bei alledem war ich jedoch imstande, am nächsten Tage *(17. Juli)* die Anstrengung des Marsches zu ertragen. Wir hielten uns jetzt mehr gegen den Abhang des Akakus zu.

KAPITEL 12

ÜBER DIE GRENZSTATION RHAT
HINAUS INS UNBEKANNTE

(Donnerstag, 18. Juli) Wir setzten unseren Marsch fort, in der sicheren Erwartung, bald Rhat,[16] die zweite große Station auf unserer Reise, zu erreichen. Das Tal verliert nach einiger Zeit seinen Schmuck
von Ethelbäumen und lässt einen Blick auf die kleine Stadt tun.
Diese liegt am nordwestlichen Fuß einer felsigen Anhöhe, welche in
die Mitte des Tales vortritt und an ihrer Westseite mit Sandhügeln
umgeben ist. Die Pflanzung dehnt sich in einem langen Streifen
nach SSW aus; eine andere Gruppe, welche von der Pflanzung und
der stattlich aussehenden Schlosswohnung Hadj Ahmeds gebildet
wird, ließ sich gegen Westen sehen. Hier wurden wir von Mohammed Scherif, einem Neffen Hadj Ahmeds, eingeholt. Er war in einer
glänzenden Kleidung, halb targisch, halb arabisch, und ritt ein sehr
gutes Pferd von Tuater Zucht. Wir trennten uns nun von Hatita, um
nicht die Neugierde und Zudringlichkeit der Städter zu erregen und
nahmen unseren Weg um die Nordseite des Stadthügels. Trotzdem
kamen eine große Menge Jungen aus der Stadt und bildeten eine
interessante Szene, als sie Yakub (Herrn Richardson) von seiner
früheren Reise her erkannten. Auch manche anderen Leute kamen
aus der Stadt und blieben zum Teil gleichgültige Zuschauer, während
andere uns freundlich willkommen hießen. Die Knaben mit ihrem
Haarkamm auf dem geschorenen Haupt sahen eigentümlich aus
und erregten unser volles Interesse.

So erreichten wir denn die neue Pflanzung Hadj Ahmeds. Hadj
Ahmed ist der tituläre Statthalter. Er hatte ein getrenntes Neben-

---

16 Ein für alle Mal sei hier bemerkt, dass, einzig in dem Wunsch, den Namen
den rechten Klang zu geben, mit welchem sie von den Eingeborenen ausgesprochen werden, und durchaus ohne Anmaßung von Gelehrsamkeit, welche
zu vermeiden mein Hauptbemühen hier ist, ich mich genötigt gesehen habe,
Rhat und nicht Ghat zu schreiben. Das *ghain* der Araber hat einen zwiefachen
Klang, manchmal als *gh*, mitunter als *rh*, und ich kann nicht einsehen, warum
wir diesen Unterschied im Deutschen nicht ausdrücken sollten. Von derselben
Ansicht ausgehend, werde ich stets Sonrhay, nicht aber Songhay oder Sunghay
schreiben, ebenso Imrhad und nicht Imghad.

gebäude seiner stattlichen Wohnung zu unserem Empfang bereit gemacht. Hier fanden wir die bedeutendsten Persönlichkeiten der Stadt, welche uns mit viel Höflichkeit und Freundlichkeit empfingen.

Vor allem interessant war jedenfalls Hadj Ahmed selbst, ein Mann von ernstem und würdigem Benehmen, der sich, obwohl ein Fremder im Ort (er ist aus Tuat gebürtig), durch seinen Takt und durch glückliche kaufmännische Geschäfte zu einer fast fürstlichen Stellung emporgeschwungen und zu gleicher Zeit wirklich eine neue Stadt mit glänzenden Anlagen zur Seite der alten gegründet hat. Seine Stellung als Oberherr von Rhat in Beziehung zu und gewissermaßen in Opposition gegen die Tuareg-Häuptlinge ist ohne Zweifel eine höchst eigentümliche und macht einen Aufwand von Gewandtheit, Vorsicht und Geduld höchst nötig.

Was uns anbetraf, so bin ich überzeugt, dass er uns bei unserer Ankunft nicht mit Missvergnügen sah, sondern im Gegenteil sehr erfreut war, eine Mission der englischen Regierung unter seinem Dach zu bewirten, da er mit den edlen Absichten derselben nicht ganz unbekannt war. Aber seine außergewöhnliche und abhängige Stellung erlaubte ihm nicht, frei nach dem Eingeben seiner Neigung zu handeln, und ich könnte auch nicht sagen, dass er eine so warme und edle Anerkennung gefunden hätte, wie seine ersten Schritte mir zu verdienen schienen.

Das herrschende Geschlecht der Imoscharh *(Tuareg)* lebt von der Arbeit der unterdrückten Imrhad, wie die alten Spartaner von der der Lakedämonier, aber in noch höherem Grade von dem Tribut oder der Gherama, die sie von den Karawanen erheben. Dieser Tribut wird schon von Leo Africanus erwähnt.[17] In der Tat könnten diese Leute ohne einen solchen Tribut sich nicht so gut kleiden, wie sie es tun, obgleich sie natürlich, wenn sie zu Hause in ihrem »tekábber« leben, mit Geringem haushalten, zumal da sie sich zurzeit mit einem einzigen Weibe begnügen; allerdings scheiden sie sich von diesem, wenn es alt wird oder sie seiner überdrüssig werden, und füllen seinen Platz mit einem jüngeren, hübscheren aus. Da die Sitten dieser Tuaregs von Rhat von Reisenden beschrieben sind, die einen längeren Aufenthalt unter ihnen gemacht haben als ich, so will ich nur ein paar allgemeine Bemerkungen über diesen Gegenstand

---

17   *Leo Afr. descr. 1.1, c. 20: »ma le carovane che passano per li diserti loro, sono tenute di pagare ai lor principi certa gabella.«*

hinzufügen. Auf alle diese Verhältnisse werde ich in meiner Beschreibung meines Aufenthaltes unter den Tademekket und Auëlimmiden an den so hochinteressanten Ufern des Niger zurückkommen.

Den Imrhads ist es nicht erlaubt, einen Eisenspeer zu führen noch auch das Schwert; denn dieses Letztere ist das Zeichen des freien Mannes;[18] noch auch dürfen sie eine sehr auffällige Kleidung tragen. Die meisten derselben können als feste Siedler oder als »kel« angesehen werden, und dies erstreckt sich in gewissem Sinn auch auf einen großen Teil der freien Asgar selbst, die eine Art Mittelglied zwischen den nomadischen und den fest angesiedelten Stämmen bilden. Die Folge davon ist, dass viele von ihnen nicht im Lederzelt oder dem »ehe«, sondern in einer runden, konischen Hütte leben. Diese bildet den natürlichen Übergang zu der charakteristischen Hütte Zentralafrikas und besteht aus Büschen und trockenem Gras; sie heißt »tekábber«. –

Die Stadt Rhat, deren begünstigte Örtlichkeit es wahrscheinlich macht, dass schon zu sehr alter Zeit eine Niederlassung sich hier gebildet habe, ist von keinem arabischen Schriftsteller erwähnt, mit Ausnahme Ibn Battutas, des ruhmwürdigen Reisenden des vierzehnten Jahrhunderts,[19] und scheint nie ein großer Platz gewesen zu sein. Selbst gegenwärtig ist es nur ein kleines Städtchen von etwa 250 Häusern, aber bei alledem von ansehnlicher kommerzieller Wichtigkeit, die sich ganz unberechenbar steigern würde, wenn die Eifersucht der Einwohner von Tauat die Eröffnung der direkten Straße von diesem Ort nach Timbuktu erlauben wollte. Diese Straße steht unter dem besonderen Schutz des mächtigen Häuptlings Gemama.[20]

Die Bewohner von Tauat jedoch tun alles, was sie vermögen, um erwähnte Straße verschlossen zu halten, damit sie selbst allen Nutzen aus diesem Karawanenhandel ziehen können; denn Letzterer ist nun,

---

18   Es ist interessant zu verfolgen, wie das Schwert in einem großen Teil Zentralafrikas von den Berbern eingeführt wurde und wie der in ihrer Sprache dieser Waffe gegebene Name über Haussa bis nach Borgu und auf der anderen Seite bis nach Timbuktu vordrang. Denn das Schwert war natürlich keine national afrikanische Waffe. Selbst das Wort für Schwert in Fulfulde (d.h. der Sprache der Fulbe), nämlich »kafehi«, Plural »kafaje«, ist wohl sicher vom Worte »takoba« abgeleitet.

19   *Journal Asiat,* loco cit. p. 238.

20   Tuat (Tauat, Tawat), damals wichtige Handelsdrehscheibe zwischen Tripolis, Algier und Timbuktu. Die Oasengruppe liegt 1100 km nordnordwestlich von That.

wie wir das weiter unten näher entwickeln werden, gezwungen, den ungeheuren Umweg über Tauat zu nehmen. Während unseres Aufenthalts in Rhat wurde gerade eine Karawane von Timbuktu erwartet, und es hieß, der Sohn Hadj Ahmeds sei bei ihr; wir hörten jedoch nachher sehr ungünstige Berichte über dieselbe.

Über unsere Unterhandlungen mit den Tuareg-Häuptlingen will ich nichts sagen; ich erwähne nur, dass sie mit mehr Erfolg hätten betrieben werden können, wenn der Brief der britischen Regierung an den Häuptling Djabur nicht in eben dem Augenblick gezeigt worden wäre, als alle Häuptlinge, die gegenwärtig waren, sich bereit erklärten, den Vertrag zu unterschreiben. Nun aber wurde ihre Aufmerksamkeit auf diese neue Angelegenheit gelenkt, und da überdies der Brief unumwunden der Abschaffung des Sklavenhandels Erwähnung tat, so wurde die ganze Verhandlung äußerst schwierig und misslich. Dies war noch mehr der Fall, da Herr Richardson in Bezug auf Vorrat von Waren zu Geschenken gänzlich in den Händen des Kaufmanns Hadj Ibrahim war. Dieser aber, selbst wenn er liberal genug denken mochte, um nicht unter der Hand gegen die Konkurrenz englischer Kaufleute zu arbeiten, tat natürlich alles, was in seiner Macht stand, um die Abschaffung des Sklavenhandels zu hintertreiben.

Es war gewiss ein höchst wichtiges Unternehmen, mit den Tuareg-Häuptlingen, als den Herren mehrerer der wichtigsten Straßen nach Zentralafrika, in direkte Unterhandlung zu treten, aber es erforderte auch große Gewandtheit, vollständiges Vertrauen und nicht unbeträchtlichen Vorrat von Mitteln. Die Weise, wie die Verhandlung ablief, verleidete uns ganz und gar unseren Aufenthalt an diesem Ort und benahm uns in gewisser Hinsicht die Gelegenheit, tiefer in die Erforschung der interessanten und fast unbekannten ethnologischen Verhältnisse dieser Gegenden einzudringen.

Wenn der Leser zu diesen unerfreulichen Verhältnissen hinzurechnet, dass unsere Diener, durch die Entbehrungen des Fastenmonats in der heißesten Jahreszeit aufgereizt und in Kenntnis von der Unzulänglichkeit unserer Mittel im Vergleich zu der Größe unseres Unternehmens, sich mit der größten Unverschämtheit und unerhörtem Unverstand benahmen, so wird er leicht begreifen, dass wir froh waren, als wir uns endlich nach mehrfachem Aufschub imstande sahen, unsere gefahrvolle Reise fortzusetzen.

Endlich – Aufbruch!

Es war ein überaus erfreuliches Gefühl, als ich mich nach unserem trübseligen Aufenthalt in Rhat am Morgen des 26. Juli abermals im Sattel fühlte und von dem hohen Rücken meines stolzen Meheri herab einen letzten Scheideblick auf das liebliche Bild der Oase warf.

Wir waren auf einen starken Tagemarsch vorbereitet. Nicht nur die Tinylkum, die, wie der Leser sich erinnern wird, mit unserem Gepäck vorausgezogen waren, hatten schon vor mehreren Tagen Arikim verlassen, sondern auch die kleine Kel-owi-Kafla, mit der wir übereingekommen waren, dass sie uns Schutz und Gesellschaft auf der Straße leisten solle, hatte schon einen bedeutenden Vorsprung vor uns. Unser Erstaunen war demnach nicht gering, als wir sie plötzlich haltmachen sahen, um in der Nähe der vereinzelten Palmbäume an dem äußersten Ende der Pflanzung zu lagern. Utaeti, der uns den ganzen Weg von Rhat aus zu Fuß begleitet hatte, wählte den Lagerplatz. Herr Richardson, welcher, zurückgehalten, erst später ankam, war gleich uns erstaunt, als er uns zu so früher Stunde gelagert fand. Unsere Kamele aber waren in höchstem Grade einer guten Fütterung bedürftig. Denn anstatt dass sie während unseres Aufenthaltes in Rhat auf die reichste Weide hätten geführt werden sollen, um neue Kräfte zum bevorstehenden langen Marsch zu sammeln, konnte kaum ein Zweifel sein, dass sie von unseren Freunden, den Tuaregs, zur Arbeit benutzt worden waren. Hier umher nun war eine reiche Fülle von »aghul« – *Hedysarum Alhajji* – neben dem »hhad« entschieden das nahrhafteste Futter für das Kamel. Nur so konnten wir uns erklären, warum wir hier lagerten, da beide, Hatita und Utaeti, uns wiederholt vor den zahlreichen Dieben in Bárakat gewarnt hatten.

Gegen Mittag besuchten uns mehrere Hogar, die einigermaßen lästig wurden, aber bei Weitem nicht in dem Grade, wie die Städter. Diese belästigten und quälten uns den ganzen Abend und folgenden Morgen und gaben uns eine Ahnung von dem, was wir in der Folge zu erdulden haben sollten. In der Tat bewahrheitete sich in der Folge vollständig die Drohung eines der Hogar, der sich mir namentlich längere Zeit aufdrängte, dass nämlich der Weg vor uns für uns verschlossen und nicht mit Waffen, sondern nur mit reichlich Geld und anderen Geschenken zu eröffnen sei.

Kapitel 13

Ein Überfall in der Wüstenöde
bereitet sich vor

Die Landschaft wurde nun ganz flach und eben, aber mit einer allmählichen Steigung. Der Boden war meist grober Kies, aber mit feinem Granitsand untermischt. Overweg fand dunkelblaues, porphyrartiges Gestein mit großen weißen Feldspatkristallen.

Alles dehnte sich nun zu einer unermesslichen Ebene aus, von nichts unterbrochen als in einer Entfernung von etwa 5 Meilen durch eine steile Erhebungskette namens Mariau. Die ganze Natur dieser Gegenden ist dem schweifenden Amoscharh klar vor Augen; denn der Mariau ist für ihn das Merkzeichen der nackten, meerartigen Wüste oder, wie er es nennt, der »ténere« oder »tánere«, und ein höchst interessantes Wüstenlied hebt so an:

»Mariau tánere niss«,
»Mariau mit seinem Wüstenmeer haben wir erreicht.«

Der Anblick dieser weiten Fläche schien unsere wilden, an schweifendes Leben gewöhnten Gefährten nur zu begeistern, und mit angespornter Rüstigkeit über die unbegrenzte Ebene dahinziehend, lagerten wir nach Sonnenuntergang auf dieser kahlen, kiesigen Fläche, ohne das geringste Kraut und ohne einen Splitter Holz, obgleich der Boden hier und da mit stacheligen Samenkapseln bedeckt war, die nach gefallenem Regen aufkeimen. Da unsere Leute nun gar versäumt hatten, auf dem Marsch etwas Kameldünger zusammenzulesen, so waren Overweg und ich sehr froh, außer unserer vortrefflichen Rhater »Summita« – einem Teig aus geröstetem Weizenmehl mit Datteln – eine Tasse Tee zu bekommen. Denn es ist merkwürdig, wie der Europäer selbst in diesen warmen Zonen an warmer Nahrung hängt.

Wie die Berghöhe Mariau für den Wüstenwanderer das Merkzeichen der flachen ununterbrochenen Kieswüste, so ist Falésseles für ihn mit diesen Sanddünen eng verbunden, so Tin-karade mit dem heißen Wüstenwind, und an den oben erwähnten Vers:

»Mariau tánere niss da djede«

schließen sich im targischen Wüstenlied die Verse:

> »In-afalesseles da djede niss
> Tin-arade da hode niss.«

Lange spähten wir mit unseren Führern von diesem steilen Sand-
kamm durch das Fernrohr, um zu sehen, ob auch der Brunnen sicher
sei; dann stiegen wir an dem südwestlichen Abhang der Sanddünen
etwas abwärts und lagerten. Von hier aus erreichten wir am folgenden Morgen mit wenig mehr als 4 Meilen den Brunnen Falésseles
oder Afalésseles.

Die Landschaft umher bot einen nicht eben besonders freundlichen Lagerplatz dar, da nicht der geringste Schatten zu finden war;
denn die wenigen Ethelbüsche, welche auf Erdhügeln von nicht
weniger als 30–40 Fuß Höhe wuchsen, waren überaus niedrig und
fast vom Sand bedeckt. Außerdem war der Boden, der ganz aus
Granitgruß bestand, voll Kamelkot und Unreinigkeiten noch unangenehmer Art. Auch war nicht das geringste Kraut hier, sodass die
Tiere, nachdem sie getränkt worden waren, nach einer 7–8 Meilen
entfernten Weidestätte getrieben werden mussten; dort blieben sie
die ganze Nacht und den folgenden Tag bis zum Mittag. Dann
kehrten sie zurück und brachten Vorrat für die folgende Nacht mit.

Nichtsdestoweniger ist dieser Punkt für den Karawanenhandel
von großer Wichtigkeit wegen des Brunnens, der eine reichliche
Menge leidlichen Wassers liefert. Wir waren in der Tat froh, es besser
zu finden, als wir nach den Berichten zu hoffen gewagt hätten;
obwohl es im Anfang trübe und schlammig war, klärte es sich doch
bald auf und behielt nur einen geringen Beigeschmack. Der Brunnen war 5 Faden tief, an der Mündung nur 1½ Fuß breit, aber unten
geräumiger; er war von Ethelstämmen ausgebaut. Die Wärme des
Wassers betrug 25 Grad Celsius.

Nachdem die Kamele fortgeführt waren, war unser Lager sehr
einsam und verlassen, und die Stille wurde nur durch das Stampfen
des Korns oder der Negerhirse unterbrochen. Es war bei vollkommener Windstille ein drückend heißer Tag, einer der heißesten unserer
ganzen Reise, in dem das Thermometer im besten Schatten, den wir
uns verschaffen konnten, um 12½ Uhr 44 Grad Celsius anzeigte;
um 2 Uhr war es wahrscheinlich noch höher, aber ich versäumte,
es zu dieser Stunde zu beobachten. Bei der Einförmigkeit der Gegend war die Hitze höchst erschlaffend; jedoch zeigten sich Spuren
einer Veränderung des Klimas. Am Nachmittag bewölkte sich der

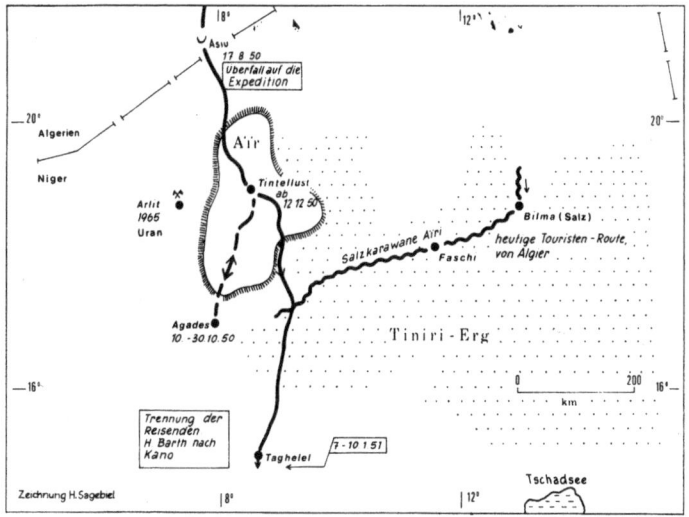

Abbildung 24. Am Südrand der Sahara.

Himmel so stark, dass wir fast Regen erwarteten, und in der Nacht erhob sich ein heftiger Ostwind. Die Kel-owis hatten sich in einiger Entfernung am Abhang der Sandhügel gelagert.

Beim Vorrücken in der Vollwüstenmitte, der Tiniri (auch Ténéré), einem »Niemandsland«, durchstreift von beutelustigen Nomaden, die den Handelskarawanen arg zusetzten, gerät auch die Expedition in eine Gefahrenzone. In die Tiniri, die »Riesenwüste in der großen Wüste«, ragen Ostausläufer (das Anahef) des zentralsaharischen Hochgebirges Ahaggar hinein. Diese erstmalig vom gesteinskundigen Expeditionsteilnehmer Adolf Overweg erforschte Gebirgswelt weist mächtige Felsklötze ohne Schuttfüße auf (Gneis des Suggarien). Heinrich Barth und Adolf Overweg sind die Begründer der durch zahlreiche Abbildungen belegten Sahara-Sudan-Geomorphologie.

(Donnerstag, 15. August) Das heutige Lager war nicht eben ein ruhiges, und keinem, der Charakter und Sinnesäußerungen der Leute gebührend beobachtete, konnten die ernsten Anzeichen entgehen, dass sich ein Sturm über unseren Häuptern ansammelte. Mohammed Boro, der schon so oft seinen Gefühlen der Rache wegen der Vernachlässigung, mit welcher er behandelt worden war, Luft gemacht hatte, war Feuer und Flamme, und indem er das

Abbildung 25. Im Ahnet. Nach einer Zeichnung von H. Barth.

ganze Lager in Aufregung brachte, sammelte er alle freien Leute zu einer Beratung; denn er hatte, wie er sagte, die Botschaft erhalten, dass eine große Anzahl Hogar nach Asïu kommen würde. Wann und wie er diese Nachricht erhalten hatte, kann ich nicht sagen, vermute aber, dass sie ihm schon lange bekannt war und er nur sein Geheimnis erst hier enthüllte. Während ich auf das Gerücht von Ssidi Djafels Expedition nur wenig Gewicht gelegt hatte, wurden nun, als ich den aufgeregten Zustand, in welchem sich Boro befand, bemerkte, meine Befürchtungen rege; denn ich kannte die Beweggründe seiner Handlungsweise.

(Freitag, 16. August) Zu früher Stunde brachen wir auf. Kiesiger und felsiger, mit Kieseln bestreuter Boden wechselten miteinander ab. Granit, in vielen Blöcken anstehend, die sich oft nach oben schirmartig ausbreiteten, war die Hauptformation, bis wir nach 13 Meilen Weges den schmalen sandigen Sporn einer bedeutenden Erhebung, die sich zur Linken näherte, passierten, wo eine feine Art weißen Marmors sichtbar wurde. Danach betraten wir ein raues Terrain von besonders ödem Aussehen, namens Ibéllakangh, und überstiegen einen unseren Weg quer durchsetzenden kleinen Gneiskamm, der mit Kies bedeckt war.

Hier trennte sich zu unserem großen Bedauern die Karawane, während eben im Osten ein Gewitter aufzog. Die Tinylkum nämlich zogen ostwärts, um sich, wie man uns sagte, in den Sanddünen nach Weide für ihre Kamele umzusehen.

(Es folgt ein weiterer Halt.)

Dies also war Asïu oder Asëu, ein für den Karawanenhandel aller Zeiten wichtiger Punkt, da hier die Straßen von Ghadames und Tauat sich vereinigen, und dies muss, wie ich weiter unten zeigen werde, schon zur Zeit, als der berühmte Reisende Ibn Battuta von seiner unternehmenden Wanderung nach Sudan über Tauat (im Jahre 1353) heimkehrte, der Fall gewesen sein. So verlassen und öde die Stätte auch erscheint, galt sie doch auch uns für eine wichtige Station, weil wir fälschlich glaubten, dass der schwierigste Teil der Reise hier abgetan sei. Denn obwohl ich selbst eine Ahnung von drohender Gefahr hatte, dachte doch keiner von uns, dass die noch bevorstehenden Schwierigkeiten in jeder Weise größer sein würden, als die schon überstandenen. Herr Richardson irrte in der Tat bedeutend, wenn er glaubte, dass wir, weil die eingebildete Grenze der Asgar- und Kel-owi-Territorien überschritten war, damit außer dem Bereich eines Anfalles der nördlichen Stämme seien; er bezeichnete mit der entschiedensten Hartnäckigkeit jede Mutmaßung, dass eine solche Grenze leicht von einem umherschweifenden nomadischen Stamm ohne viel Bedenken überschritten werden könne, als absurd, indem er behauptete, dass diese Grenzbezirke in der Wüste viel gewissenhafter beobachtet würden, als irgendeine Grenze von Österreich ungeachtet seiner zahllosen Grenzjäger. Eine ähnliche Meinung hat er in seinem früheren Werk ausgesprochen, aber er wurde bald über alle diese Punkte seiner Wüstenpolitik auf seine und unser aller Unkosten aufgeklärt.

Es hatte in der Tat wenig Anziehendes, auf der breiten sandigen Ebene, die nur sehr missbräuchlich ein Tal genannt werden konnte, umherzustreifen. Hier und da unterbrach eine Gruppe von Granitblöcken die einförmige Fläche, welche an der Nordseite von gemach ansteigendem Felsboden, an der Südseite dagegen von einer höheren Erhebung begrenzt wird.

Wie öde auch die Stätte war und wie trübe unsere Aussichten sich gestalteten, gewährte uns doch im Laufe des Nachmittags die Ankunft der Tinylkum einen heiteren Anblick und flößte uns einiges Vertrauen ein, da wir unsere Kafla wieder ihre frühere Stärke annehmen sahen. Alle unsere Gefährten jedoch trugen Ruhe und Sicherheit zur Schau; nur der Sserki-n-turaua machte eine Ausnahme hiervon und tobte in der höchsten Aufregung umher. – Das Tränken der Kamele und Füllen der Wasserschläuche nahm einen ganzen Tag in Anspruch.

(Sonntag, 18. August) Nach 2 Stunden Weges fingen wir an, erst gemach, dann steiler hinaufzusteigen; alle Felsen bestanden hier aus tonigem Sandsteinschiefer von roter und grünlicher Farbe und waren sehr gespalten, zerborsten und stark von Sand verschüttet. Nach 25 Minuten erreichten wir die höhere Fläche, ganz aus rauem, mit kleinem Gestein bestreuten Boden bestehend; im Westen, bei etwa 4 Meilen Entfernung, hatte sie eine Erhebung.

Alarm!

Während wir ruhig unsere Straße zogen, wir mit den Kel-owi voran und die Tinylkum im Nachtrab, kam plötzlich Mohammed der Ssfakser hinter uns drein gelaufen, die Flinte über seinem Kopf schwingend, mit dem Ruf: »he auelad, auelad bu adunadja« – »he Burschen, unser Feind ist da«. Ein so drohender Ruf von einem, der sonst nur mit leichtfertigen Fessaner Gesängen die Eintönigkeit des Marsches zu veründeln suchte, verbreitete natürlich den größten Alarm in der ganzen Karawane; ein jeder griff nach seiner Waffe, gleichviel ob Flinte, Speer, Schwert oder Bogen, und wer immer zu Kamel saß, sprang, wenn es ein Lasttier war, augenblicklich von seinem Tiere herunter.

Es dauerte lange, ehe es möglich war, vor Lärm die Ursache des ganzen Tumults zu erfahren. Endlich wurden die folgenden Umstände bekannt. Ein Mann namens Mohammed, welcher zur Kafla gehörte, war ein wenig am Brunnen zurückgeblieben und hatte drei Tuareg zu Kamel – »Meheri« – beobachtet, welche eiligen Laufs herankamen. Während er nun selbst der Karawane ohne Verzug gefolgt war, hatte er seinen Sklaven zurückgelassen, um zu sehen, ob noch andere Tuareg hinterdrein kämen. Dieser Sklave nun hatte ihn nach kurzer Zeit eingeholt und ihm berichtet, dass noch eine Anzahl Kamele in der Entfernung sichtbar geworden wären, und beide beeilten sich, uns die Nachricht zu überbringen. Selbst Herr Richardson, der bei seinem schweren Gehör erst nach dem Alarm unsere Lage zu überschauen imstande war, stieg von seiner kleinen, schlanken Naga herab und spannte kriegsgerüstet seine Pistolen. Ein kampflustiger Geist schien sich der Karawane bemächtigt zu haben, und ich bin überzeugt, dass, wenn wir in diesem Augenblick angegriffen worden wären, alle tapfer gefochten haben würden. Offener Angriff indessen ist nicht die Taktik einer Freibeuterschar in der Wüste; sie nistet sich bei einer Karawane ein und zeigt sich anfänglich ruhig und friedfertig, bis sie die geringste Einigkeit, welche in einer solchen, aus den heterogensten Elementen gebildeten Truppe zu finden ist, untergraben und sich aller günstigen Verhältnisse bemächtigt hat – erst dann zeigt sie sich allmählich in ihrem wahren Charakter und erreicht auch gewöhnlich ihren Zweck.

Nachdem endlich ein gewisser Grad von Ruhe wieder unter unsere Schar zurückgekehrt und eine genügende Menge von Pulver und Blei unter diejenigen verteilt worden war, welche mit Feuerwaffen versehen waren, gewann die Ansicht Raum, dass, wenn der Bericht sich wirklich bestätigen sollte, es viel wahrscheinlicher sei, dass wir bei Nacht als bei Tag angefallen werden würden. Wir setzten daher unseren Marsch mit einem stärkeren Gefühl von Sicherheit fort, während ein Trupp Bogenschützen abgesandt wurde, um von einer kleinen Kafla, die vom Sudan kam und in geringer Entfernung von uns hinter einer niedrigen Erhebungskette hinzog, Nachrichten einzuholen. Es waren einige Tebus oder Tedas mit 10 Kamelen und etwa 33 Sklaven, die unbewusst einem schrecklichen Schicksal entgegengingen. Wir hörten nämlich später, dass die Imrhad der Hogar oder vielmehr die Hadanara selbst, darüber aufgebracht, dass wir durch ihr Land gezogen wären, ohne dass sie etwas von uns erhalten, die kleine Truppe angegriffen, die drei oder vier Tebus gemordet und ihre Kamele und Sklaven weggeführt hätten.

Während sich die Karawane langsam vorwärts bewegte, konnte ich meinem Meheri erlauben, an einer kleinen muldenartigen Einsenkung namens Ta-ha-ssá-ssa von dem »ne-ssi« *(Panicum grossularium),* einem von den Kamelen sehr gesuchten Kraut, etwas zu weiden. – Um Mittag fingen wir dann an, auf ein felsiges Terrain hinanzusteigen, und erreichten nach sehr allmählichem Anstieg von 3 Meilen die höhere Fläche, welche mit Kies bedeckt war, weiterhin aber rauen schiefrigen Boden zeigte, bis wir das Tal Fénorangh[21] erreichten.

Diese Taleinsenkung, nicht ganz 1 Meile breit und etwa deren 2 lang, ist durch ihren gewöhnlich reichen Krautwuchs, namentlich das von den Arabern so genannte »burékkeba« und das so überaus nahrhafte »hhad«, sehr berühmt und bildet daher einen wichtigen Haltepunkt für die Karawanen, welche, vom Norden kommend, den nackten Teil der Wüste, der kaum irgendeine Art von Futter für die Kamele hervorbringt, durchschnitten haben. Ungeachtet der

---

21   Herr Richardson nennt es »Takesaat«.

drohenden Gefahr beschlossen wir daher, nicht nur heute, sondern auch den folgenden Tag hier gelagert zu bleiben.

Die Taktik der »Wüstenräuber«

Während die ausgehungerten Tiere, sobald sie ihrer Bürde ledig waren, auf die ringsumher sich darbietende schöne Weide sich stürzten, lagerte sich unser Wanderdorf so dicht wie möglich zusammen und bereitete sich auf das Schlimmste vor, indem wir rundumher nach allen Richtungen ausspähten. Aber kein menschliches Wesen, weder Freund noch Feind, war bis zum Abend zu erblicken. Als aber Dunkelheit sich über das Tal ausbreitete und mit ihrem Schleier die Nachstellungen des Verwegenen deckte, erschienen drei wohlbewaffnete raublustige Gestalten hoch zu Meheri. Es waren eben die drei, die man in der Ferne hatte dem Brunnen zueilen sehen. Nun zeigte sich auch hier gleich deutlich, wie drei oder vier entschlossene Männer imstande sind, eine zahlreiche Karawane in Furcht zu setzen, und wie man ihnen erlaubt, ihr verderbliches Werk, das jeder Einzelne mehr oder weniger durchschaut, anzufangen, indem man ihnen ruhig gestattet, sich einzunisten. Gewiss hat es für den ruhigen Wanderer etwas Peinliches, jemanden anzugreifen, ehe er entschiedene Feindseligkeit gezeigt hat; jedoch sollten in der Wüste solche Räuber in gehöriger Entfernung von jeder Karawane gehalten werden. Derjenige, der sie zulässt, kann sicher darauf rechnen, wie friedlich und in wie geringer Menge sie im Anfang immer auch auftreten mögen, in der Folge ihren Nachstellungen zu unterliegen. So wurden nun trotz aller unserer kriegerischen Zurüstungen, trotz allem Reden und trotz der Tatsache, dass wir Europäer mit unseren Dienern bereit waren, diese Leute fernzuhalten, die drei einsamen Wanderer, die jedermann als Freibeuter kannte und von deren bösen Absichten ein jeder überzeugt war, in unsere Mitte aufgenommen und ihnen nicht nur erlaubt, sich ganz nahe bei uns niederzulegen, sondern uns auch noch zugemutet, sie zu bewirten. Für den Beteiligten, der selbst schon einige Erfahrung auf diesem Felde gesammelt hatte, bot die ganze Verhandlung etwas Tragikomisches. Alles war in der größten Aufregung; Hand anlegen zu rechter Zeit wollte keiner, aber bereit zum Kampf war jeder, und während ein jeder behauptete, dass von diesen Fremden nichts zu befürchten sei, zitterte er vor Furcht. Während man uns hinderte, diese Herren mit Gewalt in gehöriger Entfernung zu halten, kam der alte erfahrene Aued-el-Cher ausdrücklich zu uns, um uns dringend zu warnen, ja auf unserer Hut zu sein, und Boro fing an, den bedeutenden Mann zu spielen, indem er sich mit einer pathetischen Rede an die Kel-owi und Tinylkum wandte und sie ermahnte, uns treu beizustehen.

Alle Welt schrie nach Pulver, und niemand konnte seiner Meinung nach genug bekommen. Unser gewandter, mitunter aber auch höchst lästiger Diener Mohammed fasste einen strategischen Plan und stellte die vier Stücke des Boots an der Nordseite der zwei Zelte auf; hinter diesen sollten wir im Fall eines Angriffs unsere Stellung nehmen. Unsere drei Gäste, welche Zeugen dieser lächerlichen und nutzlosen Parade waren, mussten gewiss im Stillen herzlich lachen und sich schon im Voraus auf ihre Beute freuen. Auch machten sie gar kein Geheimnis daraus, dass sie in einiger Entfernung Gefährten hätten; da sie aber die Karawane noch in leidlicher Einigkeit fanden und da wir die ganze Nacht hindurch Wache hielten, fanden sie den Zeitpunkt noch nicht gekommen, etwas zu unternehmen, und die Nacht verging ruhig.

Am Morgen entfernten sich unsere drei Gäste, welche, wie ich erkundete, nicht zu den Asgar gehörten, sondern Kel-fade waren, vom nördlichen Distrikte Aïrs, und bei Freunden aus anderen Stämmen zu Besuch gewesen waren. Annur und einige andere Leute unserer Karawane begleiteten sie eine Strecke. Sie gingen langsam fort, gleichsam gegen ihren Willen, aber nur, um zu ihrem Trupp zu stoßen, der sich während der Nacht in einiger Entfernung jenseits der Felserhebung gehalten hatte, welche das Tal im Westen begrenzt oder vielmehr nur unterbricht. Dort fanden einige Leute unserer Karawane, welche sich nach dem krautreicheren Teil des Tales jenseits des Felsrückens gewandt hatten, um dort einen Vorrat für den bevorstehenden Marsch zu sammeln, frische Spuren von neun Kamelen. Bei aller äußeren Ruhe gab dies viel Ursache zu Besorgnis, und große Ängstlichkeit herrschte in der Karawane. Plötzlich entstand die Befürchtung, dass die Kamele gestohlen worden seien; glücklicherweise jedoch erwies sie sich als unbegründet. Der schlaue einäugige Tauater Abd el Kader, den ich schon erwähnt habe, machte den Versuch, diese Umstände zu seinem Nutzen anzuwenden. Er kam nämlich zu Herrn Overweg, den er, weil in solchen Wüstenbegebenheiten noch unerfahrener, am aufgeregtesten fand, und suchte ihn auf alle Weise zu bereden, alles, was er von wertvolleren Gegenständen besäße, bei Aued-el-Cher und bei den Kel-owi, und einiges dann natürlich auch bei ihm in Sicherheit zu bringen. Wie man wohl einsieht, war dies ein höchst eigennütziger Rat; wäre uns etwas zugestoßen, so würden diese Freunde die trauernden Erben geworden sein. Am Abend hatten wir wiederum drei Gäste, aber nicht die von gestern, sondern drei ihrer Gesellschafter, die zu den Hadánara, einer Abteilung der Asgar, gehörten.

(*Dienstag, 20. August*) In sehr unruhiger Stimmung brachen wir auf; denn schon während des so stillen Nachtlagers hatten unsere Verfolger große Vorteile erkämpft. Das religiöse Element trat scharf in den Vordergrund und so mussten notwendig die drei Christen, als einzeln dastehend, verlassen und schutzlos dem Rest der Karawane gegenüberstehen. In aller Frühe nämlich wurden alle guten Gläubigen zu einem feierlichen Gebet zusammengerufen, und indem wir uns natürlich ausschlossen, wurden die Bande, die jeden an uns knüpfte, gelockert. Dann ging es ans Aufbrechen, jedoch nicht in der ungeregelten Weise, wie wir die letzten Tage gewohnt gewesen waren, wo jeder kleine Trupp, sobald er fertig war, sich auf den Marsch machte, sondern alle begannen den Marsch in eng geschlossener Reihe. Zuerst ging es im Tal entlang, dann auf ansteigendem Terrain; mitunter bestand es aus grobem Sand, zu anderen Zeiten war es felsig. Die Erhebungskette zur Rechten, welche hier etwas mehr als 1 Meile entfernt bleibt, trägt je nach den mehr oder minder hervorragenden Teilen, in welche sie durch Einsenkungen oder Sättel getrennt wird, verschiedene Namen. Die südlichste Kuppe heißt Tim-ásgaren, während eine andere Tin-dúrdurangh genannt wird.

Der Amo-scharh ist sehr ausdrucksvoll in seinen Benennungen, und wenn es erst möglich sein wird, alle diese Namen zu verstehen, so werden sich sicherlich sehr interessante Bezeichnungen daraus ergeben. Was mich anbelangt, obwohl ich der Tarkíeh- oder Tema-schirht-Sprache nicht wenig Aufmerksamkeit geschenkt habe, war mir doch, als Reisendem, nicht Muße genug vergönnt, um der schwierigen und veralteten Ausdrücke Herr zu werden, und natürlicherweise sind gegenwärtig unter den Eingeborenen selbst nur wenige fähig, die Bedeutung von Namen anzugeben, welche sich aus alter Zeit herschreiben. Wie ich schon in der Vorrede angegeben habe, können einzelne Resultate meiner Reise natürlich erst im allmählichen Fortschritt ausgebeutet werden.

Endlich hatten wir jenen eigentümlichen Felszug im Rücken und betraten nun ein anderes flaches Tal, das voll jungen Krautes war, und folgten seinen Windungen. Diese ganze Landschaft hatte eine

sehr unregelmäßige Bildung und machte bei der unreinen Luft und
der eigentümlichen unruhigen Gemütsstimmung, in der wir uns
befanden, einen unbehaglichen Eindruck. Plötzlich erblickten wir
auf einer regelmäßig geschichteten Sandhöhe vor uns vier Leute, und
ein Trupp Leichtbewaffneter, unter denen drei Bogenschützen sich
befanden, wurde also bald abgesandt, um, wie es den Anschein hatte,
zu sehen, was dies zu bedeuten habe. In regelmäßiger Schlachtordnung marschierten sie gerade auf die Anhöhe zu.

Da ich mich gerade in der ersten Reihe der Karawane befand
und mich auf meinem Kamel nicht so sicher wie zu Fuß fühlte,
stieg ich ab und führte meinen Meheri beim Nasenzaum, indem ich
meine Augen nicht von der Szene vor mir abwandte. Wie sehr war
ich aber überrascht, als ich zwei der Unbekannten in Gemeinschaft
mit den Kel-owi einen wilden Waffentanz ausführen sah, während
die Übrigen ruhig auf dem Boden dabei saßen! Hoch erstaunt und
betroffen maß ich langsam meine Schritte ab, als zwei der Tanzenden
auf mich zugestützt kamen, den Zaum meines Kamels fassten und
Tribut von mir forderten. Unvorbereitet auf eine solche Szene, besonders unter solchen Umständen, da drei der uns nachstellenden
Raubzügler uns stets nahe waren, ergriff ich meine Pistole, als ich
noch eben zur rechten Zeit Grund und Charakter dieser eigentümlichen Zeremonie kennenlernte.

Die kleine Anhöhe, auf deren Gipfel wir die Leute beobachtet
hatten und an deren Fuß der Waffentanz ausgeführt wurde, ist ein
wichtiger Punkt in der neueren Geschichte des Landes, das wir
nun betreten. Denn es war hier, dass, als die Kel-owi, bis dahin,
wie es scheint, ein unvermischter, reiner Berberstamm, Besitz vom
Land Alt-Gober mit seiner Hauptstadt Tin-schaman nahmen, ein
Vertrag von den roten Eroberern mit den ursprünglichen schwarzen
Bewohnern eingegangen wurde, dass nämlich die Letzteren nicht
ausgerottet werden sollten und dass das Haupt der Kel-owi nur eine
schwarze Frau heiraten dürfe. Zur Erinnerung an diesen Vertrag hat
man die Sitte bewahrt, dass an der Stelle, wo derselbe geschlossen
wurde, am Fuß des kleinen Felsens Máket-n-ikelan[22], die Sklaven
– »ikelan« – der vorbeiziehenden Karawanen ausgelassen sein und

---

22   Ich bedaure, dass ich es vernachlässigt habe zu erfragen, was der ursprüngliche
      Gober-Name dieses Platzes war. Denn während es kaum zweifelhaft sein kann,
      dass er seinen Namen »máket-n-ikelan« von dieser Verhandlung erhalten hat,
      ist es sehr wahrscheinlich, dass er eine alte Kultusstätte war und als solche
      einen eigenen Namen hatte.

von ihren Herren einen kleinen Tribut fordern dürfen. Die Ebene
umher hat bei den Arabern den so höchst bezeichnenden Namen
»schabet el Ahir« bekommen, der genugsam bezeugt, dass sich an
diesem Punkt ganz vorzugsweise die Existenz von Ahir (Aïr) im
Gegensatz zu Gober anschließt.

Der Schwarze, welcher mich anhielt, war der sserki-n-baï, das
Haupt oder der Anführer der Sklaven. Diese armen und doch fröhlichen Geschöpfe führten, während die Karawane ihren Marsch fortsetzte, noch einen anderen Tanz auf, und das ganze Verhältnis dieses
Gebrauches würde überhaupt das höchste Interesse in Anspruch
genommen haben, wenn nicht sowohl wir wie alle gutgesinnten Mitglieder des Zuges sehr bedrückt und unser Geist von der Besorgnis
eines Unfalles ganz eingenommen gewesen wären. In der Tat, die
Furcht war so groß, dass der liebenswürdige und gesellige Sliman,
einer der Tinylkum, der auch später so aufrichtig und herzlich seine
Teilnahme an unseren Unfällen ausdrückte, mich, als ich einmal
außerhalb der Reihe der Kamele ritt, inständig bat, mich mehr in der
Mitte der Karawane zu halten, damit nicht, wie er fürchtete, einer
jener Räuber plötzlich auf mich losstürzen und mich mit seinem
Speer durchstoßen möge.

Während der Boden hier umher nur aus kahlem Kies bestand,
wurde der Weg später unebener und von Granitfelsen unterbrochen;
in den von diesen gebildeten Löchern fanden unsere Leute etwas
Regenwasser. Das Terrain zur Rechten hieß Tiss-gaúade, während
die Höhen zur Linken den Namen Tin-ébbeke haben. Ich ritt hier
eine Zeit lang neben einem Targi, namens Émeli, aus dem Stamm
der Asgar. Dieser in Kleidung und Benehmen durchaus anständige
Mann stieg nie von seinem Kamel herab, in starkem Gegensatz zu
den armen Tinylkum, von denen nur der eben erwähnte Sliman
einen Meheri ritt. Obgleich er nicht eben sehr feindlich gegen die
Freibeuter gesinnt zu sein schien und wahrscheinlich um ihr Vorhaben wusste, mochte ich ihn doch seiner anständigen Manieren
wegen wohl leiden und unter günstigeren Umständen hätte ich
gewiss von ihm mancherlei Nachrichten erhalten können. Es befand sich jedoch in seiner Gesellschaft ein übler, unangenehmer
Bursche, namens Mohammed, oder, wie die Tuaregs den Namen
aussprechen, Mochammed, aus Janet oder Djanet, der im Laufe
der Schwierigkeiten, welchen wir ausgesetzt waren, uns großen
Schaden zufügte und vollkommene Neigung hatte, uns noch mehr
zuzufügen.

Wir lagerten endlich auf einer offenen kiesigen Ebene, die von Felserhebungen umgeben war, doch schlugen wir unsere Zelte nicht auf. Unsere unwillkommenen Gäste hatten nämlich ganz offen vor den Tinylkum erklärt, es sei ihre Absicht, uns drei Christen zu töten, aber zuvor erwarteten sie noch Beistand. Trotzdem musste Herr Richardson auch diesen Abend wieder diese Raubgesellen bewirten. So groß ist die Schwachheit einer Karawane, obwohl in unserem Fall noch die Verschiedenheit der Religion viel dazu beitragen musste, die Stärke der zahlreichen Gesellschaft, mit der wir reisten, zu untergraben. Hier hörte ich, dass einige unserer Verfolger Imrhad aus Tádomat seien.

Unter solchen Umständen und bei derartiger Gemütsstimmung war es unmöglich, sich der Spiele und Sprünge der Sklaven – oder vielmehr Haussklaven – der Kel-owi zu erfreuen. Sie liefen mit wilden Gebärden und Geschrei im ganzen Lager umher, um von jedem freien Mann in der Karawane ihren kleinen Tribut – »Máket-n-ikelan« – einzutreiben, wobei sie sich denn mit einer kleinen Quantität Datteln oder einem Stück Musselin, einem Messer, einem Hemd oder irgend sonst einer Kleinigkeit gern zufriedenstellen ließen; aber geben musste ein jeder etwas.

Trotz unseres langen Tagesmarsches waren Overweg und ich genötigt, die ganze Nacht hindurch aufmerksam Wache zu halten.

(Mittwoch, 21. August) In aller Frühe bei Mondschein brachen wir auf und stiegen auf dem rauen Boden aufwärts. Die Felserhebungen zu beiden Seiten traten nicht selten nahe zusammen und bildeten unregelmäßige Pässe. Nach 5½ Meilen Weges erreichten wir die höchste Stelle und konnten von hier aus die Landschaft ganz überblicken. Mit kleinen Granithügeln wie besät, hatte sie ein höchst ödes Aussehen; in der Ferne jedoch erblickte man zur Linken eine interessante Berggruppe,

Ungeachtet unserer gefahrdrohenden Lage konnte ich es mir nicht versagen umherzustreifen, und fand auf den Blöcken über dem kleinen Teich – »Tebki« – einige rohe Felsgekritzel mit Figuren von Ochsen, Eseln und einem hohen, schlanken Tier, das nach den Angaben der Kel-owi eine Giraffe darstellen sollte.

Während ich mich an der Szenerie der Städte erfreute, trat Didi plötzlich hinter mich und machte den Versuch, mich niederzuwerfen. Da ihm dies nicht gelang, legte er von hinten seine Hand auf meine Pistolen und suchte mich so zu verhindern, von ihnen

Gebrauch zu machen. Indem ich mich jedoch mit einer plötzlichen Wendung seinen Armen entzog, versicherte ich ihn, dass sicherlich ein so verweichlichter Mensch wie er mir nichts anhaben könne. Er war ein schlauer und hinterlistiger Gesell, und ich traute ihm von allen unseren Kel-owi am wenigsten. Der kleine, liebenswürdige Annur dagegen warnte uns und teilte uns mit, dass er erfahren habe, die Freibeuter wollten die Kamele, welche wir selbst ritten, in der Nacht stehlen. Glücklicherweise hatten wir uns auf einen solchen Fall vorgesehen und konnten die Tiere, indem wir ihre Füße in Eisenringe legten, vor plötzlichem Überfall sichern.

Während ich die erste Nacht Wache hatte, erlaubte mir das glänzende Mondlicht, auf einem Granitblock einige Zeilen an die Meinigen mit Bleistift niederzuschreiben. Große Raubvögel mit schwarz-weißem Gefieder ließen sich nahe bei unserem Lagerplatz sehen.

(Donnerstag, 22. August) Da die Kel-owi einige Schwierigkeiten hatten, ihre Kamele zu finden, brachen wir nicht sehr frühzeitig auf. Zu unserem Erstaunen durchschnitten wir das felsige Rinnsal und traten in einen sehr unregelmäßigen, steil aufsteigenden Pass ein, wo wir etwas weiter einen anderen Pfuhl Regenwasser passierten. Überall zeigte hier der Kiesboden die Spuren eines erst jüngst geflossenen Regenstromes, dessen Saum mit kleinen, lieblichgrünen Mimosen und einem dunkelgrünen Rasenteppich bezeichnet war. Als wir endlich die Felsen hinter uns hatten, fanden wir uns auf einem sehr hohen Terrain, von wo wir eine klare Fernsicht über die vor uns liegende Landschaft gewannen. Vier bedeutende Bergketten waren genau in der Ferne zu unterscheiden.

Wir verließen das anmutige Tal Gebi durch eine kleine Seitenöffnung, die von großen Granitblöcken umgeben war, während Kuppen von beträchtlicher Höhe hinter den näheren Felswänden sich auftürmten. Wir traten hierauf in ein anderes weites, aber nicht so reich bewachsenes Tal, namens »Tá-rha-djit«, und lagerten hier auf einem freien Platz kurz nach Mittag.

Das Tal wird dadurch von Wichtigkeit, dass es das erste in der Grenzlandschaft von Aïr oder Asben ist, wo eine feste Wohnstätte oder Dorfschaft sich befindet. Das kleine, aus Lederzelten bestehende Dorf wird von Leuten aus dem Stamme der Fade-angh bewohnt, welche sich in einer gewissen Unabhängigkeit von den Kel-owi halten, während sie doch den Sultan von Agades anerkennen.

Ich werde in einem späteren Abschnitt von diesen Verhältnissen und von dem Charakter dieses Stammes ausführlicher zu sprechen Gelegenheit haben. Hier wollen wir, ehe wir den Leser durch alle die Fährnisse und Widerwärtigkeiten führen, die unseren Eintritt in das Alpenland Aïr oder Asben charakterisierten, ihm eine kleine Ruhe von dem Wüstenmarsch gönnen, die uns selbst nicht zuteilwurde.

Kapitel 14

Gefährlicher Eintritt in das
Alpenland der Wüste

Die Stimmung unserer Führer und Kameltreiber war vom ersten
Augenblick an, wo wir lagerten, unbehaglich gewesen, und Herr
Richardson hatte auf den Vorschlag des kleinen Annur schon am
gestrigen Tag die oben erwähnten Asgar, Émeli und Mochammed,
vorausgeschickt, um den Häuptling von Fade-angh zu uns zu führen. Dieser Mann nämlich war uns als eine Person von großem
Ansehen dargestellt worden und als vollkommen fähig, in diesem
gesetzlosen Land durch seinen Schutz uns vor den Raubzüglern zu
wahren, welche unsere neulichen, uns vorausgegangenen Gäste sicher sammeln würden. Aber Mochammed wenigstens war selbst, wie
ich schon oben bemerkte, sicherlich ein Schurke, und man konnte
als gewiss annehmen, dass er alles, was in seinen Kräften stände,
tun würde, um unsere Schwierigkeiten zu vergrößern, damit er bei
der Verwirrung gewinnen möge. Es war also keineswegs auffallend,
dass wir den Bescheid erhielten, der Häuptling sei abwesend; ein
Mann, der für dessen Bruder ausgegeben wurde, sollte seine Stelle
vertreten. Diese Persönlichkeit machte denn auch ihren Besuch,
von einigen Leuten aus dem Dorf begleitet. Sogleich aber wurde
es klar, dass dieser Mann nicht das geringste Ansehen genoss, und
einer der Imrhad von Tádomat, welche sich während der letzten 2
Tage an uns gemacht hatten, schlug denselben, um uns zu zeigen,
wie wenig Achtung er für ihn hege, mit seinem Speer wiederholt
auf die Schulter.

Unter den Begleitern dieses unseres neuen großen Beschützers war
ein Ttaleb namens Bu-heda, der durch widerliche Geschwätzigkeit
und eine gewisse Anmaßung sich auszeichnete. Es gelang ihm vollständig, sich lächerlich zu machen, indem er uns einen Beweis seiner
großen Gelehrsamkeit zu geben beabsichtigte. – Ich konnte nicht
umhin, von der ungeheueren Verschiedenheit betroffen zu werden,
welche zwischen diesen verächtlichen, entarteten Mischlingen und
unseren hoch und kräftig gewachsenen, kriegerisch aussehenden
Verfolgern stattfand. Obgleich ich wohl wusste, dass die Letzteren

uns ungleich mehr Schaden zu tun vermochten, als die Ersteren, so konnte ich ihnen doch einen gewissen Grad von Achtung nicht versagen.

Overweg und ich hatten uns, wohl mit unseren Waffen versehen, im Schatten eines Talhabaumes in einiger Entfernung von unserem Zelt niedergelassen, und bald war ein ganzer Kreis von Neugierigen um uns versammelt, die anfänglich bescheiden und anständig waren, jedoch allmählich etwas lästig wurden. Ich gab ihnen kleine Geschenke, wie Scheren, Messer, Spiegel, Nadeln, wodurch sie denn auch sehr befriedigt wurden. Kurz darauf ließen sich auch Frauen sehen, darunter eine besonders ausgezeichnet durch den im Tema-schirht mit dem onomatopoetischen Namen »tebúlloden« bezeichneten und schon von Leo als *le parti di dietro pienissime e grasse* bemerkten Charakterzug der Tuareg-Frauen, und eine andere jüngere, auf einem Esel reitend.

So wie der ganze Charakter dieser Leute sehr erniedrigt schien, da sie durchaus nichts von dem männlichen, freien Benehmen hatten, das niemand verfehlen kann, selbst an einem gewöhnlichen Freibeuter der Tuareg zu bewundern, so ist auch das Verhältnis der beiden Geschlechter zueinander keineswegs so rein, wie man es in solcher Gegend erwarten sollte. Jene Frauen nämlich wurden feilgeboten. Allerdings haben wir genügendes Zeugnis in den alten arabischen Schriftstellern, dass so lose Sitten stets unter den Berber-Stämmen an den Grenzen der Wüste zu Hause gewesen sind, und wir fanden dieselben Sitten auch bei dem Stamm der Tagama, und nicht allein Agades, sondern sogar das kleine Dorf Tintéllust war nicht ohne seine Buhlerinnen.

Obgleich diese Tá-rha-djit-Schönheiten kaum einer Erinnerung wert zu sein scheinen, so will ich doch die Namen einiger derselben aufbewahren, da sie für den Sprachcharakter bezeichnend sind; sie haben alle einen schweren, hohen Klang. Das ausgezeichnetste Kleeblatt hieß: Telíttifok, Tatinata und Temétile.

Wir waren höchst begierig, von dem berühmten Aïr-Käse zu kaufen, nach dem wir auf der ganzen Reise durch die Wüste lebhafteste Sehnsucht getragen und mit dessen Vorspiegelung wir oft unsere sinkenden Lebensgeister aufgemuntert hatten. Leider aber waren wir nicht imstande, hier auch nur einen einzigen kleinen Käse zu erlangen; ebenso vergeblich bemühten wir uns, ein Schaf oder eine Ziege zu erhandeln. In der Tat, anstatt der Fülle, welche man uns von

diesem Land vorgespiegelt hatte, obwohl unsere Erwartungen schon
durch die Berichte der auf der Reise uns begegnenden Karawanen
herabgestimmt worden waren, fanden wir im Grunde nur Elend.
Die Frauen verlangten besonders eifrig nach dem wohlbekannten,
überaus wohlfeilen, »ssimbel« genannten Räucherwerk. – Das Bemerkenswerte, was diese Leute besaßen, waren ihre schmucken und
kräftigen Esel, alle mit einem breiten schwarzen Streif am Nacken
– höchst stattliche Tiere.

Während wir uns leidlicher Ruhe und Behaglichkeit überließen,
wurden wir zuerst einigermaßen beunruhigt, indem man die Forderung von 6 Rialen für die Benutzung der Wasserpfütze in Djínninau
machte. Wir konnten jedoch begreifen, warum der liebenswürdige,
obgleich kraftlose Annur dieses Verlangen unterstützte, indem wir
vermuteten, dass dies geschähe, um die Eindringlinge in etwas zu
befriedigen. Kaum aber war dieser Forderung Genüge getan, als
die Karawane in größte Bestürzung geriet, als die Nachricht sich
verbreitete, dass eine Bande von 50, ja 65 Mehara[23] käme, um uns
anzugreifen. Obwohl durchaus keine zuverlässige Quelle für dies
Gerücht angegeben wurde, so wurde doch das ganze Lager in die
höchste Verwirrung gesetzt, und jeder schrie nach Pulver und Blei.
Boro Sserki-n-turaua benutzte die gute Gelegenheit wieder, sein
Rednertalent zu entwickeln, und ermahnte die Leute auf höchst
pathetische Weise, tapfer und mutig zu sein. Viele der Tinylkum
indessen hatten sehr natürliche Beweggründe, friedlich zu sein,
da jeder Ausbruch offener Feindseligkeiten ihnen für die Zukunft
das Reisen auf dieser Straße unmöglich machen musste. Ja selbst
zwischen unseren Kel-owi und den uns verfolgenden Hogar kam
dieser Gegenstand fortwährend zur Sprache, indem die Ersteren
betonten, dass sie und der Sudan ohne Verkehr mit dem Norden
leben könnten, der Norden aber nicht ohne sie.

In diesem Augenblick höchster Aufregung erschien Chuëldi,
einer der ersten Kaufleute, oder vielmehr der erste, in Mursuk, den
wir hier nicht zu sehen erwartet hatten, obwohl wir wussten, dass
er auf dem Wege vom Sudan nach dem Norden sei. Wir waren in
einer Lage, wo dieser Mann uns die größten Dienste leisten konnte,
sowohl durch seinen Einfluss auf die Leute, aus denen unsere Karawane bestand, als auch durch die Kenntnis, welche er von dem Land

---

23   Mit dem Namen Mehara werden in der Wüste ... zu Mehara (Kamele) be-
     rittene Krieger gemeint. – Singular: »méhari«.

besaß, in dessen Grenzbezirk wir eben eingetreten waren. Unglücklicherweise aber war Chuëldi, obwohl ein erfahrener Kaufmann, kein praktisch durchgreifender und scharf blickender Mann. Anstatt uns einfach darüber zu belehren, inwieweit die Gerüchte begründet sein möchten, welchen Hindernissen wir wirklich begegnen dürften und wie wir sie durch ein den Häuptlingen zu entrichtendes mäßiges Passagegeld beseitigen könnten, leugnete er wenigstens insgeheim das Vorhandensein irgendwelcher Gefahr, öffentlicher aber ging er im Lager umher, erhob unsere Wichtigkeit als die Sendboten einer überaus mächtigen Regierung und ermutigte die Leute, uns im Falle einer Gefahr zu verteidigen.

Infolgedessen fassten die Tinylkum nun auch mehr Herz, begingen aber den Unverstand, um nicht zu sagen die Treulosigkeit, den Einnistlingen von dem ihnen verabreichten Schießmaterial mitzuteilen. Diese, obgleich sie in dem herzlosen Schauspiel, das auf unsere Kosten gespielt wurde, unsere wärmsten Freunde zu sein vorgaben, hatten natürlich nichts Besseres zu tun, als die Bande, zu der sie gehörten, mit eben dem Stoff zu versehen, von dem allein unsere Überlegenheit und Sicherheit abhing.

Obwohl bei allem Lärm und aller Pulververschwendung der unkriegerische Sinn unserer Karawane und der vollkommene Mangel an Einigkeit nur zu klar waren, so musste doch die Szene, die sich am Abend vor unseren Blicken entwickelte, für jedermann belebend und anregend sein; besonders aber trug das glänzende Mondlicht, das zum Lesen und Schreiben hell genug war, dazu bei, das Bild während der Nacht interessant zu machen. Die ganze Karawane war in Schlachtordnung aufgestellt; der linke Flügel wurde von uns und einem Teil der Kel-owi gebildet, die ihren eigenen Lagerplatz verlassen und ihre Stellung vor unserem Zelt genommen hatten; das Zentrum bestand aus den Tinylkum und dem Ssfakser, und der rechte Flügel, welcher sich an die Felswand anlehnte, aus dem Rest der Kel-owi nebst Boro. Unser ausgesetzter linker Flügel wurde durch die vier Teile des Bootes gedeckt.

Um 10 Uhr nachts erschien ein kleiner Trupp Mehara und wurde von einem heftigen Kleingewehrfeuer begrüßt.

»Liefert die Christen aus!«

Unsere Lage blieb auch am folgenden Tag dieselbe und machte sich um so fühlbarer, als sie uns durchaus abhielt, Ausflüge zu unternehmen, welche uns mit dem Charakter des neu betretenen Landes hätten bekannt machen können. Nachdem nochmals vergeblich Alarm verursacht worden war, traten die Führer des Raubzuges, welcher sich gegen uns angesammelt hatte, mit dem Versprechen hervor, dass sie die Karawane nicht weiter belästigen wollten, wenn ihnen die Christen ausgeliefert würden. Nachdem diese Forderung ein für alle Mal zurückgewiesen worden war, blieben wir eine Zeit lang ungestört, da sich die Raubzügler überzeugten, dass es, um ihr Ziel, uns zu plündern, zu erreichen, nötig sei, die ganze Macht, mit welcher sie so lange nur geprahlt hatten, ins Feld zu bringen.

Ich bemühte mich, die Namen der Führer und Stämme der Rhasia zu erfahren, konnte aber von den Ersteren nur den Namen des Hauptführers erkunden: Er hieß Keiki. Obgleich die anderen Leute den Grenzstämmen von Asben, nämlich den E-fade oder Fade-angh, den Kel-fade und den Kel-áha-gar, angehörten, war doch der Anstoß zu dem Raubzug von einigen unruhigen Köpfen aus dem Astrar-Stamm gegeben worden.

Chuëldi besuchte uns am Nachmittag noch einmal. Ganz ebenso, wie er uns hatte glauben machen wollen, dass uns keinerlei Gefahr in diesem Land drohe, stellte er auch die Zustände im Sudan[24] so günstig dar, wie wir es nur irgend wünschen konnten. Um uns den letzten Rest von Unruhe gleichsam zu versüßen, sandte er uns eine Schüssel ganz vortrefflicher Datteln, welche er von seinem Freunde Hadj Beschir in Iferuan erhalten hatte, und gab uns dadurch wenigstens eine günstige Meinung von dem, was dies Land, das wir jetzt zu betreten im Begriff standen, hervorbringen könne. Kurz, Chuëldi erwies sich durchaus als ein Mann, der jedem angenehm zu sein strebte. Bei einer späteren Gelegenheit, Ende 1854, als ich eine Zeit lang von allen Mitteln entblößt war, benahm er sich gegen mich auf sehr anständige und wirklich freundschaftliche Weise. In seiner Gesellschaft befand sich ein Bruder unseres ruhigen und treuen Dieners Mohammed von Gatron, der eben mit dem Ertrag seiner Dienstzeit im Sudan nach Hause zurückkehrte, während Mohammed erst auf

---

24 Ich gebrauche den Ausdruck Sudan, und zwar ganz so, wie er bei uns heimisch geworden ist, ohne auf die ursprüngliche Schreibweise »(beled) e' ssudan« Rücksicht zu nehmen, da ich keinen einfacheren Ausdruck weiß. Negroland ist im Englischen eingebürgert, Negerland bei uns weniger, Nigerland ist ganz unpassend, Land der Schwarzen zu weitläufig, Tekrur zu gelehrt und nicht einmal für alle Gegenden passend.

dem Weg dahin begriffen war. Denn der Sudan ist für die jungen
Fessaner eine reiche Quelle des Erwerbes.

Trotz unserer bedrohten Lage konnte ich der Versuchung, ein
wenig umherzustreifen, zuletzt nicht mehr widerstehen und machte
mich im Laufe des Nachmittags auf, um den Wasserplatz zu besuchen. Er liegt in einer kleinen Seitenschlucht des Tales, das mit
üppigen Talhabäumen geschmückt ist und sich von SO nach NO
hinschlängelt. In der Entfernung von vielleicht 1 Meile traf ich zuerst auf eine Höhle, aus welcher einige Tinylkum Wasser schöpften;
dann das felsige Bett eines Regenstromes hinansteigend, fand ich
einen kleinen Pfuhl, wo die Kamele getränkt wurden. Unser treuer
Freund Mussa, der eben nicht damit zufrieden war, dass ich mich
so weit gewagt hatte, sagte mir, dass sich das Wasser hier für längere
Zeit hielte, wo dann das belebende Element weiter im Haupttal
hinauf gesucht werden müsse.

Da ich von Anfang an genau Boro Sserki-n-turauas Charakter
und Verhalten beachtet hatte und nichts so sehr wie seine Intrigen
fürchtete, so geschah es auf meine dringenden Aufforderungen, dass
Herr Richardson heute Abend diesem leidenschaftlichen Mann als
Anerkennung des Mutes, welchen er in der letzten Zeit in unserem
Interesse an den Tag gelegt hatte, befriedigende Geschenke machte.
Allerdings kamen sie ziemlich spät; aber es war immer besser, sie
jetzt zu geben, um die Folgen von Boros Intrigen so viel wie möglich
abzuwenden, als gar nicht. Wären ihm diese Geschenke zwei Monate
früher gemacht worden, so möchten uns wohl unsägliche Schwierigkeiten, Gefahren und schwere Verluste erspart worden sein.

(Sonnabend, 24. August) Wir verließen endlich unseren Lagerplatz
in Tá-rha-djit und kamen bald an Chuëldis Lager vorbei, das eben
im Aufbruch begriffen war. Es war seine Absicht, wenn er Mursuk,
nur in Begleitung von zwei Dienern und einem Amo-scharh, auf
eiligem Marsch erreicht haben würde, von dort nach nur sehr kurzem Aufenthalt, wie er angab, von 10 Tagen, sogleich nach dem
Sudan zurückzukehren; denn der Sudan war ihm mehr zur Heimat
geworden als der Fessan. In Mursuk jedoch wurde er schwer krank
und kehrte infolgedessen nicht vor dem Ende des nächsten Jahres
nach Sinder zurück. Chuëldi hatte einmal eine bemerkenswerte
Reise von Kukaua nach Mursuk gemacht. Der Beherrscher von
Borno hatte ihm nicht erlaubt, nach dem Fessan zurückzukehren,
und er hatte infolgedessen vorgegeben, dass er nach Kano ginge.
Nachdem er nun die westliche Straße drei Tage lang verfolgt hatte,

war er mithilfe eines guten Führers über den Komádugu – den sogenannten Yo – gesetzt und hatte, sich nordwärts wendend, in gerader Richtung die Wüste durchschnitten. So hatte er, nur wenige Brunnen berührend, Mursuk ohne Unfall erreicht. – Der gewandte Handelsmann nahm seinen Weg nach Norden, während wir den unbekannten Gegenden des Inneren entgegenrückten.

Schon zu früher Stunde am Nachmittag lagerten wir im Tal Imenan[25] ein wenig zur Seite einer mit Baum geschmückten Kraut-furche, auf einem offenen Platz am südlichen Fuß einer felsigen An-höhe von geringer Erhebung. Das Tal war mit großen Talhabäumen und dem »bu-rékkeba« genannten Gras, das zu üppiger Höhe auf-geschossen war, bewachsen und bot so eine angenehme Lagerstätte dar, die zu Ruhe und Behaglichkeit einlud. Aber unsere Ruhe wurde gegen Abend gar sehr durch die Erscheinung von fünf unserer wohl-bekannten beutedurstigen Begleiter gestört. Sie waren zu Kamel beritten und hatten sechs andere unbelastete Tiere bei sich. Abermals wurden wir hier von unseren Begleitern abgehalten, die Gesellen in erwünschter Entfernung zu halten. Sie stiegen, weniger als einen Pistolenschuss weit von unseren Zelten entfernt, ab und besprachen ihr Vorhaben mit den Asgar aus unserer Karawane, unter rohem und wildem Gelächter. Ich konnte kaum das Lachen unterdrücken, als nichtsdestoweniger einige der Tinylkum kamen und die wahrhaft satirische Versicherung brachten, dass wir in solch vollkommener Sicherheit seien, dass wir uns für diese Nacht einem ruhigen Schlaf hingeben könnten. Sie hatten ihr absurdes Gerede kaum geendet, als andere mit der weniger angenehmen, aber aufrichtigeren Warnung kamen, keinen Schlaf über uns kommen zu lassen. Größter Alarm und Aufregung verbreitete sich in der Tat bald über das ganze Lager, und während später am Abend unsere wohlwollenden Gäste ihr Abendessen verzehrten, kam Mohammed e' Tunssi, um mich und Overweg zu benachrichtigen, dass allerdings sehr große Gefahr über uns schwebe; denn diese Hogar, wie er sie bezeichnete, hätten einen Brief von Nachnuchen bei sich, welcher sie auffordere, im Gebiete der Kel-owi Leute zu sammeln und uns dort dermaßen aufzuheben, dass auch nicht eine Spur von uns übrig bleibe, aber uns nichts an-zuhaben, solange wir uns in den Grenzen der Asgar aufhielten. Wir müssten demnach bereit sein, sagte er, einen Trupp von mehreren Hundert Männern uns angreifen zu sehen.

---

25   Der Name scheint mit dem des Stammes Imanang in Verbindung zu stehen.

Großer Kriegsrat

Natürlicherweise waren wir von der Widersinnigkeit dieser Angabe, so weit sie Nachnuchen betraf, ganz überzeugt; es war dies eine freche Erfindung unserer Verfolger, und ich versuchte, unseren Diener darüber aufzuklären. Als er von uns wieder zur Karawane zurückkehrte, wurde ein großer Kriegsrat gehalten, in welchem der Beschluss gefasst wurde, dass, wenn eine Bande von zwanzig bis dreißig Leuten käme, um uns anzugreifen, sie versuchen würden, uns zu verteidigen. Sollte uns aber eine größere Macht bedrohen, so würden sie es unternehmen, mittelst eines Teiles unserer Güter ein friedliches Abkommen zustande zu bringen. Mit diesem Entschluss wurden alle möglichen kriegerischen Vorkehrungen getroffen und Boro hielt eine andere Rede. Auffallend musste es jedoch erscheinen, dass, während wir und die Tinylkum alle unsere Kamele zu früher Stunde in die unmittelbare Nähe der Zelte brachten, die Kel-owi den ihrigen erlaubten, die ganze Nacht hindurch frei auf der Weide umherzustreifen; allerdings mochten sie erwarten, dass die Freibeuter nicht kühn genug sein würden, an ihre Tiere Hand zu legen, da sie Eingeborene des Landes waren.

Wie dem auch sei, ein großer Schrecken verbreitete sich, als am nächsten Morgen zu früher Stunde die Kamele fort waren. Kaum dämmerte der Tag, als die Gäste von letzter Nacht, welche sich vor Mitternacht weggeschlichen hatten, sich auf der Felshöhe im Süden zeigten. Von dort ritten sie auf ihren hohen, schlanken Tieren herab und beriefen mit herrischer Gebärde die hauptsächlichsten Glieder unserer Karawane zu einem Rate. Nun folgten jene kriegerischen Szenen, welche Herr Richardson so lebhaft beschrieben hat.

Mutig stürmten wir voran, aber unsere Lage war ganz unhaltbar; wir hätten den Feind vor uns leicht abhalten können, aber das Gepäck in unserem Rücken wäre seine augenblickliche Beute geworden. Wir hatten zu wenig zuverlässige Begleiter, denen wir seine Beschützung anvertrauen konnten. Boro Sserki-n-turaua, das Schwert in der Faust, führte uns energisch an und beriet mich, ihm fest zur Seite zu stehen. Ich glaube, dass er nun, da die beleidigende Vernachlässigung einigermaßen gutgemacht war und wir ihn von unserer Überzeugung seiner hohen Stellung und seines Einflusses im Land versichert hatten, aufrichtig die Absicht hatte, uns zu be-

schützen. Von den Tinylkum hielten nur der treue Mussa und der
junge liebenswürdige Sliman, von den anderen Leuten der Tauati
und Mohammed e' Ssfaksi sich zu uns; der Letztere jedoch zitterte
vor Angst und war bleich wie Schnee. Yussuf Muckeni blieb zurück;
Fárredji zeigte bei dieser Gelegenheit großen Mut und forderte den
Feind wacker heraus. Was unsere Gegner am meisten beunruhigte,
waren die Bajonette an unseren Flinten, da ihnen diese die Warnung
gaben, dass nicht allein unser Feuer auszuhalten sein würde, wie
dies der Fall bei den Uëlad Sliman gewesen war, sondern dass sie
dann noch eine andere furchtbare Waffe, mindestens so wirksam wie
ihre eigenen Speere, zu bewältigen hätten. Es war ein Augenblick
hoher Aufregung. Wir drei Reisenden standen dicht beisammen
zum Kampf bereit; Overweg und ich hatten uns das Wort gegeben,
abwechselnd zu feuern, um uns nicht bloßzustellen.

Alle Sympathie für unsere Sache war verloren, sobald der Feind
beteuerte, dass er es nur mit den Christen zu tun habe, und sobald
er das religiöse Element in den Vordergrund stellte. Jeder hegte die
Erwartung, dass er keine Schwierigkeit haben könne, uns zum Islam
zu bekehren, und unser Diener Mohammed verfiel sogleich, als wir
diesen Antrag als etwas ganz Undenkbares zurückwiesen, in seine
gewöhnliche Unverschämtheit; er lachte uns offen aus, wie wir so
absurd sein könnten, noch an irgendeine andere Rettung zu denken.
Und dieser gewandte, aber verdorbene Bursche war ein Schützling
des britischen Konsulates in Tunis!

Endlich schien alles abgemacht. Außer ihrer reichen Beute wurde
die Raubhorde auch noch wohlbeköstigt. Wiederholt wurden wir
versichert, dass wir nun sicher sein könnten, ohne fernere Beunruhigung die Wohnstätte des großen Mannes von Tintéllust zu erreichen.
Da erschien unser Freund Annur, ein trotz seiner Schwachheit und
Kraftlosigkeit liebenswürdiger Mensch, und bat uns sehr dringend,
auf unserer Hut zu sein für den Fall, dass hinter den Felsen und
Klippen noch einige Feinde im Hinterhalt liegen möchten. Auch
waren, als wir den ungastlichen Platz nun endlich verließen, unsere
Befürchtungen keineswegs beschwichtigt; denn es war ganz deutlich,
dass der Horizont noch nicht rein war und dass leicht ein anderer
Sturm losbrechen konnte.

Schon nach kurzem Marsch lagerten wir in unregelmäßiger Talbildung, ohne jedoch unsere Zelte aufzuschlagen. Der Anisslim oder
Merabet, welcher die Expedition gegen uns gebilligt und sich ihr
angeschlossen hatte, war nun in unserer Gesellschaft, und dies wurde

als das beste Schutzmittel gegen fernere Belästigungen angesehen. Dieser Mann war, wie ich nachmals erfuhr, niemand anders als Ibrahim Agha-bature, der Sohn Hadj Beschirs, eines sehr bekannten und einflussreichen Mannes aus Feruan oder Iferuan, der später infolge seines Verhaltens vom Sultan von Agades sehr empfindlich bestraft wurde. Mit Agha-bature selbst traf ich später im Jahre 1853 in einem Dorf zwischen Tessaua und Sinder zufällig zusammen, wo er denn sein Erstaunen nicht unterdrücken konnte, dass ich trotz des Ungemaches, das ich erduldete, noch am Leben sei.

Boro, welcher mit ihm den Abend im gemeinsamen Lesen des Korans zubrachte, bewirtete ihn sehr gastfrei – mit Herrn Richardsons Mohamssa.

KAPITEL 15

GRENZE DES SUDANS

(Montag, 26. August) Nach einem Marsch von 3½ Meilen durch ein von höheren Granithöhen und Kegeln überragtes Tal stiegen wir ansehnlich aufwärts und gewannen eine freie Aussicht über die große Bergmasse, welche, zwischen Tidik im Norden und Tin-tarh-ode im Westen gelegen, keinen besonderen Namen bekommen zu haben scheint, außer dass sie häufig mit dem allgemeinen Namen »Berg Absen« bezeichnet wird. Ich kann aber nicht entscheiden, ob dieser Name, der auch der alte Gobername der ganzen Landschaft ist, wogegen sie von den Berbern Aïr genannt wird, ursprünglich dieser Berggruppe angehörte, oder ob er ihn nur erhalten, weil sie die, besonders für den vom Norden kommenden Reisenden, auffallendste Erhebung des Landes ist. Aber darüber lassen die übereinstimmenden Angaben der Kel-owi keinen Zweifel, dass dies in den Augen der Eingeborenen die Grenze des Sudans ist, zu welchem weder Tá-rha-djit, noch selbst Tidik gerechnet wird. Wie es scheint, haben die Tuareg keinen eigenen Namen für den Sudan; die meisten derselben nennen es »den Süden«, »aguss«; dagegen scheint Essudán die gewöhnlichste Benennung in der Umgangssprache Asbens zu sein.

Eine hervorragende Kuppe oder vielmehr ein Horn, namens Téngik oder Timge, erhebt sich über diese Bergmasse. Dies ist nach der Meinung des alten, unterrichteten Häuptlings Annur, der sein Land wohl kennen dürfte, die höchste Spitze im ganzen Land Aïr. Ich werde auf diesen Punkt zurückkommen, wenn ich vom Berge Dogem spreche. Ich war nämlich der Meinung, der Dogem sei der höchste Gipfel im Land; meine Ansicht wurde aber nachmals von dem alten Häuptling, welcher fest und bestimmt versicherte, dass der Timge der höchste sei, bestritten. Unsere Lage in diesem überaus interessanten Alpenland war unglücklicherweise eine solche, dass wir nicht daran denken konnten, diese sehr imposante nördliche natürliche Grenzbarriere zu durchforschen. Selbst nicht einmal die Berichte anderer konnten wir hier einsammeln, sondern nur flüchtig aufzeichnen, was uns selbst vor Augen trat. Die Berggruppe muss sehr schöne Schluchten und Täler enthalten, jedoch ich kehre zu unserer Karawane zurück.

Wir waren noch immer in einiger Entfernung von dieser malerischen Bergmasse und mussten noch einen rauen und öden, nur
zuweilen von schöneren Stätten unterbrochenen Wüstenstrich durch-
schneiden, bevor wir sie erreichten. Hier jedoch sahen wir einen
Strauß, wunderbarerweise den ersten, welchem wir auf unserer
ganzen Reise begegneten. Nach einförmigem Marsch lagerten wir in
einem flachen, muldenartigen Tal ohne irgend interessante Züge. Das
eigennützige Benehmen der Tinylkum hatte uns den Tag über gehörig Beschäftigung gegeben und am Abend wurden auch sie beschenkt.

In der Nacht hatte ich die erste Wache, und indem ich das ganze
Lager umkreiste, fiel es mir auf, dass an dem einen Ende hinter den
Kel-owi ein kleiner Trupp ganz getrennt gelagert war. Als ich das erste
Mal hinging, war alles ruhig; aber kurz nach 11 Uhr (auf solcher
Reise begibt sich natürlich jeder zeitig zur Ruhe) hörte ich ein Ge-
räusch, und indem ich mich dorthin wandte, sah ich zwei bewaffnete
Tuareg ihre Mehara satteln und im Dunkel der Nacht davonreiten.
Ich schloss hieraus, dass noch immer etwas gegen uns im Schilde ge-
führt werde; da es aber ohne Nutzen war, Alarm zu verbreiten, hatte
ich nur die Vorsicht, Overweg, welcher mich ablöste, zu warnen.

Sehr zeitig am nächsten Morgen brachen wir auf, aber glücklicherweise war das Mondlicht so hell und schön, dass ich nicht
einen Augenblick im Niederlegen der charakteristischen Züge des
Landes unterbrochen wurde.

Als wir uns wieder in Bewegung setzten, wurde das Land interessanter, ja zu Zeiten selbst malerisch; mehrere schöne Schluchten
stiegen eine hinter der anderen von den herrlich ausgezackten Bergen
zur Linken herab, und die Höhen entwickelten nun die ganze Erhebung ihres Abhangs, da die Vorhöhen allmählich sich zurückzogen.

Wir waren nur etwa 8 Meilen von Selufiet entfernt, wo wir uns
für ziemlich sicher halten konnten. Wir hegten nicht den geringsten
Zweifel, dass wir dort schlafen würden, als plötzlich schon vor Mittag,
angeführt von einem hochgewachsenen Tarki, der von Kopf bis Fuß
in eine glänzend-neue Kleidung des dunkelsten Schwarz gehüllt war,
unser alter Asgar-mádogù Aued-el-Cher von der Straße abbog und
haltmachte; am Rande eines breiten Tales mit herrlichem Graswuchs
wurde der Lagerplatz gewählt. Wie unbewusst und in ominösem Stillschweigen folgte die ganze Karawane; nicht ein Wort war zu hören. Da
wurde es denn ganz klar, dass wir eine neue Prüfung bestehen sollten,
die allem Anschein nach von ernsterer Art als alle vorigen sein würde.
Es war unverkennbar, dass ein teuflisches Einverständnis zwischen

mehreren Gliedern der Karawane obwaltete. Ohne Zweifel waren
einige mit im Geheimnis; Annur indes war nicht weniger in unserem
Interesse und hatte den aufrichtigsten Wunsch, dass wir sicher durch-
kommen möchten. Aber der unruhige Zustand des Landes erlaubte
diesem schwachen, kraftlosen Mann nicht, seinen Wunsch zu erfüllen.

Wir waren schon von den Grenzstämmen ausgesogen worden,
und nun war eine andere starke Partei zu befriedigen. Es war die
der Merabetin oder Anisslimen, welche im Land großen Einfluss
genießen und in gewisser Beziehung dem unumschränkten Ansehen
des alten Häuptlings Annur in Tintéllust feindlich gegenüberstehen.
Eben jetzt lag dieser Mann, der ganz allein einige Macht besitzt,
den unruhigen Geist unter diesen wilden, gesetzlosen Stämmen im
Zaum zu halten, krank danieder. In Agades war kein Sultan, und
mehrere Parteien standen sich noch in Streit gegenüber, während bei
der großen Expedition gegen die Uélad Sliman alle Leidenschaften
des kampflustigen Volkes aufgeregt worden und seine Gier nach
Beute und Raub bis zum höchsten Grade gesteigert war. Um unsere
Lage und die Weise, auf welche wir preisgegeben wurden, richtig zu
schätzen, muss man all diese Umstände in Betracht ziehen.

Die ganze Verhandlung hatte von Anfang an einen sehr ernsten
und feierlichen Charakter. Es war unverkennbar, dass diesmal wirklich
andere Beweggründe als der bloße Wunsch, uns zu berauben, im Spiel
waren. Jedenfalls glaubten unsere Begleiter oder wenigstens einige derselben, dass wir wohl einem ernstlicheren Angriff auf unsere Religion
nachgeben würden, und daher nahmen wohl viele von ihnen regen
Anteil an dem Erfolg des Unternehmens. Ob sie irgendeine klare
Vorstellung davon hatten, was hernach aus uns werden solle, ob wir
unser Eigentum behalten und unseren Weg ruhig fortsetzen dürften,
kann ich nicht sagen. Kaum konnten diese Fanatiker irgendwelche
bestimmte Idee von unserem späteren Schicksal haben, und es ist
absurd, anzunehmen, dass wir, wenn wir unsere Religion wie ein
Kleidungsstück gewechselt hätten, gänzlichem Ruin entgangen wären.

Unsere Leute, welche von den Vorgängen vollkommene Kenntnis
hatten, rieten uns, nur ein Zelt für uns drei aufzuschlagen; auch
baten sie uns, dasselbe in keinem Fall, selbst wenn eine große Menge
Leute sich versammeln sollte, zu verlassen. Die Besorgnis und Auf-
regung unseres Freundes Annur hatte ihren höchsten Gipfel erreicht;
Boro schrieb Brief über Brief. – Obwohl eine beträchtliche Anzahl
Merábiten zu früher Stunde sich versammelt hatte und eine große
Menge anderer Leute noch vor Sonnenuntergang sich einstellte,

so brach der Sturm doch nicht eher los, als nachdem alle Glieder unserer Karawane, in langer Reihe unmittelbar bei unserem Zelt aufgestellt, unter Vortritt des geachtetsten der Merábiten als Imam ihr Mughreb-Gebet beendet hatten.

Der Sturm bricht los!

Die Szene, welche folgte, war wahrlich ernsthafter und tiefer ergreifend, als nach Herrn Richardsons Erzählung angenommen werden dürfte. Unsere Leute waren so fest davon überzeugt, dass, da wir uns mit so entschiedener Festigkeit weigerten, auch nur für einen oder zwei Tage unsere Religion zu wechseln, wir augenblicklichen Tod erleiden würden, dass sowohl Mohammed der Tunesier als auch Muckeni dringend ein schriftliches Zeugnis von uns verlangten, dass sie an unserem Blut unschuldig seien. Herr Richardson selbst war so wenig gewiss, dass die Scheichs »nicht dächten, wie sie sprachen«, dass er, nachdem unsere Diener und die Führer der Karawane auf unsere bestimmte und höchst energische Weigerung hin uns mit der einfachen Versicherung verlassen hatten, es stehe uns nun nichts weniger als sicherer Tod bevor, und wir nun stillschweigend in unserem Zelt saßen, einem fast sicheren Tod mit dem erhebenden Bewusstsein entgegenschauend, dass wir ihm in einer unserer Religion sowie des Volkes, in dessen Namen wir uns unter diese barbarischen Stämme begeben, würdigen Weise entgegengingen – in die Worte ausbrach: Lasst uns doch ein wenig reden, wir müssen ja einmal sterben! Was soll es nützen, so stillschweigend dazusitzen?«

In der Tat, der Tod schien mehrere Minuten lang wirklich über unseren Häuptern zu schweben; der ernste Augenblick aber ging vorüber. Wir hatten eben Herrn Richardsons letzten Vorschlag zu einem Versuch, mit dem Leben davonzukommen, besprochen, als gleichsam als Vorläufer des offiziellen Boten, der wohlwollende und freundlich gesinnte Sliman in unser Zelt stürzte und mit herzlicher Teilnahme die Worte hervorstotterte: »Ihr sollt nicht sterben!«

In Bezug auf den Betrag der Beute, welche man uns abnahm, bemerkte ich nur, dass er nach der Summe, welche wir der Kelowi-Eskorte gegeben hatten, bestimmt wurde, indem die beteiligte Partei dieselben Ansprüche an uns zu haben glaubte, wie unsere Begleiter. Die hauptsächlichsten, wenn nicht einzigen Triebfedern in dieser Angelegenheit waren ohne Zweifel die Merábetin, und der alte Häuptling Annur von Tintéllust behauptete nachmals stets, dass wir diesen Männern allein alle unsere Unfälle und unser Ungemach zuzuschreiben hätten. Auch ist es allerdings nur zu wahrscheinlich, dass, wie die Daheimgebliebenen dieses fanatischen Stammes uns diese Schwierigkeiten vor uns verursachten, so die Karawane, der wir früher bei Arokam begegnet waren, in unserem Rücken alles gegen uns aufregte. Außerdem befand sich gerade zu derselben Zeit ein junger Scherif aus Medina in Tin-tarh-ode, mit dem wir später in vertraute Verhältnisse kamen, und der uns dann gestand, dass er damals das Seine dazu beigetragen habe, das Volk gegen die christlichen Eindringlinge aufzubringen. – Es muss zur Ehre Boro Sserki-n-turauas gesagt werden, dass er das Unrecht der ganzen Angelegenheit schwer fühlte und uns nach Möglichkeit zu beschützen versuchte, obgleich er im Anfang alles getan hatte, um uns Schwierigkeiten zu bereiten.

Eine der fehlerhaften Einrichtungen unserer Expedition war die, dass unsere Waren, anstatt aus wenigen wertvollen Dingen zu bestehen, hauptsächlich Gegenstände von wenig Wert, aber großem Umfang umfassten, was die Leute glauben machte, wir hätten einen ungeheueren Reichtum mit uns, während der wirkliche Wert unserer Habe weit weniger als 200 Pfund Sterling betrug. Überdies hatten wir noch etwa zehn große eiserne Kisten mit Zwieback, von denen aber die unwissenden Leute glaubten, dass sie voll Geld seien.

Die Folge davon war, dass am nächsten Morgen, als endlich alle Forderungen befriedigt waren und wir fortziehen wollten, immer noch Gefahr drohte, dass der Pöbel, der sich noch nicht verlaufen hatte, über den Rest unseres Gepäckes herfallen möchte. Wir wurden daher dem Ssfakser dadurch nicht wenig verpflichtet, dass er nicht nur einen Teil unseres Gepäckes für das seinige ausgab, sondern auch eine der eisernen Kisten zerschlug und so jene einfältigen Leute in nicht geringes Erstaunen setze, als sie anstatt Haufen von Silber und Gold trockenes, geschmackloses Brot herausfallen sahen.

Unterdessen waren wir verfolgte Christen, von einigen Kel-owi begleitet, weiter gezogen, und zuletzt kam denn die ganze Karawane wieder zusammen. – Das Tal war hier sehr schön, und nachdem wir einige Einsenkungen überschritten hatten, erreichten wir das prachtvolle Tal Selufiet; es war reich an Bäumen und Büschen, aber ohne Krautwuchs. In der Entfernung von weniger als 1 Meile, wie es schien, zur Linken, erhob sich das hohe Horn des Timge.

Bisher hatten wir eben noch nicht viel Ruhe und Sicherheit genossen und fühlten hier deren Mangel um so empfindlicher, als unsere Kameltreiber nur bis zu diesem Punkt gemietet waren. Wir hatten also nun für all unser Gepäck selbst Sorge zu tragen. Ein großer Haufe Volks ließ sich im Laufe der Nacht rings umher mit schakalähnlichem Geheul vernehmen und wir mussten sie von unserer Wachsamkeit durch wiederholtes Schießen überzeugen. Trotzdem fürchteten wir ernstlich und mit Recht für unsere Kamele, die nach einem entfernten Platz zur Weide geführt worden waren, da in der Nähe unseres Lagers kein Futter für sie zu finden war. Überdies waren wir genötigt gewesen, die Tiere den Kel-owi anzuvertrauen, da unsere eigenen Diener unfähig waren, sie zu schützen. Da es nun den Freibeutern gelungen war, die Kamele nach allen Richtungen hin zu zersprengen, hatten unsere Freunde am Abend weder ihre eigenen noch unsere Tiere zusammenbringen können, und während der Nacht wurden alle weggetrieben, und zwar, wie wir nachher erfuhren, von den Merábetin selbst, die uns doch so wiederholt versicherten, dass wir jetzt nichts mehr zu besorgen hätten, da wir in ihrem Schutz ständen.

Briefe nach Europa

(Donnerstag, 29. August) In den Briefen, welche wir heute von diesem Platz aus mit einer Karawane Araber und Kel-owi, deren größter Teil schon vorausgezogen war, nach Europa sandten, konnten wir noch keine sehr befriedigenden Nachrichten von uns geben. Wir hatten indes einen großen Schritt vorwärts getan und durften hoffen, dass wir auch die übrigen Schwierigkeiten besiegen würden, um so mehr, als wir uns nun mit dem Häuptling Annur in Tintéllust in direkten Verkehr setzen konnten und erwarten durften, von ihm in kurzer Zeit eine Schutzbegleitung, die uns sicher zu ihm geleiten würde, zu erhalten.

Da uns einige von den Kamelen wieder zurückgegeben worden waren, obwohl noch fünfzehn fehlten, konnten wir am nächsten Tag diesen unbehaglichen Platz verlassen. Wir ließen indes das Boot und einige andere Sachen, die dadurch, dass sie für niemand als uns selbst Wert hatten, eine gewisse heilige Unverletzlichkeit besaßen, hier zurück.

Das frohe Gefühl, das uns beseelte, vorwärtszukommen, wurde noch gehoben durch den Charakter des Tals selbst, das hier den Namen Era-ssa oder vielmehr Erhasar zu haben scheint.[26]

---

26   »Erhasar« ist ein allgemeiner Begriffsname, der »Tal« bezeichnet; hier aber
      scheint es dies besonders ausgezeichnete Tal als Eigenname zu bezeichnen.

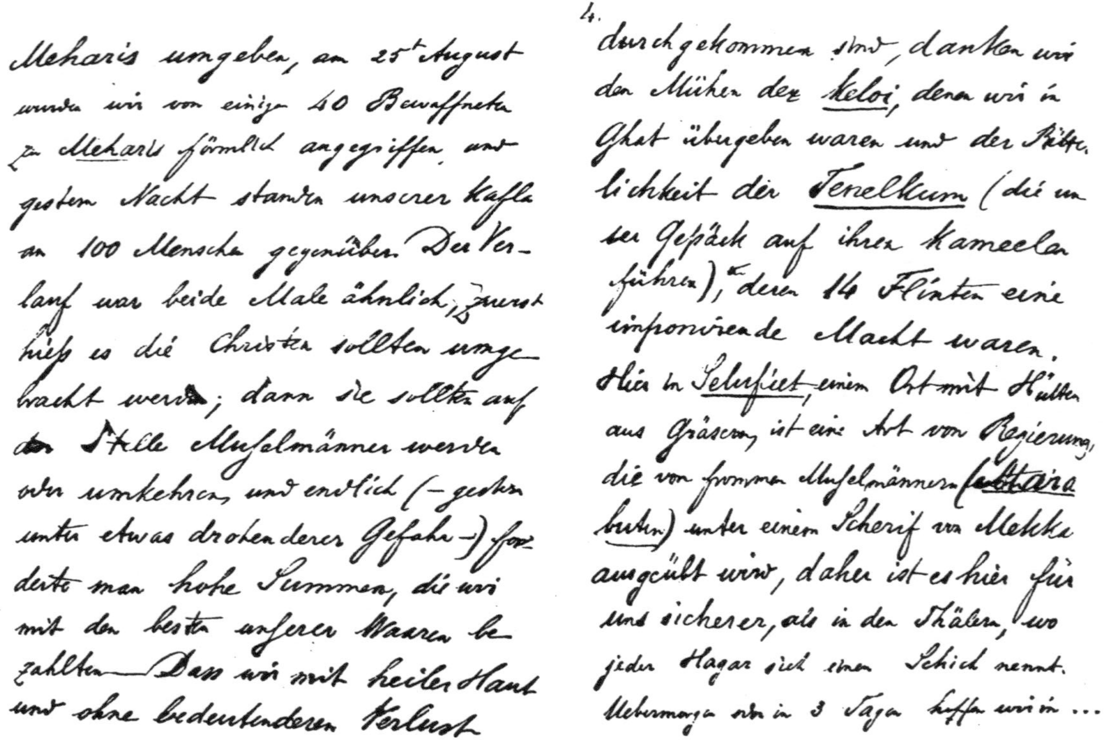
Meharis umgeben, am 25t August
wurden wir von einigen 40 Bewaffneten
zu Meharis förmlich angegriffen, und
gestern Nacht standen unserer Kafla
an 100 Menschen gegenüber. Der Verlauf war beide Male ähnlich; zuerst
hieß es die Christen sollten umgebracht werden; dann sie sollten auf
der Stelle Muselmänner werden
oder umkehren, und endlich (– gestern
unter etwas drohenderer Gefahr –) forderte man hohe Summen, die wir
mit den besten unserer Waaren be-
zahlten. – Dass wir mit heiler Haut
und ohne bedeutenderen Verlust

4.
durchgekommen sind, danken wir
den Mühen der Keloi, denen wir in
Ghat übergeben waren und der Ritter-
lichkeit der Tenelkum (die unser Gepäck auf ihren Kameelen
führen), deren 14 Flinten eine
imponirende Macht waren.
Hier in Selufiet, einem Ort mit Hütten
aus Gräsern, ist eine Art von Regierung,
die von frommen Muselmännern (Marabuten) unter einem Scherif von Mekka
ausgeübt wird, daher ist es hier für
uns sicherer, als in den Thälern, wo
jeder Hagar sich einen Schich nennt.
Uebermorgen oder in 3 Tagen hoffen wir in …

Abbildung 26. Brief von Adolf Overweg an Prof. Ritter, Berlin.
(Unterschrift: Ad. Overweg)

Sekul... im Lande

Atbir Aug 25.1860

Verehrter Herr Professor,

So hätten wir denn die ganze
Hütte hinter uns, und ständen an
dem Thore Sudans! Wir stehen in einer
neuen Welt gelangt, neue Pflanzen mit
bangenheiten üppiger Grün — die Dom-
palme —, neue Thiere umgeben uns, uns
unsere Zelt uns umlagert von
Menschen von Alhanauern. Die
lange Winterfahrt liegt hinter uns

Ihr Prof Ritter v Buhl

aber das Gemüth gewinnt noch
nicht Ruhe auf alle erlebte
Zurückzuschauen, die beginnen die
letzten Tage sind nach zu fürst,
und in einer weiten Ferne und
wir und nicht-echt glauben. Meine
letzte 10 Tage sind ein förmliches
Kriegszug gewesen, und hatte die
fatale Gegend der Hayar und die
gar ... Kararik gegen die Helot-
Kararik zu passiren. Wir waren
Tag und Nacht im beutelwehr
In Hayar mit zu schnellen

Das Tal von Selufiet scheint keine Verbindung mit dem des letztgenannten Platzes zu haben; wenigstens war der Hauptarm, in welchem unser Pfad entlang führte, durch felsiges Terrain gänzlich vom anderen Tal getrennt.

Wir waren in diesem Tal zwei Meilen weit gezogen, als wir uns an einem freien Platz, der rings von den grünen Büschen der Abisga umgeben war, lagerten. Er lag etwas jenseits Tin-tarh-ode. Dies ist das Dorf der Merábetin oder Anisslimen[27] und zieht sich in langer Reihe an den niedrigen Vorhügeln der Bergkette hin. Es besteht aus etwa hundert Wohnungen, meistens Hütten von Gras und den Blättern der Fächerpalme, während nur wenige aus Stein gebaut sind.

Obwohl klein, ist das Dorf doch von Wichtigkeit für den Verkehr zwischen Nord- und Mittelafrika, welcher nur unter dem Schutz des Ansehens jener gelehrten und religiösen Männer mit einer Sicherheit betrieben wird, welche einen in der Tat in Erstaunen setzt, wenn man den wilden und räuberischen Charakter der Bewohner dieser Gegenden in Betracht zieht.

Höchst interessant würde es sein, genau den Zeitpunkt zu kennen, wann diese Niederlassung hier gegründet worden ist. Es scheint allerdings, dass es, wenn anders diese Anisslimen dem Stamm der Kel-owi angehören, gleichzeitig mit der Eroberung des Landes durch diesen Stamm geschehen sei, und der Bericht Ibn Battutas, welcher hier keine Niederlassung gefunden zu haben scheint, würde dies bestätigen.

Die Anisslimen indes, obwohl sie sich selbst »gottergebene und fromme Männer« nennen, haben deswegen den Dingen dieser Welt durchaus nicht entsagt; im Gegenteil erhalten sie sich durch ihren Ehrgeiz, ihre Intrigen und ihre ganze Handlungsweise bedeutenden Einfluss auf die Angelegenheiten des Landes und haben sich, wie ich schon oben bemerkte, gewissermaßen in Opposition gegen den mächtigen Häuptling von Tintéllust gesetzt. Vor Kurzem jedoch hatte ein bedeutendes Unglück sie betroffen. Die Auëlimmiden nämlich, die Ssúrgu der westlichen Reisenden, die unversöhnlichs-

---

27 »Anisslim«, Plur. anisslimen, ist der Ausdruck in der Tema-schirht-Sprache für das arabische »merabett«, und obwohl es die genaueste Verwandtschaft mit dem Wort »sselem« – »Isslam« – hat und eigentlich einen Mann bezeichnet, welcher sich zum Isslam bekennt, ist diese Bedeutung doch ganz verloren gegangen, und ich selbst wurde infolge meines Schreibens und Lesens von den westlichen Tuareg gewöhnlich Anisslim genannt und als solcher betrachtet.

ten Feinde der Kel-owi und im späteren Verlauf meiner Reise meine
wärmsten Freunde, hatten bei einem plötzlichen Überfall alle ihre
Kamele weggetrieben, und es darf teilweise dem Wunsch, die
Gelegenheit, welche sich durch Ankunft einiger unbeschützter
Ungläubigen zu möglichstem Ersatz ihres Verlustes bot, nicht ungenutzt vorübergehen zu lassen, zugeschrieben werden, dass sie so
feindlich gegen uns auftraten.

Während wir unser Lager aufschlugen, trieb sich eine große
Menge Knaben aus dem Dorf in der Nähe umher, und während
wir ein gutes Auge auf sie hatten, um ihnen keine Gelegenheit zur
Entwicklung ihrer Geschicklichkeit im Stehlen zu geben, konnten
wir nicht umhin, ihre schöne schlanke Gestalt und die lichte, reine
Farbe ihrer Haut zu bewundern. Sie gaben den besten Beweis, dass
sich dieser kleine Stamm nicht mit der Sudanrasse vermischt, obgleich ihre Tracht von der Sitte der Gegenden, die sie gegenwärtig
bewohnen, berührt ist. Sie trugen nämlich nichts anderes als einen
kleinen Lederschurz um ihre Hüften, während ihr Haar in der Weise
der Sudanknaben geschoren war, sodass sich ein etwa 1 Zoll hoher
und breiter Kamm Haare von der Stirn bis in den Nacken zog.

Wert eines Rasiermessers:
6 Silbergroschen preußisch – 333 Kurdi – ⅓ Mithkal

Sobald wir es uns einigermaßen behaglich gemacht hatten, beeilten
wir uns, mit den Leuten in Kaufbeziehungen zu treten, um wieder
einen Vorrat an Nahrungsmitteln einzulegen. Hierbei wurden wir
denn bald gewahr, wie irrig die Ansichten waren, welche wir nach
den Berichten anderer über die niedrigen Preise von Lebensmitteln
in diesem Land gefasst hatten. Wir erkannten, dass wir uns die drin-
gendsten Bedürfnisse nur mit Schwierigkeit würden verschaffen können. Butter und Käse waren wir nicht imstande, in geringster Menge
zu erlangen, und Negerhirse oder Gero *(Pennisetum typhoïdeum)*
wurde nur sehr spärlich angeboten. Außerdem war der Tausch noch
sehr unvorteilhaft für uns, da unsere Waren, wie gebleichter und ungebleichter Kaliko, Rasiermesser und dergleichen, zu sehr niedrigem
Wert abgeschätzt wurden. Ich war bei alledem noch sehr glücklich,
da ich einen ziemlichen Vorrat von Rasiermessern hatte. Ich fand sie
sehr geeignet zum Tausch von Sachen geringen Wertes. Ein gewöhnliches Rasiermesser wurde hier mit 10 Sekka Hirse bezahlt, welche
im Landesverkehr ein Drittel eines Mithkal wert sind, oder so viel
wie 333 Kurdi, etwas weniger als 6 Silbergroschen preußisch. Ich

war erstaunt, von Émeli, mit welchem ich über die hohen Preise der
Lebensmittel sprach, zu hören, dass die Sakomaren, ein später näher
zu berührender Stamm der Imoscharh, welcher große Herden Schafe
und selbst eine bedeutende Anzahl Rinder besitzt, fast jährlich einen
guten Vorrat Butter nach diesem Land bringen. Diese Angabe fand
ich denn auch später aus eigener Erfahrung begründet.

Der eben erwähnte Targi, Émeli, welcher ein sehr feines und
einnehmendes Wesen hatte, musste sich hier von uns trennen, da
er nach einem Dorf namens Aghalen zu gehen hatte. Weil er bald
nach Rhat zurückzukehren gedachte, gab ich ihm einen Brief mit.
Ich glaube, dass es dieser Brief war, welcher nachmals in geöffnetem
Zustand in der Wüste gefunden und von Nachnuchen selbst an
Herrn Dickson, den englischen Agenten in Ghadames, abgeliefert
wurde. Von dem Schicksal des Briefes hatte der Letztgenannte auf
ein mir zugestoßenes Unglück geschlossen.

Wir wurden den ganzen Tag über in leidlicher Ruhe gelassen,
aber es verbreitete sich die Nachricht, dass am folgenden Tag ein
großer Zusammenfluss von Mehara statthaben würde, um eine
Hochzeit im Dorf zu feiern. Wir waren nämlich genötigt, hier zu
bleiben, um auf die Rückkehr unserer Kamele zu warten, und es war
daher ein Glück, dass ringsum in der Nachbarschaft so ungeheure
Regengüsse fielen, dass am 1. September unser ruhiges Tal in das
breite Bett eines reißenden Stromes verwandelt wurde. Hierdurch
wurde allerdings unser Eigentum in die größte Gefahr gebracht, aber
auch das Vorhaben der Ansammlung einer Anzahl von Kriegsvolk
unterbrochen, und was ein großes Übel schien, bewahrte uns so
wahrscheinlich vor einem viel bedeutenderen.

Da wir eben erst der Gefahr, welche uns von dem Fanatismus und
der Raubgier der Menschen drohte, glücklich entgangen waren, war
es wahrlich eine schwere Prüfung, nun gegen ein Element kämpfen
zu müssen, dessen Macht in dieser Übergangszone wir weit entfernt
gewesen waren, richtig zu würdigen oder anzuerkennen. Gewiss
hatten wir kein warnendes Beispiel vor uns, um die Möglichkeit
zu erwägen, dass in diesen so trockenen Landschaften ein Tal von
mehr als ½ Meile Breite sich in 24 Stunden in das Bett eines Stromes
verwandeln könnte, welcher reißend genug wäre, die schwersten
Gegenstände, selbst ein so großes und starkes Tier wie das Kamel mit
sich fortzureißen. Es war daher eine außerordentliche, fast kindische
Freude, mit der wir uns am Nachmittag des bezeichneten Tages in

gegenseitiger Aufmunterung aufmachten, den Strom zu betrachten, der eben anfing, seine Fluten im Tal entlang zu wälzen. Es war dies ein höchst anmutiger und erfrischender Anblick; am folgenden Tag entwickelte derselbe Strom ein großartiges Bild der Zerstörung, das uns einen Begriff von der Sintflut zu geben vermochte.

Ich will zu der Beschreibung der Flut, wie sie von Herrn Richardson gegeben worden ist, nichts hinzufügen, aber ich möchte die folgenden Umstände, welche von ihm nicht ganz in das richtige Licht gestellt worden sind, erwähnen.

Als endlich eine halbe Stunde nach Mittag die Fluten anfingen, sich zu verlaufen – während eine Anhöhe nach der anderen sich aus dem Strom erhob und wir unser Asyl auf der kleinen Insel außer Gefahr sahen, nachdem sie, von allen Seiten von der zerstörenden Wut eines tobenden und zu der Größe eines bedeutenden Flusses angeschwollenen Bergstromes angegriffen, eine Scholle nach der anderen preisgegeben hatte und kaum noch Platz genug für unsere ganze Gesellschaft und unser Gepäck darbot –, erschien plötzlich an dem westlichen Ufer eine Anzahl Mehara, während zu gleicher Zeit die ganze Einwohnerschaft von Tin-tarh-ode in voller Schlachtordnung von der anderen Seite anrückte und sich in regelmäßigen Gruppen teils rund um unsere Zufluchtsstätte, teils den Tinylkum gegenüber aufstellte.

Während wir mit Misstrauen auf diese Vorbereitungen sahen, namentlich, da alle unsere Feuerwaffen nass geworden waren, nahte sich der böswillige Mochammed unserem Hügel, und indem er einen bedeutsamen Blick auf mich warf, rief er aus: »Sieh da, welch eine Menge Menschen!« Er hatte mir am Nachmittag zuvor, als er sich frech auf meinen Teppich gesetzt hatte und ich ihn ersuchte, mir diese einzige Bequemlichkeit zu lassen, mit den verständlichsten Worten und im kaltblütigsten Ton gedroht, »dass *ich* in der folgenden Nacht auf dem Boden des Tales, *er* aber auf meinem Teppich liegen würde«. Durchaus nicht eingeschüchtert durch seine Bosheit, obwohl keineswegs der freundlichen Gesinnungen jener Leute gewiss und in etwas zweifelhafter Stimmung, entgegnete ich ihm, dass die Mehara unsere Freunde seien, welche der Häuptling Annur gesandt habe, um uns nach Tintéllust zu geleiten. Mit drohender Gebärde erwiderte er, dass ich mich traurig enttäuscht fühlen würde, und ging fort. Glücklicherweise aber ergab es sich, dass diese berittenen Männer wirklich die von Annur zu unserer Beschützung ausgesandten Leute waren, während sich allerdings

auch eine große Menge räuberischen Gesindels versammelt hatte,
um noch einen letzten Versuch zu machen, sich unseres Eigentums
zu bemächtigen, ehe wir unter dem Schutz jenes mächtigen Häuptlings Sicherheit gefunden. Erst als sie einsahen, dass sie es mit einer
starken Gegenmacht zu tun haben würden, zogen sie sich, jedoch
widerstrebend, zurück.

So waren wir nun endlich zu der Hoffnung berechtigt, dass wir
in einem Hafen eingelaufen seien, welcher uns einen gewissen Grad
von Sicherheit gewähren würde, und mit dankbarem und frohem
Herzen sahen wir unserer ferneren Reise entgegen. Aber bei alledem
war unsere gegenwärtige Lage weit von Behaglichkeit entfernt. Fast
all unser Gepäck war bis auf den Grund durchnässt; unsere Zelte
lagen im Schlamm auf dem Boden des Strombettes, und unser bequemes und stark gebautes, aber schweres Tripolitaner Zelt hatte
so viel Wasser eingesogen, dass ein Kamel es kaum fortschleppen
konnte.

Indem wir endlich unseren schlecht gewählten Lagerplatz verließen, hatten Overweg und ich das Unglück, dass unsere Kamele,
beim Passieren des Hauptstroms im Schlamm ausgleitend, nieder-
fielen und uns in der Mitte desselben absetzten. Sie waren von der
trübseligen Lage, in der sie sich den ganzen Tag befunden, wo sie,
vom Strom in die Büsche getrieben, sich kaum hatten aufrecht halten
können, so geschwächt worden, dass sie dem Strom, der noch immer
reißend war, obwohl die Fluten seit 6 Stunden angefangen hatten,
sich zu verlaufen, nicht widerstehen konnten. Durchnässt und bar-
fuß, da ich meine Schuhe im Schlamm eingebüßt hatte, war ich froh,
in der Dunkelheit das neue Lager zu erreichen, welches auf einem
höheren Felsterrain in einiger Entfernung vom Talrand gewählt worden war. Unsere Betten waren im unerfreulichsten Zustand, und ihre
Benutzung in einem ungesunderen Klima würde üble Folgen gehabt
haben; aber Aïr ist eines der gesündesten Länder der Erde.

Glücklicherweise klärte sich das Wetter am Morgen des folgenden
Tages auf, und obwohl die Sonne nur dann und wann hervorbrach,
so trocknete doch ein frischer Wind die Feuchtigkeit ab. Es war
ein angenehmes Gefühl, ein Stück nach dem anderen trocknen zu
sehen, und das Lager glich fast einer großen Bleiche.

Etwa um 10 Uhr setzten wir endlich unseren Marsch fort und
wählten die westliche der beiden Straßen, welche von hier nach
Tintéllust führen, nämlich die über Fodet, während die östliche
über Tago und Tani geht.

(Dienstag, 3. September) Wir machten einen sehr interessanten Marsch durch eine Gegend höchst malerischen Charakters, welche in mehr als einer Hinsicht sich fähig zeigte, die Wohnstätte von Menschen zu sein. Nachdem wir den östlichen Rand des Tals verlassen hatten, hielten wir uns mehr in seiner Mitte, bis wir den schönsten Punkt erreichten, wo sich dasselbe in zwei Arme teilt; der östliche derselben wird von mehreren imposanten Bergspornen begrenzt und bietet eine sehr interessante Fernsicht.

Der ganze Grund der Talsohle, wo am vorgestrigen Tag ein mächtiger Strom sich hingewälzt hatte, glänzte von kleinen mineralischen Bruchstücken, denen selbst unser Geologe unter den gegenwärtigen Verhältnissen keine Beachtung schenken konnte. Dann passierten wir die Ruinen einiger von den Fluten zerstörter Häuser und begegneten weiterhin einer kleinen Truppe mit Negerkorn – »eneli«[28] – beladener Esel. Unsere ganze Karawane war guten Mutes und unsere Schutzwache veranstaltete, um uns einen Beweis ihrer Reitfertigkeit zu geben, ein Wettrennen, das natürlicherweise ziemlich wunderlich ausfiel.

Man denke sich ein Kamel, mag es auch noch so schlank sein, in Galopp gesetzt, den Reiter auf kleinem, ungenügend auf dem Höcker des Tieres befestigten Sattel hin- und herfliegend, während seine vielartigen Waffen, Vorratssäcke und plumpen Lederornamente überall herausstecken oder nachschleppen und sein ungeheurer Schild aus steifem Antilopenleder das arme Tier fortwährend in die Seiten schlägt. Zwei oder drei der kühnen Reiter küssten den Stab.

»Als Christen schuldbefleckt« im Aïr-Bergland

Wir besuchten den alten Häuptling am Tag nach unserer Ankunft *(in der kleinen Gebirgssiedlung Tintéllust, im N des Aïr-Berglandes).* Er empfing uns in einer ungeschminkten und barbarisch-wohlwollenden Weise. Mit größter Einfachheit, die nicht eben wie ein Kompliment aussah, bemerkte er, dass wir, obwohl als Christen schuldbefleckt in sein Land gekommen, doch durch die vielen Gefahren und Mühseligkeiten, welche wir erduldet hätten, reingewaschen seien; wir hätten nun nichts weiter als das Klima und die Diebe zu fürchten. Die Geschenke, welche vor ihm ausgebreitet

---

28　»Eneli« – der Berber-Name für »Negerhirse« – ist ein häufig von dem berühmten Reisenden Ibn Battuta erwähnter, aber von seinen Erklärern nicht verstandener Ausdruck. S. *Journal Asiatique,* 1843, série IV, tom. I, pp.188.191.200. – S. 194 beschreibt er den beliebten, aus diesem Korn bereiteten Trank »dakno«.

Abbildung 27. Tintéllust, ein damals wichtiger Ort im Norden des Aïr-Berglandes, wo die Expedition ihr Standquartier hatte. Lord Rennell Rodd, London, fand ihn 1922 unverändert. Die Bewohner erinnerten sich noch an die »Inglesi«. (Photo: R. Rodd).

wurden, empfing er gnädig, aber ohne ein Wort zu sagen; von Gastfreundlichkeit erzeigte er uns nicht die geringste Spur. Alles dies war charakteristisch.

Bald erhielten wir weitere Aufklärung. Wenige Tage darauf nämlich sandte er uns die einfache und unzweideutige Botschaft, dass, wenn wir auf unsere eigene Gefahr hin nach dem Sudan zu gehen beabsichtigten, dies in Begleitung der Karawane geschehen könne; er werde uns zuverlässig kein Hindernis in den Weg legen; wünschten wir aber, dass er selbst mit uns gehe und uns beschütze, so müssten wir ihm eine beträchtliche Summe auszahlen. Indem er diese einfachen Bedingungen stellte, machte er von einem sehr ausdrucksvollen Gleichnis Gebrauch; er sagte nämlich, so wie die Liffa alles, was sie berühre, töte, so hätte sein Wort, nachdem es einmal von den Lippen enteilt sei, mit der fraglichen Sache abgeschlossen; es sei kein zweites Wort zu erwarten. Ich kann dies nicht für eine so schamlose Erpressung ansehen, wie Herr Richardson daraus

gemacht hat, wenn ich bedenke, was wir anderen Leuten bezahlt hatten, die nichts dafür getan, als uns das Vergnügen zu gestatten, selbst zu sehen, wie wir auf eigene Gefahr und Unkosten mit allen Arten von Herumtreibern fertig werden könnten, und wenn ich ferner die Bemühungen, welche wir

Annur verursachten, in Betracht ziehe. Im Gegenteil muss ich, nachdem ich bis zuletzt Annurs Handlungsweise beobachtet habe und unter seinem Schutz sicher in Katsena angekommen bin, aussprechen, dass er ein gerader, zuverlässiger Mann war. Er gab einfach und ohne Umschweife an, was er verlange; aber nachdem er dies erhalten hatte, hielt er an seinem Wort mit der größten Gewissenhaftigkeit fest; und wenn er uns nicht bewirtete, so forderte er auch nichts von uns, kleine, kaum nennenswerte Betteleien abgerechnet, noch erlaubte er seinen Leuten, dies zu tun. Obwohl ich ihn für einen ganz abscheulichen Geizhals halte, der mir, als ich ihn später auf seinem kleinen Landsitz bei Tessaua in der größten Mittagshitze besuchte, nicht einmal einen Trunk »fura« oder Hirsewasser anbot, kann ich ihm dennoch meine Achtung nicht versagen, sowohl als einem großen Diplomaten in seinem merkwürdigen kleinen Reich als auch als einem Mann, ausgezeichnet durch Aufrichtigkeit und Geradheit.

Uns, die wir als verhasste Eindringlinge, von der ganzen Welt
verfolgt, das Land betraten, konnte er wohl nicht anders als kalt
aufnehmen; aber sein ganzes Wesen änderte sich vollkommen an
dem Tage, wo ich nach Agades aufbrach, um uns auch den titulären
Sultan des ganzen Landes geneigt zu machen. Damals war es das
erste Mal, dass er nach unserem Lager kam, um mich aufbrechen
zu sehen, und er hörte seitdem nicht auf, uns jeden Tag zu besuchen
und den vertrautesten Verkehr mit uns zu pflegen. Dasselbe war der
Fall mit seinen Leuten und ich wurde mit mehreren derselben so be-
freundet, dass der unruhige Mohammed, Annurs Vetter, wiederholt
in Verwunderung ausrief, wie es nur habe kommen können, dass er
in der unserer Ankunft in Tintéllust vorhergehenden Nacht der Anstifter jenes Tumultes geworden sei, in dem man uns widerrechtlich
behandelt und unser Gepäck geraubt habe. Trotzdem machten wir,
wie sich von selbst versteht, noch manche unangenehme Erfahrung,
ehe wir in diesem neuen Land heimisch wurden.

Regenzeit ...

Es war die Regenzeit, und die fast täglichen Regengüsse, die sie mit
sich brachte, verursachten uns als deutliche Beweise, dass wir nun
in der Tat jene neuen, lang ersehnten Regionen betreten hatten,
wenigstens ebenso viel Interesse und Vergnügen, wie Unannehmlichkeiten in ihrem Gefolge waren.

Fast regelmäßig kam der Regen am Nachmittag, zur Zeit, wenn
die Luft den höchsten Wärmegrad erreicht hatte, das heißt zwischen
2 und 3 Uhr, und der Sturm, der die Regenwolken herbeitrieb, blies
fast immer aus West oder Südwest, während sonst Ostwind durchaus
vorherrschend war. Einmal war es höchst auffallend, zu beobachten,
wie das Unwetter im Osten heraufstieg, aber uns erst erreichte, als
es nach Südwesten umgeschlagen hatte. Es ist also klar, dass das
Regengewölk in diesem weit vorgeschobenen Sporn des Sudans am
großen westlichen Fluss, dem sogenannten Niger, aufsteigt und sich
so über diesen nördlichen Gürtel der tropischen Region verbreitet.

Zu Zeiten war der Regen sehr heftig; stets von einem gewaltigen
Sturm begleitet, war es schwierig, ihn vom Zelt auszuschließen.
Unser Gepäck wurde denn auch wiederholt ganz durchnässt. Der
schwerste Regenschlag, den wir hatten, fiel am 9. September, und
durch die auf den umherliegenden Höhen gefallene Regenmenge
wurde ein mächtiger Strom gebildet, nicht allein im Hauptal, sondern auch in der kleinen Schlucht hinter unserem Lager. Nichtsde-

stoweniger waren uns die von Regen begleiteten Stürme unendlich willkommener als die trocken vorüberziehenden Sandstürme, die uns oft überaus unbehaglich wurden. In wenigen Tagen nahm die ganze Natur einen so frischen und üppigen Charakter an und eine so rege Lebenslust verbreitete sich durch alle ihre Gebiete, dass wir uns, solange wir auf unserer kleinen abgeschlossenen Domäne ungestört blieben, trotz der vielen kleinen und großen Scherereien, die wir hatten, bei heiterer Laune erhielten. In der Tat hatte unser Lager, umgeben von wild aufeinandergetürmten Granitmassen, weit spannenden Büschen der Abisga *(Capparis sodata)* und großen, üppigen Mimosen, alles in wilder, höchst malerischer Verwirrung, etwas in hohem Grad Erfreuliches. Es war überaus interessant, jeden Tag das schnelle Wachstum der kleinen frischen Blätter und jungen Sprösslinge und das Dichterwerden des schattigen Blätterwerkes zu beobachten. Die mächtige Masse der Kronen dieser Mimosen bot uns in der Tat einen überraschenden Anblick; hier hatten sie nicht jenen eigentümlichen Wüstencharakter des lichten Schirmdaches, sondern bildeten dichte konische Laubmassen, und ich maß am Mittag einen Schatten, der 70 Fuß Ausdehnung hatte.

Die ganze Natur atmete neues Leben und die Tierwelt entwickelte ihre geselligen Eigenschaften in der ganzen Kraft neu erwachender Triebe. Die dichtkronigen Bäume schwirrten von dem fröhlichen Gezwitscher der Ammern und Finken und dem Gegirre der Turtel- und der kleinen ägyptischen Taube, während der Wiedehopf in fröhlichen Sprüngen auf dem Boden umherspielte.[29] Affen stiegen, so oft sie unbemerkt zu sein glaubten, von den Vorhöhlen des Tunan in die kleine Einsenkung hinter unserem Gezelte herunter, um einen Trunk Wasser zu erlangen; Hyänen und Schakale ließen sich regelmäßig in ihren nächtlichen Wanderungen rund um unser Lager hören, während dann und wann der ferne Ruf eines Löwen erschallte.

Trotz der Feuchtigkeit der Regenzeit war die Luft gesund und stärkend, wie ja das Klima von Aïr schon von Leo wegen seiner *»bontà e temperanza dell' aere«* gerühmt wird.

Unglücklicherweise aber stellte sich heraus, dass unsere kleine englische Vorstadt in zu großer Entfernung von dem schützenden Arm des alten Häuptlings sei, und nach jenem traurigen Überfall

---

29 Herr Overweg schoss manchen Vogel und suchte ihn zu identifizieren, aber er betrieb es leider nicht systematisch, und seine Sachen sind verloren oder zerstreut.

in der Nacht vom 16. auf den 17. September waren wir gezwungen, unser Lager zu verlegen. Wir zogen denn auf die andere Seite des Tals hinüber und schlugen unsere Zelte in der Ebene ganz nahe am Dorfe auf.

Die Umstände, welche mit diesem Überfall verbunden waren, sind aber so merkwürdig, dass ich sie mit wenigen Worten erwähnen will. In der Tat, wäre er mit Kraft ausgeführt worden, so hätte er unfehlbar unser aller Vernichtung zur Folge gehabt.

Die Regengüsse hatten unser gesamtes Gepäck durchnässt, sodass wir um unsere Instrumente und Waffen besorgt waren. Overweg und ich beschlossen deshalb, am Tag vor jener Nacht alle unsere Feuerwaffen, welche während der ganzen Zeit geladen gewesen waren, zu reinigen. Nachdem dies geschehen war, wollten wir sie gut trocknen lassen und luden sie darum nicht unmittelbar wieder.

Im Laufe des Nachmittags erhielten wir den Besuch von zwei wohlgekleideten Männern zu Mehara. Gegen die Gewohnheit solcher Besucher baten sie um nichts, besahen aber die Zelte mit großer Aufmerksamkeit, wobei es ihnen nicht entging, dass unser Zelt stark wie ein Haus, dagegen das Herrn Richardsons leicht und am Boden offen sei. – Unsere schwarzen Diener, welche diesen Abend ungewöhnlich lebhaft und ausgelassen waren, trieben ihr Spiel, während der Mond die interessante Wildnis glänzend beleuchtete und Musik und Tanz eine Hochzeitsfeier im Dorf verkündeten, bis sie zu sehr später Stunde ermattet in einen tiefen Schlaf verfielen.

Bevor ich mich niederlegte, machte ich in einiger Entfernung die Runde um unser Lager und bemerkte einen fremden Meheri, ruhig niederkniend und mit dem Kopf gegen unser Zelt gerichtet. Ich rief meine Kollegen und äußerte ihnen meinen Argwohn, dass nicht alles in Richtigkeit sei; aber unser leichtsinniger, frivoler Diener Mohammed suchte mich zu beruhigen, indem er sagte, er habe das Kamel schon vorher an derselben Stelle gesehen; dies war indes nicht der Fall gewesen. Ich behielt trotzdem eine trübe Ahnung, und indem ich – wie das in ähnlichen Verhältnissen oft der Fall ist – meine Aufmerksamkeit auf einen falschen Punkt richtete, sorgte ich dafür, dass alle unsere Schafe unmittelbar hinter dem Zelt festgebunden wurden.

Infolge der Aufregung hatte ich einen unruhigen Schlaf und glaubte nach 2 Uhr ein sehr eigentümliches Geräusch zu hören, als ob ein Trupp Leute mit festem Tritt unser Zelt umkreiste und einen dumpfen Ton von sich gäbe. Ich lauschte ängstlich und war

einen Augenblick davon überzeugt, dass Leute unserem Zelt nahe
seien. Schon war ich im Begriff, mich hinauszustürzen, als die Musik
vom Dorf herübertönte; ich überredete mich, dass das Geräusch
eben von dort hergekommen sei, und legte mich wieder nieder,
um zu schlafen. Plötzlich aber hörte ich ein lauteres Geräusch,
als wenn mehrere Männer den Hügel heraufstürmten. Ich ergriff
ein Schwert – unsere Schusswaffen waren ja nicht geladen –, rief
laut nach unseren Leuten und sprang aus dem Zelt, aber niemand
war zu sehen. Ich umging nun den Hügel, und als ich bei Herrn
Richardsons Zelt anlangte, kam derselbe gerade halb angekleidet
heraus und bat mich, den Räubern nachzueilen, die mehrere seiner
Sachen weggeschleppt hätten. In der Tat waren einige von seinen
Kisten aus dem Zelt herausgezogen, aber nicht geleert worden. Von
seinen Dienern war keiner außer Said zu sehen; alle übrigen waren
davongelaufen, ohne nur Lärm zu machen, sodass wir alle ruhig
hätten hingemordet werden können.

Wie kränkend das Gefühl war, sich so unvorbereitet haben über-
rumpeln zu lassen, so war die ganze Angelegenheit doch ein Beweis
der gnädigen Fürsorge der Vorsehung. Von Wert war nichts verloren.
– Die Räuber hatten gerade den Augenblick gewählt, wo der Mond
hinter den Felsen verschwunden und nun dem matten Licht eine
vollständige Dunkelheit gefolgt war.

Es war fast beschämend, sämtliche männliche Einwohner von
Tintéllust herauskommen und um unsere Zelte sich drängen zu
sehen, als ob wir nicht selbst Kraft genug gehabt hätten, uns zu
verteidigen – wären wir nicht mit so arger Nachlässigkeit von der
Vorsehung geschlagen gewesen.

Aber unmittelbar nach diesem unerfreulichen Vorfall erhielten
wir die unzweideutigsten Versicherungen wohlwollender Gesinnung und aufrichtige Schutzzusicherung sowohl vom Sultan von
Agades wie vom großen Mallem Asori, einer höchst einflussreichen
und angesehenen Person in diesem Land, von der ich im Verlauf
noch Weiteres zu erzählen habe. Ich fing daher an, meinen schon
lange gehegten Plan zu einem Ausflug nach Agades bestimmter zu
folgen, und trat mit dem Häuptling hierüber ins Vernehmen. In
der Zwischenzeit hatte ich eine Menge von Nachrichten über das
Land erhalten, sowohl von einem Tauäter namens Abd el Kader
(einem anderen, als dem oben erwähnten Reisegenossen auf unserem Marsch von Rhat), teils von einigen der Tinylkum, die, seitdem
sie uns am Tag nach unserer Ankunft in Tintéllust verlassen, sich

über die ganze Landschaft zerstreut hatten, einige, um ihre Kamele
in den begünstigsten Tälern weiden zu lassen, andere mit kleinen
Handelsspekulationen beschäftigt. Obgleich wir Grund hatten, mit
ihnen unzufrieden zu sein, so waren uns doch die Besuche, die uns
bald der eine, bald der andere abstattete, überaus willkommen.

Kleine Karawanen gingen und kamen; unter ihnen war ein Trupp
aus dem Sudan kommender Kaufleute, die fast ihr ganzes Gepäck
auf Packochsen fortschafften. Dies war für uns ein überaus erfreulicher Anblick, der unsere Herzen mit Wonne erfüllte; denn er gab
uns den besten Beweis, dass wir die öde Wüste nun hinter uns hatten, wo nur das ausdauernde und nüchterne Kamel dem Menschen
die Möglichkeit gestattet, Verkehr zu treiben.

Von hier aus also konnten wir denn beruhigende Briefe an die
Regierung und an unsere Freunde in Europa senden und ihnen darin
versichern, dass wir nun wohl den größten Teil der Schwierigkeiten
überwunden hätten, welche sich unserem Vordringen entgegenstellten, und dass wir uns zu der Erwartung berechtigt glaubten,
jetzt auf dem geraden Wege zur Erreichung der Zwecke unserer
Expedition zu sein.

Während wir aber in geistiger Beziehung im Ganzen reichlichen
Stoff zur Befriedigung fanden und uns den schönsten Hoffnungen
überlassen konnten, waren dagegen unsere materiellen Verhältnisse
nicht gerade die günstigsten; denn unsere Mittel waren so unzuläng-
lich, dass wir mit ihnen kaum das Notwendigste bestreiten konnten,
und während Herr Richardson ganz von dem arabischen Kaufmann
Mohammed e' Ssfaksi abhing, waren Overweg und ich, besonders
während der ersten Tage unseres Aufenthalts in diesem Land, mit
Lebensmitteln so spärlich versehen, dass wir vollkommen Not litten.
Währenddessen nahm meine Unterhandlung mit dem Häuptling in
Bezug auf meinen Ausflug nach Agades einen erfreulichen Fortgang.
Ich betrieb sie so geheim wie möglich, und so gelang es mir, die
zahlreichen Hindernisse zu besiegen, die sich meinem Vorhaben
anfänglich entgegenstellten.

Am 30. September ging ich, um dem Häuptling meinen Ab-
schiedsbesuch zu machen, und nahm ein anständiges Geschenk für
ihn selbst sowie die Geschenke für den Sultan von Agades mit mir,
damit er volle Kenntnis davon habe, aus welchen Gegenständen die
Letzteren beständen, und damit er seine Zustimmung geben möge.
Ich hatte die Genugtuung, ihn in beiden Beziehungen vollkommen
zufriedenzustellen.

Kapitel 16

»Ausflug« nach Agades

Am Südrand des Aïr-Berglandes (auch Azbin) und ebenso im Übergang von der Wüste in feuchtere Baumlandschaften (Sahel) gelegen, hatte die einst bedeutende Handelsstadt Agades (auch Egedesh) ihre Stellung als Metropole nahezu verloren. Heinrich Barth konnte sich dort als erster Europäer glauben, der sie besuchte; denn von der Reise italienischer Patres im 18. Jahrhundert gab es nur vage Notizen in Fachschriften. Heute ist sie viel besuchtes Touristenzentrum und Station für Großlaster und Flugzeuge, die vornehmlich der Entwicklung des Uranerzabbaus westlich des Berglandes (bei Arlit) dienen.

Endlich brach der Tag an, an welchem ich zu meinem ersehnten Ausflug nach Agades aufbrechen sollte. Denn obwohl ich damals noch keineswegs der ganzen Bedeutung und des ganzen Gewichts des Interesses mir bewusst war, das sich an diesen Platz knüpft, war er doch für mich ein Punkt der größten Anziehungskraft geworden. Denn was kann wohl anziehender sein als eine bedeutende Stadt, die einst an Größe Tunis gleichgestanden haben soll, mitten unter gesetzlosen, barbarischen Horden gelegen, an der Grenze der Wüste und der fruchtbaren Distrikte des fast unbekannten Inneren eines großen Kontinentes, gegründet an solchem Platz von alters her und beschützt als eine Stätte friedlicher Zusammenkunft und des Handelsverkehrs und Austausches der mannigfaltigsten Bedürfnisse zwischen Nationen der verschiedensten Charaktere? – In der Tat ist es nur ein Zufall, dass diese Stadt bei den Europäern nicht so lebhaftes und romantisches Interesse erregt hat wie ihre Schwesterstadt Timbuktu, obgleich die Letztere natürlich den Vorteil der Nachbarschaft eines Flusses hat. Timbuktu wurde in Europa berühmt durch die Menge Gold, das einst auf diesem Weg nach Marokko floss, während der Handel von Agades, ja selbst der Name der Stadt während der Dauer ihrer Blüte in Europa unbekannt blieb.

Es war ein schöner Morgen, der eine gesunde, erfrischende Luft aushauchte und Körper und Seele stärkte. Der alte Häuptling, welcher zuvor unser Lager nie besucht hatte, kam nun aus dem Dorf heraus und stattete uns einen Besuch ab. Er versicherte mir nochmals, »dass meine Sicherheit auf seinem Haupt ruhe«.

Die kleine Truppe, mit welcher ich gehen sollte, bestand aus sechs Kamelen, fünfunddreißig Eseln und zwei Bullen, von denen der eine mir selbst angewiesen wurde, bis mein Beschützer Hamma ein Kamel für mich zu mieten imstande sein würde. Obgleich ich nun aber wohl gewohnt bin, zu Pferde sowie selbst zu Kamel zu reiten, so hatte ich es doch noch nie versucht, den breiten, ungelenken Rücken eines Rindes zu besteigen. Die Sache war um so schwieriger, als weder ein Sattel noch irgendeine andere Unterlage vorhanden war, um darauf sitzen zu können, sondern nur unregelmäßige Gepäckstücke höchst ungenügend auf dem Rücken des Tieres befestigt waren, die von einer Seite zur anderen schwankten.

Nachdem der erste Bulle durch ganz rücksichtslose Weigerung, mich oder überhaupt irgendetwas zu tragen, seiner Pflicht sich entzogen hatte und im Genuss voller Freiheit eilends zu seiner Herde zurückgekehrt war, wurde der zweite endlich gezähmt, das Gepäck, wie es gerade möglich war, auf seinen Rücken gebunden und ich ersucht, ihn zu besteigen. Offen gestanden, ich würde ein Pferd oder selbst einen Esel vorgezogen haben; aber in der Hoffnung, dass ich das Tier in meine Gewalt bekommen würde, beschloss ich es zu besteigen, nahm von meinen zurückbleibenden Reisegefährten, die mir den besten Erfolg wünschten, Abschied und folgte meinen schwarzen Begleitern.

Ich fürchtete anfänglich, dass mein Sitz zu unsicher sein würde, um Beobachtungen anzustellen, und wollte diese Aufgabe bis zur Rückreise verschieben. Allmählich jedoch wurde ich ein wenig zuversichtlicher, nahm meinen Kompass vor und zeichnete die Richtung unserer Straße auf; plötzlich aber schwankte das Gepäck und drohte nach der rechten Seite hinabzufallen. Um nun das Gleichgewicht herzustellen, neigte ich mich mit dem ganzen Gewicht meines Körpers nach der linken Seite, tat jedoch zu viel und stürzte plötzlich mit dem ganzen Gepäck vom Tier herab. Der Boden war überaus rau und felsig und ich würde mich sicherlich bedeutend verletzt haben, wäre ich nicht auf die Mündung meiner Flinte gefallen, die ich auf der Schulter trug. Sie war stark genug, um den Sturz aufzuhalten und bewahrte meinen Kopf davor, auf den Boden aufzuschlagen. Selbst mein Kompass, den ich offen in der linken Hand getragen hatte, war glücklicherweise ganz unversehrt. Hoch erfreut über einen so glücklichen Sturz, raffte ich mich auf, beschloss aber, nie wieder einen Ochsen zu besteigen.

So blieb ich lieber zu Fuß, bis wir das Tal Eghellua erreichten, wo mehrere Brunnen hinreichend Wasser bieten. Hier machten wir eine Weile halt und ich saß dann hinter Hamma auf den mageren Rücken seines Kamels auf, indem ich mich an dem Sattel festhielt. Doch konnte ich an meinem neuen Sitz nicht viel Freude finden, da mein Freund, wie viele dieser Leute, auch eine Flinte von dem glücklichen Heereszug gegen die Uëlad Sliman davongetragen hatte und diese nun auf seiner Rechten hervorragte, jeden Augenblick mein Gesicht bedrohend, während auf der Linken sein ungeheuerer Antilopenschild fortwährend an mein Bein anschlug.

Ich war daher sehr erfreut, als wir das kleine Dorf Tigger-ére-ssa erreichten, welches am Rand eines breiten, reich mit Talhabäumen bewachsenen Tals liegt. Ein wenig weiter wurde von hervorstehenden Granitblöcken ein anmutig abgeschlossener Winkel gebildet, wo wir uns lagerten. In diesem Dorf mietete Hamma zwei Kamele für mich zur Reise nach Agades und zurück.

Endlich stiegen wir von diesem rauen, zerrissenen Felsboden in den oberen Teil des berühmten Tals Aúderas hinab. Ein schwacher Ruf von diesem schönen Tal hatte schon vor mehreren Jahren in Europa sich verbreitet und die Neugierde der Wissbegierigen erregt, mehr davon zu erfahren. Hier lagerten wir, so nass wie, wir waren, am Abhang des Felsterrains, um uns gegen die Feuchtigkeit des Talbodens zu schützen. Uns gegenüber, gegen Süden, lag auf dem Gipfel einer Felskuppe das kleine Dorf Aëruën wuen Tidrak. Ein anderes, Ifargen genanntes Dorf, liegt oberhalb im Tal, an der Straße von Aúderas nach Damerghu. Bei unserer Rückkehr sah ich in diesem fruchtbaren Tal eine barbarische Art Ackerbau; drei Sklaven waren nämlich an eine Art von Pflug gejocht und wurden wie Ochsen zur Arbeit getrieben. Dies ist wahrscheinlich der südlichste Platz in Zentral-Afrika, wo der Pflug gebraucht wird.

Wir lagerten zu früher Stunde am Nachmittag in der Nähe des Wasserlaufs, aber obwohl wir bis zu ansehnlicher Tiefe gruben, gelang es uns doch nicht, auf Wasser zu stoßen, sodass wir nicht einmal ein einfaches Abendessen kochen konnten; ich war daher froh, wenigstens eine Tasse Kaffee zu erhalten. Ich habe mehrere Male Gelegenheit gehabt, auf die Nachlässigkeit der Kel-owi in Bezug auf nötigen Wasservorrat aufmerksam zu machen. Weiter unterhalb im Tal war ein reicher Vorrat von Wasser gewesen und wir waren an einer zahlreichen Karawane von Eseln bei einem ansehnlichen Wasserpfuhl vorbeigezogen, aber meine Gefährten wollten keinen

Vorrat anlegen. – Mehrere Tuareg, oder vielmehr Imoscharh, und
Imrhad lagerten in unserer Nähe und gaben einen deutlichen Beweis, dass wir uns einem Mittelpunkt des Verkehrs näherten.

Infolge unseres Wassermangels brachen wir zu sehr früher Stunde
auf und erreichten nach einem Marsch von etwas mehr als 3 Meilen
mit einem allmählichen Anstieg die Höhe des steinigen Plateaus,
auf welchem die Stadt Agades gebaut ist. Die Straße wurde nun
recht belebt und mit einem gewissen Gefühl nationalen Stolzes
zeigten mir meine Gefährten in der Ferne die hohen Mesálladjeh,
den Ruhm von Agades.

Jedoch sollten wir diese merkwürdige Stadt noch nicht betreten;
denn nachdem wir Vorrat von Wasser eingenommen und unseren
Durst gelöscht hatten, machten wir uns zu meinem höchsten Erstaunen daran, uns morgens 7½ Uhr in einer der flachen Einsenkungen
zu lagern, und ich musste nun hören, dass wir hier nach alter Sitte bis
gegen Sonnenuntergang liegen bleiben würden, um die Stadt erst im
Dunkeln zu betreten. Hier kamen zwei zu Pferde berittene Männer
aus Agades zu uns, der Sohn des Kadhi mit einem Begleiter. Ich
glaube, sie waren absichtlich herausgekommen, um uns zu sehen.
Sie hatten ein sehr ritterliches Aussehen und waren für mich von
höchstem Interesse, da sie die ersten zu Pferde berittenen Männer
waren, welche ich in diesem Land sah.

Während wir hier gelagert waren, kaufte ich von Hamma eine
schwarze Sudan-Tobe, welche über einer anderen gleichfalls sehr
weiten Tobe oder Hemd von weißer Farbe getragen und von einem
weißen Burnus bedeckt, mir ein der Landessitte mehr entsprechen-
des Aussehen verlieh und außerdem durch das Abfärben des Indigo
meine Haut bald einige Grade dunkler machte. Diese äußere An-
bequemung an die Landessitte stellte der verständige Hamma als zur
Sicherung meines Erfolges unumgänglich nötig dar und sie hatte
noch den Vorteil, dass sie das allgemeine Gerücht hervorrief, der
Landesherr selbst habe mich mit diesem Anzug beschenkt.

Endlich, als die Sonne beinahe schon untergegangen war und
es bekannt wurde, dass die Kel-geréss und I-ti-ssan, die in großer
Anzahl nach Agades gekommen waren, um von hier aus nach der
Einsetzung des neuen Sultans ihre Reise nach Bilma fortzusetzen,
sich in ihre Lager in einiger Entfernung von der Stadt zurückgezogen hatten, brachen wir auf und trafen bald mit mehreren Leuten
zusammen, welche aus der Stadt kamen, um meine Gefährten zu
begrüßen. So betraten wir die Stadt; und durch ein halb verlassenes

und verfallenes Viertel ziehend, erreichten wir bald Annurs Haus, das uns während unseres Aufenthalts in der Stadt zum Wohnort dienen sollte. An einem fremden Ort in der Nacht anzukommen, ist aber stets eine unangenehme Sache und muss es noch viel mehr werden in einem Land, wo es keine Lampen gibt. Es dauerte daher einige Zeit, ehe wir uns einigermaßen behaglich fühlen konnten.

Ich war in der Tat sehr glücklich, mich vonseiten unseres früheren Reisegefährten Abd el Kader einer gastfreundlichen Behandlung zu erfreuen. Er wohnte in einer Kammer, welche an die meinige stieß, und sandte mir ein wohlzubereitetes Gericht Kúskussu, das aus Mais gemacht war; ein Gericht Reis, das mir eine der hier wohnenden Frauen Annurs sandte, konnte ich dagegen durchaus nicht schmackhaft finden. Es war nämlich ganz ohne Salz zubereitet, eine Art Kochkunst, welche mir später weniger unerträglich wurde, mich aber in einem Land, dessen Handel durchaus auf Salz beruht, nicht wenig in Erstaunen setzte.

Nachdem ich Matte und Teppich auf dem Boden ausgebreitet hatte, überließ ich mich im beruhigenden Gefühl, dieses erste Ziel meiner Wünsche glücklich erreicht zu haben, der Erquickung des Schlafes. Er war von angenehmen Träumen aus der neuen Sphäre menschlichen Lebens umgaukelt, in welche ich nun eingetreten war.

Erster Tag in Agades

Zeitig am anderen Morgen kam die ganze Gemeinde der Tauater, welche sich zurzeit hier aufhielten, Abd el Kader an ihrer Spitze, um mir einen Besuch abzustatten. Die Tauater sind noch jetzt, wie ihre Vorfahren vor 300 Jahren, die hauptsächlichsten Kaufleute in Agades und scheinen für die eigentümliche Art dieses Marktes ganz geschaffen. Denn da sie nicht eben bemittelt und mehr Kleinhändler sind, so setzen sie sich mit ihrem kleinen Vorrat von Waren ruhig nieder und suchen den möglichsten Gewinn daraus zu ziehen, dass sie Korn oder vielmehr Negerkorn, zumal *Pennisetum,* zu Zeiten, wo es billig ist, das heißt, wenn Kornkarawanen aus Damerghu ankommen, in möglichst großen Quantitäten aufkaufen, und wenn es wieder teuer geworden ist, ihren Vorrat in kleinen Quantitäten abzusetzen suchen. Spekulation in Korn ist nämlich gegenwärtig das Hauptgeschäft in Agades, nachdem die Handelszweige, von denen ich weiterhin sprechen werde und die dem Platz in früheren Zeiten Wichtigkeit und Reichtum verschafft haben, in andere Kanäle geleitet worden sind.

Ich bemerke hier nur, wie eigentümlich es ist, dass die Bewohner
von Tauat, obwohl sehr unternehmende Reisende und gewandte
Kaufleute, sich nie zu reichen Handelsherren emporschwingen. Der
Wohlhabendste unter ihnen, den ich auf meinen Reisen kennengelernt, neben dem jetzt in Katsena angesessenen Bel-Rhet, ist Hadj
Ahmed Uëled ben Muchtar, der wohlbekannte Kaufmann in Inssala.
Beinahe alles Geld, womit sie handeln, gehört den Bewohnern von
Ghadames, und ihr Gewinn erlaubt ihnen eben nur, sich gut zu
nähren und zu kleiden, was sie allerdings sehr lieben. Es ist eine bemerkenswerte Tatsache, dass die Kel-owi bis in neuere Zeit den Markt
von Tauat in großer Zahl besuchten und von den Märkten in Rhat
und Mursuk ganz ausgeschlossen waren, während ihnen im Gegenteil
jetzt die Letzteren geöffnet sind, der Erstere aber geschlossen worden
ist. Als ein ganz isoliertes Beispiel steht es da, dass Hadj Beschir, der
reiche Mann aus I-feruan, im vorhergehenden Jahr durch seine vielfachen Verbindungen in den Stand gesetzt wurde, Tauat zu besuchen.

Mehrere der Tauater, und unter ihnen Abd el Kader selbst, waren
eben im Begriff, nach ihrem Heimatland zurückzukehren, und er-
kundigten sich sehr angelegentlich nach der Zeit, welche die Karawane der Sakomaren, die nach Tintéllust gekommen war, zu ihrer
Rückreise bestimmt hätte, da sie, die Tauater, in ihrer Gesellschaft
zu gehen wünschten. Denn zwischen beiden obwalten die innigsten
Verhältnisse, wenn sie auch bisweilen durch Feindseligkeiten getrübt
werden. Abd el Kader selbst indes sollte seinen Geburtsort Timimun
nicht wiedersehen; denn ehe er die Rückreise antreten konnte, fiel
er einer Krankheit zum Opfer.

Unter den Tauatern war noch ein Mann von mittleren Jahren
namens Abd-Allah. Mit diesem wurde ich später sehr vertraut und
erhielt von ihm viel Belehrung, da er nicht weniger als sechsmal in
Agades und fünfmal in Timbuktu gewesen und deshalb mit demjenigen Teil dieses Kontinents, welcher zwischen Tauat, Timbuktu
und Agades liegt, sehr bekannt, auch seiner geringen Mittel wegen
leichter zufriedenzustellen war. Das Interessanteste, was ich heute
von diesem gereisten Kaufherrn lernte, war die Identität der Em-
gédesi-Sprache mit derjenigen von Timbuktu. Von diesem überaus
merkwürdigen Verhältnis hatte ich vorher keine Kenntnis gehabt,
da ich die Haussa-Sprache, als die Verkehrs- und Geschäftssprache
der ganzen asbenauischen Landschaft, auch für die ursprünglich in
Agades heimische hielt. Über diese höchst bemerkenswerte Tatsache
aber werde ich später mehr zu sagen haben.

Als meine neuen Tauater-Freunde eben im Begriff standen, mich
zu verlassen, kam A'magei oder Mággi, wie er gewöhnlich genannt
wird, der Hauptdiener des Sultans, ein Eunuch, und ich wurde von
meinen Kel-owi-Gefährten aufgefordert, mich bereit zu machen,
dem Sultan einen Besuch abzustatten. Sie selbst hatten sich schon
längst in höchsten Putz gesetzt. Ich warf also meinen weißen Helali-Burnus über meine schwarze Tobe, zog meine reich mit Seide
gestickten Ghadamsi Schuhe an, die meinen höchsten Schmuck
und den Gegenstand des Neides aller meiner Freunde ausmachten,
und nahm Briefe und Vertrag mit mir. Im Fortgehen erbat ich mir
meines Dieners Mohammed Hilfe, um mit seinem Beistand diesen
Vertrag unterzeichnet zu bekommen; aber mit seiner gewöhnlichen
Unverschämtheit verweigerte er es, sich auf so etwas einzulassen. Er
betrachtete es schon als besondere Gunst von seiner Seite, überhaupt
mit mir zu gehen. – So ist der Europäer in diesen Ländern gestellt.

Da es noch ziemlich früh am Morgen war, so waren der Marktplatz
und alle Straßen, welche wir von Ost nach West durchzogen, noch
menschenleer, und daher war der Gesamteindruck, den das Ganze
auf mich machte, um so mehr der einer verödeten Stadt – eines
Glanzpunktes vorübergegangener Zeiten. Selbst im wichtigsten
Stadtteil, dem Mittelpunkt der ganzen Stadt, lagen die meisten
Wohnhäuser in Ruinen, und alles schien hier tot und still. Fleisch
allerdings war zum Verkauf ausgelegt; auch ein Rind war an einen
Pfahl gebunden.

*Heinrich Barth entwirft im Ganzen ein trübseliges Bild der Stadt.
Die Audienz beim zwar gutwilligen, aber machtlosen Sultan bringt
wenig Positives. Wohl verspricht er, auf Heinrich Barths Anklage hin,
die Übeltäter, die die Expedition in der Wüste mit dem Tod bedrohten,
zur Rechenschaft zu ziehen. Aber ein Vertrag zwischen ihm und den
Inglesi als Beauftragte der Queen, betreffend den Schutz von Reisenden,
kommt nicht zustande.*

*Die Wochen des Monats Oktober, die Zeit seines Aufenthalts in
der Stadt, nutzt Barth, um die in Europa unbekannte Geschichte von
Agades zu schreiben, die wirtschaftlichen Verbindungen darzulegen,
die über die ganze innere Sahara hinweglaufen, bis nach Marokko,
Algerien (hier vor allem zur Landschaft Tuat) und nach Westlibyen
(Ghadames). Als Grundlage kommender Handelsentwicklung schien es
ihm ferner wichtig, die Stationen an den nach allen Himmelsrichtungen*

ausstrahlenden Wegen festzulegen, auch wenn das nur durch Erfragen bei Bewohnern und den zahlreichen Durchreisenden geschehen konnte. Hierzu verhalfen ihm seine Meisterschaft im Erlernen von Sprachen und eine geschickte Ausfragtechnik. Als Beispiel sei angeführt:

Straße von Agades nach Bilma. (Nach Angaben des Emgedesi *[Bewohner von Agades, Egedesh]* Idder)

1. Tag: Man verlässt Agades am Abend und schläft die erste Nacht in der etwa ½ Stunde von der Stadt entfernten Einsenkung namens Efiggi-n-tarha-lamt.

2. Tag: Tin-taborak, ein Tal mit Wasser, wo man nachmittags ankommt, nachdem man früh am Morgen das Tal Ameluli passiert hat.

3. Tag: Binebbu, ein mit Dumpalmen geschmücktes Tal. Ankunft kurz vor Sonnenuntergang. – Am Morgen hält man sich eine Zeit lang im Tal von Tin-taborak entlang; darauf führt der Weg über die Felsen und durchschneidet, ehe er in das Tal Binebba eintritt, drei verschiedene Täler: Emeller, Aratah und Amdegeru.

4. Tag: Tin-dauen, ein Tal mit Wasser. Ankunft etwa um 1 Uhr nachmittags.

5. Tag: Ateserket. Ankunft nachmittags. Alles felsiger Boden.

6. Tag: Man lagert nachmittags auf der steinigen Hammada oder Hochebene.

7. Tag: Fasel, ein Ort zwischen Felsen. Ankunft etwa zur selben Zeit wie gestern.

8. Tag: Efigagen, eine den vorigen ähnliche Stätte. Ankunft um Sonnenuntergang.

9. Tag: Debradu Esakker, ein zwischen Felsen gelegener Kessel. Man macht 2 Stunden nach Sonnenuntergang halt, rastet eine kurze Zeit und bricht dann wieder auf.

10. bis 14. Tag: Man reist Tag und Nacht über die kahle Fläche. Nur ein kurzer Halt wird vom Ascha bis Mitternacht gemacht. Auf der Hammada sind weder Steine noch Bäume und kaum etwas Gras.

15. Tag: Faschi, die westlichste Oase des »hénderi Tede« oder Wadi Kauar, wie es die Araber nennen. Hier sind viele Dattelbäume und zwei Kastelle, von denen das eine in Ruinen liegt, während das andere gut erhalten ist.

16. Tag: Man lagert etwa 2 Stunden nach Sonnenuntergang auf der Hammada. Nach 3 bis 4 Stunden aber wird wieder aufgebrochen und erst am

17. Tag spät abends gelagert. Man bricht, wie am gestrigen Tag, bald wieder auf.

18. Tag: Bilma, die wohlbekannte Stadt in Kauar mit den Salzgruben. Die Tuareg nennen alle Teda oder Tebu »Berauni«, was ich im nächsten Band aus der ursprünglichen Verbindung dieses Volkes mit dem Kanori- oder Borno-Stamm *[am Tschadsee]* zu erklären suchen werde.

Manchem Leser dieses Buches ist vermutlich der Weg bekannt als Teil einer Touristik-Tour. Sie wird seit fünf Jahren mit Landrovern oder anderen Fahrzeugen durchgeführt. Man verfolgt dabei den Weg der Aïri, der Salzkarawane, die immer noch, wie zu Barths Zeiten und lange zuvor, von den Salzlagern von Bilma aus über Agades ins nördliche Nigeria und auch weit nach Westen und Osten führt.

Die Darstellung eines »Erlebnisses« in Agades soll den Bericht über die untertreibend als »Ausflug« von Barth bezeichnete Expedition nach Agades beschließen. Sie wirft ein Licht auf Erziehung und Moralauffassung des Mannes, aber wiederum auch auf seine Kunst der Selbstbeherrschung, die sein Überleben sicherte.

Die Stunde der Versuchung

Am nächsten Morgen hatte ich einen noch auffallenderen Beweis der leichten Sitten von Agades. Fünf oder sechs Mädchen oder Frauen kamen in unser Haus, um mir einen Besuch abzustatten, und luden mich mit großer Einfachheit ein, mit ihnen lustig zu sein, da es jetzt bei der Abwesenheit des Sultans nicht mehr nötig sei, zurückhaltend zu sein. Es war in der Tat unterhaltend, zu sehen, welche Schlüsse diese Sünderinnen aus dem Motto »sserki yátafi« zogen und mit welcher Frivolität sie mich unter vielem Gelächter um ein zweideutiges »mágani-n-tscheki« baten.

Zwei von ihnen waren leidlich hübsch und gut gebaut, mit schwarzem, in Flechten herabhängendem Haar, ohne Überfluss von Fett, mit lebhaften Augen, heller Gesichtsfarbe und angenehmen Zügen. Die Stattlichste unter ihnen war ganz in Weiß gekleidet. Sie gehen unverschleiert, ziehen aber gelegentlich, mehr aus Koketterie als aus Schamhaftigkeit, ein Obergewand über den Kopf; die Brust ist vollkommen bedeckt.[30] Es wäre zu gefährlich gewesen, eine

---

30   Leider erscheinen in der Ansicht von Agades die auf der Terrasse dargestellten Frauen mit unbedecktem Busen; dies ist aber nur eine Freiheit, die sich Herr Bernatz bei der Ausführung meiner Skizze genommen hat.

genaue Untersuchung aller Einzelheiten ihres Gewandes vorzuneh-
men, aber, soviel ich bemerkte, war es gegürtet und überhaupt sehr
verschieden von dem bei den westlichen Sonrhay und in Túmbutu
üblichen, an der Brust etwas aufgeschlitzten weiblichen Kleid.

Diese Emgédesier Fräulein oder Frauen gingen in ihrem Über-
mut jedenfalls etwas zu weit, und ich war zu sehr überzeugt von der
Notwendigkeit, in der ein Europäer sich befindet, der unangetastet
und angesehen diese Länder durchwandern will, sich mit äußerster
Vorsicht und Zurückhaltung in Bezug auf das weibliche Geschlecht
zu benehmen, als dass diese ausgelassenen, keineswegs abstoßenden
Personen mich hätten wankend machen können. Es würde ohne
Zweifel für einen Reisenden in diesen Ländern besser sein, wenn er
eine Gefährtin mit sich nehmen könnte, sowohl hinsichtlich seiner
eigenen Bequemlichkeit als auch wegen der Achtung, in der er dann
bei den Eingeborenen steht, die in ihrer Einfalt nicht begreifen, wie
ein Mann möglicherweise ohne weibliche Genossenschaft leben
kann. Die westlichen Tuareg, besonders die freien, reinblütigen Auëlimmiden, die in ihren Sitten ungleich strenger sind als die Kel-owi,
hatten nichts gegen mich einzuwenden, als dass ich als Junggeselle
und ohne Genossenschaft einer Frau lebte. Da es aber mit einiger
Schwierigkeit verknüpft sein würde, eine Gefährtin, wenigstens eine
einigermaßen liebenswürdige, für solche Reisen zu finden und man
sich durch Heirat mit einer Eingeborenen vielfachen Unannehmlichkeiten, besonders in Bezug auf die Religion, aussetzen würde,
so wird der europäische Reisende in den Ländern des nördlichen
Zentralafrikas – ich schließe natürlich die unter ägyptische Herrschaft gefallenen und von dem Auswurf Europas täglich durchzogenen oberen Nilländer aus – gewiss am besten tun, so streng
in seinem Wesen gegen das andere Geschlecht sich zu zeigen wie
möglich, obwohl er sich dadurch mancherlei Spötteleien vonseiten
der leichtsinnigeren Eingeborenen aussetzen mag – wie es mir mit
meinen Kel-owi ging. Dennoch wird mir der strenge Leser erlauben,
zuweilen einige scherzhafte Unterhaltungen mit dem zarteren Geschlecht einzuflechten, die man dem verlassenen Reisenden schon
gönnen muss.

Die übermütigen Emgédesierinnen wurden mir indessen in
der Abwesenheit des Landesherrn so lästig, dass ich es für besser
hielt, einige Tage zu Hause zu bleiben, wodurch ich in den Stand
gesetzt wurde, den mannigfaltigen Stoff der Belehrung, den ich
zu sammeln Gelegenheit gehabt hatte, zu ordnen. Während dieser

Beschäftigung erfreute mich die Gesellschaft einer kleinen, niedlichen Art von Finken, welche in großer Anzahl alle Zimmer in Agades heimsuchen und dort ihre Nester bauen, ganz ebenso wie in dem in allen Beziehungen Agades so schwesterlich zur Seite stehenden Túmbutu. Namentlich ist das Männchen mit seinem roten Hals überaus niedlich. Die Jungen wurden jetzt gerade flügge; ein loser, übermütiger Bursche, der sich zu früh der mütterlichen Sorge entziehen wollte, wurde ein Opfer seiner jugendlichen Unbesonnenheit.

Abschied von Agades

(*Mittwoch, 30. Oktober*) Endlich verließen wir Agades. Es schien mir, als ob ich einen Blick in eine völlig andere Welt getan hätte, in eine neue Lebenssphäre, von welcher viele Beziehungen noch ganz dunkel für mich waren. Timbuktu bildete den Hintergrund dieses in schwachen Umrissen sich darstellenden Bildes, und sowie Bekanntschaft mit ihm unfehlbar Licht auf diesen Vorposten einer eigentümlichen Nationalität und den Zustand ihrer Zivilisation werfen würde, so schien es damals ein fast unerreichbarer Gegenstand. Denn damals dachte ich wenig daran, dass es meine Bestimmung sein sollte, fast ein Jahr lang in und um Timbuktu zu hausen, ja, ich hatte sogar Grund, die Möglichkeit zu bezweifeln, es von dieser Gegend aus zu erreichen. Alle meine Gedanken richteten sich damals nach dem Süden, und obwohl ich augenblicklich meine Schritte wieder rückwärts nach Norden wandte, betrachtete ich doch selbst diesen Rückgang, der mich wieder nach unserem Hauptquartier führte, von wo aus ich bald in die südlicheren Regionen vorzudringen erwarten konnte, als einen Fortschritt.

Am Morgen des 5. November, des Tages unserer Ankunft in Tintéllust, war es so kalt, dass wir erst zu später Stunde aufbrachen, indem Hamma ganz einfach erklärte, die Kälte verbiete die Reise: »dari yahánna fatautschi.« Nachdem wir uns endlich aufgerafft hatten, legten wir eine starke Tagereise zurück und erreichten nach einem 11½-stündigen Marsch unseren heimatlichen Sandhügel, Tintéllust gegenüber, wo unser Lager so viele Tage gestanden hatte. Jedoch erreichten wir ihn nicht auf dem geraden Wege, sondern auf »dem Diebsteig«, um ungesehen selbst zuerst beobachten zu können. Aber die Residenz des großen Häuptlings Annur war in die tiefste Ruhe versenkt; Höflinge, Schmiede, alle großen Männer und großen Frauen waren abgezogen. Hamma schlich sich hinein, um zu

sehen, ob niemand zurückgeblieben sei, während wir unseren Reis
kochten und uns für das Nachtlager einrichteten. Ruhe und Rast
jedoch kamen ganz außer Frage; denn als Hamma zurückkehrte,
rief er uns zum Aufbruch. Nichts ist schrecklicher als ein nächtlicher
Marsch, vorzüglich wenn er auf eine starke Tagereise folgt. Aber in
der Begeisterung, südwärts vorzudringen, stimmte ich aus vollem
Herzen in den Ausruf mit ein: »se fatautschi se Kano«, »keine Rast
vor Kano«.

Es war um 10 Uhr abends, als wir wieder aufbrachen. Während
die rüstigen, in ihre Lederschurze gekleideten Sklaven Abárschi und
Didi mit Hamma eifrigst Kamele und Esel beluden und auch mein
hitziger Schuschan mit Feuereifer zur Weiterreise trieb, streifte ich
zwischen Büschen, Bäumen und Felsklippen umher, um alte liebe
Plätze aufzusuchen und Abschied von dieser Stätte zu nehmen, wo
wir zuerst in ganz neue Anschauungen und in eine ganz neue Welt
uns eingelebt hatten. Ungeachtet manchen kleinen Ungemachs war
mir dies Bergland voll ungeahnten neuen Interesses unendlich lieb
geworden und mit tiefem Gefühl nahm ich Abschied von Hügel,
Tal und Klippe.

Jahreswende (1850/51)

Es war Christabend, aber wir hatten nichts, um ihn irgendwie zu
feiern; das einzige Ungewöhnliche, was diesen Tag auszeichnete, war
vielmehr beunruhigender Art, wir hatten nämlich die Nachricht
erhalten, dass sich in Tripolis die Cholera gezeigt hatte. Eine Kafla,
welche jenen Platz vor 3 Monaten verlassen zu haben vorgab, brachte
uns diese Botschaft, aber sonst nicht einen Gruß, geschweige denn
eine Zeile. Auch mussten wir darauf verzichten, den Tag mit einer
feierlichen Mahlzeit zu begehen, und daher in Ermangelung etwas
Besseren unseren ewigen bitteren Basin verzehren.

Wir blieben die beiden folgenden Tage hier gelagert und wurden
am Weihnachtstag von Astáfidets Musikanten mit einer musikalischen Unterhaltung ergötzt. Dies war eine erfreuliche Auszeichnung
des Feiertages, obwohl unsere Besucher diesen Zweck nicht im Auge
gehabt hatten, sondern vielmehr gekommen waren, um ein Geschenk zu erhalten. Es waren der Künstler nur zwei, ein Trommler
und ein Flötist, und obgleich sie nicht eben die anderen Virtuosen
des Landes, deren Fähigkeit wir schon zu prüfen Gelegenheit gehabt
hatten, übertrafen, so machte uns doch die Feier des Tages mehr
aufgelegt, daran Gefallen zu finden.

Ich musste hier von meinem besten Kel-owi-Freund Hamma Abschied nehmen. Er war ein in jeder Hinsicht zuverlässiger Mann, ausgenommen vielleicht in Bezug auf das schöne Geschlecht, und ein aufgeweckter Gefährte, dem unsere ganze Gesellschaft, und ich insbesondere, nicht wenig verpflichtet war. Sowohl Hamma als auch Mohammed Byrdji, der jugendliche Enkel Annurs, der jenen bei dieser Gelegenheit begleitete, kehrten hier mit Astáfidet zurück, um diesen jungen Fürsten in seinem mühseligen Werk, während der Abwesenheit des alten Häuptlings und des größten Teils der männlichen Bevölkerung der nordöstlichen Bezirke eine Art von Ordnung im Land aufrechtzuerhalten, zu unterstützen. Beide waren froh und munter, ohne Ahnung der Zukunft, aber sie zeigten beim Abschied große Teilnahme, trösteten sich jedoch, mich gewiss einmal irgendwo wiederzusehen. – Die Armen! – Beiden war es bestimmt, in dem blutigen Kampf, der im Jahre 1854 zwischen den Kel-geréss und Kel-owi ausbrach, zu fallen. Welche tiefen Wunden jener Kampf diesem Ländchen geschlagen haben muss, wo 600 der Tapfersten auf dem Platz blieben, ist überhaupt schwer zu denken.

(An einem Brunnen, südlich des Aïr-Berglandes)

Der ganze Weg von unserem letzten Nachtlager an führte länger als 7½ Stunden über kahle Sandhügel. Der Lagerplatz wurde unweit des Brunnens in einem flachen Tal oder einer Einsenkung gewählt, die sich von O nach W zieht und an der Südseite von Sandhügeln mit etwas Graswuchs abgeschlossen wird. Ein kalter Nordostwind wehte mit solcher Heftigkeit, dass wir unsere Zelte nur mit Mühe aufschlagen konnten.

(Dienstag, 31. Dezember) Es war ein kalter, unbehaglicher Tag, mit dem das Jahr 1850 von uns schied; die Landschaft, in der wir ihn zubrachten, war überaus einförmig. Nachdem wir die Sandhügel überschritten hatten, lag eine große, unermessliche Sandfläche vor uns, die nur an wenigen begünstigten Stellen mit Bäumen bewachsen war. Der bemerkenswerteste Gegenstand war hier die Erscheinung der eigentümlichen Sudanklette oder vielmehr des *Pennisetum distichum,* das an der Straße nach Agades so viel nördlicher gedeiht, von dem wir aber selbst im pflanzenreichen Tal Unan verschont geblieben waren. Als wir uns lagern wollten, hatten wir nicht wenig Schwierigkeit, eine Stelle zu finden, welche von dieser Plage des

afrikanischen Reisenden leidlich frei gewesen wäre. Aber selbst das
nützte wenig; denn der starke Wind führte die stachelige Samen-
kapsel selbst aus weiter Entfernung herbei. – Unsere ganze Feier des
Silvesterabends beschränkte sich auf ein Gericht von zwei Straußen-
eiern, und nüchternen Sinnes legten wir uns frühzeitig nieder.

(Mittwoch, 1. Januar 1851) Der Zustand, in welchem die verschiedenen Mitglieder der Karawane, Berber, Haussa-Leute, Tebu,
Araber, Mischlinge, Engländer und Deutsche, am Morgen von
ihrem Nachtlager sich erhoben, war ein in hohem Grad kläglicher
und bedauerlicher und zeigte das menschliche Dasein in aller seiner
Schwäche und Hinfälligkeit. Jeder dachte nur an sich, wie er sich
zusammengekauert vor der schneidenden Kälte schützen möge.
Niemand dachte an zeitigen Aufbruch; mehrere Kamele hatten
sich verloren. Als endlich die durchdringende Kälte nachzulassen
begann und die Tiere wiedergefunden worden waren, suchte ein
jeder sich selbst und seine Decken von den Kletten zu reinigen, die
wie Nadeln jeden weicheren Stoff fest zusammenhielten. Was der
eine eben mit großer Mühe von seinen Gewändern abgelöst hatte,
wurde vom heftigen Wind alsbald einem anderen zugetragen. In
unbehaglichster Stimmung brachen wir endlich um 9½ Uhr auf.
Für mich indes war es ein wichtiger Tag, an welchem mir fürstliche
Gunst in auffallender Weise erzeigt werden sollte.

Ich bemerkte oben, dass an dem Tag, als ich nach Agades ab-
reiste, der alte Häuptling den zurückbleibenden Mitgliedern unserer
Gesellschaft einen Bullen zum Gastgeschenk gemacht hatte. Von
diesem Geschenk nun, obwohl ich die Hauptursache dazu gewesen
war, hatte ich nichts genießen können, und da es das einzige Zeichen von Gastfreundschaft und Freigebigkeit war, das Annur uns
gegeben hatte, war mir von ihm noch kein Geschenk irgendeiner
Art zuteilgeworden. Vielleicht war unser freigebiger Freund sich
dessen selbst bewusst und wollte mir ebenfalls einen wohlgefälligen
Beweis seiner fürstlichen Huld geben. Ich fürchte indes, dass er zu
gleicher Zeit noch einen ganz anderen Beweggrund zu dieser groß-
mütigen Handlung hatte. Er hatte nämlich mehr als einmal meine
türkische Jacke gelobt, und ich hatte ihn mit einem Rasiermesser
oder sonst einer Kleinigkeit getröstet; er hatte unverhohlen meinen
warmen, schwarzen Burnus begehrt und auf seine verständlichen
Anspielungen nichts zur Antwort erhalten, als dass ich meine warme
Kleidung enger an mich zog. [*Fortsetzung auf S. 186*]

Zu den Abbildungen

Die in den fünf Bänden des Hauptreisewerks erstaunlich zahlreich beigegebenen Lithos (60 von insgesamt 229 Abbildungen) sind das Werk des damals in München angesehenen Professors Johann Martin Bernatz, mit dem Heinrich Barth nach der Rückkehr engen, kritisch überwachenden Kontakt hatte. Er selbst zeichnete ziemlich unbeholfen. Aber die Genauigkeit seiner Details war dem Maler wertvolle Hilfe.

Der »romantische« Stil der Bilder ist geprägt von der Malweise der Landschaftsgestalter im Münchner Raum nach dem Tod von Caspar David Friedrich (gestorben 1840). Unseren gegenwärtig so zahlreichen Foto-Touristen in der Sahara und dem Sudan ist es möglich, fast alle Motive mit eigenen Farbaufnahmen zu konfrontieren.

Wie Rolf Italiaander mitteilt (»Im Sattel durch Nord- und Zentralafrika«, Wiesbaden 1967, S. 377), hat Heinrich Barth vergeblich um Nachsendung des Malers gebeten. Auch seine Bitte um einen Botaniker und Zoologen wurde aus finanziellen Gründen nicht erhört. (Wohl waren Adolf Overweg und Eduard Vogel naturwissenschaftlich vorgebildet).

Wie sehr er bemüht war, die »modernsten« Mittel zur Dokumentation einzusetzen, erhellen seine (gescheiterten) Photographierversuche während der Mittelmeerreise 1845–1847. Es war, was wenigen bekannt sein dürfte, noch die Zeit, als William Henry Fox Talbot im englischen Dorf Lacock am Avon Daguerre in Paris den Ruhm als Erfinder der Photographie streitig machte.

Afrikanische Historiker und Geographen der Gegenwart, die sich um die Rekonstruktion ihres Erdteilbildes *vor* der Aufteilung durch die Europäer bemühen, haben als optisches Hilfsmittel nur jene Hunderte von Abbildungen (Zeichnungen und Karten) zur Verfügung, die von den damals (z.Zt. von Heinrich Barth) reisenden Malern und Wissenschaftlern aus ihrem Nachbar-Erdteil überliefert wurden. Bei gutem Willen lässt sich, über das diese Bilder prägende europazentrierte Element hinaus, eine Fülle wertvollster afrikaeigener Details eliminieren. Dazu ist freilich eine leidenschaftslose und umfangreiche Quellenarbeit erforderlich. Das vorliegende Werk möchte hierbei eine Hilfe leisten. (Siehe auch: Heinrich Schiffers »Afrika, als die Weißen kamen. Bilder und Dokumente der Augenzeugen«, Düsseldorf 1967).

Abbildung 28. El Hasi, der für Nord-Süd-Karawanen wichtige Brunnen am Südrand der Roten Hammada, in unbewohnter Wüste.

Abbildung 29. Wadi Egeri, einer der zahlreichen, einst von Handelskarawanen zwischen Tripolis und dem Tschad-Umland mühevoll gequerten »romantischen« Taleinschnitte in der Bergwelt südwestlich des Fessan.

Abbildung 30. Tintéllust. Station der Expedition im Aïr-Bergland, von der aus Heinrich Barth seine ergebnisreiche Reise südwärts nach Agades unternahm. Vgl. das Foto (Abbildung 27), das Lord Rennel Rodd um 1920 ebendort aufnahm.

Abbildung 31. Mursuk (Mourzouk). Altes umwalltes Städtchen, Haupt-Fessan-Ort der Türkenzeit; von zahlreichen Forschern als Karawanenstation der Sklavenhandelszeit eingehend beschrieben. Heute ist Sebha der modern ausgebaute Verwaltungs-Mittelpunkt des Fessan.

Abbildung 32. Edri (Ederi). Felder und die Siedlung, die von der alten Festung überragt wird. Diese, eine der vielen Burgruinen im südlichen Fessan, zeugt von turbulenter Vergangenheit. Alte westliche End-Siedlung in der einst dicht besiedelten Talung des Wadi Schati, in der Nähe von Garamanten-Gräbern der Römerzeit.

Abbildung 33. Misda (Mizda), ein Ort im Tal des Wadi Sofedjin, Nordlibyen, 180 km südlich von Tripolis, an der uralten, von Ptolemäus erwähnten Handelsstraße zum Fessan.

Abbildung 34. Kano, nach Heinrich Barth das »afrikanische London«. Eine historisch, wirtschaftlich und politisch bedeutsame Großstadt in Nordnigeria.

Abbildung 35. Egedesh (Agades, auch Agadez), alter Handels- und Residenzort am Südrand des Aïr-Gebirges. Heute teilmodernisierte Touristenstation, Passageort der Großlastwagen nach und von Arlit und Flugplatz.

Abbildung 36. *Sókoto, damals wie heute ein wichtiger Wirtschafts-Mittelpunkt im Nordwesten Nigerias.*
Abbildung 37. *Demmo, ein Ort am Südrand des Sudans. Die Zahl der Streitereien von Ort zu Ort und der »Kriegszüge« von »Reich« zu »Reich«, bei denen Heinrich Barth Augenzeuge war, ist nicht einmal zu schätzen. Hier ein Ort mit rauchenden Trümmern, den Barth passierte, als er den Sklaven-Raubzug des Sultans von Bornu ins Musgu- und Tuburi-Land begleitete. Das war für den Forscher die einzige Möglichkeit, neues Land kennenzulernen, brachte ihm aber im fernen Europa die Kritik der »Antisklavagisten« ein. — Ingaldam (Ngaldjam) ist ein Wasserlauf.*

Abbildung 38. Tschadsee-Westrand (Tschad). Die kilometerbreite Uferzone zeigt je nach Jahreszeit wechselndes Aussehen (Hinterwasser, schwimmende Inseln). Eine Lokalisierung der Hunderte von Namen auf den Karten seit der Erforschung (hier Kali-Lemma) ist oft unmöglich.

Abbildung 39. Musgo (Musgu-Land), ein als Idylle gestaltetes Zeltlager der Sklavenjäger aus Bornu-Land.

Abbildung 40. Kuka (Kukaua), Residenz des Sultans von Bornu. Damals Doppelstadt, mit platzartiger Straßenerweiterung, der »Dendal«. Davon sind heute nur noch Reste beim Ort gleichen Namens in Nordost-Nigeria erhalten.

Abbildung 41. Sonrhay. Die Orte im Nigerbogen, wo einst das »Reich« der bis zum Aïr herrschenden Sonrhay (– die Großen) sich dehnte, haben noch viel von diesen »romantischen« Zeugen ausgeprägter Siedlungskultur der Altsudaner bewahrt.

Abbildung 42. Túmbutu (Timbuktu). Für Heinrich Barth war der gefahrvolle Einzug in die den Europäern des 19. Jahrhunderts als Inbegriff einer »Wüsten-Metropole« erscheinende, aber herabgekommene Siedlung am Südrand der gewaltigen Sahara der Höhepunkt seiner jahrelangen Forscher-Pilgerfahrt.

Abbildung 43. Isa (– Niger). Heute im gleichen Ambiente (Umwelt, Milieu) wie zu Heinrich Barths Zeiten – von Touristen befahren.

Um die Ermüdungen der Reise leichter ertragen zu können, hatte
er schon längst den kleinen, engen Kigi, d.i. Meherisattel, mit dem
breiten Packsattel – »élakef« – vertauscht, mit einer Salzladung als
solider Unterlage. Seine Abteilung des Aïri zog gerade in mehreren
langen, eng aneinandergeschlossenen Reihen nebeneinander her.
Er war in seiner Reihe einer der Ersten, während ich auf meinem
Bu-ssaefi, der nach dem Verlust meines schlanken Meheri wieder
mein Lieblingssatteltier geworden war, außerhalb der Züge ritt, von
ihm durch mehrere Reihen getrennt. Er rief mich beim Namen, und
als ich seinem Ruf geantwortet hatte, forderte er mich dringend
auf, zu ihm zu kommen. Ich hatte einige Not, mit meinem etwas
schwerfälligen arabischen Kamel alle die Reihen zu umgehen und
ihm nahe zu rücken. Endlich hatte ich ihn erreicht, und er fing
nun an, über die durchdringende Kälte zu klagen, von der er selbst
so viel leide, während ich in meinen warmen Kleidern mich ganz
behaglich zu fühlen schiene. Darauf fragte er, ob uns die Straußen-
eier von gestern geschmeckt hätten, wogegen ich ihm versicherte,
dass seine Leute durch dies Geschenk uns unbewusst in den Stand
gesetzt hätten, einen unserer Feiertage festlicher zu begehen. Da
streckte er die Hand in seinen Vorratssack, und indem er einen
kleinen Käse herauszog, kaum größer als ein Theresientaler, und
ihn so hoch emporhielt, dass alle Leute ihn sehen konnten, machte
er mir ein Geschenk mit dieser fürstlichen Gabe, die er mit gnädig
herablassender Miene als ein »mágani-n-dari«, »ein Mittel gegen
die Kälte«, pries. Doch war ich keineswegs ganz sicher, ob ich diese
Worte nicht vielmehr als eine ironische Andeutung zu fassen habe,
dass ich ihm das wirkliche mágani-n-dari, meinen schwarzen Burnus, vorenthalten habe.

Neue Landschaft

Es gewährte uns einige Erheiterung, als sich am Mittag die Ebene
mit Buschholz bekleidete und nach kurzem Zwischenraum auch
Bu-rékkeba sich zeigte. Große Strauße ließen sich sehen. So wie die
Wüste mehr den Charakter der Steppe annahm, die »ténere« den
des »dadji«, zeigte sich auch sogleich Leben in der Natur. Eine ganze
Familie, das alte Paar, der Edlim und die Ribeda, mit den Jungen
in verschiedenen Altersstufen, alle in einer einzigen Reihe, eines
hinter dem anderen herlaufend, eilte mit Windeseile zwischen den
Büschen in geringer Ferne vor uns vorüber. Wir lagerten um 3½ Uhr
nachmittags. Der Platz war ziemlich frei von der lästigen Karéngia,

aber durchwühlt von den Höhlengängen des Fének oder Niauniaua
(Megalotis pallidus?), namentlich in der Nähe von Ameisenhaufen.
Neben diesen engeren Höhlen aber waren große, bis zwanzig Zoll
im Durchmesser haltende Löcher des Erdschweins zu sehen. Dieses
höchst eigentümliche Tier *(Orycteropus Aethiopicus)* kommt fast
niemals zur Tageszeit aus seiner Höhle und wird selbst von den
Eingeborenen nur selten gesehen; die Höhlen, allmählich sich ab-
senkend, sind mit großer Regelmäßigkeit gemacht und für Reiter
oft überaus nachteilig. Dies Tier scheint fast über den ganzen Sudan
verbreitet zu sein, obgleich mehr vereinzelt. Ich erinnere mich nur
einmal, dass wir es aus der Ferne zwischen den Büschen bemerkten,
aber es eilte sogleich in seine unterirdische Behausung. Die größte
Höhle dieser Art, die ich je sah, war groß genug für einen Menschen.
    Am nächsten Tage blieb während der ersten Hälfte unseres
Marsches die Gegend kahl, aber nach 2½ Uhr nachmittags wurde
sie reicher an Bäumen und Büschen und bildete so die südliche
begünstigtere Zone dieser sandigen Hochfläche. Sie wird häufig
zu zeitweiligen Lagerstätten benutzt. Die Durchschnittserhebung
dieser flachen Übergangszone scheint etwa 1800 Fuß über der See zu
sein. Wir lagerten uns endlich mitten in dem stacheligen Unterholz
und hatten nicht geringe Mühe, ehe wir den Platz zum Aufschlagen
des Zeltes geeignet machen konnten.

(Freitag, 3. Januar) Kurz nach unserem Aufbruch begegneten wir
einer Karawane, die aus 20 mit Korn beladenen Lastrindern bestand,
oder vielmehr, wie ich sagen sollte, großen, kräftigen gebuckelten
Zebus; denn die Region des eigentlichen Rindes hatten wir schon
bei Rhat verlassen. Weiterhin trafen wir eine ganze Herde dieses besonderen Sudanrindes; sie gehörte den Tagama und gewährte einen
für uns überaus erfreulichen Anblick. Die Nähe einer menschlichen
Wohnstätte kürzte unseren Marsch ab und wir lagerten uns schon
vor 10 Uhr, eine kurze Strecke jenseits eines Dorfes, das einer nach
dem nahen Brunnen, In-assamet, benannten Abteilung der Tagama
zugehört.

Trennung der Reisenden im Sudan

(Sonnabend, 4. Januar) Unser Aufbruch wurde an diesem Morgen
etwas verzögert, da, nachdem die Kamele beladen und die Männer schon aufgestiegen waren, bei uns eine »Königin der Wüste«
erschien, eine Schönheit ersten Ranges, wenigstens in Bezug auf

ihre Dimensionen. Die Dame, die wirklich regelmäßige und ein-
nehmende Züge hatte, ritt einen Bullen, der unter seiner gewaltigen
Bürde heftig schnaufte. Dieses üppige Exemplar von Weiblichkeit
war aber kränklich und wünschte den Beistand des »tabib« oder
»ne-meglan«. Diesen Titel hatte sich Herr Overweg durch sein
Doktorieren erworben, obwohl seine Kuren eigentümlicher Art
waren; denn gewöhnlich behandelte er seine Patienten nicht nach
ihren Krankheiten, sondern nach den Tagen der Woche, an denen
sie gerade kamen. So hatte er einen Tag für Kalomel, einen für
Dovers Pulver, einen für Glaubersalz, einen für Magnesia, einen für
Brechweinstein und die beiden übrigen Tage für andere Arzneien
bestimmt. Es ereignete sich demnach zuweilen, dass jemand, dessen
Inneres schon ohnehin nicht eben in ganz festem Zustande war,
Glaubersalz erhielt und ein anderer, der an Verstopfung litt, mit
einer Dosis von Dovers Pulver beglückt wurde. Natürlich gab es
auch Ausnahmen, wo Zeit und Umstände es erlaubten, auf den Zustand des wirklich Kranken mehr einzugehen. In der Eile, in der wir
augenblicklich waren, konnte er selbst beim besten Willen kaum die
eingebildete oder wirkliche Krankheit dieser Dame ergründen; was
ihr jedoch zuteilwurde, weiß ich nicht. Sie war jedenfalls eine Frau
von hohem Ansehen, da der alte Häuptling selbst voll freundlicher
Rücksichten und Ehrerbietung für sie war. Wir waren nicht wenig
verwundert, dass er seine braune Mähre gegen ein mageres weißes
Pferd vertauscht hatte, dessen frühere Besitzer mit gutem Grund
über ihren Handel entzückt zu sein schienen.

Endlich setzten wir uns in Bewegung, dem Land der Verheißung
entgegen. Unsere Richtung war beinahe genau südlich. Nach einer
Strecke von 3 Meilen zeigte sich der dicke Busch »dilu« in dem
dichteren Unterholz und das Land rund umher wurde hügeliger
und voll Ameisenlöcher. Etwas östlich vor uns wurde in der Ferne
eine niedrige Kette, die sich von Ost nach West erstreckt, sichtbar.
Plötzlich aber machte der bisherige Sandboden einem felsigen Auf-
sprung Platz und die ganze Karawane geriet in Unordnung. Wir
konnten erst nicht begreifen, was die Ursache sei, bis wir gewahr
wurden, dass ein steiler Abhang als regelmäßige Terrasse wenigstens
100 Fuß tief in eine niedrigere Ebene hinabführte. Das war der
erste unverkennbare Beweis, dass wir die einförmige, im Ganzen
unfruchtbare Hochfläche passiert hatten. Der Pflanzenwuchs war
hier ein anderer und eine neue Pflanze namens »águau« trat auf.
Es ist dies ein mittelgroßer Busch, der in einer dicht aufstreben-

den Masse von Zweigen sehr weißen Holzes besteht. Er war gerade augenblicklich blätterlos und die jungen Sprösslinge brachen eben hervor. Auch wilde Melonen gab es hier reichlich, aber sie waren ohne Geschmack. …

Während wir bei dieser ersten größeren Ansammlung stehenden Regenwassers im Tropenland vorüberzogen, hatte ich eine Unterredung mit meinem närrischen Freund Mohammed, Annurs Vetter, der ebenfalls nach dem Sudan ging. Ich sagte ihm, dass sein Onkel seine Leute wohl zu kennen scheine, da er einen so mutwilligen Burschen nicht hinter sich zu Hause lasse. Er war, wie immer, guter Laune und freute sich auf die ihm im Land der Schwarzen bevorstehenden Genüsse. Er klagte oft, dass sich im hungrigen Asben weibliche Schönheit nicht zu den Herz und Sinn wohlgefälligen Dimensionen entwickeln könne; nur im Sudan gebe es schöne Frauen. Er teilte mir auch mit, dass Annurs Abteilung fast die erste sei, da ihr nur das Salz Salahs, des Häuptlings von Egéllat, zuvorgekommen sei. Er prahlte wiederum mit seinen Taten bei dem neulichen Heereszug, wobei sie die räuberischen E-faday in Tálak und Búgaren überholt und ihnen alle ihre Habe abgenommen hätten. Weiterhin zogen wir an dem Brunnen namens Fárak vorbei, der jetzt ausgetrocknet war, und lagerten uns 2 Meilen jenseits desselben an einer dicht mit der verhassten Karéngia überwachsenen Stelle.

(Sonntag, 5. Januar) Wir waren kaum aufgebrochen, als ich eine ganz neue Art Pflanze bemerkte, die im mittleren Sudan ziemlich selten vorkommt, die ich aber in der Folge an dem nördlichen Ufer des sogenannten Niger, zwischen Timbuktu und Tosáye, in großer Menge fand. Es ist eine Euphorbia, wird 1½ bis 2 Fuß hoch und ist sehr giftig; in der Haussa-Sprache heißt sie »Kumkúmmia«. …

Dies war ohne Zweifel ein wichtiger Abschnitt in unserer Reise. Wir hatten allerdings einige wenige Stellen mit kleinen Kunstfeldern, worauf Korn gezogen wurde, in Selufiet, Aúderas und an anderen begünstigteren Stätten gesehen, aber in so beschränkten Verhältnissen, dass sie nicht für den kleinsten Teil der Bevölkerung des Landes hinreichend Korn zu tragen imstande waren. Hier nun hatten wir endlich jene fruchtbare Region des Inneren Afrikas erreicht, die nicht allein ihre eigene Bevölkerung ernähren kann, sondern selbst jetzt bei wenig Industrie genug erzeugt, um fremde Länder zu versorgen. – Ich fühlte mich durch diesen Anblick innig erfreut und dankte der Vorsehung, dass sie meine Bemühungen soweit mit

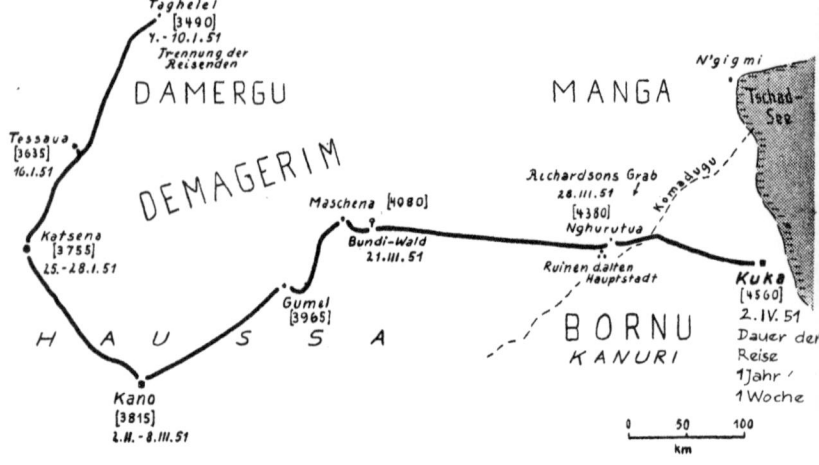

Abbildung 44. Wegekarte: Zur Reise durch den Sudan nach Kuka

Erfolg gekrönt hatte; denn hier war ein reichlicher lohnendes Feld für unsere Bemühungen eröffnet, ein Gebiet, das in der zukünftigen Geschichte der Menschheit von der höchsten Wichtigkeit werden dürfte.

Während ich mich glücklichen Träumereien von neuen Entdeckungen und einer frohen Heimkehr überließ, wurde ich plötzlich durch das Erscheinen dreier Reiter zu Pferde aufgeschreckt, die an mich heranritten und mit den Worten »Lá ílah ilá Allah« grüßten. Es war Dan Ibra (oder Ibram) – »der Sohn Ibrahims« – mit zwei seiner Gefährten, der berühmte und gefürchtete Häuptling der Tamisgida, den der Häuptling von Tintéllust selbst in früheren Zeiten nicht hatte unterwerfen können, sondern genötigt worden war, ihm eine Art kleinen Tributs oder Passagegeldes zu zahlen, um den freien Durchzug seiner Karawanen nach Sudan zu sichern. Der kriegerische Häuptling, der leidlich beritten war, hatte all seinen Schmuck angelegt; er trug über einer reichen Sudan-Tobe einen hübschen blauen, mit Gold gestickten Burnus. Ich beantwortete seinen Gruß, indem ich schwor, dass ich Allah besser als er selbst kenne, worauf er freundlicher wurde und einige Worte mit mir wechselte; er fragte, was wir in seinem Land sehen wollten, und entfernte sich bald, um sich an Herrn Richardson zu wenden. Hier überzeugte ich mich, dass, wären wir nicht von Annur selbst begleitet gewesen und wäre

nicht überdies fast all unser Gepäck vorausgesandt worden, wir
hier ernstere Zwiegespräche hätten haben können. Vom Anfang
unserer Ankunft in Asben an hatten wir uns vor dem Grenzland von
Da-merghu gefürchtet und auch in unseren Briefen diese Besorgnis
nicht verhehlt.

Die Reisenden durchziehen nun ein mit Dörfern und Feldern
besetztes Land. Beim kleinen Ort Tághelel lagern sie.

Für den Fortgang unseres Reiseunternehmens war Tághelel aus
mehreren Gründen ein wichtiger Punkt. Hier hatten wir Gegenden erreicht, wo es einzelnen Reisenden möglich ist, ihre Straße
zu verfolgen, und Overweg und ich mussten uns nun infolge des
schlechten Zustands unserer Finanzen von Herrn Richardson trennen, damit ein jeder von uns versuchen möchte, was er allein, und
ohne Aufsehen zu erregen, ausrichten könne, bis neuer Nachschuss
aus der Heimat angekommen wäre.

Hier dürfte demnach die erste Abteilung meiner Erzählung am
geeignetsten abgeschlossen werden.

KAPITEL 17

IM »LAND DER SCHWARZEN«

Vom »afrikanischen London« zum Tschadsee

(Sonnabend, 11. Januar 1851) Der bedeutsame Tag brach an, an welchem früherer Verabredung gemäß unsere Reisegesellschaft sich teilen sollte. Aber nicht allein wir drei Europäer sollten uns voneinander trennen, sondern Overweg und ich sollten auch zu gleicher Zeit, wie es wenigstens hieß, Abschied von dem alten Häuptling nehmen, in dessen Händen unser Geschick so lange geruht hatte.

Unser schlauer Freund nämlich, wie er in allen Angelegenheiten mit der größten Verschwiegenheit zu handeln pflegte, hatte seine eigentliche Absicht auch diesmal bis auf den letzten Augenblick verheimlicht. Mit einem sehr natürlich scheinenden Zaudern schien er mir und Overweg gegenüber einzugestehen, dass die Verhältnisse ihn zwängen, anstatt, wie er wünsche, uns zu geleiten, vorderhand nach Sinder zu gehen. Wie die Folge aber zeigte, war dies nichts als ein fälschliches Vorgeben.

In Übereinstimmung mit seiner ausgesprochenen Absicht übergab er mich öffentlich der Fürsorge seines Bruders Eleidji, dem die Führung des Aïri nach Kano übertragen war, und versprach mir, dass ich unter dessen Schutz sicher jenen großen Handelsplatz erreichen solle. Und die ganze Erscheinung und der Charakter Eleidjis flößten volles Vertrauen ein. Er war nur ein Jahr jünger als sein Bruder, aber in jeder Hinsicht verschieden; denn während der Letztere nur darauf bedacht war, seine Macht und sein Ansehen aufrechtzuerhalten, schien Eleidji keine andere Sorge zu haben, als die Gottheit mit Wort und Tat zu preisen, und er war eine höchst wohlgefällige Erscheinung, ein wohlwollender alter Herr, vom Alter nur ein wenig gebeugt.

Während also das Geleit dieses Mannes die beste Hoffnung erregte, war ich so glücklich gewesen, einen überaus nützlichen Mann in meine Dienste bis Kano zu nehmen. Dies war Gadjere, der Hauptsklave – »baba-n-baua« – Annurs in Tághelel. Mein Kamel nämlich war zu schwach, um all mein Gepäck fortzuschaffen und ich bedurfte eines Reittiers für mich selbst. Nun traf es sich, dass Gadjere einen sehr schönen, starken Lastochsen und eine kleine Stute besaß und selbst mit Freuden die Gelegenheit ergriff, den großen Marktort des Sudans zu besuchen.

Es ist mir zugleich eine angenehme Pflicht, das ausgezeichnete Benehmen Annurs bei dieser Gelegenheit zu rühmen. Der alte Häuptling nämlich rief mich und Gadjere zu sich und machte seinem treuen Diener vor allen Leuten ein Geschenk mit einem roten Burnus, ausdrücklich meinetwegen, und trug ihm in den ernstesten Ausdrücken auf, mich sicher nach Kano zu geleiten. So trennte ich mich von unserem alten ehrenwerten Freund mit dem tiefsten und aufrichtigsten Bedauern. Er hatte uns ein höchst interessantes Beispiel eines gewandten Diplomaten und friedfertigen Herrschers mitten unter gesetzlosen Horden gezeigt, und ich erkläre offen, dass er sich im Ganzen höchst ehrenwert gegen uns benommen hatte.

Ich muss in der Tat dem Bedauern Ausdruck geben, mit welchem ich später den Schritt betrachtete, den zu tun Herr Richardson sich für berechtigt hielt, sobald er aus Annurs Händen in die der Bornu-Autoritäten übergegangen war. Er forderte nämlich den Scheich von Bornu dringend auf, nicht nur Vergütung des Wertes aller Sachen, welche uns die Grenzstämme der Wüste abgenommen hatten, sondern auch Zurückerstattung eines Teils der Summe, die wir Annur bezahlt hatten, zu fordern. Ich gestehe, dass ich diesen Schritt nicht allein für unpolitisch, sondern auch für ungerecht halte; für unpolitisch, weil die Reklamation nutzlos sein musste und nur dazu dienen konnte, einen Mann uns zu entfremden, den wir mit Mühe uns zum Freund gemacht hatten; für ungerecht, weil, wenn auch die Summe, die wir dem Häuptling gezahlt hatten, in Betracht unserer geringen Mittel ansehnlich war, wir sie doch nicht erzwungen gegeben hatten, sondern nur, weil es uns zu verstehen gegeben worden war, dass wir so viel zahlen müssten, wenn wir des Häuptlings persönliches Geleit forderten. Ich hatte in der Tat Gelegenheit, die üblen Folgen zu erkennen, welche Herrn Richardsons Handlungsweise in dieser Beziehung nach sich zog. Denn als ich im Anfang des Jahres 1853 auf dem Wege nach Timbuktu durch Sinder kam und dem alten Häuptling, der sich gerade dort aufhielt, einen Besuch abstattete, kam er gleich mit dieser Angelegenheit hervor und fragte mich sehr bewegt, ob er durch sein Benehmen gegen uns verdient habe, wie ein Räuber behandelt zu werden. – Doch kehren wir zu unserem Lager in Tághelel zurück.

Als ich dem »Alten« – »ssofo« – die Hand zum Abschiedsgruß reichte, saß er wie ein Patriarch in der Mitte aller seiner Sklaven und freien Untergebenen beiderlei Geschlechts und teilte Geschenke, wie

schwarze Gesichtsbinden, Frauengewänder – »túrkedis« –, hauptsächlich aber Armspangen aus Ton und in allerlei Farbenpracht,
besonders aber von grüner Farbe, unter den Umhersitzenden aus;
diese buntscheckigen Armspangen werden aus Ägypten eingeführt
und sind von den Frauen leidenschaftlich geliebt.

Herr Richardson stand zum Aufbruch bereit neben seiner kleinen, sanften Naga und ich nahm herzlichen Abschied von ihm. Wir
bestimmten unser Zusammentreffen in Kúkaua ungefähr um den
1. April. Er befand sich damals im Ganzen recht wohl, obgleich er
unverkennbare Symptome gezeigt hatte, dass der Übergang von der
schönen, frischen Luft der Berglandschaft Aïr zu dem drückend
warmen Klima der Fruchtländer Sudans ihn stark angegriffen habe;
auch war er gar nicht imstande, dem Einfluss der Sonne zu widerstehen; er trug deshalb stets einen Regenschirm, anstatt sich allmählich
an die Sonne zu gewöhnen. Es erschien bedeutungsvoll, dass ich
nicht Mut genug hatte, im Augenblick der Trennung seiner Fürsorge ein Paketchen Briefe für Europa anzuvertrauen, das ich eigens
mit der Absicht gesiegelt hatte, es ihm nach Kúkaua mitzugeben,
um es sogleich nach seiner dortigen Ankunft mit seinen eigenen
Depeschen fortzuschicken, nun aber lieber selbst mit mir nach Kano
nahm. Alle meine besten Freunde unter den Kel-owi (Kel-oï) waren
im Begriff, nach Sinder zu gehen, um, wie es schien, ihren Herrn zu
begleiten, obwohl nur ein kleiner Teil der Salzkarawane jene Straße
einschlug. Overweg und ich blieben noch einige Tage beisammen.

Ich fühlte mich im höchsten Grade glücklich, als ich einmal
wieder zu Pferde saß, wie unscheinbar meine kleine Stute auch war.
Ich glaube in der Tat, dass nur wenige energische Europäer großen
Geschmack daran finden werden, für längere Zeit ein Kamel zu
reiten, da sie von den Launen des Tieres weit abhängiger sind. In
wüsten Gegenden natürlich ist das Kamel unentbehrlich; sobald
aber der Reisende fruchtbarere Gegenden betritt, sieht er sich nach
einem rüstigeren Gefährten um. Dazu kommen die dichten Waldungen im Sudan, die das Reisen zu Kamel nicht allein höchst lästig,
sondern selbst ganz verzweifelt machen. Es war 7½ Uhr morgens,
als wir unser Lager in Tághelel verließen.

Geld zählen …

Freitag, den 17. Januar 1851

*In Tessaua, das er auf 10.000 Einwohner schätzt, besucht Barth mit
Overweg einen Handelsmann, der eben mit jener überaus langweiligen*

und zeitraubenden, mit allen Handelsgeschäften in diesen Ländern verbundenen Arbeit, nämlich mit Muschelzählen, beschäftigt war. Denn in allen diesen Binnenlandschaften sind die als Geld kursierenden Muscheln – Cypraea moneta – nicht, wie an der Westküste, in Reihen zu je hundert zusammengebunden, sondern müssen einzeln gezählt werden; denn wenn auch die großen Herren sie in Mattensäcken zu je 20.000 zusammenpacken lassen, nimmt doch kein Privatmann diese Summen ungezählt an. Barths Bekannter bringt mit fünf oder sechs Genossen schließlich das »heroische Werk« zustande, 500.000 Muscheln einzeln zu zählen! Dann kann er die eifrigen Geldzähler zum Sultan begleiten.

Plackereien in Katsena

Mittwoch, den 22. Januar 1851

Eine arme, schutzlose Frau, welche ein Bündel auf dem Kopf trug und ein paar Ziegen an der Hand führte, hatte sich unserer Gesellschaft in Gasaua angeschlossen, und, obwohl sie ihre Ziegen gestern Nachmittag im Gedränge verloren hatte, verfolgte sie doch wohlgemut und entschlossen ihren Weg. Ein jeder findet sich hier leicht in sein Schicksal und ist bei den stets wandelbaren Zuständen des Landes auf alles gefasst.

Ich hatte hier das Gebiet jenes merkwürdigen Stammes der Fulbe erreicht, der in nachweisbarem, allmählichem Strom von Westen, von den Ufern des Senegals her, sich über das ganze Innere von Zentralafrika verbreitet hat; zuerst lebte er still und bescheiden als »ber-rorodji« *(Viehzüchter)* friedlich in den Waldungen und Triften mit seinen Herden, mit dem Rind, das die Fulbe in diese Gegend erst einführten; dann, immer stärker und stärker werdend, und schon im 16. Jahrhundert selbst in Bornu als ein bemerklicher Teil der Bevölkerung auftretend, mischte er sich allmählich in die politischen Verhältnisse ein, und zwar schon seit dem Fall des Sonrhay-Reiches *(eines großen Neger-Reiches im Nigerknie, dessen militärische Macht durch eine Expedition des Sultans von Marokko vernichtet worden war)* –, im Anfang des 19. Jahrhunderts wurde er vom reformatorischen Impuls des Islam ergriffen und gründete siegreich neue Reiche auf den Trümmern der alten. Für den ganzen Erfolg meiner Entdeckungsreise war es von höchster Bedeutung, wie ich mich zu diesem herrschenden Stamme *(den Féllani oder Fulbe)* stellen sollte. Hier war eine bedeutende Provinz jenes ausgedehnten Reiches, hier der erste, fast unabhängige Statthalter *(in der Stadt Katsena).*

Dieser Statthalter, der Sultan, Mohammed Bello genannt, kam gerade mit zahlreichen Reitern des Wegs, und Barth war genötigt, ihm seine Aufwartung zu machen.

Freitag, den 24. Januar 1851

Während er sich gegen mich auf recht freundliche Weise benahm, äußerte er sich gegen diejenigen, die ihm zunächst saßen, dass er ein Tor sein würde, wenn er mich aus seinen Händen entließe. *(Er wollte erpressen.)*

Mein Geschenk *(für den Statthalter)* bestand aus zwei schönen roten Mützen, einem Stück gedruckten Kattuns, das ich in Mursuk *(im Fessan)* für vier spanische Taler gekauft hatte, das aber hier kaum die Hälfte wert war, da dessen Muster keineswegs dem Sudangeschmack entsprach; ferner gab ich ein englisches Rasiermesser und Scheren, ein Pfund Nelken, ein Pfund Weihrauch, ein Stück wohlriechender Seife und ein Paketchen englischer Nadeln.

Aber das genügte dem Statthalter nicht. Es gab mehrere Tage ein unerfreuliches Hin und Her. Endlich bekam Barth aber eine Aufforderung, den hohen Herrn in seinem Palast in Katsena zu besuchen.

Dienstag, den 28. Januar 1851

Bello empfing mich in seinem Privatzimmer und hielt mich volle zwei Stunden auf, damit ich ihm vollständige Belehrung über den Gebrauch der Arzneien *(die ihm Barth noch gesandt hatte)* geben möge. Außerdem wünschte er aber noch zwei Dinge sehr verschiedener Natur, welchem Verlangen ich aber nicht Genüge leisten konnte. Das eine war ein Mittel zur Erhöhung männlicher Kraft und Stärke, um ohne Erschlaffung in den Genüssen der Liebe zu schwelgen, das andere eine Arznei des Krieges, um seinen Feinden Schrecken einzujagen. Unter dem Letzteren verstand er Raketen, ein Produkt europäischer Zivilisation, von dessen ungeheurer Wirkung die Bewohner des Sudans durch die frühere Expedition *(englischer Forscher)* in Kenntnis gesetzt waren.

Ich hatte heute auch eine sehr interessante, obwohl ernste, doch auch andererseits amüsante Verhandlung mit meinem alten fanatischen Freunde Bel-Rhet. Es scheint, dass er, nachdem ich dagegen protestiert hatte, dass er mich »kafer« nenne, mit Leuten seines eigenen Glaubens sich über diese Angelegenheit ernsthaft besprochen hatte. Er kam also heute auf diesen Punkt zurück und begann damit, mich nach den verschiedenen Nationen zu fragen, welche

dem Christentum angehörten, und welche unter ihnen denn nun
die Kofar wären, denn er wäre ganz gewiss, dass einige unter ihnen
verdienten, Kofar genannt zu werden. Ich entgegnete ihm, dass es
sehr auf die Bedeutung ankäme, die er dem Worte »kofar« unter-
zulegen beliebe. Verstände er unter Kafer jeden, der die Sendschaft
Mohammeds als Propheten Gottes bezweifelte, so wäre natürlich
die größte Anzahl der Christen Kofar; wenn er aber, und zwar mit
mehr Recht, diejenigen so bezeichnete, welche die Grundsätze des
Islam leugneten und zumal an dem Hauptprinzip, der Einheit der
Gottheit, zweifelten und anderen Gegenständen dieselbe Verehrung
neben ihm erweisen könnten, so wären nur wenige Sekten der Christen Kofar, und zwar namentlich die griechische und der weniger
aufgeklärte Teil der katholischen Kirche, selbst diese aber beteten
zum Kruzifix und den Bildern vielmehr als zu Symbolen, denn als
Idolen. Ich gestand ihm übrigens freiherzig zu, dass in Bezug auf die
Einheit des Schöpfers der Islam ohne Zweifel bei Weitem reiner sei
als die Glaubensbekenntnisse der meisten christlichen Sekten, und
gab ihm zu, dass gerade, als Mohammed auftrat, die Christenheit tief
unter ihre anfängliche Reinheit und Einfachheit gesunken gewesen
sei. Der alte Mann, hoch erfreut durch das, was ich ihm gesagt
hatte, schwor, dass er die Engländer und Preußen nicht länger Kofar
nennen würde, dass ich ihm aber erlauben müsse, die »Mósko« (die
Russen) so zu nennen, welche in der ganzen mohammedanischen
Welt, bis ins Herz von Afrika hinein, ihrer Feindschaft gegen Stambul wegen wohlbekannt sind.

Nachdem ich in meine Wohnung zurückgekehrt war, empfing
ich dankbar die Glückwünsche, welche mir von allen Seiten über
den erfreulichen Ausgang meiner Angelegenheit mit diesem »mu-
náfeki« oder »dhalem«, »Übeltäter«, wie der Statthalter allgemein
genannt wird, dargebracht wurden. Redefreiheit und absolute Herrschaft sind auf wunderbare Weise in diesen Staaten Binnenafrikas
gemischt. Obwohl das Pferd, welches erst am nächsten Morgen
gebracht wurde, nachdem wir geraume Zeit darauf gewartet hatten,
ein sehr unansehnliches Tier war und der Sattel zerbrochen war,
obgleich außerdem das Geschirr gänzlich fehlte, war ich doch sehr
zufrieden und pries mich glücklich. Die Schilderung meiner persönlichen Verhältnisse in dieser Stadt habe ich absichtlich so ausführlich
behandelt, weil sie einen Blick in die Verhältnisse dieser Gegenden
tun lässt und nachfolgenden Reisenden von Nutzen sein kann.

198

KAPITEL 18

EINZUG INS »AFRIKANISCHE LONDON«

In Kano

*Trotz der anfänglich zwischen Bello und Barth aufgetretenen Span-
nungen trennen sich beide, dank der Geschicklichkeit des Forschers, in
bestem Einvernehmen, und die Reise kann weitergehen. Je mehr sie nach
Osten kommen, durch einen von großen und kleinen Trupps und Vieh
gebildeten regen Verkehr, durch eine anmutige, gehölz- und felderreiche
Landschaft und vorüber an zahlreichen Siedlungen – desto deutlicher
machen sich die Anzeichen bemerkbar, dass sie sich der wichtigsten Stadt
des mittleren Sudans zwischen Niger und Tschadsee, dem »afrikanischen
London«, Kano, nähern. Barths Begleiter schildert es in üppigen Farben:*

Sonnabend, den 1. Februar 1851

Die ungeheure Ausdehnung der Stadt, die Größe des Palastes
und die zahllose Mannschaft des Statthalters, die dichte Menschen-
masse, die alltäglich auf dem Marktplatz einherwogte, der Glanz
und der Reichtum der feilgebotenen Waren, die Verschiedenheit
der Delikatessen, die Schönheit und Anmut der Frauen – das alles
wurde gerühmt und gepriesen, sodass mein feuriger tunesischer Freigelassener oft aus bloßem Vorgenuss der seiner wartenden Freuden
laut aufjauchzte.

*(Um die Stadt Kano vor Anbruch der Nacht, also vor Sonnen-
untergang zu erreichen, da dann die Tore geschlossen wurden)*, be-
schleunigten wir unsere Schritte so viel wie möglich. Unsere so
verschiedenartig zusammengesetzte Reisegesellschaft musste einen
eigentümlichen Anblick darbieten. Sie bestand aus einem sehr
mageren, schwarzen Pferd mit grobem, wolligem Fell, im Wert
von höchstens vier Talern, einer Mähre von etwa gleichem Wert in
ihrem gegenwärtigen Zustand und einem Kamel, meinem treuen
Bu-ssaefi. Dieser war jedenfalls das respektabelste Tier in der Gesellschaft und mit einer höchst wunderlichen Ladung belastet, die
meinen gesamten Hausrat, nämlich Garderobe, Zelt, Kochgeschirr,
Schreibtisch und Bettgestell umfasste; sodann war noch ein Saum-
ochse dabei, der schwer beladen einherwandelte. Endlich folgten die
vier dazugehörigen menschlichen Individuen: ein halb barbarisierter

Europäer, ein halbzivilisierter tunesischer Freigelassener, ein junger, schmächtiger Tibbu-Bursche *(ein Bewohner des Berglandes Tibesti, den Barth in seine Dienste genommen hatte)* und der wohlgenährte, handfeste und ernste Aufseher aus Tághelel.

Mit Zuversicht rückten wir auf den tiefen, die Tonmauer *(Kanos)* durchbrechenden Torgang zu, vor dem sich ein gewaltiger Rimi *(Baum)* in die Luft erhob, während ein dichter Wald von allerlei Bäumen und Büschen den Stadtgraben ausfüllte. Innerhalb der Stadt, nahe am Tor, wohnte ein Wächter; diesem gaben wir an, wo wir abzusteigen beabsichtigten, und zogen dann rüstig, ohne Aufenthalt und Aufsehen zu machen, vorwärts, als wären wir Eingeborene des Landes. *(Es folgt nun, innerhalb der Mauern, fast eine Stunde lang offenes, angebautes Land. Dann erst wird der Rand des nördlichsten bewohnten Viertels erreicht.)* Daher war es mittlerweile völlig dunkel geworden, und wir hatten einige Mühe, von der uns durch unseren neuen Wirt angewiesenen Wohnung Besitz zu nehmen.

Der Name »Kano« hat mir nun schon länger als ein Jahr in den Ohren geklungen; denn es war einer unserer großen Zielpunkte gewesen: als ein Mittelpunkt des Handels, als die große Niederlage von Nachrichten und als der Ort, der den besten Ausgangspunkt zur Erreichung entfernterer Gegenden bilden würde. Endlich, nach fast einem Jahr voller Mühen und voller Entbehrungen, hatte ich es erreicht! Ich hätte nun glücklich und zufrieden sein sollen. Ob ich es wirklich war, wird die Beschreibung meines Aufenthalts in dieser Stadt im nächsten Abschnitt lehren.

Abbildung 45.
Kartenskizze Barths
von Kano.

Banu, ein schlechter Verwalter

Schon gleich am Abend der Ankunft mischen sich in den Becher der Freude über die Erreichung des ersten Ziels die ersten Wermutstropfen. Banu, der Bewohner des Hauses, das sie aufgesucht hatten, war ihnen von Gagliuffi, dem Agenten in Tripolis, empfohlen worden. Die Expedition hatte ihn daraufhin zum Geschäftsführer bestellt. Er erwies sich als ein armer Mann ohne Einfluss und war obendrein wenig vertrauenswürdig. Sodann stellte sich hier eine weitere, besonders quälende Sorge ein, die Barth während der nächsten Jahre nur selten verlassen sollte. Es war die Frage nach der Finanzierung der Reise. Sie verursachte eine nicht abreißende Kette von Schwierigkeiten, die Zeit, Nerven und ein immer wieder erneutes Aufraffen erforderten. Hinzu kamen die Mühseligkeiten, welche durch Böswilligkeit, Unfähigkeit oder Gleichgültigkeit der großen und kleinen Tyrannen und der Begleiter hervorgerufen wurden. Und dann auch diese Reisestrapazen, die ein ungesundes Klima noch erhöhte. Die Expedition hatte statt Geld Waren mit auf die Reise genommen; das erwies sich als zweckmäßig, denn es war sicherer; aber die Waren erwiesen sich nicht als von erster Qualität. Alles, was Barth nach den Erpressungen im Air-Bergland noch verblieben war, hatte er nach Kano vorausgesandt. Es stellte einen Wert von 500.000 Kurdi (Muscheln) oder 200 spanischen Talern dar. (2500 Muscheln oder Kurdi = etwa 1 spanischer Taler, 4 Taler = ein schlechtes Pferd) Bei der Ankunft in der Stadt musste er sogleich eine Schuld von 112.300 Kurdis abtragen: 55.000 für den Transport der obengenannten Waren, 8300 für die auf diesem Wege gemachten Salams (Geschenke), 18.000 als Miete für sein Pferd und den Lastochsen, 31.000 für die Anleihe, die er in Katsena machen musste, um Bello überhaupt Geschenke überreichen zu können. Nun sollte er auch dem »Reichsverweser von Kano« ein stattliches Geschenk geben, und der Diener Mohammed, aus Tunis, der sich wegen seiner Schwätzereien als unbrauchbar erwies, musste zurückgesandt und entlohnt werden. Obendrein erfuhr Barth, dass der Wert seiner Waren, besonders der Zucker und »rohe, abscheulich schlechte Seide« – die man der Expedition aufgehängt hatte –, in Kano zurzeit sehr gedrückt sei.

Während ich so in überaus gedrückten Umständen, von meinen Gläubigern verfolgt, von meinem Diener verspottet, in meiner unerfreulichen Behausung mit meinem rastlos vorwärtsstrebenden Unternehmungsgeist rang, erklärte mein junger Wirt, der oft mit seinem Tross hungriger Gefährten mich besuchen kam, dass es unumgänglich nötig sei, nicht allein dem Statthalter, dem Sserki, selbst, worauf ich ganz vorbereitet war, sondern auch dem Galadima, seinem ersten Minister, ein ansehnliches und dem für den Ersteren fast gleiches Geschenk zu machen.

Große Pläne

Es kam noch hinzu, dass Richardson dem Statthalter seinen Besuch angekündigt hatte. Barth war aber, ohne offizielle Ankündigung – nach vorheriger Vereinbarung mit Richardson – in die Stadt gewissermaßen heimlich gelangt. Er hoffte, dadurch mit einem kleineren Geschenk wegzukommen. Nun fiel er auf diese Weise gleich bei dem Herrscher in Ungnade, da er die Etikette verletzt habe – die ein größeres Geschenk verhieß.

Wie sollte er da seine Pläne verwirklichen können, für die Kano doch nur der Ausgangspunkt bildete! Um 1830 waren englische Forscher in den unteren Benuë, den östlichen Nebenfluss des Niger, eingedrungen; aber die Frage war noch nicht geklärt, ob es sich bei diesem Wasserlauf, der irrtümlich Tschadda genannt wurde, um einen Abfluss des Tschad oder einen selbstständigen Strom handele. Dieser Benuë konnte, das war Barths Meinung, je nach seiner Gestaltung einmal eine wichtige Zugangsstraße zum Inneren Afrikas werden, eine Handelsstraße. Und um neue Handelswege zu erkunden, war doch die Expedition ausgezogen! Des Rätsels Lösung schien ihm in der fernen, noch von keinem Europäer gesuchten Landschaft Adamaua zu liegen. Dort hinzukommen, kostete aber sehr beträchtliche Mittel, ganz abgesehen von den sonstigen Fragen und die das Gelände und das Verhalten der eingeborenen Herrscher betrafen.

Kein Wunder, dass Barth sich in seiner »dunklen, unbequemen und unerfreulichen Behausung«, in »diesem weit berühmten Entrepot des Handels und Verkehrs von Zentralafrika« höchst ungemütlich vorkam und ein Fieberanfall ihn aller Kräfte beraubte.

Damals bedauerte ich es, den liebevollen Rat des englischen Generalkonsuls in Tripolis, Herrn Crowe, nicht befolgt zu haben, der mir dringend anriet, mich mit weichen Matratzen zu versehen. Denn mein Teppich, obwohl sonst eine völlig genügende Unterlage, konnte mich in meinem geschwächten Zustand nur höchst ungenügend vor dem harten Druck der Bretter schützen.

Glücklicherweise besaß ich Geisteskraft genug, um mich so weit aufzuraffen, einer Einladung zu einer Audienz bei dem Statthalter auf den 18. Februar Folge zu leisten. Indem ich da die wenigen wertvollen Sachen, die ich noch besaß, aufopferte, ebnete ich mir den Weg zu fernerem Vordringen.

Straßenleben einer sudanesischen Handelsstadt

Es war ein sehr schöner Morgen, und die ganze Szenerie der Stadt wirkte auf mich ein: mit ihrer Mannigfaltigkeit von Lehmhäusern und einfachen Hütten, in aller möglichen Gruppierung und in den verschiedensten Stadien des Verfalles; seien es nun leichte Buden oder nur Schattendächer. Da waren ferner die begrasten freien Plätze, auf welchen Rinder, Pferde, Kamele, Esel und Ziegen in bunter Gemeinschaft miteinander weideten, oder große und tiefe Gruben, die mit Wasser hoch gefüllt waren, dessen Oberfläche von Wasserpflanzen bedeckt und belebt wurde. Andere Löcher waren frisch gegraben, um das nötige Material zu neuen Wohnungen zu gewinnen. Dann erfreute mich die einzeln umherzerstreute Flora von den verschiedensten und schönsten Arten, namentlich die prachtvolle symmetrische Gonda (Carica Papaya) und die schlanke Dattelpalme, beides Zeugen des tätigen Eingreifens der Menschen in die schaffende Natur. Und endlich zeigten sich mir die Menschen selbst in dem buntesten Gemisch der Kleidung, vom fast nackten Sklaven aufwärts bis zum farbenreich und prächtig gekleideten Araber: Alles bildete eines der belebtesten und anregendsten Schauspiele.

Der Marktplatz jedoch hatte bei unserem Hergang noch keineswegs sein volles Leben erreicht, sondern begann erst, sich zu füllen; die meisten Buden waren noch leer, und Scharen von Aasgeiern trieben sich noch ungestört auf dem Boden umher, um die Abfälle des vorigen Tages aufzulesen.

Der Palast des Statthalters ist ein vollkommenes Labyrinth von Hofräumen, voneinander getrennt durch Lehmhütten, die mit zwei einander gegenüberliegenden Türöffnungen versehen sind und die als Wartezimmer dienen. Enge, gewundene Gänge setzen sie miteinander in Verbindung. Hunderte von trägen und anmaßenden Höflingen, Freien und Sklaven, wohlgenährt von der Arbeit der Armen und gekleidet in weite, unkriegerische Gewänder, trieben sich hier umher oder hockten in zahlreichen Gruppen zusammen, ihre reiche Muße mit fadem Geschwätz oder albernen Späßen verbringend. Jedoch gewahrte man auch manches ausdrucksvolle Gesicht und einige wenige kernige Gestalten. Die herrschenden Fulbe zeichnen sich hier gern durch einen schwarzen Gesichtsschal aus, während sich sonst ihre Kleidung nur wenig von derjenigen der *(von ihnen beherrschten Masse der eigentlichen Bevölkerung des Landes, der)* Haussa unterscheidet.

In prächtiger Halle wird Barth von dem Sserki (Herrn) namens Othman, einem stark gebauten, schönen, 38-jährigen Mann, empfangen. Von seinem Diwan aus hört er in halb sitzender, halb liegender Stellung an, was der Sprecher des Fremden, der alte Eleidji, der ebenfalls in Kano weilte, ihm zugunsten des im Air-Land so schwer erpressten Reisenden zu sagen hatte.

Der Galadima machte einige intelligente Bemerkungen, während der Sserki nichts weiter zu sagen hatte als: es habe den Anschein, dass ich trotz aller schweren Erpressungen, die ich erduldete, noch ganz annehmbare Geschenke für ihn hätte.

Barth gab ihm einen prächtigen schwarzen Burnus im Wert von 60.000 Kurdi, eine rote Mütze, einen weißen Schal, ein großes Stück Musselin, zwei Fläschchen Rosenöl, ein Pfund Gewürznelken, ein Pfund Weihrauch, ein Rasiermesser, Scheren, ein Schlagmesser und einen großen Spiegel von Neusilber. Ähnliches erhielt der Galadima.

So waren sie zufrieden und entließen den viel geplagten Doktor.

Da ich nun mit dem Sserki auf friedlichem Fuße stand und Erlaubnis hatte, mich nach Wohlgefallen umzutun, und da ich mich überzeugt hatte, dass körperliche Anstrengung und geistige Anregung die besten Arzneien für meine Kränklichkeiten seien, beschloss ich, mich rüstig umzusehen. Ich bestieg daher am nächsten Tage wieder meinen armen Gaul und, geleitet von einem Burschen, dem die Topographie der Stadt wohlbekannt war, machte ich einen Ritt von mehreren Stunden durch die Stadt in allen Richtungen.

Wie wir so kreuz und quer alle bewohnten Quartiere durchzogen, konnte ich von meinem Sattel aus die verschiedenen Szenen des öffentlichen und Privatlebens übersehen: Bilder ruhiger Behaglichkeit und häuslichen Glücks, eitler Verschwendung und verzweifelten Elends, rüstiger Tätigkeit und schlaffer Trägheit. Hier ein Bild des Gewerbefleißes, dort ein anderes äußerster Gleichgültigkeit.

Alle Seiten des Lebens zeigten sich mir in den Straßen, auf den Marktplätzen und in dem Inneren der Häuser. Es war ein reiches, lebendiges Bild einer kleinen Welt für sich, äußerlich durchaus von dem, was man in europäischen Städten zu sehen gewohnt ist, verschieden und doch in seinen vielfachen Triebfedern so ähnlich.

Hier war eine Reihe Läden voll einheimischer und fremder Waren, mit Käufern und Verkäufern in allen Abstufungen von Gestalt,

Farbe und Kleidung, aber alle auf das eine Ziel bedacht, durch
Übervorteilung des anderen sich einen kleinen Gewinn zu machen;
dort eine große Schattenbude, wie eine Hürde voll halb nackter, halb
verhungerter Sklaven.

Inzwischen sammelte er wertvolle Nachrichten über Zusammensetzung
und Ausbreitung von Handel und Wirtschaft in Kano und in seinem Ein-
flussbereich, Nachrichten, die auch heute noch von hohem Interesse sind.
   Etwa eine Million Menschen lebten damals in dem Bezirk um Kano!
Die Stadt selbst mochte an die 50.000 Bewohner haben.

Eines der glücklichsten Länder der Welt

Der Haupthandel von Kano besteht in einheimischen Fabrikaten,
besonders in Baumwollzeug, das in der Stadt selbst oder den umliegenden kleineren Ortschaften der Provinz aus einheimischer
Baumwolle gewebt und mit selbst gezogenem Indigo gefärbt wird.

   Es ist der große Vorteil dieser Stadt, dass Handel und Manufaktur
Hand in Hand gehen und dass fast jede Familie Anteil daran hat. Es
ist etwas wahrhaft Großartiges in diesem Industriezweig. Während
er sich im Norden bis nach Mursuk und Ghat, ja selbst bis Tripolis
verbreitet, erreicht er im Westen nicht nur Timbuktu, sondern selbst
die Küsten des Atlantischen Ozeans; gegen Osten erstreckt er sich
über ganz Bornu, obwohl er dort mit der eigenen Manufaktur der
Eingeborenen in Berührung kommt. Was Timbuktu betrifft, so ist
es eine in Europa gänzlich unbekannte und doch so überaus merkwürdige Tatsache, dass, so viel man auch von dem feinen Baum-
wollenzeug, das in Timbuktu gefertigt wird, sprechen mag, doch alle
dort getragene Kleidung besserer Qualität aus Kano oder Sansandi
eingeführt wird, wenn sie nicht aus englischem Kaliko besteht.

   In welch hohem Begehr die Baumwollwaren von Kano in Timbuktu stehen, kann man aus dem ungeheuren Umweg ersehen, den
die Ware nimmt, um den Gefahren der direkten Straße von Kano
nach Timbuktu zu entgehen, welche ich verfolgt habe. Dieser führt
nämlich regelmäßig über Ghat und selbst Ghadames, mit einem
ganz scharfen Winkel von hier nach Tuat, und, nun erst gen Süden
abbiegend, auf Arauan zu, den hauptsächlichsten Markt für diese
Ware, und von hier aus nach Timbuktu.

   Zu bedenken ist, dass in jenen Breiten der Begriff »Zeit« keine Rolle
spielt; dass auf dem Umweg immer lokalen Unruhen ausgewichen oder
die Befriedung abgewartet werden musste; dass heute diese Gegenden

öde Vollwüste darstellen, in der auch nicht mehr die Spur eines der-
artigen Handels zu finden ist. Einmal also haben es die Bewohner
Nordafrikas vermocht, sich ein in ihrem Sinne gut funktionierendes
Wirtschaftssystem aufzubauen. Heute sind sie dabei, wieder einmal
eigene Wirtschaftsräume aufzubauen.

Ich glaube mit Recht, die durchschnittliche jährliche Gesamtaus-
fuhr dieser Manufakturwaren zum Wert von dreihundert Millionen
Kurdi veranschlagen zu können. Welch eine Quelle nationalen
Reichtums dies ist, werden meine Leser ermessen, wenn ich sage,
dass eine Familie, alle Ausgaben, auch für Kleidung – die sie doch
meist selbst fabrizieren –, eingeschlossen, mit 60.000 Kurdi jährlich
in sehr angenehmen Umständen leben kann. Überdies müssen wir
bedenken, dass die Provinz eine der fruchtbarsten der Welt ist, Korn
nicht allein in hinreichender Menge für ihre eigene Bevölkerung
hervorbringt, sondern auch zur Ausfuhr erübrigt, und nebenbei die
prachtvollsten Weidegründe besitzt. Berücksichtigen wir nun, dass
diese Gewerbetätigkeit nicht, wie in Europa, in ungeheuren Fab-
riken betrieben wird, und den Menschen zur niedrigsten Stellung
hinabdrückt, sondern dass jede Familie zu der wirtschaftlichen Blüte
beiträgt, ohne ihr Privatleben aufzuopfern, so dürfen wir schließen,
dass Kano eines der glücklichsten Länder der Welt sein müsse.

Und so ist es auch in der Tat, soweit die Lässigkeit und Schlaff-
heit der Fürsten imstande sind, die Einwohner gegen die Gelüste
der Nachbarn, die eben durch den Reichtum des Landes immer
wachgehalten werden, zu verteidigen.

Hier nun haben wir ein Zeugnis der Darstellungskraft, der sachlichen,
ruhigen und vornehmen Beurteilung von Dr. Barth über ein Gebiet,
das Europa so gut wie unbekannt war. Was vor allem auffällt, ist der
Gerechtigkeitssinn des Forschers, der keineswegs von »armen schwarzen
Wilden« spricht; dem jeder Europäerhochmut fehlt, der immer wieder
darauf hinweist, wie gleich doch das Denken und Fühlen hier wie
dort sind. Dieses Einfühlungsvermögen, dieses Unvoreingenommensein,
dieses Sichgeben wie Gleicher unter Gleichen, aber auch das mutige Ver-
treten des eigenen Standpunktes sind es, was Barths Erfolge ausmachte
und ihm hohes Ansehen in ganz Nordafrika verlieh.

In seinem Bericht geht er dann zu den europäischen Waren über, die
auf den Markt von Kano gelangen:

Es sind: gebleichter, ungebleichter und gedruckter Kattun von Man-
chester, französische Seide und Zucker, jährlich etwa hundert Kamel-

ladungen, rotes Tuch aus Livorno und aus Sachsen, drei- bis vierhundert Kamelladungen jährlich, Glasperlen aus Venedig, eine grobe Art roher Seide, sehr grobes Papier mit dem Zeichen der drei Monde (zum Einschlagen der Ware), Spiegel, Nadeln und Kurzwaren aus Nürnberg, Schwertklingen aus Solingen (50.000 jährlich), Rasiermesser aus der Steiermark.

Die Steuerkraft der Provinz, der Tribut, den der Statthalter erhebt, beläuft sich auf ca. hundert Millionen Kurdis. In der Hauptsache ist es die Grundsteuer. Sie wird von jedem Familienhaupt erhoben und beträgt 2500 Kurdi, also einen spanischen Taler.

Der Verkehr mit landeseigenen Gütern vollzieht sich in der Hauptsache im Sudanbereich, also auf südlichen Wegen. Die europäischen Waren kommen von Norden durch die Wüste. Will europäischer Handel mehr als bisher am afrikanischen teilhaben, so muss er sich, nach Barths Meinung, den Weg vom Niger her über den Benuë nach Norden suchen. Nun haben gerade, so schreibt er, die Engländer unter vielen Opfern an Gut und Blut den unteren Niger erschlossen. Leider sei diese Hochstraße des Handels in die Hände südamerikanischer Sklavenhändler gefallen, die einen regelmäßigen Sklavenhandel mit den Landschaften des Binnenlandes eröffnet hätten. So würden deren Waren in großen Mengen auf den Markt von Nupe gebracht und hätten angefangen, den Mittelsudan zu überschwemmen. Aber es sei doch der Europäer Bestreben, den unwürdigen Sklavenhandel zu beseitigen. Die anderen aber nähmen für ihre Ware und ihr Geld nichts zurück als Sklaven.

Aufbruch von Kano nach Kukaua (Kuka)

Der Reisende in diesen Gegenden wird stets mannigfachen Aufenthalt und mannigfache Sorge haben, wenn er einen Ort verlässt, wo er sich längere Zeit niedergelassen hatte. Denn alle Mittel des Fortkommens sind durch seine eigenen Vorkehrungen bedingt und hundertfache Verzögerungen werden ihm von allen Seiten bereitet. Jedoch war meine Lage, als ich am Sonntag, den 9. März 1851, im Begriff stand, Kano zu verlassen, eine besonders beunruhigende. Da war keine Karawane, die Straße wurde von Räubern unsicher gemacht und ich hatte nur einen Diener, auf den ich mich verlassen konnte oder der mir wirklich zugetan war. Dazu war ich am vorhergehenden Tag so krank gewesen, dass ich mein Lager nicht hatte verlassen können. Aber Selbstvertrauen besiegte alle Hindernisse, und das hatte ich. So eilte ich mit demselben Entzücken, mit welchem ein Vogel seinem Käfig entflieht, aus den engen, schmutzigen Lehmmauern hinaus in Gottes freie Schöpfung.

Da ich außer meinem getreuen Gatroner keinen Diener hatte, nahm das Beladen meiner drei Kamele eine ungeheure Zeit in Anspruch, und der Reiter, welcher mich bis an die Grenze des Kano-Gebietes geleiten sollte, verlor alle Geduld. Endlich, gegen 2 Uhr nachmittags, waren meine Tiere gepackt; ich nahm Abschied von den wenigen Bekannten, die sich bei meiner Armut eingestellt hatten, um mir Lebewohl zu sagen, und bestieg meinen Vier-Dollar-Gaul. Mein stattlicher Begleiter erschien in einem der Kleidung unserer Vorfahren zur Zeit des Dreißigjährigen Krieges ähnelnden malerischen Aufzug, mit hohen, bis auf die Schenkel hinaufreichenden bunten Lederstiefeln und einem wie ein Wams gegürteten Hemd, einen roten Burnus faltenreich um die Brust geworfen, ein gerades, langes Schwert an dicker Seidenschnur mit mächtigen, weit herabhängenden Quasten über die Schulter geschlungen, und auf seinem Kopf über schwarzem, weiß und rot gestreiftem Schal einen kleinen Strohhut, dem nur die Feder fehlte; so warf er sein schönes Streitross in Parade und dahin ging es aus den engen Straßen Dalas hinaus in das offene Feldland.

Meine Brust fühlte sich erleichtert, alle Sorge und Unruhe, die armselige Lage, in der ich mich in Kano befunden hatte, war vergessen; in den anlockendsten Umrissen lag das weite Feld der Forschung vor meinen Blicken, das sich mir öffnete, wenn uns neue Mittel in Kúkaua erreichen sollten: die unerforschten Gebirgslande im Süden, die großen Flusssysteme, die neue lebendige Natur, unbekannte Länder und Völker – ein unbegrenztes Feld ruhmwürdiger Anstrengung! Träumend hing ich auf meinem Gaul – erst am Tore wurde ich wieder an die Gegenwart erinnert.

Wir hatten einen großen Umweg genommen, um den weitesten, geräumigsten der die großartige Stadtmauer durchbrechenden Schlünde zu erreichen und ungehindert ins Freie zu kommen. Aber selbst dies Tor war nicht für ein Gepäck wie das meine berechnet; der lange, tiefe Burggang war zu eng und alles musste abgeladen werden, während mein eingebildeter Geleitsmann, da er sah, dass wir das bestimmte Nachtquartier zu erreichen nicht imstande sein würden, in Verzweiflung geriet und seine Ungeduld nicht mehr beherrschen konnte. Endlich war alles wieder auf dem Rücken der geduldigen Tiere und mein treuer Bu-ssaefi stellte sich, seinen kurzen, stämmigen Nacken zurückwerfend, im vollen Bewusstsein seiner Würde an die Spitze der kleinen Reihe meiner Karawane. So zogen wir vorwärts, uns zuerst eine Weile der Mauer entlang haltend, bis wir die Straße,

welche von der Kofa Wambay ausgeht, erreichten. Auch hier gehört
ein bedeutender Grundbesitz einem Ba-Asbentschi, einem Mann
aus Asben, der eine Anzahl Sklaven hier angesiedelt hat, die ihm
sein Korn bauen. Langsam zogen wir durch das wohlbebaute Land
dahin und erreichten ein kleines Gewässer. Hier erfuhr ich ein interessantes Beispiel, wie rein menschliche Sitten überall, selbst unter
den verschiedensten gesellschaftlichen Verhältnissen, dieselben sind.
Ich wünschte zu wissen, in welcher Richtung der Regenbach seinen
Lauf nähme, und nicht imstande, mich durch eigene Beobachtungen
darüber zu belehren, war ich so frei, meinen Begleiter zu fragen.
Aber der eitle Höfling, obwohl als Sklave geboren, hielt sich fast für
beleidigt, eine solche Frage an sich richten zu hören. Wie könne man
nur, meinte er, auf so kleinliche Sachen, wie den Lauf eines Wassers
oder den Namen eines Dorfes, seine Aufmerksamkeit wenden.

Briefe aus der Heimat und – zwei ganze Taler

Sonnabend, den 15. März 1851 Dies war ein überaus glücklicher
und erfreulicher Tag für mich! Ich erhielt nämlich plötzlich, ohne die
geringste Ahnung von einem so angenehmen, mir bevorstehenden
Ereignis zu haben, den Besuch eines Arabers aus Sokna *(südlich von*
Tripolis. Es erhebt sich hierbei die Frage, wie dieser Mann wohl Barth
gefunden haben mochte! Der Reisende selbst teilt darüber nichts mit.)
   Nachdem er mich begrüßt hatte, zog er unter seinem Barrakan
(Gewand) ein Paket hervor, das mich augenblicklich in ganz andere
Verhältnisse versetzte: aus dieser Welt der Einfalt und Rohheit in
die gekünstelte Zone europäischer Bildung und Wissenschaft. Da
gab's Briefe aus Deutschland, England und von meinen Freunden
aus Tripolis – denn selbst von Letzteren hatte ich seit zehn Monaten
keine Nachricht erhalten–, ferner Briefe aus Berlin, die wissenschaftliche Fragen behandelten; Briefe von meinen Angehörigen, voll von
Ausdrücken sorgender Liebe. Aber doch war noch etwas Materielles
bei den Briefen, das mich, da es wunderbar zu meinen Verhältnissen
passte, wenigstens im Augenblick noch tiefer berührte. Ich war nämlich gänzlich ohne Geldmittel.
   Wie freute ich mich daher, als ich in Herrn Gagliuffis Brief ganz
unerwartet zwei spanische Taler fand, die er mir sandte, um einen
kleinen Irrtum in meiner Rechnung auszugleichen – zwei spanische
Taler! Es war das einzige gangbare Geld, das ich damals hatte, und
deshalb waren mir diese zwei Taler im Augenblick gewiss mehr wert
als ebenso viel hundert Taler zu einer anderen Zeit.

Außerdem hatte der gleiche Mann Waren im Wert von hundert Pfund Sterling mit sich geführt, sie aber nach – Kano gehen lassen! Barth bekam sie erst, als er aus Adamaua nach Kuka zurückkehrte, und litt mit seinem Gefährten Overweg infolgedessen in der Zwischenzeit bitterste Not!

Für den Augenblick jedoch wäre ich lieber im weiteren Vordringen durch Not umgekommen, als noch einmal nach Kano zurückzukehren.

Zwei Tage hatte er nun mit Lesen und Beantworten zu tun. Schon damals schrieb er seinem Freund, dem Prof. Richard Lepsius, er habe so eine Ahnung, als wenn er beim Misslingen seines Vorstoßes nach Süden doch noch nach dem Westen werde gehen müssen, um dann weiter dem Niger zu und in andere neue Reiche zu ziehen und Timbuktu zu erreichen.

So verließ Barth nun seinen gebildeten Freund, den »Herrn Schlaf«, wenn auch schweren Herzens, da dieser andere Reiseziele hatte als er selbst. Und mit seinem einzigen Diener und einem neu eingestellten jungen Burschen ging es weiter nach Osten.

Ich musste also voraussehen, dass die Hälfte der materiellen Arbeit mir selbst zur Last fallen würde, sowohl beim Beladen und Entlasten der Kamele als auch beim Aufschlagen des Zeltes, und dass ich stets über alles würde wachen müssen; aber ich besaß das, was den Sterblichen zum Sieg verhilft, volles Vertrauen zu mir selbst.

Die Landschaft hat inzwischen einen öderen Charakter angenommen. Die Reisenden näherten sich der Grenzprovinz, die schon zum Reich Bornu gehörte und unter dessen Herrscher, dem Scheich Omar, stand.

Dienstag, den 18. März 1851

Trommeln und Gesang, die von ferne aufklangen, kündigten Barth das Nahen eines jener unruhigen Gesellen, wie sie damals allerorts im weiten Sudan ihr Wesen trieben. Es war Bochari, der Statthalter im Fulbe-Reich Sókoto gewesen war und dessen Bruder ihn beim Oberherrn anschwärzte, sodass der ihn absetzte und des Landes verwies. Nun nahm Scheich Omar ihn auf, gab ihm eine Residenz und unterstützte ihn insgeheim in seinen Vorbereitungen zu einem Rachezug.

Dies aber wurde, wie der Erfolg bewies, ein bemerkenswerter Feldzug, der sich in diesem Teil des Sudans bemerkbar machte und der Anfang schwerer Sorgen für den ganzen umliegenden Landstrich wurde. Denn nachdem Bochari die sehr starke, doppelt befestigte

Stadt Chadedja *(seine ehemalige Residenz)* glücklich erobert und seinen Bruder getötet hatte, fand er sich nicht allein kräftig genug, sich
in seiner neuen Lage selbst zu verteidigen, indem er alle gegen ihn
gesandten Heere (unter diesen die ganze Militärmacht des Reiches
Sókoto, welche vom Wesir selbst gegen ihn geführt wurde), in die
Flucht schlug, sondern er verbreitete auch Schrecken und Furcht
bis an die Tore von Kano.

Ich werde bei der Schilderung meiner zweiten Reise durch diese
Landschaften *(als Barth von Kuka westwärts über Kano zum Niger
zog)* die traurige Pflicht haben, den Zustand des Elends in diesen
Gegenden zu beschreiben. Befanden sie sich doch noch bei meiner
ersten Reise in blühenden Verhältnissen! Während sie damals dicht
bevölkert waren, wurden sie bald darauf durch diesen kriegerischen
Häuptling verheert und verwüstet. Denn anstatt ein starkes König-
reich zu gründen und sich als ein großer Fürst zu zeigen, zog es
Bochari vor, gleich den meisten seiner Landsleute, seine Macht auf
die Zerstörung und Verwüstung der Nachbarländer zu gründen und
sich selbst zum Sklavenhändler im Großen zu machen. – Aufgeregt
durch den kriegerischen Lärm und mit nicht eben beruhigenden
Betrachtungen über die Schwäche unserer kleinen Reisegesellschaft
bei so unfriedlichem Zustand der zu durchwandernden Landstriche,
zogen wir schweigend unseres Wegs. Auch der Charakter der Landschaft selbst hatte nichts, was einigermaßen aufzuheitern geeignet
gewesen wäre. Der Landbau hörte auf, und nichts war zu sehen als
ein ungeheurer Strich flachen, mit einigen einförmigen Bäumen
bestandenen Landes.

*Die »Straße«, die angeblich durch die Landschaft zwischen den
so bedeutenden Residenzen Kano und Kuka führen sollte, durch eine
Landschaft mit lebhaftestem Verkehr, bestand in Wirklichkeit aus un-
scheinbaren Pfaden, die im Zickzack, von einem Dorf zum anderen,
nur ungefähr in der Hauptrichtung führten.*

Eine unheilvolle Nachricht

Montag, den 24. März 1851 Es war ein schöner Morgen. Die Sonne
schien in reinem, ungetrübtem Glanz, und indem ich mich den
Eindrücken der Umgebung hingab und über die ursprüngliche Heimat und die allmähliche Verbreitung der verschiedenen Vertreter
des Pflanzenreichs nachdachte, hing ich sorglos auf meinem Gaul,
als plötzlich eine ungewohnte Erscheinung meine Aufmerksamkeit
erregte.

Eine malerisch und fremdartig aussehende Gruppe kam mir entgegen. In der Mitte ritt ein Mann von edlem Aussehen, arabischen Zügen, heller Hautfarbe, prächtig gekleidet und nach arabischer Sitte mit reich geschmückten Feuergewehren versehen; drei Reiter, weniger reich gekleidet, aber auf ähnliche Weise bewaffnet, ritten an seiner Seite. Ich sah, dass es eine Person von Ansehen sei, und hielt daher scharf auf ihn zu, um ihn zu begrüßen.

Sobald er mich erblickte, machte er halt und fragte mich, ob ich der Christ sei, welcher in Kuka erwartet werde. Auf meine bejahende Antwort meldete er mir ohne Umschweife, dass mein Reisegefährte Yakub (Herr Richardson) gestorben sei, noch ehe er Kuka erreicht habe, und dass all sein Eigentum verschleudert worden sei.

Ich sah ihm fest ins Antlitz und sagte, dass dies, wenn es auf Wahrheit beruhe, eine höchst ernsthafte Nachricht sei, und er teilte mir nun einige Einzelheiten mit, welche wenige Zweifel an der Richtigkeit der Angabe zuließen. Als ich ihn nach seinem Namen fragte, nannte er sich Ismail; ich erfuhr aber nachmals von anderen, dass es der Scherif el Habib gewesen sei, ein Araber aus Marokko, von wirklich edlem Geblüt. Er war ein sehr gelehrter, aber außerordentlich leidenschaftlicher Mann und war eben, infolge eines Streites mit Mallem Mohammed, vom Scheich von Bornu aus Kuka, wo er sich einige Zeit aufgehalten hatte, verbannt worden. Er wandte sich damals nach Sókoto, um bei Emir el Mumenin sein Glück zu versuchen, und ich sah ihn zu späterer Zeit, als er, von Letzterem gekränkt, nach Bornu zurückgekehrt und wieder zu Gnaden angenommen war, eben in Kuka wieder. Später ließ er sich in der Stadt Gummel nieder. Diese wandernden Abenteurer aus dem Norden und Osten spielen eine hervorragende Rolle in den Ländern der Schwarzen, wie sie es schon vor fünfhundert Jahren taten *(als sie an der Spitze weniger Getreuer unter den Massen der Neger wirkten und die Triebfeder zur Bildung mehrerer bedeutender und sehr ausgedehnter Negerreiche vom Niger bis zum Tschadsee wurden).*

Die Trauerbotschaft machte natürlicherweise einen tiefen Eindruck auf mich, da sie nicht nur ein einziges Menschenleben betraf, sondern das Schicksal unseres ganzen Unternehmens infrage stellte. Allerdings konnte ich noch einigem Zweifel Raum geben; aber im ersten Augenblick der Aufregung beschloss ich, meine zwei Burschen mit den Kamelen zurückzulassen und meinen Weg allein zu Pferde zu verfolgen. *Der treue Gatroner Mohammed vermochte ihn zu beruhi-*

gen; sie seien ja nur noch vier Tage von Kuka entfernt, und allein würde er sich großen Gefahren aussetzen. Daher ritten sie zusammen weiter.

Sie erreichten nun eine oberflächlich recht bewegt gestaltete Landschaft. Es waren hohe, überwachsene Dünen, die den Kamelen viel Arbeit bereiteten. In regenreichen Zeiten, die dem jetzigen Wüstenzustand des Landes voraufgingen [Pluvial genannt], hatten sich in der Gegend des Tschad und weit darüber hinaus die von Süden heute als Schari und Logone herbeifließenden Wasser zwischen diesen Dünen gestaut, die einer dem Pluvial noch voraufgehenden Wüstenzeit entstammen. Die damaligen Ablagerungen, verbunden mit denen der jetzigen jährlichen Regenzeit, machen aus diesen Niederungen zwischen den Dünenkämmen kleine fruchtbare Bezirke, die dem Anbau dienen. In der unmittelbaren Nähe des Sees hat sich auf ebenen und jährlich überschwemmten Flächen ein schwarzer Tonboden gebildet, der »Firki« genannt wird.

Heuschrecken und Turmfalken

Donnerstag, den 27. März 1851 *Im Manga-Land erlebte er auch die Heuschreckenplage.* Alle Bäume rings umher waren voll von Heuschrecken, während der Himmel durch Schwärme von Turmfalken verdunkelt wurde. Mit merkwürdigem Instinkt folgten uns diese Vögel, wohin wir unsere Schritte wandten, um die Heuschrecken, sobald sie bei unserer Annäherung an einen Baum aus ihrer verheerenden Ruhe aufgescheucht wurden und emporflogen, wegzufangen. In ihrer Gier schlugen sich dabei die Vögel nicht allein mit ihren Flügeln, sondern belästigten auch häufig uns selbst und unsere Tiere auf das Unangenehmste.

An Richardsons Grab

(Ein Dorf kündigt sich von Weitem durch Musik und Lärm einer Hochzeit an.) Froh darüber, dass wir die Bewohner bei guter Laune fanden, schlugen wir das Zelt hart an der Ostseite des Dorfes auf. Ich war eben im Begriff, mich einzurichten, als ich zu meiner nicht geringen Bestürzung hörte, dass die Mädchen, welche kleine Geschenke zu dem Fest gebracht hatten und nun in Prozession nach Hause zogen, nach Nghurutua gehörten, demselben Ort, wo vor Kurzem der Christ (Herr Richardson) gestorben war. Ich beschloss demnach, sie zu begleiten, obwohl es schon spät war, um wenigstens einen Blick auf das Grab meines Reisegefährten werfen zu können. – *(Nghurutua ist eine allgemeine Bezeichnung für eine »an Flusspferden*

reiche Stelle« und kommt verschiedentlich im Tschadgebiet vor. Barth findet das Grab unter einer schönen Sykomore. Es galt bei den Eingeborenen als eine Stätte der Verehrung.)

Der Vorfall hatte in der ganzen Umgegend großes Aufsehen erregt. Herr Richardson war am Abend des 28. Februar in schwächlichem Zustand angekommen und schon am nächsten Morgen gestorben. Es war spät abends, als ich nach meinem Zelt zurückkehrte, voll von Betrachtungen über mein eigenes Schicksal und beseelt von dem aufrichtigen Gefühl der Dankbarkeit gegen die Vorsehung für die ausgezeichnete Gesundheit, welcher ich mich, trotz der vielfachen Mühseligkeiten, erfreute.

Bei der Weiterreise trifft er auch einen Hauptmann der Grenzwache des Reiches Bornu, welcher die unruhigen schweifenden Horden der Tuaregs im Zaum zu halten hatte, die, wenn sie irgend konnten, über ein Dorf herfielen und Vieh und Sklaven raubten. Barth riet in Kuka dem Scheich Omar, zum besseren Schutz an der Grenze kleinere Forts anzulegen.

Aber selbst der Beste unter den Machthabern dieser Länder bekümmerte sich mehr um den Silberschmuck seiner zahlreichen Frauen als um die Wohlfahrt seines Volkes …

Aus der sandigen Gegend kommen die Reisenden bald in die vorher erwähnte tonige Ebene mit den Firki-Böden. Das ganze Land, von mittelgroßen Mimosen bekleidet, hat einen überaus düsteren, einförmigen Charakter.

Kapitel 19

Ankunft in der Residenz Kuka

Mittwoch, den 2. April 1851 Dies sollte ein bedeutender Tag werden, entscheidend für die ganze Richtung meiner Tätigkeit in diesen Gegenden. Ich sollte endlich die Hauptstadt des Fürsten erreichen, an den wir ausdrücklich gesandt worden waren, ja, der eigentlich das Ziel des Unternehmens, wie es ursprünglich angelegt war, selbst bildete. Alles hing von seiner Neigung ab, Erfolg oder Fehlschlagen unseres ferneren Unternehmens. Und wie näherte ich mich ihm! Ohne Mittel irgendwelcher Art, ohne Bevollmächtigung, im ärmlichen Aufzug!

Mit Scheich Omar sollte Richardson einen Handelsvertrag abschließen. Nun war Barth ganz auf sich selbst angewiesen. In seiner Unruhe eilte er allein der kleinen Karawane voraus. Galt es doch, auch für den Tag der Ankunft schon ein gutes Quartier auszumachen.

Vor der Stadtmauer

Die Stadt lag nahe vor mir.

Ich sah mich nach einem Menschen um, welcher mir wenigstens einen Rat erteilen konnte, wohin ich mich zuerst zu wenden hätte. Die Hitze war gerade am höchsten; kein lebendes Wesen war zu sehen, weder im Dorf *(das er gerade erreicht hatte)*, noch auf der Straße; und ich überlegte, einen Augenblick zaudernd, ob es nicht besser sei, hier meine Kamele abzuwarten, um wenigstens nicht ganz ohne Begleitung zu sein. Aber dann spornte ich meinen Gaul an und erreichte bald die westliche Vorstadt von Kuka. Einen Augenblick machte mich die in der heißen Mittagsglut glimmernde weiße Lehmmauer irre; und ich wusste nicht recht, ob es Kunst oder Natur sei. Dann sprengte ich darauf zu, und hinein gings durch das leidlich feste Tor. Obgleich es noch zeitig am Nachmittag war, fehlte es hier doch nicht an müßigen Zuschauern, die mich mit Neugierde angafften; aber höher stieg ihr Erstaunen, als ich nach der Wohnung des Scheichs fragte.

(Man muss bedenken, dass die ersten und letzten Europäer, die Engländer Denham, Oudney und Clapperton, 1822 am Tschad gewesen waren!)

Indem ich so den kleinen täglichen Nachmittagsmarkt passierte, welcher voll Menschen war, ritt ich den Dendal, d.i. die Königsstraße, entlang dem Palast zu.

In höchst einfachem Aufzug, wie ich war, auf schlechtem Gaul beritten, ohne Begleiter, Geleitsmann oder auch nur einen Buben, um mein Pferd zu halten, wurde ich von den Sklaven mit offenem Mund angestaunt, als ich nach dem Scheich fragte; sie verstanden nicht, was ich wollte. Endlich wurde Diggama gerufen, der der Minister des königlichen Haushalts genannt werden kann und besonders auch die Verpflegung der Fremden unter sich hat. Dieser hatte denn von Abd el Kerim gehört und gab mir einen Sklaven mit, um mich zum Wesir zu führen.

Der erstaunte Wesir

Dieser wollte eben zu seiner täglichen Nachmittagsaudienz zum Scheich reiten; sein schönes stattliches Kriegsross stand gesattelt vor der Tür seines Palastes, und etwa hundert Reiter, Araber und Sklaven mit Flinten, freie Eingeborene mit Speer und Lanze, im buntesten Kleiderschmuck, waren umhergruppiert, um ihn zu begleiten. Ich wartete nur einen Augenblick, da kam Hadj Beschir *(so hieß der Wesir)* heraus, eine große, kräftige Gestalt, mit offenen, wohlwollend und lebenslustig lächelnden Zügen. Die Reiter drängten auf allen Seiten heran, ohne von mir Notiz zu nehmen. Aber mit dem freundlichsten Lächeln begrüßte mich der Wesir, indem er mir sagte, obgleich er mich nie gesehen, kenne er mich doch schon aus dem Brief, den ich an seinen Agenten in Sinder *(Stadt nördlich von Kano)* gerichtet hatte und der ihm zu Händen gekommen sei. Dann fragte er, wo denn aber meine Begleiter wären. Groß war sein Erstaunen und Frohlocken, als er hörte, dass ich ganz allein gekommen sei und selbst meine beiden Diener zurückgelassen habe.

Nun reitet der Wesir zu seinem Fürsten, und Barth wird in sein Quartier geleitet.

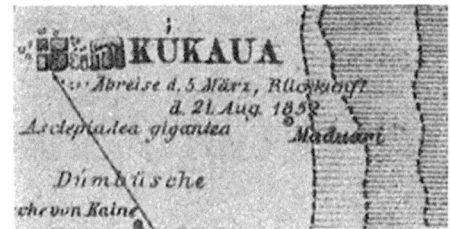

Abbildung 46. Grundriss der Doppelstadt Kuka. Rechts die wandernde Uferlinie des Tschadsees.

Mein Quartier stieß unmittelbar an das Haus des Wesirs und bestand aus zwei ungeheuren Hofräumen, deren hinterer außer einem halb vollendeten Lehmgebäude eine sehr geräumige, nett und sorgfältig gebaute Hütte einschloss. Diese Wohnung war, wie man mir sagte, ganz besonders für unsere Reisegesellschaft eingerichtet worden, ehe man gewusst hätte, dass unsere Mittel höchst beschränkt seien, indem man nach dem Vorgang der früheren Expedition erwartete, dass wir wohl mit harten Talern ausgerüstet kämen.

»Blutsauger« und »Nichtstuer«

Kaum ist Barth eingerichtet, kaum Mohammed mit den Kamelen angekommen und sind die Tiere entladen, so eilen von allen Seiten die Diener des Unternehmens herbei, die nach Richardsons Tod eiligst nach Kuka gereist waren, um ihren Lohn zu fordern. Der höchst sachliche Doktor Barth kann sich hierbei aber nicht zurückhalten, sie allesamt als Blutsauger und zum größten Teil auch als unfähige Nichtstuer zu bezeichnen. Nun hatte er dreihundert spanische Taler Lohnschulden auf seinem Hals! Dazu aus früheren Anleihen etwa zweitausend Taler. Und es kam auch noch hinzu, dass man von ihm erwartete, er werde dem Scheich Omar ein höchst glänzendes Geschenk machen.

Jetzt besaß er abermals nicht viel mehr als einen einzigen Taler und keinen einzigen Burnus von Wert, um ihn jemandem zu schenken. Trotzdem sagte er den jammernden Dienern, er erkenne die Schulden an und werde sie begleichen. Zum Glück wird er vom Scheich noch am Abend glänzend bewirtet und kann sich so nach den Strapazen des ersten aufregenden Tages in Kuka zur Ruhe legen.

Mit frischen Kräften brach ich am nächsten Morgen auf, um dem Wesir meine Aufwartung zu machen.

Ich fand in dem Herrscher von Bornu, Omar, dem ältesten Sohn Mohammeds el Kanemi, einen höchst einfachen, wohlwollenden und selbst aufgeweckten Mann; er war damals sechsunddreißig Jahre alt. Seine Züge sind regelmäßig und angenehm, nur etwas zu rund, um vollen Ausdruck zu haben; auffallend war mir seine schwarze Hautfarbe; denn er hat ein so glänzendes Schwarz, wie man es selten in Bornu sieht. Er saß oder lag vielmehr in nachlässiger Stellung auf einem mit einem Teppich bedeckten Diwan im Hintergrund einer hohen, luftigen, wohlgeglätteten und geschmückten Halle.

Ein gewagter Entschluss

Ein zweiter Besuch am gleichen Nachmittag beim Wesir förderte den Nachlass Richardsons zutage, vor allem die kostbaren, von dem Reisenden sehr sorgfältig geführten Tagebücher. Aber als Barth am nächsten Tag um die Übergabe dieses Nachlasses bat, wurde er in den Palast gebeten und von Lamino, dem vertrauten Diener des Wesirs, empfangen. Dieser behauptete, dass eine reich geschmückte Flinte und ein paar hübsche Pistolen verkauft worden seien. Nun sah sich Barth in der peinlichen Lage, als mittelloser Fremdling, der überaus gastfrei aufgenommen war, energisch auftreten zu müssen. Konnte nicht tiefste Ungnade, ja, eine Fülle von Intrigen, wenn nicht gar Schlimmeres, die Folge sein? Aber kurz entschlossen hieb er diesen »gordischen Knoten« mitten durch.

Bei dieser Nachricht konnte ich, obwohl ich bei meiner Ankunft sehr freundlich und gastfrei behandelt worden war und einen Überfluss an Mundvorrat aller Art erhalten hatte, nicht umhin, zu erklären, dass, wenn sie in Wahrheit so gewissenlos mit anderer Leute (Richardsons) Eigentum umgegangen wären, ich ferner hier nichts mehr zu tun hätte – und damit ging ich nach meiner Wohnung zurück.

Meine Festigkeit hatte den gewünschten Erfolg, und ich erhielt spät am Abend vom Wesir die Botschaft, dass, wenn ich eine geheime Zusammenkunft mit ihm zu haben wünsche, ich jetzt zu ihm kommen möchte. *(Barth findet ihn ganz allein im inneren kleinen Hofraum seines Hauses, der von zwei Wachskerzen spärlich erleuchtet war.)*

Wir hatten eine lange Unterredung, die bis Mitternacht dauerte und deren Resultat war, dass ich förmlich dagegen protestierte, dass von den von Herrn Richardson hinterlassenen Sachen irgendetwas verkauft werde, dass dieselben im Gegenteil an mich und Herrn Overweg, sobald der Letztere ankäme, ausgeliefert werden sollten. Dann würden wir dem Scheich und dem Wesir alle die Gegenstände, von denen wir wüssten, dass unser Gefährte die Absicht gehabt hatte, sie ihnen zum Geschenk zu machen, in formeller Weise überreichen. *(Weiterhin ersuchte er auch um die Erlaubnis, im Land umherzureisen, um seine Forschungsziele zu erreichen und stellte den Dank der Regierung Englands eindringlich vor die Augen des Wesirs, der nach vielem Hin und Her nachgab und großzügigen Schutz verhieß.)*

Nachdem ich alle meine Wünsche erreicht hatte, ließ ich mich in ein vertraulicheres und freundschaftlicheres Gespräch ein, und

bezaubert von dem umgänglichen Wesen des Ministers und voll
der besten Hoffnungen zog ich mich erst nach Mitternacht zurück.

Mein armer Kátsena-Gaul hatte mich, fast wider Erwarten, glücklich bis Kúkaua getragen, er bedurfte nun aber mindestens mehrere
Monate, um sich einigermaßen zu erholen, und dabei war er zu un-
ansehnlich für einen längeren Aufenthalt in einer großen Residenz.
Ich war also ohne Pferd und musste anfangs zu Fuß gehen, was in
dem tiefen Sand und bei dem heißen Wetter sehr angreifend war.
Einmal hatte ich den Wesir gebeten, mir ein Pferd zu leihen, aber Lamino sandte mir einen so elenden Gaul, dass ich mich weigerte, ihn
zu besteigen. Da der Wesir nun hörte, dass ich wegen eines Pferdes
in Handel stehe, sandte mir auf sein Zureden der Scheich ein solches
zum Geschenk. Es war ein wohlgebautes Tier, aber von einer Farbe,
die mir nicht zusagte, und da es vom Land kam, wo es kein Korn
bekommen hatte, war es sehr mager, sodass es für mich nicht eben
passend war, weil ich ein starkes Pferd benötigte, das bedeutende
Anstrengung ertragen konnte; ich bereitete mich schon auf meine
Reise nach Fúmbina oder Adamaua vor. Da ich die Bekanntschaft
eines Negers namens Mallem Katori gemacht hatte, welcher aus
Yakoba gebürtig und ein trefflicher Mann war, auch an mehreren
großen Kriegszügen in jene halb eroberten Länder teilgenommen
hatte, namentlich an dem höchst bemerkenswerten Heereszug unter
der Anführung Amba-Ssámbos, Statthalters von Tschámba, der bis
nach dem Ibo-Land am Niger-Delta vorgedrungen war: so nahm
ich ihn in meinen Dienst und kaufte ein gutes, starkes Reisepferd
für ihn. Auch kaufte ich einen leidlichen kleinen Mússgu-Gaul für
meinen Diener Mohammed ben Sad, sodass ich, nunmehr im Besitz
von drei Pferden, mit Eifer meine Laufbahn als Forscher im Negerland antrat. Natürlich war dies alles mit einigen Schulden verknüpft.

Der Wesir, welcher die Schwierigkeiten und Gefahren, die mit
meinem beabsichtigten Unternehmen nach Adamaua verknüpft
waren, recht gut kannte und mich davon abhalten wollte, war ge-
neigter, mich nach dem Mússgu-Land zu schicken, wohin eben
ein Kriegszug unter dem Befehl des Kaschélla Belal unternommen
werden sollte. Zum Glück für mich aber, und vielleicht auch für
die Kenntnis jener Gegenden des noch so unbekannten Erdteils,
wurde diese Kriegsunternehmung vereitelt, indem die Tuareg eben
damals den oben erwähnten Einfall machten, der die Gegenwart
des kriegerischen Hauptmanns des Reiches erforderte. Dieser Raubzug der freibeuterischen Kindin – so werden die Tuareg auf Kanori

genannt – bestand aus einem beträchtlichen Heer; aber nachdem
sie vergeblich versucht hatten, eine Stadt an der Grenze von Bornu
unversehens zu überfallen, richteten sie ihren Marsch gegen Kanem
und kamen bis nach Báteli, wo sie aber in ihren räuberischen Absichten keineswegs ganz glücklich waren.

Da ich nun ein Pferd zu meiner Verfügung hatte, machte ich
täglich einen Ausritt, entweder nach der östlichen Stadt, um dem
Scheich oder Wesir einen Besuch abzustatten, oder rund um den
ganzen Umfang der Hauptstadt streifend, um die verschiedenen
Szenen, welche das Volksleben darbot, zu beobachten. Das Gebiet
der Stadt mit ihren Vorstädten ist in der Tat ebenso interessant,
wie ihre Umgebung, namentlich in den letzten Monaten vor der
Regenzeit, über alle Maßen einförmig ist.

Allerdings trägt die ganze Anlage der Residenz viel dazu bei,
dem Bild, welches sie darbietet, Abwechslung zu geben, indem sie
aus zwei ganz und gar getrennten Städten besteht, deren jede mit
einer eigenen Mauer umgeben ist, und von denen die eine, als der
besondere Wohnplatz der Reichen und Wohlhabenden, sehr große
Haushaltungen enthält, während die andere mit Ausnahme eines
einzigen Hauptverkehrsweges, des Déndals, welcher die Stadt von
West nach Ost durchzieht, mehr aus engen Quartieren mit schmalen, krummen Gässchen besteht. Diese zwei geschiedenen Städte
sind durch einen Platz von etwas weniger als einer halben Meile Breite getrennt, der in der Mitte eine breite, offene Straße bildet, welche
die beiden Städte verbindet, zu beiden Seiten aber dicht bewohnt
ist. Hier aber ist die Anlage der Wohnungen weniger regelmäßig,
und das Ganze bietet ein Bild der interessantesten Verworrenheit:
große, stattliche Lehmgebäude und kleine strohgedeckte Hütten,
ungeheuere Hofräume, von hohen Lehmmauern umschlossen,
und leichte Einfriedungen von Rohr in mehr oder weniger vorgerücktem Zustand des Verfalls und in der größten Verschiedenheit
der Färbung, je nach ihrem Alter, vom freundlichsten Hellgelb bis
zum dunkelsten Schwarz. Rund um diese zwei Städte reihen sich
kleine Dörfer oder Gruppen von Hütten und große einzeln stehende
Meiereien, die von Lehmmauern umgeben sind, niedrig genug, um
vom Sattel herab einen Blick über die eingeschlossenen Hütten und
deren mannigfaches häusliches Leben zu gewähren. ...

In diesem Labyrinth von Wohnungen kann jemand, der für die
vielfachen Formen, unter denen das menschliche Leben sich zeigt,

lebendiges Interesse hat, zu jeder Tageszeit mit erneutem Vergnügen umherschweifen, obgleich das Leben der Kanori im Ganzen recht einförmig dahinfließt, mit Ausnahme einer gelegentlichen kleinen Festlichkeit. Während der heißen Tagesstunden sind die Stadt und ihr Gebiet natürlicherweise ziemlich ruhig, in allgemeiner Lethargie versunken; eine Ausnahme machen die Markttage, an welchen wenigstens der Marktplatz selbst und die dahin führende Straße gerade um diese Stunden am meisten belebt sind. Es ist in der Tat merkwürdig, dass sowohl in Kúkaua als auch fast in diesem ganzen Teil des Negerlandes die Märkte nicht eher stark besucht werden, als bis die heiße Tageszeit am unerträglichsten zu werden anfängt, und es ist eigentümlich, wie sehr sowohl in dieser Beziehung als auch in anderen Dingen die Gebräuche dieser Länder von den in Yoruba bestehenden abweichen, wo fast alle Märkte in der Abendkühle abgehalten werden.

Schicksal an seidenem Faden

Die folgenden Wochen flogen nun nur so dahin im eifrigen Forschen. Was er später vor den Augen einer erstaunten Welt über die wechselvollen Geschicke der großen Reiche des Sudans ausbreiten konnte, das trug er hier im Wesentlichen zusammen. Aber je mehr er in die Gegenwart hineingelangte, desto mehr musste er sich wie der »Reiter über dem Bodensee« vorkommen, der nichts ahnend eine trügerische Eisdecke überquert. Die Herrschaft des freundlichen Scheichs war keineswegs so gefestigt, wie es einem Fremden auf den ersten Blick erscheinen konnte. Wie oft mochte da das Schicksal der Christen, als der Freunde des Herrschers, an einem seidenen Faden gehangen haben!

Bis zum frühen Mittelalter verfolgte Barth die Geschicke der vielen Dynastien zurück, die zwischen dem Tschadsee und dem fernen Nigergebiet entstanden, blühten und in zahllosen blutigen Fehden wieder untergingen. Der Parallelen zum europäischen Mittelalter sind viele. Am Westufer des Tschadsees bildete sich ein Reich, das zeitweilig bis zum Fessan hinauf reichte, im Osten bis an den Nil, nach Süden bis fast nach Adamaua und nach Westen über Kano hinaus. Im 13. Jahrhundert teilte sich der Herrscher von Bornu mit dem von Tunis (!) das weite Land mit der großen Wüste dazwischen in Einflussbereiche; und wie einst Harun al Raschid dem berühmten Kaiser Karl nach Aachen über die vielen Tausend Kilometer hinweg einen Elefanten zum Geschenk übersandte, so langte vom Ufer des Tschad im Jahre 655 islamischer Zählung eine stattliche Giraffe als Geschenk in Tunis an. Fast alle

Völker, die wir heute friedlich als Hirten oder Ackerbauer am Tschad antreffen, haben ihre gewichtige Rolle auf dem Welttheater im »Bilad es Sudan«, dem »Land der Schwarzen«, gespielt. Da waren die Fulbe, die als wandernde Hirten sich still und bescheiden schon im 16. Jahrhundert am Ufer des Tschad niedergelassen hatten. Als nun ihre Brüder vom westlichen Sudan aus sich zu Beginn des 19. Jahrhunderts über die Haussastaaten des mittleren Sudans ergossen und im reichen Kano die Macht an sich rissen, witterten auch die Ersteren, nunmehr als der unterstützungsbereite Vortrupp, Morgenluft.

Schon 1809 wälzte sich ein Fulbe-Heer über die reichen Gefilde Bornus und vertrieb den Herrscher aus seiner Residenz. Wenn nun nicht der »gottesfürchtige, aber zugleich energische und weltverständige« Faki Mohammed el Amin el Kanemi, den seine Laufbahn aus dem Fessan hierher geführt hatte, wackere Lanzenträger der Kanembu, der Bewohner Kanems (östlich des Tschad), um sich versammelt und dem schlaffen Sultan sein Reich wieder zurückerobert hätte, wäre es mit diesem Bornu-Herrscher aus gewesen.

»Schwarze Politik« – Wie die Residenzstadt Kuka entstand

Mohammed el Kanemi wollte die einmal gewonnene Macht jedoch nicht gänzlich zurückgeben, wenn er auch dem König seinen Thron ließ. Darum ging er daran, sich eine eigene Hauptstadt zu schaffen. So entstand an der Stelle einer mächtigen Adansonie, die am Tschad »Kuka« genannt wird, um 1814 die gleichnamige Stadt, in der Barth nun weilte, die also nur wenige Jahrzehnte alt war.

Im weiteren Verlauf der Kämpfe wurde aber Mohammed mehrmals besiegt, und als unser Reisender nach Kuka zog, stand die Fulbe-Macht drohend vor den Toren Bornus. Im Jahre 1835 starb Scheich Mohammed. Er hatte Omar, seinen ältesten Sohn, zum Nachfolger bestimmt. Es war jener Regent, der Barth so freundlich aufgenommen hatte. Omar machte dem Schattenkönigtum der alten Dynastie, wie weiland die Pippiniden dem der Merowinger, ein Ende, ohne aber deren Parteigänger alle vernichten zu können. Diese konspirierten nun gegen den verhassten »Landfremden« und seinen Anhang (landfremd, da der Vater ja aus dem Fessan stammte) mit dem Ausland, mit dem östlichen Reich Wadai.

Dessen Fürst rückte eilends heran, eroberte und verwüstete Kuka, setzte den Sohn des von Omar hingerichteten letzten Königs ein, zog sich aber, als Omar Hilfsvölker auf die Beine brachte, schleunigst wieder zurück, bot sogar Frieden an und überlieferte die Briefe, die er von den Parteigängern des ehemaligen Königs erhalten hatte, dem Scheich. »So

wurde auch hier Verrat mit Verrat belohnt.« Doch Omars Glück war
darum nicht vollständig. Barth hält ihn trotz seiner Kriegszüge für einen
wenig tatkräftigen Mann, der zwar gerecht und persönlich sogar sanftmütig sei und zur Askese neige, der aber den draußen und auch drinnen
drohenden Gefahren nicht genug Widerpart biete. Ungebeugt lauerten
die Fulbe im Westen. Nur selten gestraft, machten die räuberischen
Tuaregs von Nordwesten her ihre Einfälle. Omars von einer anderen
Mutter geborener Bruder Abderraman war eifersüchtig auf den Einfluss,
den der Wesir auf den Scheich Omar gewonnen hatte. Zwar heiratete
der Wesir eine Tochter des Abderraman; aber die Spannung blieb. Im
Winter 1853, als Barth schon in Timbuktu weilte, brach am Tschad
der offene Bürgerkrieg aus.

Doch entwickelten sich die Dinge in der Zeit, da Barth in Kuka war,
nur hinter den Kulissen. Immerhin ließ Abderraman den Reisenden,
kaum dass sie miteinander bekannt geworden waren, durch eine geheime Botschaft um Gift bitten, »das er wahrscheinlich dazu benutzen
wollte, sich seines unversöhnlichen Gegners, des Wesirs, zu entledigen«.

Außer dem jetzt residierenden Scheich und dessen wenig sympathi-
schem Bruder waren aber auch noch an die vierzig andere Söhne des
alten Mohammed el Amin el Kanemi am Leben. Wenn man nun die
große Zahl der dazu gehörigen Frauen bedenkt, so wird man leicht
einsehen, dass an Intrigen kein Mangel sein konnte.

Enttäuschung am Tschadsee

Ende April zieht Barth als Gast des Scheichs mit dessen gesamtem Hof-
staat an die Ufer des Tschadsees und lernt damit jenes große Binnen-
gewässer kennen, von dem in Europa in gelehrten Kreisen soviel die Rede
gewesen war, seitdem die englische Expedition der Jahre 1822–24 seine
Ufer zuerst erreicht hatte.

Frühmorgens schwingt sich Barth auf sein Pferd, voller Erwartung,
dem See entgegenzureiten. Vor ihm dehnt sich eine endlos grasige Ebene,
dann folgen sumpfige Stellen mit hohen Gräsern, in denen er stecken
zu bleiben droht. Voller Enttäuschung gibt er nach stundenlanger Be-
mühung seinen Vorstoß auf. War überhaupt noch etwas vom See übrig
geblieben? Denn das wusste er, dass diese flache Lache ihre Grenzen stetig
veränderte, und Ende 1854 erlebte er selbst, dass dort, wo er ritt, sich
eine einzige Wasserfläche dehnte.

Am nächsten Tag hatte er mehr Glück. In kleiner Gesellschaft ritt er
durch viele seichte Buchten, oft bis zu den Hüften im Wasser, umgeben
von einer Tierwelt, die der bisher erlebten so völlig entgegengesetzt war.

Da wälzten sich die riesigen Leiber der Flusspferde. Antilopen, »ariel« genannt, schreckten auf. Die gewaltigen Kolosse der Elefanten kamen ihm zu Gesicht. Und er lernte auch das damals noch räuberische Inselvolk der Budduma kennen, die sich unter der zeitweise so schlaffen Regierung des Scheichs Omar zu ähnlichen Plagegeistern entwickelt hatten, wie die Tuareghirten im Nordwesten des Reiches. Auf leichten Binsenbooten und den schwimmenden Inseln im Tschad führten sie mit ihren Herden ein amphibisches Leben.

In der Nähe des Ufers kam er auch zu dem kleinen Dorf Maduari und in das Haus des freundlichen Fugo Ali. Damals ahnte er noch nicht, »dass hier die Grabstätte eines anderen weißen Mannes sein würde«, nämlich Overwegs, dass eine Revolution mit Mord und Brand den freundlichen Fugo hinwegraffen würde, und dass er 1855 mit einem anderen Landsmann, dem Dr. Eduard Vogel, hierher kommen würde, demselben, der gleichfalls in diesem »Land der Schwarzen« ein tragisches Ende finden sollte.

Kaum waren nun in rastloser Arbeit die Ergebnisse seiner Forschungen am Westufer des Tschad in Beschreibungen, langen Namenlisten und Skizzen festgelegt, so ging es wieder zur »Landeshauptstadt« zurück.

Ich war eben zur rechten Zeit von meinem Ausflug zurückgekommen; denn am folgenden Tag schlug eine Kafla *(Karawane)*, die sich nach dem Fessan in Bewegung setzte, ihre Zelte außerhalb der Stadt auf, und ich musste zwei meiner Leute mit ihr abschicken.

Der eine war der Zimmermann der Expedition; der andere, den er nur ungern fortreisen sah, war der treue Gatroner Mohammed, der sich aber nicht mehr halten ließ, da er Weib und Kind wiedersehen wollte.

Ich gab ihm daher, wie die Heerführer Roms, Urlaub, »pueris procreandis daret operam«.

Gleichzeitig bekam dieser zuverlässige Mann den Nachlass Richardsons und wichtige Post an die Regierung und seine Freunde zur Weiterbeförderung mit. Die Kaufleute dieser Karawane trieben etwa 750 Sklaven nach dem Norden, »den bedeutendsten Ausfuhrartikel Bornus zu jener Zeit«.

Bei der Kafla befanden sich zwei höchst achtbare Männer, nämlich Hadj Hassan, ein Mann, welcher der Familie des El Kanemi angehörte und in dessen Gesellschaft nachmals Herr Dr. Vogel seine Reise von Fessan nach Bornu machte, und Mohammed Titiwi. Am 2. Mai ritt ich daher zur Stadt hinaus, um diesen Männern einen Besuch abzustatten; ich fand indes nur Titiwi, Hadj Hassan war schon nach dem Komádugu vorausgezogen, wo die Kafla gewöhnlich einigen Aufenthalt macht, um sich mit Fischen zu versehen. Ich empfahl daher meinen Diener der freundlichen Fürsorge Titiwis und dieser versprach mir auch, ihm jede Hilfe, deren er bedürftig werden sollte, zu leisten.

Ich habe nur wenig Verkehr mit diesem Mann gehabt, aber die Gelegenheit dazu war stets von wichtiger und bedeutungsvoller Art, und sein Name ist mir daher eine angenehme Erinnerung geworden. Diesmal nämlich sandte ich den literarischen Nachlass meines unglücklichen Gefährten ab und bot der englischen Regierung meine Dienste für den Fall an, dass sie mir als Ausländer ihr Vertrauen schenken sollte, mir die fernere Direktion der Expedition zu übertragen und die Mittel dazu zu senden. Es traf sich nun, dass Titiwi es wiederum war, welcher mir die höchst ehrenvolle Depesche der Regierung überbrachte, welche mich bevollmächtigte, die Zwecke der Expedition, wie sie von Anfang an bestimmt gewesen, auszuführen, und zu gleicher Zeit die dazu nötigen Mittel. Titiwi war es, welcher an dem Tag, als ich Kúkaua bei meinem Aufbruch zu meiner gefahrvollen Reise nach Timbuktu verließ, in mein Haus kam, um mir zu meinem Unternehmen den besten Erfolg zu wünschen, und wiederum endlich war es Titiwi, welcher mich am 2. August 1855 im Haus des Konsuls zu Tripolis zur glücklichen Rückkehr aus dem Inneren beglückwünschte.

Er war ein verständiger Mann, und da er gehört hatte, dass ich im Begriff stehe, eine Reise nach Adamaua zu unternehmen, deren Gefahren ihm wohlbekannt waren, bat er mich dringend, nicht mit einem so schwachen Pferd, wie ich damals ritt, meine Reise anzutreten, und bestärkte mich so in meinem Vorsatz, mir ein kräftigeres Tier zu verschaffen.

Nun sehnte Barth voller Ungeduld die Rückkehr Overwegs herbei; denn es war viel zu besprechen. Die ersten bestimmten Anzeichen der Regenzeit hatte es am 5. Mai mit schweren Donnerschlägen und folgendem Regen gegeben. In Adamaua, seinem fernen, nächsten Reiseziel, musste sie schon längst eingetreten sein.

Herr Dr. Overweg war noch nicht angekommen, wir hatten aber die Nachricht erhalten, dass er auf dem geraden Weg von Sinder sei; er hatte also seine Absicht, Kano zu besuchen, aufgegeben. Bevor ich meine Reise nach Adamaua antrat, war es notwendig, dass ich eine Menge Dinge mit meinem Gefährten bespräche, vor allem, um uns zu einigen, was er selbst unternehmen möchte. Die Regenzeit war aber selbst hier schon stark im Anzug, während sie in Adamaua schon längst eingetreten war; es schien daher notwendig, dass ich meine Reise nicht länger hinausschöbe. Am Nachmittag des 5. Mai hatten wir wirklich die ersten bestimmten Anzeichen der Regenzeit durch einige schwere Donnerschläge, denen Regen folgte. Ich zögerte nicht länger; noch am selben Tag kaufte ich alles, dessen ich zu meiner Reise bedurfte, und es gelang mir am folgenden Tag, einen starken, schön gezeichneten Apfelschimmel mit vorwiegendem Weiß – »keri bul« – für 1270 Rottel zu kaufen, einen Preis, der dem Betrag von 32 österreichischen Talern gleichkommt; dagegen verkaufte ich meinen schwachen »bidi-keme«, womit mich der Scheich beschenkt hatte, für 900 Rottel oder 22½ Taler.

(Mittwoch, 7. Mai) Endlich kam Dr. Overweg an; aber die Art, wie mir seine Ankunft angezeigt wurde, war so eigentümlich, dass ich sie hier beschreiben will.

Es war etwa eine Stunde vor Mittag und ich war eben damit beschäftigt, von meinem Futauer Freund Ibrahim einige interessante Nachrichten über Taghanet zu sammeln, als plötzlich der kleine Madi kam. Dieser Bursche, ein befreiter Sklave, war Herrn Richardsons Diener gewesen und ist in seinem Tagebuch mehrfach erwähnt. Da er sich unter denjenigen von meines Gefährten Leuten befunden hatte, welche zu meinem großen Bedauern am Tag vor meiner Ankunft Kúkaua verlassen hatten, ohne dass ihre Forderungen berichtigt waren, so freute es mich sehr, dass er zurückgekommen war, und ich sprach ihm meine Zufriedenheit darüber aus, konnte aber nicht aus ihm herausbringen, wie er dazu gekommen war, nun wieder umzukehren. Da plötzlich, nach manchem Hin- und Herreden, sagte er mir beiläufig, der Tabib (Dr. Overweg) sei auch da und warte auf mich in Kalílua. Natürlicherweise war eben er es, der Madi zurückgebracht hatte, da er ihm auf der Straße begegnet war, und der ihn nun ausdrücklich absandte, um mich von seiner Ankunft zu unterrichten. Dieser dumme, aber gutmütige Mensch, der nachmals in unserem Dienst gefährlich verwundet wurde, ist nun Herrn Dr. Vogels Hauptdiener.

Sobald ich den Inhalt dieser wichtigen Botschaft ganz verstanden hatte, ließ ich sogleich mein Pferd satteln und stieg auf; in der Aufregung und Beeilung aber bedachte ich nicht, dass es gerade die heißeste Tageszeit war und überdies im Anfang der Regenzeit, und versäumte es, meinen Kopf mit einem dicken Turban zu schützen. Die Folge dieses Versäumnisses hätte leicht von der schlimmsten Art

sein können und ich litt wirklich mehrere Tage. Ein Reisender in
diesen Ländern kann mit seinem Kopf nicht vorsichtig genug sein.

Ich fand Herrn Overweg im Schatten eines Nebekbaumes nahe
bei Kalílua; er sah sehr angegriffen aus und bei Weitem nicht so
rüstig, wie ich ihn vor 4 Monaten in Tessaua verlassen hatte. Er
erzählte mir nun, er habe sich bei seiner Rückkehr von Gober nach
Sinder so unwohl befunden, dass er ernstlich befürchtet habe, er
werde Herrn Richardson bald ins Grab folgen müssen. Vielleicht,
dass ihn die Nachricht vom Tod unseres Gefährten, welche er gerade
damals erhalten, ängstlicher gemacht hatte. Auch schrieb er den
üblen Einfluss besonders dem engen, ungemütlichen Quartier zu,
das ihm in Sinder angewiesen worden war. Immerhin priesen wir
uns glücklich, uns lebendig wiederzusehen, und tauschten unsere
Hoffnungen aus, dass wir imstande sein würden, noch gar manches
zur Erforschung dieser Länder zu tun. Overweg hatte Gelegenheit
gehabt, während seines Aufenthaltes in Gober und Maradi ein Augenzeuge des interessantesten Kampfes zu sein, der zwischen dem
edelsten Teile der Haussa-Nation und den Fulbe oder Féllani wütet,
welche die politische wie religiöse Unabhängigkeit jener bedrohen,[31]
und er war voll Begeisterung über die vielen anziehenden Szenen
eines heiteren, ungezwungenen Lebens, welche sich ihm in jenen
Heidengemeinschaften vor Augen gestellt hatten. Ich konnte ihm
die Versicherung geben, dass mein Empfang in Bornu Aussicht auf
einen guten Erfolg unserer Unternehmung eröffne, obwohl unter
den gegenwärtigen Verhältnissen nur wenig Hoffnung da wäre,
dass wir je imstande sein würden, eine Reise rund um den ganzen
Tschad zu machen; doch glaubte ich, dass es mithilfe jener Leute
aus Binder und Maduári, die ich soeben besucht hatte und die auf
freundschaftlichem Fuß mit den Inselbewohnern zu sein schienen,
möglich sein würde, den schiffbaren Teil der großen Lache im Boot
zu durchforschen.

Herr Overweg war in materieller Beziehung unangenehm daran;
er hatte nicht einmal mehr Kleider bei sich als die, welche er eben
am Leibe trug. Sein Gepäck lag noch in Kano, obwohl er schon zwei

---

31 Unglücklicherweise hat Herr Overweg, wahrscheinlich infolge seines Unwohl-
    seins in Sinder, über diese Reise nie einen Bericht abgefasst; später hielt ihn
    wohl seine Aufmerksamkeit auf andere Gegenstände und die Beschäftigung
    mit denselben davon ab. Seine Notizen sind in solchem Zustand, dass es selbst
    mir nur mit größter Anstrengung möglich ist, etwas mehr als bloße Namen
    daraus zusammenzusetzen.

Männer danach abgesandt hatte. Ich musste ihm daher mit meinen eigenen Sachen aushelfen und er nahm seine Wohnung in einem anderen Teil unseres Hauses, obwohl es für unsere gemeinschaftliche Haushaltung etwas beschränkt war.

Der Wesir war über Herrn Overwegs Ankunft sehr erfreut und sandte uns nun, meiner Verabredung mit ihm gemäß, den ganzen Nachlass Herrn Richardsons auszuliefern, sobald Herr Overweg angekommen sein würde, am Abend des folgenden Tages alle Kisten und Kasten unseres unglücklichen Gefährten, die freilich wenig genug enthielten. Selbst die Flinte und Pistole sowie alle anderen Sachen, die schon verkauft waren, wurden wieder herausgegeben; die einzige Ausnahme machte Herrn Richardsons Taschenuhr; denn da der Scheich dieselbe so lieb hatte, dass er sie Tag und Nacht bei sich führte, hielten wir es für weise, ihm die Beschämung zu ersparen, sie zurückgeben zu müssen.

Nachdem nun so das Besitzrecht des Fremden anerkannt worden war, trafen Herr Overweg und ich eine Auswahl von all diesen Gegenständen, wie wir wussten, dass es Herrn Richardsons Absicht gewesen war, und übergaben am Morgen des 9. Mai dem Wesir, am Nachmittag dem Scheich die für sie ausgesuchten Gegenstände. Gewiss konnten diese Geschenke nicht mehr die Wirkung von neuen haben noch in den Empfängern ein Gefühl aufrichtiger Dankbarkeit erwecken, da sie schon so lange im Besitz derselben gewesen waren; aber obwohl Herrn Richardsons Dolmetscher ihnen zu verstehen gegeben hatte, dass unser Gefährte die einzige von der englischen Regierung autorisierte Person gewesen und dass sie sich daher mit vollem Recht als Eigentümer der Sachen, die ohnehin zum größten Teil für sie bestimmt gewesen seien, ansehen könnten: so mussten sie doch immer einigen Zweifel in die Rechtmäßigkeit ihrer Handlungsweise gesetzt haben, und sobald ich ankam und mit Festigkeit auftrat, schämten sie sich, den Worten treuloser, intrigierender Diener geglaubt zu haben. In der Tat, obwohl wir ihnen manche Beschämung bereitet hatten, schätzten sie uns doch weit mehr infolge unserer Konsequenz und empfingen ihre Geschenke in sehr gnädiger Weise.

Während wir so in offizieller Weise den Charakter der Mission aufrechterhielten, brachten wir zugleich den Vertrag zur Sprache, dessen Abschließung der Fürsorge unseres Gefährten ganz besonders übertragen worden, aber nun durch seinen Tod uns anheimgefallen sei. Beide versicherten uns, dass es ihr innigster Wunsch sei, Handelsbeziehungen mit den Engländern anzuknüpfen; sie verhehlten aber zugleich nicht, dass ihr Hauptziel dabei sei, Feuergewehre zu erlangen. Auch gaben sie den Wunsch zu erkennen, dass zwei ihrer Leute mit uns nach England reisen sollten, um das Land und seine Gewerbe zu sehen, und wir konnten ihnen darauf nur erwidern, dass dies unseres Wissens der englischen Regierung nur höchst erfreulich sein würde. Unsere Unterredung war so ungezwungen und freundschaftlich, dass der Scheich selbst Gelegenheit nahm, sich dafür zu entschuldigen, dass er Herrn Richardsons Uhr sich zugeeignet habe.

Das Folgende wird indes zeigen, wie sehr europäische Reisende, welche neben ihren wissenschaftlichen Forschungen auch in politische Beziehungen eingehen, gegen die Intrigen der Araber zu kämpfen haben; denn diese haben allerdings das richtige Bewusstsein, dass, sobald die Europäer, oder vielmehr die Engländer, freien Zutritt zum Sudan erhalten, nicht allein ihr Sklavenhandel, sondern überhaupt ihr ganzer Handelsverkehr, wie sie ihn bis jetzt betrieben haben, vernichtet ist.

Wir waren kaum in unsere Wohnung zurückgekehrt und das Gerücht über unseren gnädigen Empfang und die besprochenen Gegenstände hatte sich kaum im arabischen Quartier verbreitet, als El Chódr, aus Dar-For gebürtig und der bedeutendste der eingeborenen Handelsleute, zum Scheich ging und die Nachricht brachte, dass sieben große Schiffe der Engländer plötzlich nach Nyffi gekommen seien und die Eingeborenen große Furcht vor ihnen hätten. Natürlicherweise stellte sich die Unwahrheit dieser Nachricht bald heraus, aber trotzdem erreichte man seinen Zweck, die freundliche und wohlwollende Gesinnung, welche der Landesherr für uns gezeigt hatte, etwas abzukühlen.

Am folgenden Tag machten wir uns daran, das große Doppelzelt, welches dem Scheich zuteilgeworden war, auf dem Platz vor seinem Palast in der östlichen Stadt aufzuschlagen. Es gelang uns vollständig, obwohl einige Stücke fehlten, und es wurde den ganzen Tag über an seiner Stelle gelassen und machte auf die gesamte Bevölkerung einen großen Eindruck. Obwohl es den Leuten am Anfang etwas sonderbar und schwerfällig erschien, da ihre Zelte, selbst diejenigen von bedeutender Größe, von sehr einfacher Art sind und von einem einzigen Pfahl getragen werden, so gefiel es doch dem Scheich mit der Zeit so sehr, dass er mich, als ich im Jahre 1855 das Land schließlich verließ, dringend bat, die britische Regierung zu bewegen, ihm ein zweites ähnliches Zelt zuzusenden.

KAPITEL 20

FORSCHUNG UND ABENTEUER
IM »HERZEN AFRIKAS«

> Der Starke ist
> am mächtigsten
> allein.
> *Fr. Schiller*

Der sagenhafte See im »Herzen Afrikas«,[32] *der schon die römischen Besatzungsoffiziere in der nördlichen LIBIA REGIO aufregte, über den die englische Expedition der Oudney, Denham und Clapperton Näheres dreißig Jahre vor Heinrich Barth nach London brachten, war nun erreicht.*

Overweg konnte ihn befahren und seine Inselwelt erforschen. Zur gleichen Zeit drang vom Süden des Erdteils aus der Forscher-Missionar Livingstone weit nach dem Norden vor und fand den Ngami-See.

Seen und Gewässer des afrikanischen Inneren waren damals das große Thema. Sie sollten den Weg in das »Herz« des »dunklen Kontinents«, genauer die »Mitte«, bahnen helfen. Dieses romantisch verbrämte Ziel wird immer wieder in Briefen und Berichten angegeben.

Das andere war der Wunsch, die unendliche Masse des Kontinents ganz zu queren. Das galt für alle Erdteile. Es plagte schon die Jesuiten-Sendboten des 16. und 17. Jahrhunderts, als sie unter unwahrscheinlich schrecklichen Opfern Asien zur See oder zu Lande bewältigen wollten.

Heinrich Barth hoffte eine Zeit lang, über den Tschad hinaus zur Ostküste Afrikas vorzustoßen, bis nach Mombasa. Aber auch ihn beherrschte der »Traum«, unbekannte Flusssysteme zu enträtseln.

Greifbar nahe lag vor ihm das des Tschadsees, mit den Südzuflüssen Logone und Schari. Ihr Weg sollte (südwärts) angeblich zu einem mächtigen Gebirge führen. Aber Eduard Vogel stellte dessen Nichtexistenz fest, als er die Räume südlich des Tschad durchwanderte.

Dabei tauchten Namen von Ländern auf, von denen man in Europa zumeist nur wenig oder gar nichts wusste: Adamaua, Kanem, Tuburi, Bagirmi und Wadai, das wegen seiner Fremdenfeindlichkeit berüchtigt war.

---

32 Dieser damals gängige Begriff bezog sich auf ganz verschiedene Gebiete. Für Europäer schien die »Mitte« lange Zeit »im Kongo« zu liegen. Geographisch sollte man sie heute südöstlich des Tschadsees fixieren.

Südwärts kam man durch die Zone der Feuchtsavannen bis in die des Nordrandes der dichten Regenwälder, wo die »unabhängigen Heidenvölker«, zwischen ländlicher Idylle und Hetze der wattegepanzerten Reiter aus dem Sklaven jagenden Bornuland-Norden, ein unsicheres Leben führten.

Kein Wunder, dass Abd el Kerims Packkamele aus der fernen Wüste in den feuchten Urwald-Gassen bestaunt wurden. Kein Wunder auch, dass Wasserstürze der Regenzeiten, mangelnde Hygiene, Nahrungsnot und ständiger Mangel an Tauschmitteln oder blanken Talern Heinrich Barth, Adolf Overweg und Eduard Vogel mit Fieber, Erschöpfung und Zukunftssorgen plagten.

Schriftlos blieb das meiste, was hier »unten« seit Jahrhunderten geschah. Wenn da nicht die Moslem-Chroniken gewesen wären. Sie freilich boten mit langen Entstehungszwischenräumen, mit dem Islam-Blickpunkt und dem Vorwalten von Berichten über Dynastisches und Kriege einer systematischen Auswertung Schwierigkeiten genug. Einem Gelehrten wie Heinrich Barth war es gegeben, Ordnung in die Faktenmasse zu bringen. Er breitete bei seinen wiederholten Aufenthalten in Kuka über Hunderte vonseiten Natur und Geschichte der Länder des Sudans und auch südlich angrenzender Räume aus. Scharf wusste er zu trennen das Halbgewusste vom annähernd Gesicherten. Zumal es für ihn weder die Sprachen- noch die Mentalitäten-Barriere gab, er bis dato unbekannte Chronikenbruchstücke aufzuspüren und einzuordnen und mit sechs, sieben, ja zehn Sprachen vergleichend zu hantieren vermochte. (Siehe die Anhänge.)

Was obendrein an Abenteuerlichem geschah, bis er, nach 13.360 km und 1600 Tagesabläufen, während deren er ganz auf sich allein gestellt war, bei Tripolis wieder das Meer erblickte, wird im Folgenden dargestellt.

Entdeckungen in Adamaua

Montag, den 26. Mai 1851

Am 24. Mai hatte ich eine Depesche an die englische Regierung geschrieben, in der ich sie von meinem Unternehmen benachrichtigte und die feste Hoffnung aussprach, dass der Fluss (der Benuë), dem ich meine Schritte zuwendete, eine große Verkehrsstraße ins Innere von Afrika eröffnen werde.

Unverzüglich machte sich Barth nun auf die Reise zum unbekannten Süden. Overweg begleitete ihn noch ein Stück des Weges und befuhr dann den Tschadsee mit dem Boot, das auf dem Rücken der Kamele in einzelnen Teilen glücklich durch die Wüste bis hierhin transportiert worden war.

Dr. Barth wird von zwei Dienern und einem Haussa-Krieger begleitet. Die Landschaft südlich des Tschadsees ist flach und wohl angebaut. Selbst Weizenfelder finden sich hier. Kleine Dörfer werden durch ein verwirrendes Netz von grasigen Pfaden verbunden. Bald kommt die Reisegesellschaft in das Wohngebiet der Schua-Araber.

Diese eingeborene arabische Bevölkerung ist ganz entschieden vom Osten her eingewandert *(etwa um 1600)*, und zwar aus Kordofan und Nubien, indem sie allmählich, und ohne Aufsehen zu erregen, als friedliche Rinderhirten durch die östlichen Teile des Negerlandes vordrang und sich so endlich auch über dieses Land verbreitete, ohne weiter nach Westen vorzudringen. So also sehen wir hier zwei ganz verschiedene, Rinder züchtende Völkerschaften zusammenstoßen: die Fulbe vom fernen Westen, die Araber vom fernsten Osten; beide traten, bei ähnlichen Sitten, obgleich von ganz verschiedenem Ursprung und verschiedener Sprache, in freundschaftliche Berührung miteinander. Die in Bornu angesiedelten Schua dürften ca. 250.000 Seelen ausmachen, da sie etwa 20.000 Mann leichter Reiterei ins Feld stellen können; denn sie sind fast alle beritten.

In den Wäldern der Marghi

Anfang Juni kommen sie in die dicht besiedelte Landschaft schwarzhäutiger Heiden, der Marghi, bald durch gut bebautes Land, bald durch dichten Wald.

(Freitag, 6. Juni) Jetzt endlich traten wir unsere Reise in ernster Weise an; bisher war es eitel Spielerei gewesen und wir waren trotz unserer langen Abwesenheit von Kúkaua kaum vom Fleck gerückt. Ibrahima hatte sich indessen nach seines Herrn Untertanen, die in die Sklaverei geschleppt worden waren, auf allen benachbarten Dörfern emsig umgetan, aber der Erfolg war keineswegs günstig gewesen. Unsere Straße führte nahe bei Udje Ka-ssúkula vorüber, aber es sah heute ganz verlassen und öde aus; alle Marktbuden, gestern so voll von regem Leben, waren leer. Dann betraten wir eine volkreiche Gegend mit sehr vielen Dörfern und schönem Weideboden; hier fiel mir das von den Fulbe »wálde« genannte Kraut auf.

Während ich in Kúkaua Nachrichten über das Land einsammelte, welches ich zu besuchen beabsichtigte, hatte ich große Mühe, von meinen Berichterstattern zu erfahren, ob Schnee auf den Bergen sei

oder nicht, und nie gelang es mir, Gewissheit über diesen interessan-
ten Punkt zu erlangen, da keiner von den Eingeborenen nördlichere
Gegenden besucht hatte, sodass er das im Norden Gesehene mit den
Erscheinungen seiner Heimat hätte vergleichen können. A'hmedu
Bel Medjub kannte allerdings den Deren oder Atlas und hatte den
Schnee auf manchen Gipfeln jener Kette gesehen, aber er hatte diesen Gegenstand auf Reisen in Adamaua nicht mit Aufmerksamkeit
beachtet und fühlte sich nicht berechtigt, die Frage zu entscheiden.
Diesen Morgen, als wir einen Blick auf den Berg Dalántuba hatten,
kamen wir auf den Gegenstand zurück und nach allem, was meine
Begleiter aussagten, durfte ich annehmen, dass ich wirklich Schnee
auf den höchsten Bergen Adamauas sehen würde. Dem ungeachtet
stellte es sich heraus, dass ich im Irrtum gewesen war; denn sie hatten
von Wolken oder vielmehr Höhenrauch gesprochen.

Unglücklicherweise hatte Bíllama einen anderen Weg eingeschla-
gen als wir, sodass ich heute niemanden hatte, der mir die Namen
der Dörfer, bei denen wir vorüberzogen, hätte angeben können.
Manche Geographen halten dies für eine unwichtige Angelegenheit
und es ist ihnen genügend, wenn nur die Lage der Hauptplätze
nach genauen astronomischen Beobachtungen angegeben ist; mir
dagegen scheint der allgemeine Charakter eines Landes, die Art und
Weise, in welcher die Bevölkerung eingerichtet ist, und die Natur
und der Charakter der Niederlassungen selbst einer der interessantesten Gegenstände einer Reise durch ein neues, unbekanntes Land
zu sein.

Ein andermal notiert er:

Ich zog es vor *(statt die angewiesene Hütte als Raststätte zu nehmen)*,
mein Zelt aufzuschlagen, indem ich mich der Hoffnung hingab, dass
das Ungewitter, welches uns am Nachmittag bedroht hatte, vorübergezogen sei, weil die Wolken eine westliche Richtung genommen
hatten. Ich gewann indessen sehr bald die Überzeugung, dass in den
tropischen Ländern nicht mit Sicherheit angenommen werden darf,
dass ein Ungewitter vorübergezogen sei; denn die Wolken kehren
oft von der entgegengesetzten Seite wieder zurück.

Sonnabend, den 7. Juni 1851

Hinter dem kleinen Dorfe Dala Dissoa sah ich das erste Beispiel
der heiligen Haine der Marghi. Es war ein dichter, mit einem Graben
umgebener und vom übrigen Terrain abgesonderter Teil des Waldes,
wo in dem am üppigsten aufschießenden und am weitesten sich

ausbreitenden Baum ihr Gott Tumbi angebetet wird. Es ist dies
eine überaus interessante Erscheinung, welche diese Heidenvölker
im Herzen von Zentralafrika mit den zivilisierten, noch heute von
uns in ihren Kunstwerken bewunderten heidnischen Völkern der
alten Welt in die engste Verbindung setzt: dieselbe Stufe der rohen
Naturanbetung, auf welcher die Hellenen standen, ehe sie vom
Baum- und Steinkultus zur Verehrung selbstgeschaffener bildlicher
Idole übergingen.

... diese Mädchen *(der Marghi)* waren von hellbrauner Farbe, und
ihre kurz-gekräuselten Haare hatten durch Einreiben mit dem Staub
aus Rotholz dieselbe Farbe angenommen; sie trugen sehr dünne
metallene Stifte in ihrem Kinn und Schnüre roter Glasperlen um
ihren Nacken; ihre Züge waren angenehm und kindlich. Sie gerieten
außer sich vor Freude, als ich ihnen einige kleine Geschenke machte,
und wussten nicht, wie sie mir genugsam danken sollten. Als die Bewohner der benachbarten Gehöfte sahen, dass ich ein gut gearteter
Mensch sei und ihnen wahre Teilnahme schenkte *(im Gegensatz zu
dem Verhalten der Sklavenjäger und der überheblichen Araber diesen
»armseligen Heiden« gegenüber)*, sandten sie einen großen Topf voll
ihres berauschenden Getränkes *(aus Hirse bereitet)*. Anstatt mit solchem Getränk mein Gehirn zu betäuben, setzte ich mich hin und
schrieb etwa zweihundert Wörter in ihrer eigenen Sprache nieder ...

*Immer weiter südwärts geht es durch waldreiches und wegen der
Sklavenjäger und anderer Räuber recht unsicheres Land, entlang einer
tausend Meter hohen Gebirgskette (Mandara oder Mendif), welche die
Wasserscheide zwischen dem Benuë-Niger-System und den südlichen
Zuflüssen des Tschad bilden. Die Kamele, welche glücklich durch die
Regenzeit und diese südlichen Landstriche mitgeführt werden können,
erregen überall das größte Aufsehen. Weit hinter ihnen im Norden lagen nun die einförmigen tonigen Ebenen um den Tschad. Hier unten
waren sie in einem bergigen Land. Granitische Felsmassen türmten sich
empor. Dazwischen lagen die Siedlungen eines, nach Barths Annahme,
den Marghi verwandten Stammes des Volkes der Batta. Es war in der
Übergangslandschaft nach Adamaua, wo der Reisende eines der großen
Ziele seiner Reise, den Benuë, erreichen sollte.*

*Die Nachricht vom Auftauchen der Reisegesellschaft mit einem
weißen Mann, der sich freundlich wie ein guter Gott mit den Eingeborenen unterhielt und ihnen sogar Geschenke machte, ohne etwas
dafür zu fordern, verbreitete sich mit Windeseile unter diesen, Europa
unbekannten, weltfernen Völkerschaften.*

Der »gute weiße Gott«

Donnerstag, den 12. Juni 1851

(Barth sitzt auf hohem Felsen, das Gelände überschauend und aufnehmend, in Gesellschaft zweier niedlicher Fulbe-Mädchen, die sich kindlich darüber freuen, ihm ersten Sprachunterricht geben zu dürfen.) Nachdem ich meinen Zweck erfüllt hatte, verließ ich, von den Mädchen begleitet, meinen hohen Sitz. Aber die Ruhe, die ich vorhin genossen hatte, war jetzt dahin, und nicht einen Augenblick wurde ich allein gelassen. Alle diese armen Leute wollten meinen Segen haben. Besonders war da ein alter Grobschmied, der, wiewohl er äußerlich zum Islam übergegangen war, mich mit seiner dringenden Bitte unaufhörlich belästigte, ihn mit meinem Wort und Gebet zu erfreuen. Die armen Heiden taten mir die Ehre an, die ich natürlich ablehnte, mich mit ihrem Gott »fete« zu identifizieren; denn sie glaubten, der sei heute zu ihnen gekommen, um einen Tag gemütlich in ihrer Mitte zuzubringen und sie ihr Unglück und ihre Unterdrückung *(durch die Sklavenjäger)* vergessen zu machen.

Die Heiden ließen mich jedoch endlich mit einbrechender Nacht in Ruhe; die Fulbe-Frauenzimmer aber, mit Ausnahme der verheirateten Frauen, wollten nicht fort, oder wenn sie einen Augenblick sich entfernten, kehrten sie sogleich wieder zurück und blieben bis Mitternacht. Wirklich machte mir die ältere einen Heiratsantrag; aber ich tröstete sie mit der Erklärung, dass ich glücklich sein würde, ihr Anerbieten anzunehmen, wenn es meine Absicht wäre, im Land zu bleiben. Dies arme Mädchen hatte jedenfalls allen Grund, sich nach einem Mann umzusehen, da sie mit fünfzehn Jahren ihre erste Blüte ebenso weit hinter sich hatte wie eine europäische Dame von fünfundzwanzig Jahren. Ich wunderte mich nur, dass ihr Vater sie so frei sich umhertreiben ließ; denn sie waren die Töchter des Ardo. Viele der umherziehenden Pilger aber heiraten ein Mädchen in jedem Land, das sie auf ihrer langen Reise passieren.

Freitag, den 13. Juni 1851

Ich nahm aufrichtigen Abschied von diesen guten Leuten; das arme Mädchen sah ganz bekümmert aus, als ich mein Pferd bestieg und ihr Lebewohl sagte.

Unser Weg führte uns zuerst durch Ackerland, dann durch eine Gegend, wo ausschließlich Negerhirse angebaut wurde, dann über reiches, leicht bewaldetes Wiesenland. Die Luft war sehr feucht und Regenwolken hingen auf den Bergen. Weiterhin bestand der Boden ganz aus rotem Lehm und war vom Regen so zerrissen, dass wir nicht geringe Schwierigkeit und langen Aufenthalt hatten, um die Kamele rund um die Spalten und Schluchten herumzuführen. Hier ließen wir ein Sklavendorf *(das das Eigentum eines Freien ist und nur von seinen Sklaven bewohnt wird)* zu unserer Seite. Es war ganz zerstört, und die Lehmwände waren alles, was davon geblieben war.

Hier, in diesen Ländern, hat die Natur alles für den Menschen getan: Schüsseln, Löffel und Flaschen wachsen an den Bäumen *(sie werden aus Flaschenkürbissen hergestellt)*; im Wald wächst Reis; Korn und Erdmandeln gedeihen ohne Mühe; der Boden liefert neben dem Rohr des Waldes und Feldes das nötige Material für die Wohnung; und nur etwas Kleidung und Perlenschmuck müssen noch erhandelt werden.

Immer weiter geht es nach Süden. Felspartien, Dörfer, Wälder, Felder, aber auch kleine Seen, die in dieser Regenzeit rasch an Umfang zunehmen, folgen einander. Nicht sehr ferne kann die große Stadt Yola liegen, nicht mehr ferne auch der große Fluss, …

Der Hauptstrom *(dessen Nebenfluss, der bis dahin noch unbekannte Faro, hier einmündete)* floss von Ost nach West in majestätischer Breite durch ein vollkommen offenes Land.

Barth folgte mit seinem geistigen Auge dem ferneren Verlauf, bis er den Niger erreicht und mit diesem dann zum Guineabusen strömt.

Eine große Bahn lag hier offen, ein Eingangstor für die rüstigen, alles überwältigenden Kräfte des Nordens; aber selbst mit der lebendigsten Hoffnung konnte ich damals nicht voraussehen, wie bald ein Schiff, so wie es die jüngste Erfindungsgabe des Europäers geschaffen hat *(gemeint ist ein Dampfer)*, diesen Strom bis in geringe Entfernung von dem Punkt, wo ich ihn überschritten hatte, heraufkommen würde. – *(Aufgrund seiner Berichte drang der Schotte Baikie, von der englischen Regierung unterstützt, 1854 auf dem Dampfer »Plejade« vom Niger aus in den Benuë vor, fast bis zu der oben von Barth beschriebenen Stelle. Der Forscher erfuhr erst viel später davon.)*

Da war also die feste Hoffnung begründet, dass längs dieser Naturstraße europäischer Handel und Einfluss in das Innere dieses Kontinentes eindringen und die auf den Unterschied der Religion wenigstens äußerlich begründeten Sklavenjagden verdrängen werde, welche die natürlichen, selbst im einfachen Leben der Heiden entwickelten Keime menschlicher Glückseligkeit zerstören und Wüstenei und Wildnis rundumher verbreiten.

Mit Mühe konnte die kleine Gesellschaft über den hier etwa einen Kilometer breiten und fast zwei Meter tiefen Fluss gesetzt werden. Die fünf Pferde machten nicht so viel Arbeit wie die drei Kamele.

Unfreundliche Tage in Yola

Als Barth dann Yola, eine wenig eindrucksvolle Anhäufung von Hütten mit etwa 12.000 Bewohnern, erreichte, lösten sich die Spannung der Erwartung und die überstandenen Strapazen in heftigen Fieberanfällen. Hinzu kam ein unfreundlicher Empfang durch den Herrscher des Landes Adamaua. Dieses war erst vor etwa zwanzig Jahren von den Fulbe erobert worden, aber durchaus noch nicht sicher in ihren Besitz gefügt. Wegen der großen Entfernung vom eigentlichen Zentralpunkt der Macht, von Sókoto, dem auch das von Barth besuchte Katsena und Kano unterstellt waren, hatte der Herr von Yola ziemliche Selbstständigkeit. Eine gewisse Rivalität bestand zwischen ihm und Scheich Omar von Bornu. Dieser benutzte nun die Reise Barths, um ihm einen Vertrauten mitzugeben, der zwar Barth unterwegs sehr behilflich war, in Yola aber vor dem dortigen Herrscher mit einem Brief Omars herausrückte, der Forderungen auf Teile des von den Fulbe beherrschten Gebietes erhob.

Natürlich erschien der nichts ahnende Barth da im ungünstigen Licht und erhielt nach einigem Hin und Her die Aufforderung, die Stadt schleunigst wieder zu verlassen. Und das zu einem Zeitpunkt, wo seine fiebrige Erkrankung den Höhepunkt erreicht hatte. Mit Aufbietung aller Willenskraft bestieg er sein Pferd, und obwohl er nicht weniger als zweimal ohnmächtig wurde, begann er, schwer gekränkt über den ungnädigen Empfang und auch dadurch, dass der Scheich ihn zu solcher Mission gewissermaßen missbraucht hatte, seine Rückreise.

Ein gelehrter und weit gereister Araber, den er in Yula getroffen, hatte ihm von den Landschaften um den Njassa-See erzählt, und die Versuchung, weiter nach Südosten vorzudringen, um die Rätsel der großen Ströme Zentralafrikas zu lösen, stand eine Weile verlockend vor seinen Augen. Hätte Barth die Mittel gehabt oder auch wohl eine gewisse Tollkühnheit besessen, vielleicht wäre er zu den Ufern des Kongo und der Nilquellen vorgestoßen. Als Sohn Hamburgs, an einem großen Strom aufgewachsen, war es immer sein Traum gewesen, den Lauf der Flüsse zu verfolgen. Aber, überlegend, wie er war, erkannte er klar, wie wenig Chancen dieses Unternehmen ihm bieten würde.

(Sonntag, 20. Juli) Endlich traten wir unsere letzte Station an, um nach Kúkaua zurückzukehren – wieder nach Kúkaua!

Der liebe Leser, der daheim bequem in seinem Lehnstuhl sitzt, denkt, der Reisende in diesen Gegenden sollte ins Unendliche vorwärts streben; anmaßende und unwissende Schreier erwähnen spöttelnd den Aufenthalt der Reisenden an einem schon bekannten Platz. Sie haben keine Ahnung davon, oder geben sich wenigstens das Ansehen, nicht zu bedenken, was der Reisende zum Vordringen in jene Gegenden gebraucht: Gesundheit, Geld, vor allem aber die schiere Möglichkeit, dass ihm der Machthaber des Landes vorzudringen erlaubt und ihn nicht etwa in Ketten legt oder mit einem Machtgebot aus seinem Land wegweist.

Durch den dreitägigen Aufenthalt in Udje hatte ich meine Kräfte etwas wiederhergestellt, dennoch aber war ich so schwach, dass ich froh war, als wir uns nach einem kurzen dreistündigen Marsch durch eine sehr freundliche, fruchtbare und gut bevölkerte Landschaft für die Nacht in einem Ort namens Gúlfo einquartierten, von dessen Bewohnern ein großer Teil aus Schua bestand. Nachdem ich mich hier während der heißen Tageszeit in einer recht geräumigen und luftigen Hütte ausgeruht hatte, genoss ich eine Weile die Kühlung des Abends draußen im Hof, wo ich mich zu gleicher Zeit an dem Anblick des von der Weide heimkehrenden Viehs labte.

Mittwoch, den 23. Juni

Wir waren jetzt nur noch einen einzigen Tagemarsch von unserem einförmigen Standlager in Kúkaua entfernt.

Als wir vom Brunnen Káine aufbrachen, kamen uns Leute aus der Stadt entgegen, und ich hörte zu meiner großen Freude, dass der schlaue Araber Mohammed el Mughárbi endlich mit den ihm anvertrauten Waren angekommen sei. Da sich der angenommene Wert dieser Sendung auf 100 Pfund Sterling belief, so war wenigstens einige Hoffnung vorhanden, in beschränkten Verhältnissen und kleinem Maßstab die Mission fortzuführen.

Aber schwach von Krankheit und geistig niedergedrückt, wie ich war von dem Fehlschlagen meiner weiteren Unternehmungspläne, konnte ich nur höchst angenehm berührt werden von dem Empfang, der mir bei der Rückkehr nach meinem Hauptquartier zuteilwurde. Denn als wir uns dem südlichen Tor der Stadt näherten, kamen drei Reiter, die dort aufgestellt waren, im gestreckten Galopp auf mich zugeritten, begrüßten mich in kriegerischer Weise mit geschwungenen Lanzen, stellten sich an die Spitze unseres Zuges und führten mich in stattlicher Prozession mitten durch die Stadt nach

meinem Haus, in dessen Nähe mich dann die Weiber mit lustigem
Händeklatschen und einem im gemütlichen lang gezogenen »lale,
Abd el Kerim, lale« ausgedrückten Willkommen empfingen. Ein
reiches Abendessen wurde mir später vom Wesir geschickt und ich
konnte mich ruhig meinen Gedanken überlassen, nun wieder im
sicheren Hafen angekommen zu sein, von wo ich nach einiger Rast,
nachdem das Schiff gehörig kalfatert und neu mit Proviant versehen
worden war, wieder auslaufen möchte, wohin eben der Wind mich
trüge. Mein Geist war aber mit Vorliebe auf die reichen Gegenden
im Süden gerichtet und nur ungern dachte ich daran, dazu gezwungen zu sein, meine Kräfte in anderer Richtung zu versuchen.

Es herrscht hier die Etikette, dass Leute, die mit dem Hof in
Verbindung stehen, wenn sie vor Asser (»lassar«), das heißt, vor
dem zweiten Nachmittagsgebet, das zwischen 4 und 5 Uhr ver-
richtet wird, von einer Reise zurückkommen, sich noch denselben
Tag dem Wesir vorstellen müssen; nun war meine Ankunft gerade
um den entscheidenden Zeitpunkt erfolgt, aber aufgrund meines
angegriffenen Zustands schob ich meinen Besuch bei Hof auf den
folgenden Tag auf; ich fand aber später, dass der Wesir erwartet hatte,
dass ich ihn noch an demselben Abend besuchen würde.

Als ich mich am folgenden Morgen in die Hofstadt – »bílla ge-
dibe« – begab, war der Wesir gerade auf einen frühen Besuch zum
Scheich ausgegangen, er kam jedoch bald zurück und gab mir eine
öffentliche Audienz vor allen Leuten, wo er dann, um sich mit seiner
Kenntnis der Europäer zu brüsten, nachdem er seine Teilnahme
an meinem geschwächten Gesundheitszustand ausgesprochen und
sich nach der mir in Adamaua gewordenen Aufnahme erkundigt
hatte, nicht unterließ, sich mit mir über die Form der Erde und das
ganze Weltsystem zu unterhalten. Er fragte mich dann, was ich jetzt
zu unternehmen beabsichtige, worauf ich ihm entgegnete, dass es
meine Absicht sei, zuerst womöglich den Tschad zu umkreisen und
dann den Versuch zu machen, in die Gegenden südlich von Bagirmi
vorzudringen. Hierauf sprach er augenblicklich in Betreff der Möglichkeit, rund um den See bis zum Bahr el Ghasal zu gehen, seinen
Zweifel aus, aber er versprach, meine Pläne, soweit es ihm möglich
sei, zu fördern, obgleich er der Meinung war, dass ich schon genug
getan hätte und lieber daran denken sollte, mit den gewonnenen
Resultaten meiner Arbeiten in die Heimat zurückzukehren.

Es war meine erste Regenzeit in den Tropen – denn die Regenzeit im Alpenland Aïr, am Rand der Wüste, konnte keine großen

Gefahren mit sich bringen – und als der Wesir mich so geschwächt und gänzlich entkräftet sah, war er nicht ohne Besorgnis, dass ich unterliegen möchte. Als ich aber in der Folge diese Kränklichkeit bei unausgesetzter Anstrengung glücklich überwunden hatte, fasste er das höchste Vertrauen in die Stärke meiner Gesundheit und sprach, selbst wenn ich auch noch so krank war, die feste Hoffnung aus, dass es mir gelingen würde, alle diese Fährlichkeiten des Klimas zu überwinden.

Wohlzufrieden mit meiner Audienz, kehrte ich in mein Quartier zurück und schrieb einen kurzen Bericht an die englische Regierung über die Resultate meiner Reise, indem ich sie benachrichtigte, dass meine höchste Erwartung in Betreff jenes Flusses im Süden übertroffen worden sei. Ich forderte sie demnach auf, ein Schiff auszusenden, um der von mir nicht bezweifelten Verbindung jenes Stromes mit dem sogenannten Tschadda ganz gewiss zu werden. Dieser Bericht, der ein oder zwei Tage vor Dr. Overwegs Ankunft mit einem Eilboten abgesandt und noch von einem zweiten Eilboten mit einem kurzen Bericht über die von meinem Gefährten glücklich beendete Beschiffung des Tschad überholt wurde, erregte in Europa allgemeine Aufmerksamkeit und verschaffte mir das Zutrauen Lord Palmerstons und der englischen Regierung. Mittlerweile bemühte ich mich, die Geldangelegenheiten der Mission so gut wie möglich zu ordnen.

Kapitel 21

Erkundungsritt im Altreich Kanem

Rückblick in graue Urzeiten

Als ein großer Teil Europas in der Eiszeit zu einer Kältewüste geworden war, erfreute sich Nordafrika eines weitaus günstigeren Klimas als heute. Große Ströme durchrauschten das heute wüste Land. Wälder und wildreiche Steppen bedeckten es und boten Jäger- und Hirtenvölkern wie auch Ackerbauern gute Lebensmöglichkeiten.

In dieser Zeit – dem vorerwähnten Pluvial – war es, als die in der Gegend des heutigen Tschad sich sammelnden Wasser, dem natürlichen Gefälle folgend, einen Abfluss nach Nordosten fanden, wo sie vor gebirgiger Umrahmung sich weithin ausbreiteten und sich dann, soviel wir vermuten können, unterirdisch in unbekannter Richtung verloren.

Heute ist davon noch das Trockental des Bahr el Ghasal übrig geblieben, der am Ostrand des Tschadsees seinen Anfang nimmt und sich zu der Niederung des Djurab absenkt, wo dünenüberdeckte Tonflächen, Oasen und Brunnenstellen, weiterhin aber auch zahllose Reste von Wassertieren und Gefäßscherben Zeugen längst vergangener, besserer Zeiten sind. Durch die englische Tschadsee-Expedition der Jahre 1822–24 hatte man von jenen Gegenden gehört, und Overwegs Wunsch war es gewesen, sie zu besuchen.

Im Mittelalter hatte sich, wie Barths Forschungen ergaben, östlich des Tschad das große Reich der Kanembu-Neger erstreckt mit vielen volkreichen Städten. Aber es war untergegangen, und Bornu, westlich des Tschad, an seine Stelle getreten. Wohl siedelten in den zahlreichen, mit Grundwasser versehenen Talungen noch fleißige Kanembu in Dattelpalmen-Oasen und bei Getreidefeldern mit ihren Schafherden; aber sie hatten im Südosten zum Nachbarn das ausgedehnte Steppenland Wadai mit unruhigen Bewohnern. Im Nordwesten lag das Gebiet der räuberischen Tuaregs des Aïr-Berglandes, der uns wohlbekannten Kelowi; und nun hatte sich seit Anfang des 19. Jahrhunderts ein neuer Plagegeist gezeigt in der Gestalt räuberischer Araber, der Uëlad Sliman, die einst an der Syrte wohnten.

Seltsame Irrfahrt eines Reitervolkes

Dort trieben sie zwischen friedlicheren Rassegenossen Jahrzehnte hindurch das einträgliche Spiel von Viehräubern. Schließlich wurden sie verjagt und zogen sich allmählich nach Süden, durch die ganze Wüste, am Bergland Tibesti vorbei, wo sie die Tibbus in ihren Dörfern plünderten; bis sie dann, angelockt von den Reichtümern südlicherer Landschaften, also des Sudans, an den Ufern des Tschad ein neues Feld für ihre gesetzlose Betätigung zu erreichen gedachten.

Aus allen Ländern längs des Mittelmeeres, bis nach Marokko hin, stießen unruhige Gesellen zu ihnen. So waren sie in den ersten Jahrzehnten des 19. Jahrhunderts, trefflich auf prächtigen Pferden beritten und mit Flinten wohlbewaffnet, nördlich des Tschad in Erscheinung getreten, nicht ohne sogleich mit den Tuaregs in Kampf zu geraten, welche ihr eigenes Raubgebiet von keinem anderen streitig machen lassen wollten. Nachdem sie diesen, die den so lebensnotwendigen Salzhandel von den Salzlagern der Wüste zum Sudan betrieben oder geleiteten, viele Tausend Kamele abgenommen hatten, sammelte sich ein Heer von etwa siebentausend Kamel- und Pferdereitern der Tuaregs. Insgeheim wurden diese Letzteren unterstützt von dem Machthaber Bornus, dem Scheich Omar in Kuka, dem die Nachbarschaft der Uëlad Sliman nicht angenehm sein konnte.

Kurz bevor Barth seine Reise mit Richardson bei Mursuk begann, kam es zum Kampf gegen die mit Speer, Schwert und Dolch für das Nahgefecht besser bewaffneten Tuaregs. Diese siegten.

»Die Blüte der Truppe der Uëlad Sliman wurde vernichtet, und nur die minder Tapferen und Jüngeren blieben übrig.«

Trotz der empfangenen Niederlage trieben die Uëlad Sliman, angeführt von ihrem zwanzigjährigen Scheich Rhet, ihr Unwesen weiter. Sie sannen eben auf neue Taten, als Barth die Gelegenheit ergriff, sich ihnen anzuschließen, da sich ihm nur so die Möglichkeit bot, das Land Kanem und, wenn möglich, auch das Tal des Bahr el Ghasal zu besuchen. Gleichzeitig wollte er dem ungesunden Klima, das während der Anfang August stark einsetzenden Regenzeit in Kuka herrschte, entfliehen und seine aufs Äußerste geschwächte Gesundheit in der frischen Wüstenluft wiederherstellen. Doch hatte er seine liebe Not mit solchen gesetzlosen Gesellen. Ohne die geringste Ordnung und Disziplin trieben sie sich in größeren und kleineren Horden umher. Bald fielen sie in einen am Weg liegenden Garten ein. Bald nahmen sie wehrlosen Negern ihre

Herden weg. Es war eine ununterbrochene Kette großer und kleiner
Wegelagereien, sodass der Forscher selber häufig in Lebensgefahr geriet.
Aber unentwegt trieb er seine Studien, sammelte Nachrichten über das
Reich Kanem, über Wadai, über die Sprache der Kanembu, der Tibbu
und studierte Sitten und Gebräuche der Landesbewohner wie seiner
turbulenten Begleiter.
  Am Donnerstag, dem 11. September 1851, verabschiedete er sich
von dem Wesir in Kuka, Hadj Beschir, nachdem er sich von ihm neue
Mittel durch Ausstellung einer Anweisung von fünfundsiebzig Dollar
auf Fessan (auf die englische Vertretung in Mursuk) verschafft hatte.
Nun ging es in gemächlichem Reisetempo nordwärts am Westufer des
Tschadsees entlang.

Donnerstag, den 25. September 1851

Rechts in der Ferne rückte eine ganze Herde Elefanten in re-
gelmäßigem Aufzug langsam heran zur Tränke, einer Heerschar
vernünftiger Wesen nicht unähnlich. Den Vortrab bildeten die
Männchen, deutlich an ihrer Größe erkennbar, in regelmäßiger
Schlachtordnung; in kleinem Abstand folgten die Jungen, in einem
dritten Zug die Weibchen. Den Nachtrab des ganzen Zuges bildeten
fünf Männchen von ungeheurer Größe. Die Letzteren bemerkten
uns, obwohl wir in ziemlicher Entfernung waren und uns ganz ruhig
verhielten; einige von ihnen warfen Staub in die Luft, wir störten
sie jedoch nicht. Es waren ihrer zusammen sechsundneunzig Stück.

Mittwoch, den 1. Oktober 1851 Frühzeitig aufgebrochen, trafen wir
nach zweistündigem Ritt einen Reiter, welcher vom Lager der Uëlad
Sliman kam und uns in ihrer Wildnis willkommen hieß. Kaum hatte
er seinen Gruß bestellt, als in fast ununterbrochener Reihenfolge aus
dem Dickicht zur Rechten und Linken Araber hervorstürzten, ihre
Flinten abfeuerten und uns mit ihrem gewöhnlichen Feldgeschrei
»Ya riab, ya riab!« begrüßten. Wir rückten auf diese Weise eine halbe
Stunde lang vorwärts und machten dann halt, um in feierlicherer
Form die Begrüßungen einer zahlreicheren, von einem Mann von
Bedeutung geführten Reiterschar in Empfang zu nehmen.

Nachdem der von den Pferdehufen aufgewehte Staub sich etwas
gelegt hatte, erblickten wir nun hier, wo die Waldung etwas mehr
gelichtet war, die gesamte Reiterei der Uëlad Sliman im besten Aufzug in einer Linie vor uns aufgestellt, ihren Häuptling Rhet und
dessen Oheim Omar in ihrer Mitte. Dieser von mir und Herrn Dr.

Overweg nicht erwartete feierliche Empfang machte einen großen Eindruck auf uns; man gestattete uns jedoch nicht lange, passive Zuschauer zu bleiben, indem die Araber, die mit uns aus Kuka gekommen waren, uns aufforderten, der Reihe vorauszugaloppieren, um den Häuptlingen unsere Ehrerbietung zu zeigen. Wir eilten daher unseren neuen Freunden entgegen und begrüßten sie mit unseren Pistolen. Sie erwiderten unsere Komplimente und hießen uns willkommen, worauf sich der junge Rhet mit blankem Schwert an die Spitze seiner Schwadronen stellte, die uns unter dem fortwährenden Rufe »Ya riab, ya riab!« nach dem Lager geleiteten, wo man uns unseren Zeltplatz anwies.

So hatten wir nunmehr unser Geschick mit demjenigen dieser Rotte von Freibeutern verknüpft.

Ruhig fließen die nächsten Tage dahin. Barth widmet sich dem Studium der Tibbusprache, deren Zusammenhang mit der der Kanuri-Neger westlich des Tschad er erkennt. Am Mittwoch, dem 8. Oktober, erscheint ein Tibbuhäuptling im Lager zu Besuch, begleitet von siebzehn Reitern; sie führen zur Begrüßung des Scheichs Rhet allerhand bemerkenswerte Reiterkunststücke vor.

Er *(der Tibbuhäuptling)* war eben kein gewissenhafter Mann, wie ich bald erfuhr, als er mit den Begleitern uns einen Besuch machte und uns, sobald er sich vorgestellt hatte, um Gift bat. Wir schlugen ihm natürlich seine Bitte kurzweg ab. Er ließ sich dann mit seinen Gefährten ruhig nieder und fand großes Vergnügen an der Musik meiner Spieldose, welche ich wirklich nebst der Uhr auf meiner ganzen Reise für das geeignetste Instrument fand, um die Eingeborenen von der großen Überlegenheit des europäischen Geistes und der Kunstfertigkeit der Europäer zu überzeugen. Diese Leute zeigten sich sehr empfänglich für die lebhaften Weisen, welche das kleine Instrument aufführte, und saßen eine lange Zeit still, um sich an der geheimnisvollen Musik zu ergötzen. Bald wurde die kleine Dose der Hauptgegenstand allgemeiner Unterhaltung, und Scheich Rhet begehrte gleichfalls, mit dem geheimnisvollen Kästchen bekannt gemacht zu werden.

Der Tag endete jedoch nicht auf so harmlose Weise, denn es kam schlimme Kunde. Hadj Abbas hatte nämlich auf dem Weg nach Bornu bei Ngigmi *(einem Weiler am nordwestlichen Ufer des Sees)* einen Trupp Tuaregs angetroffen und hieß die Araber, vor einem Überfall auf der Hut zu sein. Unruhe und Besorgnis verbreiteten sich daher durch das Lager, und Streifwachen wurden in alle Richtungen durch das Land entsandt.

Aufbruch zum Raubzug

Aber es kam, wie so oft, nicht zu einem Kampf. Vielmehr wurden eifrig Pläne geschmiedet zu einem großen Plünderungszug gegen die Stadt Mao östlich des Tschad, wo der Beherrscher des Steppenreiches Wadai seinen Sitz gehabt hatte und von wo er infolge politischer Wirren geflüchtet war. Auch seien große Kamelherden nordöstlich des Sees in der Djurab-Niederung auf der Weide. Daher gab es lockende Ziele genug. Vorläufig wurde das wirkliche Ziel aber noch nicht verraten.

Am Sonnabend, dem 11. Oktober 1851, bricht der Heereszug auf.

Die Landschaft Kanem *(nördlich und nordöstlich des Sees)* war eine sandige Ebene, mit Bäumen mittlerer Größe – fast durchgehend Mimosen – geschmückt und in günstigen Jahreszeiten zum Anbau von Sorghum *(Hirse)* wohl geeignet, hie und da durch tiefe Einsenkungen von bald größerer, bald geringerer Ausdehnung unterbrochen. Diese sind meist hinreichend mit Wasser versehen, um schöne Pflanzungen oder Weizenfelder hervorzubringen, und jetzt bei dem verwahrlosten Zustand, in den dieses Land versunken ist, mit üppigem Waldwuchs bedeckt, der nur den Tieren der Wildnis zur sicheren Zufluchtsstätte dient.

Freitag, den 17. Oktober 1851 *(Nach einem langen Ritt in südlicher Richtung stellt sich am Nachmittag die ganze Schar in langer Reihe auf)*, um sich zur Tapferkeit zu ermahnen und Befehle zu erteilen für den Fall eines Zusammentreffens mit dem Feind. Kein Pardon sollte gestattet werden. Außerdem wurde noch vieles ausgerufen, was mir, der ich am Ende der Schlachtlinie stand, unverständlich blieb. Zwei Reiter sprengten die Reihe entlang und schwenkten weiße Banner.

Es kommt nun zu unübersichtlichen Scharmützeln und Heinrich Barth, den auch Adolf Overweg begleitet, hat von dem Hin und Her bald genug. Sie absentieren sich von den unruhigen Gesellen, indem sie sich einer nach Kuka ziehenden kleinen Karawane anschließen. Ihre »Beute« waren neue Landeskenntnis und Einblick in »interessante« Zustände.

Am 15. November 1851 waren sie wieder in Kuka. Zum Ausruhen blieb hier wenig Zeit; alle Welt war mit Kriegsrüstung beschäftigt. Als Ziel erschienen die südlichen Sumpfwälder am Logone, wo man Sklaven jagen wollte.

Sollte man dabei sein? Eine schwerwiegende Frage für friedliche Forscher. Es lockte zwar die Möglichkeit, neues, unbekanntes Land zu sehen. Aber später, daheim in Europa, würden die Bekämpfer des Sklavenhandels mit Verdächtigungen, an einem »Jagdzug« teilgenommen zu haben, nicht sparen. Trotzdem entschlossen sich die beiden Forscher, mitzuziehen, im Stillen hoffend, Distanz vom inhumanen Geschehen wahren zu können.

Kapitel 22

In den Sumpfwäldern von Tuburi

Als direktes Ziel war nur Mandara angegeben *(das irgendwo südlich des Tschad liegen musste),* um den Fürsten dieses kleinen, von Bergen geschützten Ländchens zum Gehorsam zu bringen. Die Hauptsache aber war, dass die Kisten und Sklavenräume leer waren und gefüllt werden mussten; woher, war Nebensache.

Es war schon jetzt viel Gerede von einem Ausbruch der Feindschaft zwischen Abderraman *(dem früher erwähnten Bruder des Scheichs)* und dem Wesir, da der Erstere in enger Beziehung zum Fürsten von Mandara stand, und dies war auch der Grund, weshalb Herr Dr. Overweg anfangs lieber zurückbleiben wollte. *(Aber der tatkräftigere Barth ließ sich dadurch nicht zurückhalten.)*

Schon am 25. November 1851 ist der unermüdliche Forscher, neu gestärkt durch die kühlere Jahreszeit, wieder unterwegs zum Lager des Scheichs, der bereits vorher mit seinem Heer aufgebrochen war. Wohlgemut durchzieht er die ausgedehnte Ebene südlich Kukas, die zahlreiche Dörfer aufwies und sorgfältig mit Baumwolle und Getreide bestellt war.

Diese ganze fruchtbare Ebene wurde im Jahre 1854 ein Raub der Überschwemmung des Tschadsees, herbeigeführt durch ein Einsinken des Bodens, wodurch das Land die wunderbarste Veränderung erlitt …

Wenige Kilometer südlich der Hauptstadt erhob sich das Lager.

Für den Scheich und den Wesir wurde sogar bei jedem Lagerort, solange wir uns auf Bornu-Gebiet befanden, stets eine Umzäunung aus Mattenwerk errichtet.

Das Kriegsvolk baute sich hochgiebelige kleine Hütten aus dem Stroh, das zur Erntezeit auf den Stoppelfeldern in Fülle umherlag.

Die Reisenden lernen den Polizeigewaltigen des Scheichs, Lamino, näher kennen. Barth beschreibt die »eigentümliche Persönlichkeit«.

Wir finden hier ganz dasselbe Verhältnis wie in Europa, wo notorische Spitzbuben mitunter die trefflichsten Polizeibeamten abgeben. So war Lamino früher gefürchteter Straßenräuber gewesen und nun »chef de police« oder Zwangsmeister geworden; er leistete dem sanften Wesir durch seine Hartherzigkeit und Schamlosigkeit vortrefflichste Dienste und wir nannten ihn daher nur »die schamlose Linke«. Einkerkern und Peitschenlassen waren sein Hauptvergnügen; er konnte indessen auch sehr sanftmütig und liebenswürdig sein, und nichts amüsierte Herrn Dr. Overweg und mich mehr, als wenn er uns in höchst sentimentalen Ausdrücken von seiner Liebe zu der begünstigten Beherrscherin seines Herzens erzählte, die er auf dem Kriegszug mit sich führte. Auch war es überaus spaßhaft, den Schrecken wahrzunehmen, den er empfand, wenn wir die Erde mit einem Straußenei verglichen, da es ihm bei seiner Schwere und Plumpheit unbegreiflich war, wie er sein Gleichgewicht darauf bewahren sollte.

Aufmarsch zum Kriegszug

Mittwoch, den 26. November 1851 Die vor dem Zelt des Scheichs ertönende große Trommel gab früh am Morgen das Zeichen zum Aufbruch, und in breiter Schlachtordnung rückte das Heer mit seinem mächtigen Reitertross über die mit hohem Rohr bedeckte Ebene hin, die nur hie und da Anbau zeigte. Ich blieb jedoch diesmal noch bei den Kamelen und Lastochsen, die mit Fußgängern und vereinzelten Reitern den langen, unabsehbaren Zügen zur Seite marschierten, während einzelne Trupps Kanembu in ihrer spärlichen, meist aus Lumpen zusammengefügten oder bloß aus einem Schurzfell bestehenden Kleidung und mit ihren Holzschilden unter munteren Zurufen am Lastzug vorbeieilten.

Unser Beschützer Lamino sandte uns dann ein vortreffliches Gericht aus gekochtem Reis mit aufgelegtem Honigbrot. Der Scheich war in seiner geräumigen Tonbehausung und gab gerade den Leuten des Ortes große Audienz. Bald nach den gewöhnlichen Begrüßungsformeln wurde die Unterhaltung durch den Wesir auf *(den englischen Forscher)* Denham *(»Rais Chalil« damals von den Eingeborenen genannt)* gerichtet, der einst *(1822 nach Erreichen des Tschadsees)* denselben Weg gezogen sei.

Der Scheich sandte uns am Abend zwei Hammel, eine Last Hirse und zwei Schüsseln zubereiteter Speise, und da uns nun auch ein hier angesessener lustiger Spielmann, den wir von früher her kannten, bewirtete, so war des Schmausens kein Ende. Übrigens fehlte auch geistige Unterhaltung nicht, da der wissbegierige Wesir auf diesem Heereszug, wo er mehr Muße hatte als daheim in seinem Palast, so viel wie irgend möglich von uns lernen wollte.

Montag, den 1. Dezember 1851
Das wie aus dem Boden hervorspringende Heereslager mit seinen mannigfaltigen, für den Augenblick gebildeten leichten Wohnun-

gen, den verschiedenen Truppengattungen, der Menge zum Teil vortrefflicher Pferde aller Farben, dann die ankommenden Züge der Lasttiere, Kamele und Packochsen mit dem Hausgerät und den wohlverhüllten Frauen – alles bildete ein überaus interessantes Bild; denn jetzt hatte sich schon fast das ganze Kriegsvolk zusammengefunden, sodass sicherlich zwanzigtausend Menschen mit zehntausend Pferden und ebenso vielen Lasttieren hier versammelt waren.

Am Abend entspann sich zwischen uns und unserem Gönner *(dem Wesir)* ein sehr ernstes Gespräch über die Mittel Bornus, sich wieder zu seiner früheren Größe emporzuschwingen. Herr Dr. Overweg betonte in einer begeisterten Rede die Abschaffung des Sklavenhandels, wogegen der Wesir geltend machte, dass ihm die Sklaven die Mittel an die Hand gäben, Feuerwaffen zu kaufen. Da hatte er gerade den Nagel auf den Kopf getroffen; denn eben die Begierde nach den Feuerwaffen der Europäer hat den Sklavenhandel an der ganzen Westküste hervorgerufen. Aber wozu wollen diese Leute Gewehre haben? Nicht um sich damit eine überwiegende Herrschaft zu verschaffen, sondern besonders eben deshalb, um wieder Sklaven einzufangen und mit einem guten Vorrat dieser schmählichen Handelsware sich diejenigen Luxusartikel europäischer Zivilisation zu verschaffen, mit welchen sie bekannt geworden sind.

Unweit des Lagers liegt die Stadt Dikoa, von mächtiger Mauer umgehen. Sie hat wohl fünfundzwanzigtausend Einwohner, deren Hauptbeschäftigung die Baumwollweberei ist.

Aber es ist hier sogar eine Pulverstampferei; denn Pulvermühlen gibt es hier noch nicht, sondern das Pulver wird in einem großen hölzernen Mörser gestampft, und ich kam in der Folge jedes Mal, wenn ich meinen Kaffee stampfen ließ, da ich keine Kaffeemühle besaß, in den Verdacht, Pulver zu bereiten.

Leider war durch die Anwesenheit des Heeres die friedliche Beschäftigung der Einwohner gestört, und anstatt des Klopfens von Geweben, das in vielen Städten des Sudans einen so angenehmen, reges gewerbliches Leben veranschaulichenden Ton hat, hörte man nichts als den Schall des Pulverstampfens, der aus einer auf sehr einfachen Grundsätzen beruhenden Pulverfabrik, wo acht Sklaven beschäftigt waren, hervorschallte.

Die Tage des Lagerns, bis alle Hilfstruppen zusammen waren, benutzte Barth eifrig, die Kanuri-Sprache der Bornu-Leute zu erlernen und ein Wörterbuch anzulegen. Zwischendurch hat er ein Erlebnis mit dem grausamen Polizeiminister Lamino.

Der ließ einen Raubmörder vorführen, der mit seinem Nacken in die schwere, vier bis fünf Fuß lange Holzklemme gespannt war, und ihn zu seiner und, wie er meinte, auch meiner Belustigung sich mit einem anderen ebenso eingeklemmten Sträfling gegenseitig durchpeitschen. Um ihn loszuwerden, beschenkte ich ihn als Anerkennung für die verschiedenen Gerichte, welche er uns gelegentlich zuschickte, mit einer ansehnlichen Menge Nelken für seine in der Kochkunst wohlbewanderte Aischa, und er wiederholte mir mit verliebtem Lächeln, dass er sie sehr lieb habe und sie ihn auch, dies sei doch das Schönste auf Erden. So sentimental war diese, nichts weniger als liebenswürdige Fleischmasse, und ich war froh, als ich ihn entfernt hatte.

Unsere Unterhaltung in den abendlichen Soireen beim Wesir wurde zuweilen so gelehrt, dass selbst Ptolemäus mit seinem *»Mandaros oros« (Mandarus-Gebirge)* herbeigezogen wurde. *(Arabische Schriftsteller hatten schon früh klassische Reisewerke übersetzt. Manchen abenteuernden Europäern jedoch gingen, da sie wenig gebildet waren, die nützlichen Möglichkeiten ab, welche sich hieraus für unseren vielseitig belesenen Barth ergaben. Zahlreiche Potentaten Nordafrikas erwiesen sich als gut unterrichtet, und Barths Ansehen stieg infolgedessen in dem Maße, wie er mit ihnen über die sie selbst interessierenden Fragen der islamischen Religion und Gelehrsamkeit diskutieren konnte.)*

Montag, den 8. Dezember 1851 Langsam wälzt sich nun der Heerwurm in südlicher Richtung durch Felder und Wälder der zur Regenzeit oft weithin überschwemmten und von den Strömen Logone und Schari durchzogenen Landschaften südlich des Tschadsees.

Wehe den Gegenden – selbst in Freundesland –, durch welche hier ein Heereszug seinen Weg nimmt! Wir passierten heute einige ausgedehnte Getreidefelder, die in voller Pracht standen; aber ihre reichsten Ähren fielen trotz des Schreiens der auf hohen Gerüsten *(zur Überwachung)* sitzenden Sklaven den hungrigen Reitern zu ihrem und ihrer Tiere Unterhalt anheim.

Während der Rasttage unterhielt ich mich, wenn ich nicht besondere Nachrichten zu sammeln Gelegenheit hatte oder mit meinem Kanuri-Wörterbuch beschäftigt war, überaus gern mit der Lektüre allgemeiner Lehrbücher, um nicht bei der Anschauung dieser speziellen Verhältnisse das Allgemeine zu vergessen. Leider hatten wir überhaupt nicht alle die Bücher mit, die wir auf unserer Reise hätten brauchen können; denn bei der gegenwärtigen Unternehmung konnte ich auf meiner einzigen Kamellast nur sehr wenig mitnehmen. Ich fing hier auch mithilfe zweier Mandara-Sklaven mein Wörterbuch der Mandara-Sprache an.

Die Landschaft wird von zahlreichen Wasserläufen durchzogen, die bald selbstständig ein kleines System bilden, bald, je nach dem Regen, miteinander in Verbindung treten. Überall sind breite Wiesensäume. In den dichten Waldungen halten sich Elefanten- und Giraffenherden auf. An vielen Stellen findet sich wild wachsender Reis. Wo Weideflächen sind, erscheinen die Fulbe mit ihren Rinderherden. Unter dem elften Breitengrad, westlich des Logone, erreicht der Heereszug das Land der Musgu-Neger, eine Gegend, die noch nicht von einem Europäer besucht worden war.

Größere und kleinere Trupps des Heereswurms machen sich selbstständig und führen Krieg auf eigene Faust. Die Bewohner ziehen sich auf Baumfestungen zurück.

Dem Heereszug zu folgen, war auf oft sehr engem Waldpfad und aus Mangel an jeder Disziplin nicht leicht. Immer noch war es nicht klar, wohin man sich wenden solle. Einige der kleinen Negerreiche waren halb, andere noch gar nicht unterworfen, aber man scheute sich, sie in diesem unübersichtlichen Gelände anzugreifen. Von der heimatlichen Bequemlichkeit durfte nichts geopfert werden. Der berittene Harem war stets zur Hand. Dicht verschleiert, in weiße wollene Burnusse gekleidet und von Eunuchen streng bewacht, folgten die Schönen. Immer noch versammelt man sich abends zu gelehrten Gesprächen beim Wesir.

Kurz vor Weihnachten kommt der Musgu-Fürst Adischen selbst, um dem Scheich von Bornu seine Aufwartung zu machen.

Er war mit einer schwarzen Tobe bekleidet, trug aber keine Beinkleider und erschien mit unbedecktem, glattgeschorenem Haupt. Auf dem Boden niederkniend und mit Händeklatschen die Worte »Gott gebe dir ein langes Leben!« wiederholend, streute er Staub auf sein Haupt. Sobald aber der auf den Trümmern seiner Nationalität sich sträubende, auf allen Seiten seines Landes von Feinden bedrohte Häuptling diese erniedrigende Zeremonie ausgeführt hatte, nahm er seine Würde wieder an und beschwerte sich nun über seine westlichen Nachbarn, die Fulbe. Der Scheich sagte ihm Hilfe zu und beschenkte ihn mit Kleidungsstücken. So war aus diesem kleinen, heidnischen Musgu-Häuptling eine Art bornuesischer Amtmann geworden, und er fristete auf diese Weise seine armselige, unbeneidenswerte Existenz.

Bescheidene Weihnacht in wildem Land

Weihnachtstag 1851

Es war heute Weihnachtstag, und da Herr Dr. Overweg und ich als Hamburger dieses Fest durch eine außerordentliche Abendmahlzeit feiern wollten, sahen wir uns, aber leider vergeblich, nach Fischen um, welchen Genuss die Sumpfwasser *(die das Musgu-Land nach allen Seiten durchziehen und es namentlich in der Regenzeit unpassierbar und unangreifbar machen)* doch in Aussicht stellten. Mit Elefantenfleisch hatten wir bittere Erfahrung gemacht, und Giraffenfleisch, das den höchsten unserer afrikanischen Genüsse bildete, war leider auch nicht aufzutreiben. Deshalb erquickten wir uns denn in Ermangelung höherer Genüsse mit einer Extraportion von Kaffee und Milch.

Der Heereszug bewegt sich weiter über die flache Wasserscheide zwischen den Flüssen Benuë und Schari.

Sonnabend, den 27. Dezember 1851

Der erste Teil unseres Marsches führte heute durch dichte Waldung; dann traten wir in freieres Sumpfland hinaus, welches mit hohem, frischem Gras bewachsen und voll ungeheurer Fußstapfen von Elefanten war; auch wurden Perlhühner in Menge gefangen. Nur hier und da überragte eine einzelne Mimose die flache Linie der grasigen Savanne. Nach einem Marsch von sechs Meilen erblickten wir die erste Delébpalme *(Fächerpalme)* im Musguland.

Sonntag, den 28. Dezember 1851 Barth war an dem schönen Morgen in der reizvollen Landschaft ganz seinen Betrachtungen auf seinem Ross träumerisch hingegeben und hatte dabei den Anschluss an den Heereszug verloren. Dieser war unvermutet eiligst nach vorne gezogen und nun ganz verschwunden. Der Forscher hatte nur eine Handvoll Schua-Araber bei sich.

In wilder Unordnung irrten hier einzelne Reiter zwischen den Zäunen der Gehöfte hierhin und dorthin, während dort ein Eingeborener in äußerster Verzweiflung sein Heil in der Flucht suchte; hier wurde ein anderer aus seinem Versteck hervorgeholt, dort diente ein oben im dichten Laub eines breitästigen Baumes Hockender zum Ziel von Pfeilen und Kugeln; einzelne Schüsse fielen in verschiedenen Richtungen. Ein kleiner Trupp Schua war unter einem Baum versammelt und suchte ein Rudel geraubten Viehs zusammenzuhalten. Umsonst wandte ich mich an Schua und Kanuri mit der Frage, wohin der Wesir sich gewendet habe.

Verschiedene Trupps, in gleicher Ungewissheit wie ich selbst, kamen mir entgegen. Würden die armen Musgu, denen es wahrlich nicht an Mut fehlt, von erfahrenen Anführern geleitet und warteten sie die rechte Gelegenheit ab, sie könnten in diesen dichten Waldungen, wo Reiterei nur ein Hemmnis ist, diesem meist feigen Tross unendliche Verluste beibringen. Aber sie haben keine Pfeile, sondern nur Lanzen und Handeisen. Ihre Gegner besitzen zwar Feuerwaffen, aber welch geringen Nutzen sie daraus ziehen, hatte ich Gelegenheit selbst zu beurteilen. Mehrere Gewehrträger baten mich dringend um Feuersteine, da sie die ihrigen entweder verloren oder diese sich nicht bewährt hatten.

Nach einiger Zeit vernahm man die große Trommel des Wesirs und fand dessen Lager am Rand eines Sumpfwiesenwassers auf weiten, von schönen, großen Bäumen beschatteten Stoppelfeldern. Trotz des Durcheinanders hatte die große Heeresmasse doch am Abend aus den umliegenden Dörfern etwa tausend Menschen zusammengetrieben.

Die erwachsenen Männer wurden ohne Schonung abgeschlachtet oder man ließ sie vielmehr verbluten, indem man ihnen ein Bein abhieb. Ihre Zahl belief sich auf einhundertsiebzig.

Ihr Vorderkopf war, anstatt rückwärts geneigt zu sein, bei den meisten sehr hoch und die Gesichtslinie gerade, aber ihre buschigen Augenbrauen, weit offenen Nasenlöcher, aufgeworfenen Lippen, hohen Backenknochen und ihr grobes, buschiges Haar gaben ihnen ein sehr wildes Aussehen. Die Gestaltung der Beine mit den nach innen gebogenen Knieknochen war besonders hässlich.

Barbarischer Besuch

Montag, den 29. Dezember 1851 (Fürst Adischen, der unglückliche Herrscher der gequälten Musgu, kommt, ungeachtet der schrecklichen Vorkommnisse, ins Lager. Dabei besucht er auch Barth. Er hat sich, um als Moslem zu erscheinen, das Haar glattgeschoren.) Von seinen Begleitern trug nur einer ein Hemd, die anderen hatten ihre Hüften mit einem ledernen Schurz verhüllt.

Am merkwürdigsten ist bei diesen Leuten die Art, wie sie sich zu Pferde halten; sie ist wahrhaft barbarisch; denn absichtlich machen sie eine breite, offene Wunde auf dem Rücken ihrer kleinen, stämmigen Pferde, um fest zu sitzen, und wenn sie schnell reiten wollen, ritzen sie sogar oft noch ihre Beine auf der inneren Seite auf, damit sie durch das herabrieselnde Blut an den Seiten ihrer Pferde festkleben; denn sie entbehren alles, Sattel, Bügel und Zaum. Sie tragen gewöhnlich nur einen Speer, aber mehrere Handeisen (golio). Der Golio ist offenbar ihre beste Waffe, auch aus der Ferne, indem sie dieses scharfe, doppelspitzige Eisen sehr geschickt von der Seite werfen und Beine von Menschen und Pferden wegschneiden; so wenigstens behaupteten meine Freunde. Einige ihrer Häuptlinge schützen ihren Oberkörper durch einen starken Panzer, der aus Büffelfell gemacht ist.

Während der Nacht, wo ich keinen Schlaf finden konnte, vertrieb ich mir die Zeit mit den Possen eines der Rufer, der dafür sorgte, dass die Leute nicht zu tief schliefen. Vorsicht war gewiss höchst nötig.

Am Jahresende erreicht das Heer die Landschaft Tuburi. Waldungen, Sümpfe, Wiesen, zahllose, träge fließende Gewässer wechseln hier auf der schmalsten Stelle der Wasserscheide zwischen den Tschadsee-Zuflüssen Logone und Schari und dem Benuë miteinander ab. Wie die Indianer Amerikas Entsetzen packte, als sie zum ersten Mal die Pferde der Spanier erblickten, so flüchten auch die Tuburi-Neger vor dem Anblick der Kamele. Wie die Bornuaner beim Anrücken der Tuaregs Löcher ausheben, in denen die Pferde der Feinde sich die Glieder brechen, so machten die Tuburi es auch in den unübersichtlichen Waldungen. Stets waren die Dörfer leer, wenn die Soldaten herankamen. Nur Alte und Schwache blieben zurück. Aber immer wieder wurden einige Haufen erwischt und zu Paaren getrieben oder eingefangen. Vergebens ermunterten die Bornuaner den Doktor Barth, er solle sich doch auch an der Hetze beteiligen, und verächtlich sagten sie abends, wenn vor dem Wesir das Gespräch darauf kam: »Er ist zu nichts nütze.«

Der Neujahrstag 1852 geht ungefeiert vorüber. Barth gab sich der Hoffnung hin, noch im Verlauf dieses Jahres nach Hause zurückkehren zu können und …

Ich ahnte nicht, dass ich noch drei Jahre mehr in diesen Ländern eines fast rohen Naturzustandes zubringen sollte, stets wechselnden Eindrücken, neuer Entdeckung und Enttäuschung bald freundlicher, bald schnöder Behandlung und vielerlei Not, Trübsal und Krankheit ausgesetzt.

Lange steht er an den Ufern des Logone und schaut hinüber nach Osten ins unbekannte Land, wo die »Mondgebirge« liegen sollten und die Quellen des Nils und noch viele unbekannte Riesenströme.

Der Wesir unterhielt sich oft mit Barth über dessen Wunsch, noch viel weiter nach Süden, bis zum Äquator, ja, bis zur Ostküste vorzudringen,

in jene Gegenden, wo Livingstone bald seine aufsehenerregenden Ent-
deckungen machen sollte. Dabei jagte er den ebenso bequemen wie
feigen Hofschranzen von Kuka manchmal mit Absicht einen heillosen
Schrecken ein, indem er versicherte, der Heereszug solle über das Tuburi-
Land hinausführen, über den Logone hinüber und den Schari, und für
Barth wäre es doch sicher von hohem Interesse, ihn zu begleiten.

Aber dazu kam es nicht. Man vertrieb sich die Zeit damit, bald
hierhin, bald dorthin vorstoßend, Dorf um Dorf zu plündern und nach
lebender Beute zu durchsuchen. Überall lagen bald abgeschlachtete oder
sterbende Menschen zwischen den rauchenden Trümmern. Obwohl die
Natur diese Landschaften mit sehr fischreichen Gewässern versehen ist,
war eine Hungersnot die gewöhnliche Folge der Sklavenjagden. Flöße
zu bauen und über den Logone zu setzen, um den dorthin geflüchteten
Musgu der Tuburi-Landschaft zu folgen, dazu sah sich das Riesenheer
nicht imstande.

Ein Wasserkampf

Da bot sich ein willkommener Gegenstand, woran das ergrimmte
Heer seine Erbitterung auslassen konnte. In einer kanalartigen Was-
serrinne, wo wir gerade unsere ermüdeten Tiere tränkten, zeigten
sich vier Eingeborene, die, offenbar im Vertrauen auf ihren Mut und
ihre Geschicklichkeit im Schwimmen, hier im tiefen Wasser ihre
Zuflucht genommen hatten, um beim Abzug des Heeres den Ihrigen
ein Zeichen zu geben. Diese kleine Heldenschar beschloss man zu
opfern, und das ganze Reiterheer stellte sich in dichten Gliedern an
beiden Seiten des Wassers auf. Jedoch war es nicht so leicht, wie es
schien, und alles Feuern der schlechten Schützen war umsonst, da die
Musgu geschickt untertauchten. Da ließ der Wesir einige Kanembu
ins Wasser gehen, und es entspann sich ein eigentümlicher Kampf,
wie ich Ähnliches nie gesehen habe, ein Wasserkampf mit Schild und
Lanze, der wahrhaftig nicht geringe Anstrengung erforderte; denn
während die Leute sich mit ihren Füßen über dem Wasser halten
mussten, hatten sie zugleich den Speer zu schleudern und den Wurf
des Gegners zu parieren. Die armen Musgu kämpften nicht allein
für ihr eigenes Leben, sondern gleichsam für ihre Nationalehre. Es
waren große, muskulöse Gestalten, die einzeln den Kanembu bei
Weitem überlegen waren; aber die Mehrzahl siegte nach langem
Kampf; drei von den Musgu schwammen bald als Leichen auf dem
Wasser; der vierte jedoch war unbesiegbar, und die Kanembu, die
zwei der Ihrigen verloren hatten, gaben ihn in der Verzweiflung auf.

Nach diesem schimpflichen Sieg setzten wir unseren Marsch fort. In der Tat ist für einen fühlenden, wissbegierigen Reisenden nichts trostloser, als solch einen Raubzug zu begleiten; aber bei den gegenwärtig in diesen Landen noch obwaltenden Verhältnissen muss er entweder den Besuch vieler Gegenden ganz aufgeben oder eine solche Gelegenheit ergreifen. Er wird dann aber auch das Recht haben, mit um so mehr Bestimmtheit von dem Elend zu sprechen, das durch diese Raubjagden über die schönsten und volkreichsten Gegenden dieses Weltteiles gebracht wird.

Etwa auf 11 Grad Nord wurde bei der Rückkehr nach Norden an der Nordgrenze des »feindlichen« Musgu-Landes gelagert, um hier die Beute zu teilen. Denn weiter nördlich, auf »befreundetem« Gebiet, würde sich die Masse in einzelne Trupps auflösen und jeder weiterhin eifrig plündern und morden, wo es ohne Risiko ging.

Am Nachmittag des 17. Januar 1852 waren zwei befreundete Mitglieder des Heeres in naheliegende Dörfer gezogen, um Pferdefutter aufzutreiben. Am Abend aber brachten sie achthundert Sklaven und zahlreiche Rinder mit. Das geschah mit Einverständnis des »Fürsten« Adischen, der so seine eigenen Landsleute zum Zeichen seiner Unterwürfigkeit auslieferte. Huldvoll ließ der Wesir ihm zweihundert der ältesten und fast nutzlosen Weiber wieder zustellen »mit dem freundlichen Bemerken, sie sollten das Land bestellen, und er wolle, wenn er wiederkomme, den Ertrag davon essen«.

Trotz einer für diese Gegend »grimmigen« Kälte von zehneinhalb Grad etwas vor sechs Uhr morgens, sodass die nackten Sklaven, die ihren warmen Hütten entrissen worden waren, die Nacht über jämmerlich schrien, blieb der Heereszug noch einige Zeit beisammen. Angeblich waren zehntausend Sklaven erbeutet. Barth meint aber, das sei großsprecherische Übertreibung gewesen, die Zahl habe sich auf dreitausend belaufen. Ein Drittel bekam der »Heerführer«.

Bevor sie die weiten Tonebenen südlich des Tschad und damit Bornu-Gebiet wieder betreten, erscheinen Boten und melden, dass für Barth und Overweg ein Kurier aus dem Fessan angekommen sei. Aber die Tuaregs hätten ihm die Briefe und andere für die Reisenden bestimmte Dinge geraubt.

Am Sonntag, dem 1. Februar 1852, wird feierlich Einzug in die Hauptstadt Kuka gehalten. Hier war auch der Scheich Rhet jener Uëlad Sliman zum Empfang erschienen, mit dem Barth den Raubzug nach Kanem gemacht hatte.

Dr. Barth's Tagebuch No VII

22ten December 1851 – 26ten März 1852

— und den wieg dicht fort allmählig auf und nieder
welches Reis gegeben. Hier und die meinen bleibt ein
binz so voller länung[?] unser unfreund[?] und einige
bleibt wir behalt von Gruppen von Reitern, die hier ihre
döstigen Gärben[?] trinkbar. Je fort solchen länung den fort
wieder und erreichte ich wieder den Reiter um 10,5 der
Tage zuletzt, wo ein Korn als 11,35 eintraten:
Unser Koch war heute mäßig[?] mannigfach, nicht
meines gewöhnlichen Zeltkoch — Reis als Mehlsuppe
zu mich kochen — war die Hütte zu Theil keine Ge-
nicht[?] Hochschicht, ein Gericht klingt bunten[?] fleiss,
war die wichtig schlecht waren, trank Angelegenheit
mit Thränen fleiss, und ein freilich nicht sehr
schmackhafter Fisch und dem nahen Mahnregel.

Dienstagd am 23ten December brachen wir
um 6,20 auf mit 5,20 O. durch Marven[?], wo die ganze
Reiter mit gewaltiger Galt mache in bengen[?]
fronte, das erste Mal eine Fürst Adrachen[?]
für oder mit einem länz[?] keinen fattellosen
Reiter auch nicht kleinen Schaden, das zweite
Mal als ein Trupp von etwa 100 fellata unbehülf-
lich[?] fein und kleine[?] I Churos[?] die Großen von
Fette geleibt wie schon in geringen Entfernung in
Al gelegten hatten, zum bornehmen Fluss, um von
der Razzia Theil zu nehmen, die die ihren verhabt
überlagenen Mus gestalt nun schwächer fällt.
Unsere Richtung war zum 8 U. 5,35 O. da die Mann-
nigfaltigkeit der Koch von gestern nur nicht eben
förderlich gewesen[?], blieb ich weit hinter der Menge
zurück und zwischen von den ersten Korn nehm[?],

5,50 — 11,35
5 N. 40
6,20 fost
5,20 O
8 U.
5,35 O

(Aus) Dr. Barth's Tagebuch
vom 22ten Dezember
1851–26sten März 1852

»– das Dorngebüsch hörte allmählich auf und viel 5,50–11,35
wilder Reis zeigt sich. Hier und da war ein Wasser- 5 St. 45 M.
teich herrlicher Baumwuchs umher … und augenblicklich belebt von Gruppen von Reitern, die hier
ihre durstigen Gäule tränkten. In solcher Umgebung
fortreitend erreichte ich mit der Reiterei um 10,5 den
Lagerplatz, wo die Kamele 11,35' eintrafen; Unsere
Kost war heute äußerst mannigfach; außer unserer
gewöhnlichen Zeltkost – Reis oder Mohamssa mit
Bohnen – wurde uns heute zu Theil ein Gericht
Hasenfleisch, ein Gericht Elephantenfleisch, was
durchaus eßbar war, etwas Ähnlichkeit mit Schwei-
nefleisch, und ein freilich nicht sehr schmackhafter
Fisch aus dem nahen Wasserpol.

Dienstag, den 23 Dezember brachen wir 6,20 auf   6,20 fort
mit S. 20 O. durch Karaga, wo die ganze Reiterei   S 20 O
zweimaligen Halt machte in langer Fronte, das erste Mal, weil Fürst *Adischen* herankam mit einem
Trupp seiner sattellosen Reiter auf meist kleinen
Pferden, das zweite Mal als ein Trupp von etwa 200
Fellata unter Anführung (eines Dieners) *Churso's*
des Großen von Fette, das wir schonend in einiger
Entfernung im W gelassen hatten, zum Bornuheere
stieß, um an der Razzia Teil zu nehmen, die die ihnen verhaßt überlegenen Musgostämme schwächen
sollte. Unsere Richtung war um 8 U. S. 35 O. Da   8 U
die Mannigfaltigkeit der Kost von gestern mir nicht   S. 35 O.
eben förderlich gewesen, blieb S. 35 O. ich weit hinter dem Wezir zurück und hielt mich an den ersten
Kamelen, …«

Excursion nach Musgo

---

*Abbildung 47. Erste Seite eines der Tagebücher von H. Barth. Aufbruch im
Dezember 1851 von der Bornu-Hauptstadt Kukaua nahe dem Tschadsee,
südwärts nach Musgu-Land. (Staatsarchiv Hamburg.)*

Sonntag, den 1. Februar 1852

Das war der Ausgang eines Feldzuges, der uns einen leichten
Fernblick in die reich bewässerte Zone der Äquatorial-Landschaften
eröffnete, wo sich wegen des geringen Gefälles der Flüsse bei der
ungeheueren, ihnen plötzlich zugeführten Wassermenge unzähli-
ge Hinterwasser und seichte Wasserläufe auf wenig ausgetieftem
Wiesengrund bilden. Und doch hatte man von eben diesem, einen
großen Teil des Jahres der ungeheueren Wasserfülle wegen fast un-
passierbaren Ländergürtel die Meinung gehegt, dass er als hohe
Gebirgskette eine unübersteigliche Barriere bilde.

Dieser Zug hatte uns ferner mit Stämmen in Verbindung gesetzt,
die als dem Zustand wilder Bestien sich nähernde Wilde dargestellt
worden waren, während wir bei ihnen manche Keime eines bescheidenen menschlichen Glücks fanden.

Kapitel 23

Gefangen in Bagirmi

Ohne Geldmittel, ohne Nachricht von seinen Verwandten, von den Auf-traggebern der Expedition will Barth noch einen letzten, verzweifelten Versuch machen, seine Forschungen fortzusetzen, bevor er nach Europa zurückkehrt.

Südöstlich des Tschadsees, östlich des Schari, liegt die Landschaft Bagirmi mit der Stadt Massenja. Barth sollte den Fluss etwa an der Stelle überschreiten, wo heute Ndjamena (Ex-Fort Lamy), der Ver-waltungsmittelpunkt des Tschad-Gebietes, liegt. Overweg begleitet ihn eine Strecke und nimmt dann Abschied von ihm, um das Gebiet des Sees weiter zu erforschen und nach Maduari zu reisen, wo ihm bestimmt war, dem Schicksal zu erliegen.

Obwohl der Tschad ganz süßes Wasser hat, ist alles Wasser der Brunnen dicht südlich davon so natronhaltig, dass Barths ohnehin geschwächte Gesundheit wieder sehr erschüttert wird.

Überall trifft er Baumwollanbau, der seiner Ansicht nach noch sehr ausgedehnt werden könnte. Ostwärts des Logone kommt er in völlig unbekanntes Land. Weite Waldungen von Mimosen und Delébbäumen sind zu durchziehen.

Am 1. Februar 1852 war Barth nach Kuka zurückgekehrt und am 4. März von dort wieder aufgebrochen; am Donnerstag, dem 18. März, setzte er heimlich über den Schari. Er wollte den Nachstellungen eines Bezirksgewaltigen entgehen, der in ihm einen Handelskonkurrenten vermutete. Vielleicht war dieser Mann aber auch von dem sonst so freundlichen Scheich von Kuka aufgestachelt worden, um dem Forscher ein Vordringen in das ihm (dem Scheich) feindliche Land Wadai un-möglich zu machen.

Von dem unheimlichen Gefühl verfolgt, dass man ihn an der Weiter-reise mit allen Mitteln hindern wolle, zieht Barth langsam durch ebenes, stellenweise gut angebautes Land. Nie habe er so viel Gewürm gesehen wie hier, berichtet er. Es schien sich mit der herannahenden Regenzeit (die Anfang April einsetzte) noch zu vermehren. Ein langer, schwarzer Wurm kroch gefräßig zu Millionen umher. Weiße Termiten verfolgten Barth unaufhörlich. Sie fraßen ihm ganze Stücke seines Teppichs weg, auf den er sich zu betten pflegte. Gelbe Käfer mästeten sich an den Erzeug-nissen des Landes und wurden dann von den Bagirmiern selber verspeist.

In einem Ort dicht vor der Hauptstadt Massenja muss Barth warten.
Der Häuptling hält ihn für Tage fest, bis die Erlaubnis zu seiner Weiter-
reise gekommen sei. Da kann er die vielen Trupps studieren, die, Handel
treibend oder als Pilger auf dem Weg von und nach Mekka, durchziehen.
Klug für die Verbreitung guter Nachrichten über sich selbst sorgend,
verschenkt er, da er Wertvolleres nicht mehr besitzt, Tag für Tag Nadeln
an Reich und Arm. Bald ist er als der »Nadelprinz« überall bekannt.
Voll Dankbarkeit erinnert er sich des »abessinischen Reisenden« Charles
Beke, auf dessen Rat er in London ein kleines Sortiment dieser Nadeln
eingekauft hatte. Jetzt bestritt er damit auch noch seinen Unterhalt.
Drei Stopfnadeln brachten ihm ein Huhn.

Endlich aber ist Barth des Wartens müde, und er macht sich wieder
auf den Rückweg. In Mele, am Schari, erwartet ihn eine böse Über-
raschung. Aus der Hauptstadt sind ihm Boten vorausgeeilt, ihn, das
kostbare Erpressungsobjekt, nicht außer Landes zu lassen.

In Fesseln

Am Montag, dem 19. April, kommt der Vorsteher des Dorfes plötzlich in
sein Zelt und teilt ihm mit, dass er nicht weiter dürfe. Barth entgegnet
ihm, da wolle er in der Zwischenzeit in der Gegend etwas umher-
wandern und sich das Land ansehen. Das wollte der Ortsvorsteher aber
nicht, und mit einem Mal erschienen mehr und mehr Leute im Zelt,
packten ihn ganz plötzlich und fesselten ihm die Füße.

Zum Glück ging alles so schnell, dass Barth nicht in die Versuchung
kam, zur Waffe zu greifen. Man schleppte alles weg, was er besaß, selbst
sein Tagebuch, und fesselte auch seinen Diener. Sein Pferd nahm ein
Sklave und ritt damit nach der Hauptstadt. Ein anderer stellte sich vor
ihn hin und ermahnte ihn, sein Geschick mit Geduld zu ertragen; denn
alles komme von Gott. Vier Tage liegt er so.

Glücklicherweise hatte ich die Beschreibung von Mungo Parks
erster Reise bei mir *(der 1805 den Niger erforschte)*, und die Schilderung seiner Leiden unter den Lundamar hätte mir nie einen so
hohen Genuss *(Genuss im Sinne von Nutzen)* gewähren können wie
in meiner jetzigen Lage, und sein Beispiel verfehlte nicht, meine
Geduld zu stärken. Während ich mich in diesem Zustand befand,
dachte ich darüber nach, welche Möglichkeit für Europäer vorhanden sei, diese Länder zu zivilisieren.

Am Abend des 23. April kommt ein einflussreicher Mann aus Bakada
(dem Ort kurz vor Massenja), dessen Zuneigung er erworben hatte,

sieht ihn in Fesseln und lässt ihn ungesäumt befreien. Auch seine Habe erhält er wieder samt der Erlaubnis, die Hauptstadt zu besuchen. Diese ist aber nur eine Ansammlung von Ruinen, ein Spiegelbild der Siedlungen des ganzen, einst so blühenden Landes, jetzt infolge von Bürgerkriegen und Einfällen beutelustiger Nachbarn verödet. Da der Sultan selbst abwesend war, bekam er es mit dem Vizestatthalter zu tun, der ein ungebildeter und argwöhnischer Mann war und ihn, der umherging, mit allen und jedem sprach und über die Nachbarländer Erkundigungen einzog, reichlich verdächtig fand. Barth bat denn auch, ihn wieder abreisen zu lassen; aber das verbot er, bevor nicht der Sultan zurückgekehrt sei.

Am 21. Juni sandte er dem Forscher nun folgende seltsame Botschaft: Die Leute der Residenz hätten ihm erzählt, wenn Wolken, die Regen zu bringen versprächen, am Himmel aufzögen und er (Barth) schaue sie nur gebieterisch an, so würden sie sogleich wieder verschwinden. Jedes Mal käme er, wenn ein Gewitter aufstiege, aus seiner Wohnung und gebőte den Wolken, sich zurückzuziehen.

Da kann selbst der so bedachtsame Doktor nicht an sich halten und bricht in lautes Lachen aus. Voller Entsetzen nimmt es der Abgesandte des Vizestatthalters wahr und ermahnt ihn wohlwollend und ernsthaft, die Sache nicht so leicht zu nehmen.

»Nun«, sagt Barth, »das Einfachste ist, ihr lasst mich ziehen; dann will ich Tag und Nacht ununterbrochen um Regen beten. Gegenwärtig aber kann ich ihn keinesfalls brauchen; denn sonst schwillt der Fluss (Schari), und ich komme nicht wieder hinüber!«

Doch der Vizestatthalter war nicht recht überzeugt. Vielleicht sei Barth doch ein Zauberer und ließe sich bestimmen, Regen herbeizuschaffen, wenn er seine Bewirtung verbessere. Als aber einige Tage danach immer noch kein Regen kam, wurden wieder die alten Rationen ausgeteilt.

Inzwischen gewinnt Barth viele Freunde, und die Unterhaltungen, die er mit ihnen führt, verkürzen ihm die Zeit und geben wichtige Aufschlüsse. Besonders eng schließt er sich an einen alten, sehr hoch gewachsenen und hageren Fulbe, den blinden Faki Ssambo, an, von dessen Gelehrsamkeit er schon oft hatte rühmen hören. Der Greis war nicht nur in allen Zweigen der arabischen Literatur wohlbewandert, sondern kannte die ins Arabische übertragenen Schriften von Aristoteles und Plato und besaß sie sogar selbst in Handschriften. Einmal besucht ihn Barth in seinem Haus und ist tief erschüttert, als er den blinden alten Mann in seinem Hofraum inmitten eines Haufens alter Hand-

schriften sitzend findet, »an denen er sich jetzt nur noch wie Polyphem
an seinen Schafen (Erzählung aus der Odyssee!) durch Betasten ihrer
ledernen Umschläge erfreuen konnte«.

Endlich rückt der Sultan, nach wiederholten falschen Gerüchten,
gegen seine Hauptstadt heran. Er ist ein halbes Jahr fort gewesen mit
seinem Heer, auf Kriegszug, d.h. auf Sklavenjagd, wie Barth sie kurz
vorher selber erlebt hatte.

Einzug des Sultans in Massenja

Sonnabend, den 3. Juli 1852 Schimmernder Pomp und barbarische
Pracht wurden in Fülle entfaltet. Der Sultan trug einen gelben Burnus und ritt einen Grauschimmel, dessen Vortrefflichkeit jedoch
kaum zu erkennen war, da er in Kriegszeug von bunt gestreiftem
Stoff gekleidet war. Auch der Kopf des Sultans selbst war kaum sichtbar, nicht nur wegen der zahlreichen Reiter, sondern wegen zweier
Schirme, der eine von grüner, der andere von roter Farbe – welche
ein paar Sklaven auf jeder Seite neben ihm trugen. Sechs Sklaven,
deren rechte Arme in Eisenblech gekleidet waren, fächelten ihm mit
Straußenfedern, die an langen Stangen befestigt waren, Kühlung zu;
um ihn her ritten fünf Häuptlinge. Dann folgten zahlreiche Vorneh-
me des Landes, diesen das Kriegskamel, das der Trommler ritt, der
seine Geschicklichkeit auf zwei an jeder Seite des Tieres befestigten
Pauken zur Schau stellte. Neben ihm ritten drei Musikanten.

Dann folgte eine lange Reihe von fünfundvierzig bevorzugten Skla-
vinnen oder Konkubinen des Sultans, welche zu Pferd und vom Kopf
bis auf den Fuß in einheimisches, schwarzes Baumwolltuch gekleidet
waren; jede hatte rechts und links einen Sklaven. Die Reihe endete mit
elf Kamelen, welche das Gepäck trugen.

Der Sultan erwies Barth viel Aufmerksamkeit. Er sandte Bruder und
Sohn seines Vertrauten Maina. Zu diesem ging Barth am folgenden Tag.
Da er sehr krank war, hatte er um Arznei gebeten. Barth überzeugte
sich von seinem ernsten Zustand und verweigerte ihm unter dem Vor-
wand, es sei hier zur Verabreichung zu dunkel, das Heilmittel. Er pries
sich nachher deswegen glücklich; denn als Maina nach wenigen Tagen
starb, hätten die Hofleute ihm oder seinen Arzneien sicher die Schuld
an Mainas Tod gegeben.

Zur gleichen Zeit erhält Barth Nachricht von der Ankunft eines
Boten aus Kuka mit Depeschen für ihn, da eine Karawane aus dem
Fessan die s.Z. von den Tuaregs zurückgehaltenen Postsachen mitge-
bracht hatte.

Post aus Europa!

Weil ich aber schon zu wiederholten Malen mit ähnlichen Berichten getäuscht worden war, überließ ich mich nicht eitler Erwartung. So brach nach ruhig vollbrachter Nacht der 6. Juli an, welcher Tag einer der glücklichsten meines Lebens werden sollte; denn nachdem ich über ein Jahr ohne Mittel irgendeiner Art gewesen war und mit meinem Geschick gekämpft hatte in dem Bestreben, vor meiner Heimreise noch soviel wie möglich zu tun – sah ich mich plötzlich beauftragt, die Zwecke dieser Unternehmung in größerem Maß auszuführen, und fand hinreichende Mittel mir zu Gebote gestellt, um dieselben zu erreichen.

Der Bote verstand sich jedoch sehr gut auf seine Sache: denn er brachte mir, obgleich er zwei große Briefpakete für mich hatte, bloß das erstere, welches in Kuka sehr sorgsam in einen langen Streifen feiner Baumwolle gepackt und noch in rotes und gelbes Leder eingenäht worden war, ohne auch nur mit einem einzigen Wort des zweiten Paketes Erwähnung zu tun. Erst nachdem ich mit Muße die Depeschen, welche mich mit dem Vertrauen der englischen Regierung beehrten, gelesen und seinen Eifer mit einem neuen Hemd belohnt hatte, ging er schweigend fort, kehrte aber bald mit dem zweiten Briefpaket und einem anderen zurück.

Nun hat Barth lange Zeit damit zu tun, die vielen Briefe aus Deutschland und England zu lesen. Man erwartet alles Mögliche von dem bisher so Erfolgreichen. Der Londoner Gesandte von Bunsen hält es gar für möglich, dass er die unbekannte Äquatorial-Zone durchwandert und die Südostküste erreicht.

Ja, man betrachtete uns zurzeit gleichsam schon als glücklich in Mombasa *(Hafen an der afrikanischen Ostküste)* angelangt.

Er selbst freilich hatte das früher auch schon einmal gewollt: Aber die Reise nach Adamaua und mehr noch die ins Tuburi-Land hatten ihn von der Unmöglichkeit überzeugt, dieses Unternehmen in seiner Lage durchzuführen. Daher freute er sich besonders über Lord Palmerstons Vorschlag, nach Westen vorzudringen und zu versuchen, Timbuktu zu erreichen.

Nach Richardsons Tod hatte Barth in einem Brief an Bunsen geäußert, dass er sich, wenn er nun die Expedition weiterführe, vielleicht zu sehr binden müsse. Aber Bunsen beruhigte ihn mit seinem Brief vom 5. Januar 1852, in dem er schrieb:

»Sie müssen im Auftrag Englands reisen, da Sie nur unter englischem Schutz Ihre Reise fortsetzen und vollenden können. Ich bitte

Sie, so viel Vertrauen zu mir zu haben, dass ich Sie gewiss nicht an England verkaufen oder zugeben werde, dass man Ihnen irgendwie lästige Bedingungen vorschreibt ...«

Und in der Tat ließ der Bescheid des englischen Auswärtigen Amtes ihm alle Möglichkeiten offen. Er stellte die Antwort auf seinen Brief vom 19. April 1851 dar, war am 7. Oktober 1851 ausgefertigt worden und gelangte erst am 6. Juli 1852 in Massenja in seine Hände (also 15 Monate, nachdem Barth seinen Brief geschrieben hatte!).

Es hieß in dieser englischen Note:

»Zur Zeit der Ausfertigung jenes Memorandums (vom Dezember 1849, worin die Forschungsziele festgelegt worden waren) schien es, als hegten Sie den Gedanken, Ihre weiteren Unternehmungen ostwärts gegen den Nil oder südöstlich gegen Mombas (Mombasa) auszudehnen. Mögen Sie nun hieran noch festhalten oder einen Grund haben, eine westliche Reise in der Richtung auf Timbuktu vorzuziehen, so lässt Ihnen Lord Palmerston durch mich mitteilen, dass er ganz einverstanden ist, Ihnen die Weiterführung und den Abschluss der Expedition anzuvertrauen, wie es in dem Auftrage an Mr. Richardson lag.

Sie wollen sich demzufolge hierdurch als autorisiert ansehen, die Leitung der Expedition für die Zukunft zu übernehmen und denjenigen Weg zu verfolgen, der Ihnen nach reiflicher Überlegung der passendste zu sein scheint ...«

Gefährlicher Verdacht

Mitten im Genuss meiner brieflichen Schätze, während alle meine Briefschaften aus jenen fernen Gegenden auf meinem einfachen Lager ausgebreitet lagen, wurde ich plötzlich durch einen meiner Diener unterbrochen, der in mein Gemach geeilt kam und mich rasch davon benachrichtigte, dass eine zahlreiche Schar von Hofleuten soeben mein Gehöft betreten habe.

Ich hatte kaum Zeit gehabt, meinen Schatz unter der Matte zu verbergen, als die Hofleute in mein Gemach eintraten, sodass sich dasselbe in wenigen Augenblicken mit schwarzem Volk und schwarzen Toben *(den hemdartigen Sudan-Gewändern)* anfüllte.

Die Höflinge hatten schon allerhand von den vielen Briefen gehört. Von Anfang an hatten sie Barth in Verdacht, ein türkischer Spion zu sein. Ein Pilger aus dem fernen Westen behauptete das ganz entschieden; denn – nur solche Leute trügen Strümpfe.

Die Besucher wollten zunächst einmal die Geschenke für den Sultan sehen, bestaunten die Repetieruhr aus Nürnberg, mehr aber noch das Fernrohr.

Dann verlangten sie nach vielem Zusammenducken und leisem Beraten, das mir ein etwas unheimliches Gefühl einflößte, das Buch zu sehen, in das ich alles, was ich sähe und hörte, niederschriebe. Ohne Zaudern nahm ich mein Tagebuch heraus, las ihnen dann freiwillig mehrere Seiten daraus vor, die sich auf die Geographie und Ethnographie des Landes bezogen, und es gelang mir, ihnen ein herzliches Lächeln abzugewinnen und ihre gute Laune so zu wecken, dass sie selbst einige Namen hinzufügten.

Barth gab ihnen das Tagebuch sogar bereitwillig mit, sodass nun beim Sultan alle möglichen Leute zusammengerufen wurden, um das geheimnisvolle Ding zu entziffern. Der blinde Sambo erzählte Barth später, man habe auch ihn gerufen, er habe aber alles aufgeklärt; der Grund der ganzen Aufregung sei überhaupt etwas anderes, sei ein Brief des Sultans von Kuka an den von Massenja gewesen, mit der Aufforderung, den Reisenden sofort und ungehindert zurückkehren zu lassen. Das habe das Unabhängigkeitsgefühl des Herrschers von Bagirmi beleidigt.

Doch sein Tagebuch erhielt Barth zurück.

Kurz darauf kamen wichtigtuende Abgesandte des Sultans zu ihm und fragten ihn, ob er nicht eine Kanone bei sich hätte. Als das verneint wurde, wollte man wissen, ob er nicht eine machen könne.

Am Tag darauf erschienen die Höflinge wieder. Der Sultan wolle ihm ein Kamel und eine hübsche Sklavin schenken.

Aber die Möglichkeit zur Abreise ergab sich trotzdem noch lange nicht. Inzwischen stellte sich jedoch heftiger Regen ein, und alles Volk wusste es nun genau: Erst die Ankunft ihres Sultans hatte den Zauber gebrochen, der mit dem weißen Mann über die Stadt gekommen war! Das einzige Gute, das der sich so lange hinziehende Aufenthalt in Massenja mit sich brachte, war die Fülle an Nachrichten über Bagirmi und dessen großes Nachbarreich Wadai, das eine Zeit lang verlockend vor ihm lag, in das er sich aber, kühl überlegend, nicht hineinwagte, da das Feuer eines verheerenden Bürgerkrieges dort noch nicht gänzlich ausgebrannt war.

Am 10. August kam endlich der Tag der Rückreise nach Kuka.

Jedoch so oft war Barth mit dem Versprechen der Abreiseerlaubnis getäuscht worden, dass er, als er sie wirklich erhielt, zunächst gar nicht daran glauben wollte und sich nicht darum kümmerte. Dann aber erschien ein Schwarm von Höflingen, um von ihm Abschied zu nehmen. Vor allem wollten sie ihm sein Pferd abkaufen, das wegen seiner Qualität überall ein Gegenstand des Neides war. Als er nichts davon wissen wollte, gaben sie ihm den Beinamen der »Stolze, der Hochmütige«, wie sie ihn ähnlich vorher als den »Vater der drei« verspottet hatten, weil er über seine Strümpfe und Schuhe manchmal noch Überschuhe trug, während sie nacktfüßig waren. Das Anderssein nahmen sie ihm übel.

Ich hatte ein Vorgefühl, dass mir das Pferd noch auf manchem Zuge ein nützlicher Genosse sein werde, und es sollte mich in Wirklichkeit noch zwei Jahre lang tragen und den Neid meiner Freunde und Feinde in Timbuktu erregen, wie es hier *(in Massenja)* geschah.

Durch den vielen Regen war das ganze Land verändert. Die Dorfschaften, mit deren Aussehen wir während der trockenen Jahreszeit so genau vertraut gewesen, waren kaum wiederzuerkennen *(Mitte August)*, indem die Hütten durch die hohen Saaten jetzt dem Blick völlig entzogen waren.

Ununterbrochen gibt es Regengüsse, und Barth hat alle Mühe, seine Reisegefährten voranzubringen. Schari und Logone führen viel Wasser, und es ist höchste Zeit überzusetzen. Die Plackereien der letzten Monate und die geschwächte Gesundheit lassen Barth seine Isolierung in dieser fremden, feindlichen Welt besonders fühlbar werden. Er sehnt sich nach einem Menschen seiner Art. Bald würde er Overweg wiedersehen, der ihm ein rechter Freund geworden war.

Während meines nächsten Tagesmarsches führte ich ein gar amphibienartiges Leben, indem ich mich ebenso viel im Wasser wie auf festem Boden befand; denn außer, dass ich von einem heftigen Regenschauer, welcher den größten Teil des Tages über anhielt, durchnässt wurde, hatte ich noch drei beträchtlich angeschwollene Bäche ohne Hilfe eines Bootes zu passieren, wobei ich mich zweimal entkleiden und, indem ich Kleidung und Sattel auf dem Kopf befestigte, mit dem Pferd durchschwimmen musste.

Als wir endlich beim Dorf Gudjari *(nahe dem Tschad)* den schwarzen Tonboden verließen, aus welchem diese ganze, in der gegenwärtigen Jahreszeit in einen ununterbrochenen Sumpf verwandelte Alluvialebene *(Anschwemmungsland)* besteht, trat ein leichter Sandboden auf, sodass wir von nun an unseren Marsch behaglicher fortsetzen konnten.

Ich hatte einen Mann vorausgeschickt, um dem Wesir und Herrn Dr. Overweg meine Ankunft anzuzeigen; dann hatten wir bei einer der vielen stehenden Lachen eine kurze Zeit haltgemacht und waren eben im Begriff, wieder zu Pferde zu steigen, als mein Freund *(Overweg)* dahergaloppiert kam. Unser Wiedersehen war beiderseitig ein höchst freudiges, da wir diesmal viel länger voneinander getrennt gewesen waren als je vorher.

KAPITEL 24

TOD DES FREUNDES UND VEREINSAMUNG

Herr Dr. Overweg hatte inzwischen eine sehr interessante Reise nach dem südwestlichen Gebirgsland von Bornu (Jakoba) ausgeführt und war bereits vor zwei Monaten von dort zurückgekehrt; aber ich war höchst erstaunt, dass er ungeachtet dieser langen Ruhe viel schwächer und erschöpfter aussah, als ich je früher bemerkt hatte. Er teilte mir mit, dass er seit seiner Rückkehr viel gekränkelt habe und sich auch jetzt noch nicht hergestellt fühle, beschrieb mir aber auf die lebhafteste und aufmunterndste Weise die Mittel, welche zu unserer Verfügung gestellt worden waren, und mit den kühnsten Entwürfen für die Zukunft betraten wir die Stadt.

Hier fand ich mich nun, wieder in den Besitz meiner alten Wohnung gelangt, von Genüssen umgeben, denen ich während des letzten Halbjahres fast entfremdet worden war – wie Kaffee und Tee mit Milch und Zucker.

Es war ein sehr glücklicher Umstand für mich, dass sich meine Ankunft nicht einen halben Tag verzögert hatte; denn sowohl eine *(für Tripolis bestimmte)* Karawane wie ein Kurier *(dorthin)* waren abgegangen, Letzterer vor vier Tagen, sodass die Leute meinten, es würde nicht mehr möglich sein, ihm meine Briefe nachzusenden. Der Wesir aber stellte drei Reiter, die ihn einholen sollten. Meine Diener *(denen Barth auf seinem schnellen Pferd vorausgeeilt war)* kamen nicht vor dem folgenden Abend an, und zwar in einem sehr trübseligen Zustand, indem sie sowohl mit dem Kamel als auch mit dem Gepäck viele Not gehabt hatten.

Montag, den 23. August 1852 Der Scheich gab *(in einer Privataudienz)* den Wunsch zu erkennen, die englische Regierung möchte mich zum Konsul bestellen, worauf ich ihm erwiderte, dass dies untunlich sei, da es mir vielmehr obliege, unbekannte Länder zu erforschen, mit ihnen Verkehr anzuknüpfen und sodann in die Heimat zurückzukehren.

Am letzten August unterzeichnete der Scheich den Vertrag *(mit England)* und machte uns dabei die Hoffnung, dass, wenn wirklich englische Kaufleute in das Land kommen und also nach anderer

Ware als Sklaven nachfragen sollten, dann der Sklavenhandel allmählich abgeschafft werden könne.

Ich war jetzt in den Stand gesetzt, alle unsere pekuniären Angelegenheiten in Ordnung zu bringen.

Wir hätten nunmehr, wenn auch mit nur mäßigen Mitteln, allerdings recht Bedeutendes leisten können, wäre es uns beschieden
gewesen, beisammen zu bleiben; aber während im Anfang alle unsere
Anstrengungen durch die Geringfügigkeit unserer Mittel, welche
keine umfassenderen Unternehmungen gestatteten, gelähmt worden
waren, wollte es nun unser Geschick, dass, als endlich hinlängliche
Mittel eingetroffen waren, einer von uns beiden erliegen sollte.

Da Overweg sich nach einer kleinen Luftveränderung sehnte, es
auch unserem Zweck, der Erforschung des Tschad, ganz entsprach,
den Zustand des Komadugu *(der von Westen zu fließt)* in dieser
Jahreszeit zu beobachten, während größere Unternehmungen gegenwärtig nicht möglich waren, so kamen wir überein, dass Overweg
einen kleinen Ausflug nach dem unteren Teil des Flusses machen
sollte. Demgemäß reiste er am 29. August ab.

Ich begleitete ihn bis zur Dorfschaft Dauergu, und wir trennten
uns mit der Zuversicht, dass ihm der Ausflug recht zuträglich sein
würde. Herr Dr. Overweg fand auch viel Unterhaltung an dem reichen Pflanzenwuchs des Komadugu; er erfuhr durch Erkundigung
bei den Eingeborenen die sehr interessante Tatsache, dass dieser
Fluss, welcher in der trockenen Jahreszeit aus einer Reihe von einzelnen Pfützen besteht, am 21. oder 22. Juli einen ununterbrochenen,
ostwärts dem Tschad zuziehenden Strom zu bilden anfängt und
dann sieben Monate lang, also bis Mitte Februar, zu fließen fortfährt;
im Monat November beginnt er, über seine Ufer zu treten. Aber
so sehr sich auch mein Freund für die ihn umgebenden Gegenstände interessierte, so musste er sich doch für deren aufmerksame
Beobachtung nicht stark genug gefühlt haben; denn die von ihm
auf diesem Ausflug verzeichneten Bemerkungen sind äußerst kurz
und unbefriedigend. Bei so geschwächtem Zustand beging er die
Unbedachtsamkeit, den letzten Tagesmarsch seiner Rückreise nach
Kuka, am 13. September, zu sehr zu beeilen, und ich bemerkte
mit Bedauern, als wir zusammen zu Abend aßen, dass der Appetit
gänzlich fehlte.

Mit der Unzuträglichkeit des Klimas während des Monats September vollkommen bekannt, kamen wir beide überein, uns so viel
Bewegung wie möglich zu verschaffen und täglich einen kleinen

Ritt zu machen. Wir verabredeten demgemäß auf Sonntag, den 19. September, einen Besuch in dem Dorf Dauergu. Aber unglücklicherweise hinderte uns ein Geschäft, früh am Morgen aufzubrechen.

Da nun mein Freund an jenem Tag starkes Kopfweh hatte, so schlug ich vor, unseren Ausflug auf einen anderen Tag zu verschieben; er meinte jedoch, dass ihn die freie Luft stärken würde. Wir brachen daher während der Tageshitze auf; doch schien die Sonne nicht sehr hell, und Herr Dr. Overweg verfehlte nicht, sich den Kopf so viel wie möglich gegen die Sonnenstrahlen zu schützen.

Nachdem wir uns im Schatten eines Hadlidj *(Seifenbaum, Balanites)* erholt hatten, hielt sich Herr Dr. Overweg für stark genug, jagen gehen zu können und war so unvorsichtig, dass er sich bei der Verfolgung eines Wasservogels in tiefes Wasser begab und, ohne auch nur ein Wort davon zu sagen, den ganzen Tag über in seinen nassen Kleidern blieb. Ich hatte keine Ahnung davon, bis er nach unserer Rückkehr in die Stadt spät am Abend seine Kleider am Feuer trocknete.

Obgleich er den ganzen Tag über in Bewegung gewesen war, vermochte er doch nicht, unser einfaches Abendessen zu genießen. Er klagte jedoch nicht. Am folgenden Morgen fühlte er sich so schwach, dass er nicht vom Lager aufzustehen vermochte. Anstatt nun ein schweißtreibendes Mittel zu nehmen, wie ich ihm ernstlich riet, war er so eigensinnig, gar keine Arznei gebrauchen zu wollen, sodass seine Krankheit mit beunruhigender Schnelligkeit zunahm, am folgenden Tage seine Zunge wie gelähmt und seine Aussprache ganz undeutlich, ja rein unverständlich war. Er wurde sich nun selbst der Gefahr bewusst, in der er sich befand, und erklärte, er werde in der Stadt nicht genesen können; er müsse durchaus eine Luftveränderung haben und hege die Hoffnung, dass er, wenn ich ihn nach Maduari schaffen könnte, bei unserem Freund, dem Fugo Ali, bald wiederhergestellt werden würde.

Es war eine schwierige Aufgabe, meinen kranken Genossen nach dem gewünschten Orte zu bringen, welcher über acht Meilen von Kuka entfernt ist. Obgleich er die Reise am Donnerstagmorgen antrat, vermochte er doch nicht, seinen Bestimmungsort am Freitag früh zu erreichen. Ich machte Fugo Ali ein Geschenk, damit er ihn sorgfältig pflege, ordnete das sonst noch Erforderliche an und kehrte alsdann nach der Stadt zurück, um meine Depeschen zu schließen; aber noch am selbigen Abend kam einer von den Dienern, die ich bei Herrn Dr. Overweg zurückgelassen hatte, mit der Nachricht zu mir, dass es viel schlimmer mit dem Kranken gehe und dass sie nicht ein einziges Wort von ihm verstehen könnten.

Ich stieg alsbald zu Pferde und fand, in Maduari angekommen, meinen Genossen in beklagenswertem Zustand im Hofraum liegen, da er sich hartnäckig geweigert hatte, in der Hütte zu schlafen. Er war in kalten Schweiß gebadet und hatte alle Decken von sich geworfen. Er erkannte mich nicht und wollte weder mir noch sonst jemand gestatten, ihn zuzudecken. Sobald Delirium eintrat, murmelte er fortwährend ganz unverständliche Worte, in welchem ein Gewirr von allen Begebenheiten seines Lebens enthalten zu sein schien. Er sprang wiederholt rasend von seinem Lager auf und rannte mit solcher Wut gegen die Bäume und das Feuer, dass vier Männer ihn kaum zurückhalten vermochten.

Gegen Morgen wurde er endlich ruhiger und hielt sich still auf seinem Lager, ohne dass ich bemerkte, wie seine Kraft schon ganz gebrochen sei. In der Hoffnung, er habe die Krisis überstanden, glaubte ich nach der Stadt zurückkehren zu können. Ich fragte ihn, ob er etwas Besonderes wünsche, und er deutete an, er habe mir etwas zu sagen; es war mir aber unmöglich, ihn zu verstehen. Aus dem, was sich bald ereignete, kann ich nur den Schluss ziehen, er habe mir im Bewusstsein des nahen Todes seine Familie empfehlen wollen.

Am Sonntagmorgen sehr früh kam Herrn Dr. Overwegs erster Diener mit der Nachricht zu mir, dass der Zustand meines Freundes höchst bedenklich sei und dass er nicht ein Wort mehr gesprochen habe, seitdem ich ihn verlassen hatte, sondern regungslos daliege. Ich ritt unverzüglich nach Maduari, aber ehe ich noch das Dorf erreichte, kam mir ein Bruder Fugo Alis entgegen und erklärte mir mit Tränen in den Augen, unser Freund sei verschieden.

Die letzten Tage Dr. Adolf Overwegs

O was für ein Jubel wird das für unsere Freunde am Tsad-See sein! dachte ich, für die Wackeren, die sich nun schon über drei Jahre mit Todesverachtung und ungeschwächtem Eifer unter dem lästigen Raubgesindel der Tuariks und den gefährlichen Horden der fanatischen Fulahs herumgetummelt, fast ganz abgeschnitten von Europa und der übrigen Welt! Nun werden sie endlich in wenig Monaten, mit verdoppelter Kraft, ihre große Reise südwärts antreten!

Diese meine Freude war von kurzer Dauer. Am nächsten Morgen, wo Vogel das Schiff bestieg, welches ihn nach Afrika führen sollte,

O was für ein Jubel wird das für unsere Freunde am Tjad-See *) sein! dachte ich, für die Wackeren, die sich nun schon über drei Jahre mit Todesverachtung und ungeschwächtem Eifer unter dem lästigen Raub-gesindel der Tuariks und den gefährlichen Horden der fanatischen Fu-lahs herumgetummelt, fast ganz abgeschnitten von Europa und der übrigen civilisirten Welt! Nun werden sie endlich in wenig Monaten, mit verdoppelter Kraft, ihre große Reise südwärts antreten!

Diese meine Freude war von kurzer Dauer. Am nächsten Mor-gen, wo Vogel das Schiff bestieg, welches ihn nach Afrika führen sollte, kommt die Nachricht von Overweg's Tode und Barth's Entschluß, anstatt nach Süden, westwärts nach Timbuktu zu gehen. Was sind alle Pläne der Menschen, wo Gottes Hand waltet! Die Depeschen enthielten außer der Todesnachricht die wichtigsten Resultate der Ex-pedition, die bisher nach Europa gekommen, nämlich die Karte von Barth, welche Central-Afrika vom Kowara-Fluß bis Darfur umfaßt und die Entdeckungen und Nachrichten in Adamaua, Bagirmi, Waday und darüber hinaus, darlegt. Wohl durfte mir das Herz aufjauchzen beim Anblick dieses geographischen Schatzes, aber beim Gedanken an das schwere Opfer, welches selbiges gekostet, konnte ich Thränen nicht zu-rückhalten. Schmerzlicher noch mußte die Nachricht sein, weil der Tod des Dahingeschiedenen so ganz unerwartet und plötzlich war. Denn während dreier ganzer Jahre hatte sich die Gesundheit Dr. Overweg's ganz vortrefflich bewährt, ja es schien als ob er sich ganz acclimatisirt habe, und als ob sein Körper gegen die mörderischen Eigenschaften des afrikanischen Tropen-Klima's gesichert sei. In allen seinen Briefen, selbst in dem letzten, giebt er die frohe Versicherung seiner vollkomme-nen Gesundheit und so plötzlich wurde er dahingerafft, daß er selbst nichts Schriftliches aufzeichnen konnte über seine Krankheit. Wenig-stens befindet sich in seinen hinterlassenen, von Barth heimgeschickten

---

*) Seit Dr. Barth, der stets der Orthographie von Eigennamen besondere Auf-merksamkeit gewidmet, ausdrücklich bemerkt hat, daß die richtigere Schreibart Tjad und nicht Tschad ist, habe ich mich bewogen gefühlt, diese Schreibart anzunehmen.

Abbildung 48.　Auszug aus der Zeitschrift für Allgemeine Erdkunde 1854, worin Aug. Petermann Vogels Abreise und Overwegs Tod mitteilt. Bemerkenswert der gefühlsbetonte Stil in einer Fachzeitschrift: Sendungsbewusster Ton in der Zeit der Suche nach dem »Dunklen Herzen Afrikas«.

kommt die Nachricht von Overweg's Tode und Barth's Entschluß, anstatt nach Süden, westwärts nach Timbuktu zu gehen. Was sind alle Pläne der Menschen, wo Gottes Hand waltet! Die Depeschen enthielten außer der Todesnachricht die wichtigsten Resultate der Expedition, die bisher nach Europa gekommen, nämlich die Karte von Barth, welche Central-Afrika vom Kowara-Fluß bis Darfur umfaßt und die Entdeckungen und Nachrichten in Adamaua, Bagirmi, Maday und darüber hinaus, darlegt. Wohl durfte mir das Herz aufjauchzen beim Anblick dieses geographischen Schatzes, aber beim Gedanken an das schwere Opfer, welches selbiges gekostet, konnte ich Thränen nicht zurückhalten. Schmerzlicher noch mußte die Nachricht sein, weil der Tod des Dahingeschiedenen so ganz unerwartet und plötzlich war. Denn während dreier ganzer Jahre hatte sich die Gesundheit Dr. Overweg's ganz vortrefflich bewährt, ja es schien, als ob er sich ganz acclimatisirt habe, und als ob sein Körper gegen die mörderischen Eigenschaften des afrikanischen Tropen-Klima's gesichert sei. In allen seinen Briefen, selbst in dem letzten, giebt er die frohe Versicherung seiner vollkommenen Gesundheit und so plötzlich wurde er dahingerafft, daß er selbst nichts Schriftliches aufzeichnen konnte über seine Krankheit. Wenigstens befindet sich in seinen hinterlassenen, von Barth heimgeschickten …

Mit Tagesanbruch, während einige Regentropfen fielen, hatte sich sein Geist nach kurzem Kampf vom Körper gelöst.

Am Nachmittag legte ich ihn in sein Grab; es war im Schatten eines schönen Hadlidj gegraben und gegen Raubtiere wohlgeschützt.

Forscher-Tod

So starb mein einziger Freund und Gefährte im dreißigsten Jahre seines Lebens, in der Blüte der Jugend.

Es war ihm nicht mehr beschieden, seine Reisen zu vollenden und glücklich heimzukehren; aber er fand einen höchst ehrenvollen Tod im Dienst der Wissenschaft. Es ist in der Tat ein bemerkenswerter Umstand, dass er seine Grabstelle selbst bestimmte, genau am Rand jenes Sees, durch dessen Beschiffung er seinem Namen ewige Berühmtheit verschafft hat. Sicher war es ein Vorgefühl des herannahenden Todes, dass ihn die unwiderstehliche Sehnsucht nach dieser Stelle erfasste, wo er dicht an der Seite des Bootes starb, in dem er seine Reise gemacht hatte.

Viele Einwohner des Dorfes, denen er während seines wiederholten hiesigen Aufenthaltes wohlbekannt geworden war, beklagten bitter seinen Tod. Und sie werden gewiss des »Tabib« *(Arzt)*, wie er genannt wurde, noch lange gedenken.

Tief erschüttert und voll von trüben Betrachtungen über meine verlassene Lage kehrte ich am Abend nach der Stadt zurück; aber unsere Wohnung, welche mein Gefährte während meines Aufenthalts in Bagirmi bedeutend verbessert hatte, schien mir jetzt gänzlich verödet und überaus trübselig. War es nun gleich ursprünglich mein Vorhaben gewesen, noch einen Versuch zu machen, nach dem Ostufer des Tschad vorzudringen, so kam mir doch jetzt jeder längere Aufenthalt an diesem Ort so unerträglich vor, dass ich mich zur ungesäumten Abreise nach dem großen westlichen Strom entschloss, um neue Länder zu sehen und mit neuen Menschen in Berührung zu kommen.

Am 7. Oktober 1852 schrieb er an Bunsen nach Europa (so berichtet Gustav von Schubert):

Anstatt mich durch den Tod meines Reisegefährten niedergebeugt zu fühlen, fühle ich meine ganze Kraft verdoppelt. Im Bewusstsein, dass nun ferner hier nichts geschieht, was ich nicht tue, fühle ich eine Riesenkraft in mir, allen Ansprüchen zu genügen. Mein Schlachtfeld wird der Westen und, so Gott will, der Südwesten werden. Mein erstes Ziel wird hierbei die Erreichung Timbuktus sein, mein zweites Yakoba und die nach Süden angrenzenden Lande mit dem unteren Lauf des Benuë.

»Nie hat Barth größer dagestanden als in diesem Augenblick, in welchem er, allein und abgetrennt von der gebildeten Welt, ungebrochenen Mutes einem großen Ziele unverrückt nachging, unbekümmert um die Zukunft, wie gleichzeitig mit ihm ein Livingstone und in unseren Tagen ein Nansen …« (G. von Schubert).

Kapitel 25

Aufbruch nach dem »Fernen Westen«

Vom Tschadsee zum Niger-Strom

Der Tod meines letzten einzigen Gefährten, des Herrn Dr. Overweg, der sich gerade in dem Zeitpunkt ereignete, als sich die Aussichten unserer Mission aufklärten, hatte mich bewogen, meinen
ursprünglichen Plan, mein Glück noch einmal an den nordöstlichen
Gestaden des Tschad zu versuchen, aufzugeben. Denn in meiner
vereinsamten Lage war ein solches Unternehmen zu gefährlich
und im Vergleich mit der Gefahr schienen die vernünftigerweise
zu erwartenden Resultate bei der geringfügigen Macht, unter deren Schutz ich mich zu stellen hatte, ganz abgesehen von ihrem
ruchlosen Charakter und dem gänzlich verwahrlosten Zustand des
Landes, das ich zu erforschen hatte, zu unbedeutend. So kam ich
zu dem Entschluss, meine ganze Aufmerksamkeit dem Westen zuzuwenden, um, der Aufforderung Lord Palmerstons gemäß, die am
mittleren Lauf des großen Flusses von Westafrika gelegenen Länder
zu erforschen. Zur selbigen Zeit wollte ich auch Freundschaft mit
dem mächtigen Beherrscher des Reiches von Sókoto anknüpfen
und seine Erlaubnis sowohl für mich wie auch für andere Europäer
erwirken, die südöstlichen Provinzen seines Reiches zu erforschen,
vorzugsweise A'damaua, von dessen weiterer Erforschung mich die
vorgegebene oder wirkliche Furcht des Statthalters jener Provinz vor
dem Missfallen seines Lehnsherrn zurückgehalten hatte.

Ich war so glücklich gewesen, den Vertrag, der endlich vom
Scheich und seinem Wesir unterzeichnet worden war, zugleich mit
einer Karte, die die Resultate meiner Reisen und Forschungen in Bin-
nen-Afrika in vorläufigem Entwurf enthielt, in der Mitte Oktobers
abzusenden, und ich hatte bei derselben Gelegenheit den englischen
Konsul in Tripolis ersucht, mir durch einen besonderen Eilboten eine
gewisse Summe Geldes nach Sinder zu senden; denn ich war mit der
Länge der vor mir liegenden Reise wohl bekannt und wusste, dass
sie durch die Gebiete einer großen Menge verschiedener Häuptlinge
führe, von denen einige die Beherrscher ansehnlicher Reiche seien.

Sobald ich Sinder passiert haben würde, konnte ich keine frische Unterstützung erwarten, und die Geldsendung, die ich bei

meiner Rückkehr von Baghírmi erhalten hatte, war beinahe ganz
verbraucht durch die Bezahlung von Schulden, die wir unter sehr
unvorteilhaften Bedingungen während der Zeit gemacht hatten, als
wir ohne Mittel gelassen waren. Außerdem war eine Summe von
400 Talern, zusammen mit einer Kiste, die ausgewählte englische
Stahlwaren enthielt, unterwegs; aber der Tebu, dem sie übergeben
war, ein Mann namens Ahmed Hadj Ali Bíllama, anstatt geradewegs
mit der Karawane seinen Weg fortzusetzen, wie es sicherlich seine
Schuldigkeit gewesen wäre, blieb in seiner Vaterstadt Bilma zurück,
um dort eine Hochzeit zu feiern, und die Karawane, mit der er
Fessan verlassen hatte und die ansehnlich genug war, um leidliche
Sicherheit zu gewähren, da sie 20 Pferde und 100 Kamele zählte,
kam am 10. November an, ohne das Geringste für mich zu bringen,
mit Ausnahme des Beweises einer so großen Gewissenlosigkeit, die
mich in die größte Verlegenheit setzte. Aber da ich nicht imstande
war, noch längere Zeit auf diese Sendung zu warten, begnügte ich
mich damit, die Anweisung zurückzulassen, sie bei ihrer Ankunft
sogleich nach Sinder weiterzubefördern.

Außer von dem baren Geld war auch von den gesandten Waren
ein großer Teil schon verbraucht, da wir uns gezwungen gesehen
hatten, eine Menge Freunde zu belohnen, die so lange Zeit über ihre
Gastfreundschaft gegen uns bewiesen und uns wesentliche Dienste
geleistet hatten, fast ohne die geringste Erkenntlichkeit dafür zu
finden, und so war es am Ende nur unter dem Zwang der Umstände,
dass ich daran denken konnte, mit den Mitteln, die mir damals zu
Gebote standen, meine Reise nach Westen anzutreten.

Aber glücklicherweise war eine hübsche Summe Geldes – 1000
harte Taler – unterwegs nach Sider. Eben dort rechnete ich auch
darauf, einige neue Instrumente zu erhalten, da der größere Teil
meiner Thermometer zerbrochen war und ich zurzeit nichts besaß,
um hypsometrische Beobachtungen zu machen.

Ich wäre gern so bald wie möglich von Bornu aufgebrochen;
aber der Einfall, den ein Stamm der Tuareg oder, wie sie in Bornu
genannt werden, Kindin, unter dem Häuptling Mussa in die Provinz
Múniomas machte, verzögerte meine Abreise um ein Beträchtliches.
Dieser Einfall der Horden der Wüste nahm ein größeres Interesse
als gewöhnlich in Anspruch und wird es auch wohl für den Leser
haben, wenn er ihn im Zusammenhang mit den Tatsachen betrachtet, die ich bei früherer Gelegenheit entwickelt habe, nämlich dass
die Tuareg oder Berber ursprünglich einen integrierenden Teil der

angesessenen Bornu-Bevölkerung bildeten. Die Díggera nämlich
– denn diesem Stamme gehörten jene einfallenden Raubbanden
an – hatten augenscheinlich den festen Plan gefasst, sich wiederum
in jenen schönen Talebenen der Provinz Múnio anzusiedeln, die so
überaus günstig für die Kamelzucht sind, weshalb sie denn selbst
zur Zeit, als das Land in den Händen des Bornu-Volkes war, ihre
Kamelherden auf diese Weidegründe zu senden pflegten, während in
früherer Zeit diese ganze Landschaft in ihren Händen gewesen war.

Endlich, nach wiederholtem Aufenthalt, wurde der Weg nach
Westen offen und ich nahm am 19. November 1852 Abschied vom
Scheich in einer Privataudienz, in der nur der Wesir zugegen war,
und ich hatte Grund, mir zu schmeicheln, dass ich nach der Weise,
in der ich ihnen die Beweggründe auseinandergesetzt, die mich bewogen hatten, eine Reise zu den Häuptern der Fulbe oder Fellata zu
unternehmen, keinen Grund zum Argwohn zwischen uns zurück-
ließ; nur machten sie es mir zur Bedingung, dass ich Kano vermeiden und diese wichtige Stadt nicht besuchen sollte. Sie wünschten
dann, dass ich ihnen versprechen sollte, nach meiner Rückkehr von
Timbuktu bei ihnen zu bleiben, aber sie nahmen die Gründe meiner abschlägigen Antwort gütig auf und schienen einzusehen, dass
ich ihnen daheim mehr nützen könne als in ihrem eigenen Land.
Damals war ich allerdings der Ansicht, dass die englische Regierung
sich bewogen fühlen möchte, einen Konsul nach Bornu zu senden,
und ich machte ihnen Hoffnung dazu. Jedoch während meines Aufenthalts in den westlichen Landschaften veränderte sich infolge des
zeitweiligen Interregnums des Usurpators Abd e' Rahman und des
Sturzes und der Ermordung des Wesirs der Zustand der Angelegenheiten in Bornu vollkommen und nahm einen weniger geordneten
Charakter an, sodass die Basis meines Versprechens entrückt und
ich meines Wortes gewissermaßen entbunden wurde. Ich fügte am
Schluss meiner Abschiedsaudienz die Bitte an meine freundlichen
Wirte hinzu, dass sie eine Abschrift der Geschichte des größten
ihrer Könige, Edriss Alaoma, nach England schicken möchten, da
ich überzeugt wäre, dass bei dem eifrigen Wunsch der Europäer, die
Geschichte und Geographie dieser Gegenden aufzuklären, dieses
Buch ihnen ein sehr annehmbares Geschenk sein würde.

Der Wesir insbesondere nahm großes Interesse an meinem Unternehmen und bewunderte das Vertrauen, von dem ich erfüllt war, dass
der Scheich El Bakay in Timbuktu, von dem ich mir doch nur nach
den Berichten anderer eine Meinung gebildet hatte, mich freundlich

aufnehmen und mir vollen Schutz gewähren würde, wogegen ich
nicht unterließ, ihm und dem Scheich vorzustellen, dass, wenn es
den Engländern gelänge, diese großen Straßen friedlichen Verkehrs
in das Innere zu eröffnen, dies für sie selbst den größten Vorteil haben
würde; denn sie könnten dann die Erzeugnisse des westlichen Sudans, derer sie bedürften, wie Guronüsse und Gold, mit weit weniger
Kosten und mit größerer Sicherheit sich verschaffen, und so hätten
sie denn gern gewünscht, selbst von diesem meinem Unternehmen
Vorteil zu ziehen. Denn da der Scheich die Absicht hatte, eine Reise
nach Mekka zu unternehmen, wünschte er, dass ich ihm einiges Gold
in Timbuktu verschaffen möchte; aber bei der Ungewissheit meiner
Aussichten und der Schwierigkeit meiner Lage konnte ich mich dazu
nicht hergeben, mich außerdem so unabhängig wie möglich von
der Regierung Bornus halten musste, um nicht den Argwohn der
Fulbe zu erregen. Dem ungeachtet sandte mir der Scheich zwei sehr
schöne Kamele zum Geschenk, ein Männchen und ein Weibchen,
die beide die Reisestrapazen wunderbar bestanden; ja das Weibchen
unterlag erst auf meiner Rückreise 3 Tagesreisen von Kúkaua, und
zwar so, dass es noch lange sein Leben fristen konnte, indem ich es
einem anwohnenden Mallem zum Geschenk machte.

Nachdem ich meine Briefe beendet hatte, setzte ich meine Abreise
auf den 25. November fest, ohne länger auf die Araber-Karawane
zu warten, die in kurzer Zeit nach Sinder aufbrechen wollte. Allerdings gewährte die Gesellschaft dieser Handelsleute vom Norden
die Aussicht eines größeren Grades von Sicherheit, aber zu gleicher
Zeit würde sie mich vielen Unannehmlichkeiten und wiederholtem
Aufenthalt ausgesetzt haben.

(Donnerstag, 25. November 1852) Es war 10½ Uhr morgens, als ich
die Stadt Kúkaua verließ, die ich seit mehr als 20 Monaten als mein
Standquartier betrachtet hatte und als eine Stätte, wohin ich mich
unter allen Umständen in Sicherheit zurückziehen könnte. Allerdings
erwartete ich selbst damals, dass ich genötigt sein würde, noch einmal
nach diesem Platz zurückzukehren, und legte ganz aus freien Stücken
meinen Plan demgemäß an; dennoch aber war ich überzeugt, dass ich
im nächsten Verlauf meiner Unternehmung nicht imstande sein würde, weitere Hilfe von der Freundschaft und dem Schutz des Scheichs
von Bornu zu ziehen, und ich war mir auch völlig bewusst, dass
der Fall eintreten könnte, wo mich die Umstände zwängen, meinen
Rückweg über die westliche Küste zu nehmen. Allein niemals kam es
mir in den Sinn, einen solchen Plan aus freien Stücken zu machen, da

ich es für die Regierung, in deren Dienst ich zurzeit die Ehre hatte, angestellt zu sein, für viel bedeutsamer hielt, den Lauf des großen Flusses von Timbuktu abwärts zu verfolgen, als, nachdem es mir wirklich gelungen wäre, jene berühmte Stadt zu erreichen, den Versuch zu machen, auf der entgegengesetzten Seite des Kontinents wieder zum Vorschein zu kommen. Denn ich konnte kaum darauf rechnen, auf meiner Hinreise, selbst unter den günstigsten Umständen, imstande zu sein, mich am Fluss entlang zu halten, der ja ganz in den Händen gesetzloser Tuareg-Horden war, denen ich mich unter keiner Bedingung anvertrauen konnte, ehe ich mir den Schutz eines in jenen Gegenden mächtigen Häuptlings erworben hatte. Inzwischen aus eigener Erfahrung mir völlig bewusst, wie weit gemeiniglich jeder hinter seinem Vorhaben zurückbleibt, stellte ich in meinem Brief an die Regierung als den hauptsächlichen und vorläufigen Zweck meiner Unternehmung nur dar, den sogenannten Niger bei der Stadt Ssai zu erreichen, während darüber hinaus alles äußerst ungewiss sei.

Meine kleine Schar bestand aus den folgenden Individuen. Die Hauptperson, die mir am meisten Vertrauen einflößte, war Mohammed der Gatroner, derselbe junge Bursche, der mich als Diener den ganzen Weg von Fessan bis Kúkaua begleitet hatte und den ich bei meinem Aufbruch nach A'damaua sehr gegen meinen Willen mit meinen Briefschaften und dem Privateigentum des verstorbenen Herrn Richardson heimgesandt hatte, unter der Bedingung, dass er, nachdem er einige Zeit als guter *paterfamilias* mit Weib und Kind zugebracht hätte, zu mir zurückkehren sollte, und der nun seinem Versprechen gemäß mit derselben Kafla, die mir neue Mittel zuführte, sich wirklich wieder eingestellt hatte. Auch ich blieb meinem Versprechen treu, machte ihn beritten und setzte ihn als meinen Hauptdiener ein, mit einem monatlichen Lohn von 4 spanischen Talern und daneben einem Geschenk von 50 Talern im Fall einer glücklichen Beendigung meines Unternehmens.

Mein zweiter Diener, auf den ich mich neben Mohammed am meisten verließ, wenn auch nicht gerade wegen kriegerischer Tüchtigkeit, war Abd-Allahi oder vielmehr, wie der Name hierzulande ausgesprochen wird, Abd-Allehi, ein junger Schua aus der Provinz Kótoko, den ich auf meiner Reise nach Baghírmi in Dienst genommen hatte. Da dieser Mensch niemals zuvor in ähnlicher Lage gewesen war und nie mit Europäern etwas zu tun gehabt hatte, verursachte er mir am Anfang viel Unannehmlichkeit, besonders da er eben in Baghírmi 40 Tage lang an den Pocken daniederlag. Er war ein junger Mann von sehr gefälligen Manieren, aufrichtigem Charakter und reinen Sitten und bildete als guter und frommer Moslem ein nützliches Vermittlungsglied zwischen mir und den Mohammedanern; aber er war zuweilen äußerst launenhaft, und nachdem ich seinen Kontrakt für die ganze Reise nach Westen und zurück abgefasst hatte, machte es mir die größte Mühe, ihn zu zwingen, an den von ihm selbst eingegangenen Bedingungen festzuhalten. Es war jedenfalls ein überaus günstiger Griff von mir, der mir in der Folge unbedingte Kontrolle über meine Leute gab, dass ich mich mit ihnen dahin einigte, dass sie nichts von ihrem Lohn während der Reise, sondern das Ganze erst nach meiner glücklichen Rückkehr nach Haussa empfangen sollten. Auch Abd-Allehi machte ich beritten, gab ihm aber nur 2 Taler monatlichen Lohn und außerdem die Zusicherung eines Geschenks von 20 Talern.

Nach diesen meinen berittenen Leibwächtern, Mohammed dem Gatroner und Abd-Allehi dem Schua, kam Mohammed ben Ahmed, derselbe Bursche, von dem ich schon auf meiner Reise nach Kanem gesprochen habe. Obgleich von sehr unbedeutenden Fähigkeiten und zugleich aufs Höchste eingebildet auf seinen islamischen Glauben, wurde er doch seiner Ehrlichkeit halber von mir geschätzt, während er seinerseits sich mir aus dem Grunde mehr anschloss, weil er von seinen eigenen Landsleuten und Glaubensgenossen während seiner Krankheit in Kano in sehr bedrückter Lage schmählich verlassen worden war.

Außer den Erwähnten hatte ich zurzeit in meinem Dienst noch zwei frei geborene Leute, von denen der eine, ein Bruder Mohammed des Gatroners, mich nur bis Sinder begleiten sollte, während der andere, ein Araber von den Grenzen Ägyptens, namens Sliman der Ferdjaner, ein schöner, starker Mann, einst zur Bande der Uëlad Sliman in Kanem gehört hatte und mir seiner Kenntnis von Feuergewehren und seiner Leibesstärke wegen von großem Nutzen hätte sein können; aber man konnte ihm nicht trauen und er verließ mich schändlicherweise in Sékka jenseits Kátsena beim Anfang der Fährlichkeiten.

Außer diesen frei geborenen Leuten hatte ich in meinem Dienst zwei freigelassene Sklaven, Dýrregu, einen Haussa-Knaben, und A'bbega, einen Marghi-Burschen, die vom verstorbenen Herrn Dr. Overweg in Freiheit gesetzt waren – ebendieselben Burschen, die ich auf meiner Heimkehr nach Europa mitbrachte und welche besonders in Gotha recht bekannt geworden sind. Beide sind zum Christentum bekehrt worden und haben hübsche Fortschritte gemacht; A'bbega,

der Marghi, ist vor Kurzem, am 25. November vorigen Jahres, mit
dem afrikanischen Postdampfer nach Yoruba abgegangen, während
der intelligentere Dýrregu noch einige Zeit unter der Leitung des
Herrn Missionars Schön bleiben wird, den er sehr tüchtig bei der
Übersetzung der Heiligen Schrift in die Hausa-Sprache und bei
der Erweiterung seines Wörterbuches derselben Sprache unterstützt.
Beide sind mir auf der Reise recht nützlich gewesen, obgleich A'bbega nicht selten Gegenstände – ich glaube, lebendiger Art – fand,
die ihm interessanter schienen, als meine Kamele, die seiner Obhut
anvertraut waren, sodass sie zu wiederholten Malen sich verloren
und ich manche Hunderte von Muscheln für in den Kornfeldern
angerichteten Schaden habe bezahlen müssen; ja, ein vortreffliches
Kamel ist mir auf diese Weise ganz abhandengekommen.

Außer diesen Dienern hatte ich mir noch einen Mann als eine Art
von Makler angeschlossen, und um als eine Mittelsperson zwischen
mir und den Eingeborenen zu dienen; dies war der Medjebri Ali
el A'geren, ein Eingeborener von Djalo, dem kleinen Handelsplatz
nahe bei Aúdjila, das kürzlich vom Abbé Hamilton besucht und
beschrieben worden ist. Er war mehrere Jahre im Sudan gereist und
hatte in verschiedenen Richtungen die von Sókoto, Kano, Bautschi,
Sária und Góndja eingeschlossene Landschaft durchzogen. Jedoch
hatte ich bei meiner Abreise von Bornu für den Augenblick kein be-
stimmtes Übereinkommen mit diesem Mann getroffen; aber für den
Fall, dass er mir jenseits Sókotos folge, wo er sich die Sache erst von
Neuem überlegen wollte, sollte er zwei Pferde und einen monatlichen
Lohn von neun harten Talern haben, und es sollte ihm außerdem
erlaubt sein, auf seine eigene Rechnung Handel zu treiben. Solch
eine Anordnung, obwohl etwas kostspielig für mich im Vergleich
zu den Mitteln, über die ich gebieten konnte, war von der höchsten Wichtigkeit, wenn anders der Mann seine Pflicht tat, da er in
seiner fast unabhängigen Lage imstande war, mir außerordentlichen
Beistand im Überstehen mannigfacher Schwierigkeiten zu leisten;
aber als einem Araber, und zwar von ursprünglich sehr fanatischem
Charakter, schenkte ich ihm nur solange volles Vertrauen, als die
Umstände günstig waren, während sein Wanken, sobald Gefahren
mich zu umgeben anfingen, mich keineswegs außer Fassung brachte.

Diese Leute – außer einem Araber, einem sogenannten Scherif
von Fass, der auf dem Wege nach Sinder war und sich bis zu dieser
Stadt mir gleichfalls angeschlossen hatte – bildeten die Gesellschaft,
mit der ich am 25. November 1852 frohen Mutes nach Westen

aufbrach. Ich schrieb damals die folgenden Worte an Herrn Ritter Bunsen: »Mit diesen Mitteln – einer leidlichen Menge großer und kleiner Geschenke, 200 Talern, 4 Pferden und 4 Kamelen – und mit fünf seit längerer Zeit erprobten Leuten, reichlich Waffen und reichlich Pulver und reichlich frischem, ungebrochenem Mut trete ich getrost meine weite, nicht ganz unbeschwerliche Reise an.«

Wieder ein Abschied

So nahm ich Abschied von den Freunden und wurde von Hadj Edriss zur Stadt hinausgeleitet. Um jedoch alles in Bereitschaft zu setzen und um ganz sicher zu sein, keine Vorsicht versäumt zu haben, meinem Unternehmen vollen Erfolg zu sichern, befolgte ich auch diesmal meinen alten Grundsatz und schlug mein Zelt am

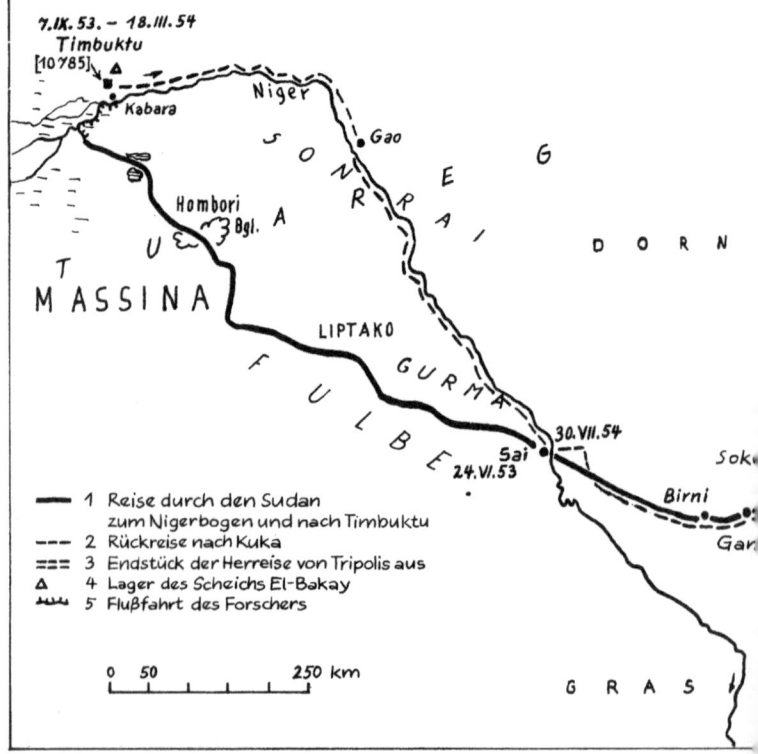

Abbildung 49. Wegekarte zur Reise von Kuka nach Timbuktu und zurück.

ersten Tage nur ein paar Meilen weit vom Tor zur Seite des zweiten
Dorfes von Kalílua im dürftigen Schatten eines »baúre«-Baumes auf.
Ich empfand hier unbeschränktes Behagen, mich wieder einmal in
der offenen Landschaft zu finden, nach einem mehrmonatlichen
Aufenthalt in der Stadt, wo ich, eifrig bemüht, die größtmögliche
Menge von Nachrichten über das zu erforschende Land zu sammeln,
nur wenig körperliche Bewegung hatte.

Den hoffnungsvollsten Erwartungen wegen des Erfolges meines
Unternehmens mich überlassend, streckte ich mich auf meinem
edlen Löwenfell aus, das meine gewöhnliche Lagerstätte bei Tage
bildete und höchst erfreulich kühl war. Aber gleich am Anfang meines Unternehmens erfuhr ich ein kleines Missgeschick. Denn um
imstande zu sein, täglich den Luxus eines Trunkes frischer Milch zu

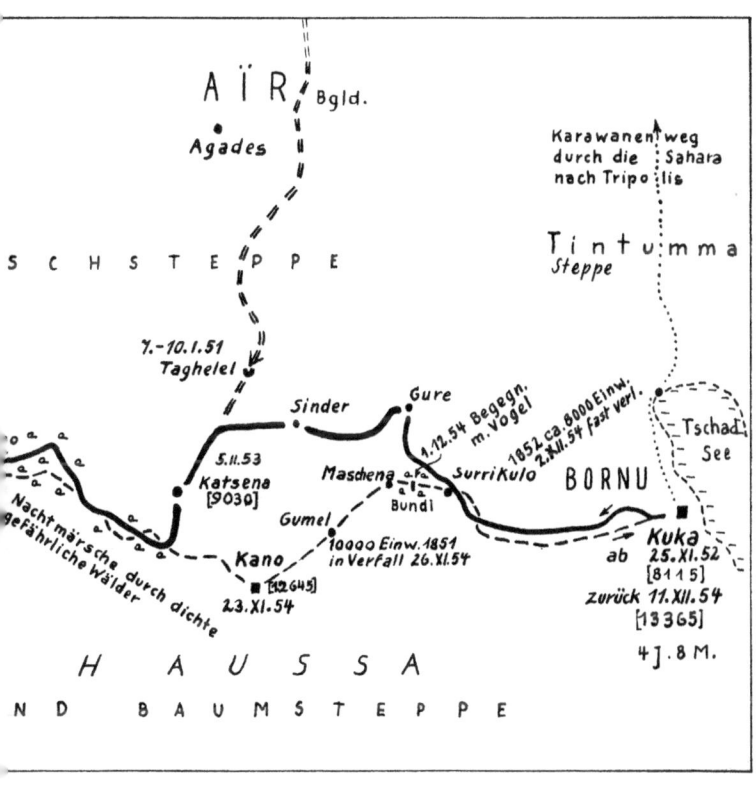

haben, hatte ich drei Milch gebende Ziegen mitgenommen; aber sie waren wenig damit zufrieden, ihre heimatliche Stätte zu verlassen, sondern liefen, während sie in einiger Entfernung von meinem Lager weideten, davon und ließen sich nicht wieder sehen.

(Freitag, 26. November) Dies war eine der kältesten oder viel leicht die kälteste Nacht, die ich auf meiner ganzen Reise erlebte, seit ich die Fruchtlande des Sudans betrat – das Thermometer zeigte am Morgen, ein wenig vor Sonnenaufgang, nur 4 °C über dem Gefrierpunkt. Diese große Kälte im Winter, die nur während der Mittagsstunden von der Glut der Sonne gemildert wird und dann leicht einen Unterschied von 27–28 °C gegen die nächtliche Kühle aufweist, ist eine Erscheinung im Herzen dieses Kontinentes, die alle, mit denen ich Gelegenheit hatte, darüber zu sprechen, in das größte Erstaunen gesetzt hat; aber die Erscheinung erklärt sich wohl aus der großen Breite des Kontinentes unter diesen Graden, indem die See, die im Winter so viel wärmer ist als das Festland, hier durchaus keinen mildernden Einfluss übt, sodass das Innere Afrikas – wenn man diese nächtliche Winterkälte in Anschlag bringt – im Gegensatz zu dem warmen Klima von West-Indien und den Küsten und Inseln des Stillen und des Indischen Ozeans einen ganz vereinzelten kalten Punkt bildet. Dazu kommen die einförmigen, höher gelegenen, wüsten Flächen im Norden, über welche die Kälte aus nördlicheren Zonen fast ungebrochen herüberzieht. Es ist diese große nächtliche Kälte in den drei Wintermonaten November, Dezember und Januar, die, wenn man die ganze jährliche Temperatur dieser Gegenden zusammen betrachtet, Letztere so herabdrückt, dass sie niedriger als die anderer Gegenden der Erde erscheint, während die mittlere Sommertemperatur von Kúkaua diejenige aller anderen Gegenden der Erde übertrifft.

Die Kälte übte auf uns alle, die wir aus unseren warmen Gemächern in Kúkaua kamen, eine bedeutende Wirkung, aber sie tat uns recht wohl und kräftigte uns nach dem entnervenden Einfluss des Klimas der Hauptstadt. Jedoch brachen wir nicht eher auf, als bis die Sonne angefangen hatte, der Luft einen milderen Charakter zu verleihen, wo wir dann unsere Reise nach Westen antraten. Die Landschaft, die ich durchzog, indem ich meinen Weg wiederum über den viel besuchten Brunnen von Bescher nahm, war mir schon von meiner früheren Reise her bekannt, aber sie bot jetzt einen Charakter dar, ganz verschieden von dem, den sie zeigte, als ich

zum ersten Mal von Kano nach Kúkaua zog; jene öden und unheimlichen Einsenkungen schwarzen Tonbodens waren jetzt in die
reichsten Kornfelder verwandelt, deren üppige Saat von »massákua«
(Holcus cernuus) anmutig einherschwankte, während dagegen die
Felder des gewöhnlichen kleinen Negerkorns *(Pennisetum),* das
ganz mit dem Segen der Regenzeit aufwächst, jetzt in Stoppeln
standen.

Wir lagerten uns nahe beim Brunnen Ssua-bua oder, wie er von
anderen genannt wurde, Kabubia, am sanften Abhang des nach
Norden ansteigenden Bodens, von wo die geschäftige Szene am
Brunnen, an dem Rindvieh, Esel, Ziegen und Schafe in regelmäßiger
Reihenfolge getränkt wurden, ein interessantes und belebtes Schauspiel gewährte. Der Brunnen maß 15 Klafter in der Tiefe, und die
Anwohner waren betriebsam und gewinnsüchtig genug, um sich
für berechtigt zu halten, sich von uns für das unschätzbare Element,
dessen wir zum Tränken unserer Kamele bedurften, bezahlen zu
lassen. Meine ganze kleine Reisegesellschaft war wohl aufgelegt,
gemütlich und voll von Erwartung der neuen Szenen sowohl im
Menschenleben als auch in der Natur, die ihnen in den unbekannten
Gegenden des entfernten Westens entgegentreten würden. Diesmal
wussten wir uns besser vor der nächtlichen Kälte zu schützen, die
uns in der vorhergehenden Nacht so stark mitgenommen hatte, und
zündeten einen ganzen alten, abgestorbenen Baum an, den wir mit
großer Anstrengung aus einiger Entfernung bis nahe an unser Zelt
geschleppt hatten. Auf diese Weise erfreuten wir uns in unserem
offenen Lager eines mäßigen Grades von Wärme.

(Sonnabend, 21. November) Ich betrat jetzt die Provinz Koiam mit
ihren weit zerstreuten Dorfschaften, ihren wohlbebauten Feldern
und ihren ausgedehnten Waldungen, von mittelhohen Mimosen gebildet, die zahlreichen Kamelherden Nahrung geben. Letztere bilden
den Reichtum dieses afrikanischen Stammes, der in früheren Zeiten,
ehe die Bornu-Dynastie von der feindlichen Familie der Bulala aus
ihrer alten Hauptstadt Ndjímie vertrieben wurde, ein Nomaden-
leben auf den Weidegründen Kanems führte. Nachdem wir so den
»Wódoma« genannten Gau durchzogen, lagerten wir um Mittag in
geringer Entfernung von einem Brunnen inmitten des Waldes, der
zu einem Gau namens Gàgada gehörte. Der Brunnen war 35 Klafter
tief und wurde während der Nacht von zahlreichen Viehherden aus
verschiedenen Gegenden der Nachbarschaft besucht.

Um mich von der Wachsamkeit meiner Leute zu überzeugen, da der größere Teil der Sicherheit eines Reisenden in diesen Gegenden eben von solcher Wachsamkeit abhängt, die er bei Nacht übt, machte ich um Mitternacht die Runde um mein Lager. Da gelang es mir, unvermerkt allen meinen Leuten, mit Einschluss des kriegerischen Ferdjani-Arabers, ihre Waffen wegzunehmen, was denn einen gewaltigen und höchst unterhaltenden Aufruhr bei ihrem Erwachen am Morgen verursachte, und ich hatte auf diese Weise eine gute Gelegenheit, ihnen eine nützliche Lektion zu halten, um in Zukunft wachsamer zu sein.

(Sonntag, 28. November) Da in der kalten Jahreszeit selbst der europäische Reisende in diesen Gegenden einen ungleich stärkeren Appetit hat, so fanden wir es recht angenehm, jeden Morgen vor Aufbruch ein allerdings frühzeitiges Frühstück – denn es geschah etwa um 5 Uhr – zu uns zu nehmen, und so machten wir es denn auch heute und setzten dann unsere Reise fort.

In unaufhaltsamem Zug geht es westwärts durch ihm bekanntes Land, durch die Ebenen Bornus, die aus öden, überschwemmten Tonbreiten jetzt in lachende Kornfelder verwandelt waren. An vielen Orten findet er Bekannte, die er sich bei seinem Zug nach Kuka durch kleine Geschenke zu Freunden gemacht hat und die ihn jetzt bereitwillig mit Nachrichten über die Zustände der zu durchreisenden Provinzen versorgen.

Weihnachten erreicht Barth, nachdem das kleine Bergland Munio auf der Schwelle des Niger- und Tschadbeckens passiert worden war, das »Tor des Sudans«, die Stadt Sinder, nördlich von Kano. Einige Sklavendörfer in der Nähe gehören den Tuaregs, die hierüber den Salzhandel aus der Wüste zum Sudan betreiben.

Eine wichtige Handelsstraße geht von Sinder, als gerne benutzte Parallele zur unsicheren Straße Tripolis–Bilma–Kuka, über das Aïr-Bergland und die Oasen Ghat und Ghadames zur Nordküste.

Am 20. Januar 1853 erreicht Barth in Sinder eine Sendung von tausend Talern, die »sehr geschickt in zwei Zuckerkisten verpackt waren, sodass kaum irgendjemand gewahr wurde, dass ich Geld erhalten hatte«. Aber keine Briefe! Gern hätte er auch noch die andere Kiste abgewartet, die der Hochzeit machende Eilbote, wie erwähnt, liegen gelassen hatte; aber er musste nach Katsena eilen und dort ankommen, bevor ein Heer der Gober-Leute über sie hergefallen war, von welchem Raubzug Barth noch rechtzeitig Wind bekommen hatte. (Gober, Landschaft nordwest-lich der Stadt.)

Infolgedessen kam diese Sendung wenige Tage nach seiner Abreise an, wurde einem Scherifen übergeben, der in einer im Jahre 1854 losbrechenden Revolution ermordet wurde.

Sonntag, den 30. Januar 1853

Das ganze Land, das wir auf unserem Marsch nach dem Westen durchzogen, war neben einer dichten, in festen Wohnplätzen angesiedelten Bevölkerung gerade voll von Gesellschaften Asbenauer Salzhändler *(Asben, der Haussa-Name für Aïr)*, teils auf dem Marsch begriffen, teils mit ihrer Ware in von Zäunen aus dem Rohr des einheimischen Korns sorgfältig beschützten Lagerstätten ruhend.

Das bot zwar Abwechslung, vermehrte aber auch die Unsicherheit, sodass er nun nicht mehr, wie er es gewohnt war, der schwerfälligen Karawane vorausreiten konnte.

Das weite gewellte Land wird der Sahel genannt, d.h. das Ufer, wo Wüste und Steppe sich begegnen. Es ist teils Steppe, teils Wüstensteppe mit Dornbüschen. Barth fand damals vielerorts blühende Tabak- und Baumwollfelder, wo heute die Wüste mit ihren Wanderdünen im Zuge des Nordostpassats vorgedrungen ist und wo durch sinnlose Überweidung die karge, aber gerade hier so notwendige Vegetationsdecke immer wieder aufgerissen wird.

Einmal, als Barth gerade das Zelt aufschlagen lässt, kommt langsam und vorsichtig ein tief verschleierter, hagerer Tuareg auf die ihm so merkwürdig erscheinende Behausung zugeritten.

Der Wüstensohn war noch bei Weitem mehr erstaunt, als er mich selbst erkannte; denn es war niemand anders als Agha Bature, der Sohn Ibrams aus Selufiet, der Hauptanstifter des Raubzuges, der zur Zeit, als wir das Land Aïr betraten, von den Grenzstämmen jenes Landes gegen uns unternommen wurde.

Ein andermal wundert Barth sich, dass die Bewohner, statt das Wasser selbst, wie bisher stets üblich, heraufzuziehen, die Mühe durch Tierkraft besorgen lassen.

Der junge Stier wurde von einem hübschen Tuareg-Mädchen geführt, dem ich als Belohnung für die Mühe *(ihm Wasser zu geben)* ein Geschenk mit einem Kastenspiegel machte, worauf sie denn nicht verfehlte, mir mit einem leichten Knicks und einem sehr anmutigen »agaischeka« – »ich danke dir« – zu danken.

Mittwoch, den 2. Februar 1853

Einige reisende Eingeborene hatten sich meiner Gesellschaft angeschlossen und unter ihnen auch ein abscheulicher Sklavenhändler,
der seine armen Opfer fortwährend peitschte, sodass ich höchst froh
war, diesen Mann bald loszuwerden.

*Auf der Höhe von Tessaua ist die Landschaft voller kleiner Ein-
senkungen (zwischen alten überwachsenen Dünen), wo Dumpalmen
und Tamarinden wachsen. Hier trifft er den ersten Reisbau, welches
Nahrungsmittel weiter westlich und den ganzen Niger entlang die
Hauptnahrung bildet, während es im Gebiet von Bornu fehlt.*

*In Katsena wird er als ein alter Freund begrüßt. Auch der Kaufmann
aus der Landschaft Tuat, Bel-Rhet, sein »alter Quälgeist«, erscheint
und fällt ihm sogar um den Hals. Auf dem reich beschickten Markt
kauft er für die Weiterreise u.a. Tabak ein, der von großer Güte sein
soll und selbst in Timbuktu geschätzt wird, wo er doch die Konkurrenz
des im Wadi Nun (Südwest-Marokko) gezogenen vortrefflichen Tabaks
auszuhalten hat.*

Die Regenzeit rückt mit schnellen Schritten heran.

Schon am 26. Februar ließen sich die deutlichsten Zeichen des
Herannahens wahrnehmen; die ganze südliche Hälfte des Himmels
war dicht mit Wolken bedeckt, während die Luft, wie nach einem
Regen, ungewöhnliche Feuchtigkeit enthielt. *(Nachts erfreut ihn das
prächtige Wetterleuchten.)*

*Am 7. März setzte sich das Heer der Goberleute in Bewegung, um in
das Gebiet der Fulbe einzufallen, wohin Barth nun reiste.*

*Die Monate Februar und März 1853 waren aufregend und an-
strengend. Sie führten von Sinder über Katsena nach* Sókoto, *wo die
Fulbeherrscher einen Hauptstützpunkt hatten. Der Fulbe-Sultan Aliu
war meistens in Wurno, nordöstlich von* Sókoto. *Z.Z. hielt er sich in
Waldungen auf, die fast bis Katsena reichten, beschwerlich und gefährlich zu passieren. Alle Welt sprach vom bevorstehenden Feldzug Alius
gegen die Goberleute.*[33]

(Donnerstag, 31. März) Wir hatten einen sehr schwierigen Tagesmarsch vor uns – die Passage der Wildnis von Gúndumi. Diese
Wildnis kann nur in einem forcierten Marsch durchzogen werden;
allein dies ist mit einer solchen Anstrengung verbunden, dass sie

---

33   Fulbe-Gegner, auf Erhalt ihrer Unabhängigkeit bedacht, Landschaft Gober
     im heutigen NW-Nigeria.

selbst auf einen Mann von Captain Clappertons Energie den Eindruck der beschwerlichsten Reise machte, die er je zurückgelegt
hatte. Ehe wir jedoch in unsere westliche Richtung zurückkehrten,
mussten wir erst einen nordwestlichen Pfad verfolgen, der zu einem
großen Teich – »tébki« – führte; wir hatten uns nämlich für den
Marsch mit Wasser zu versehen. Selbst jetzt noch bildete dieser Teich
ein ansehnlich großes Wasserbecken, war aber schon von einer großen Menge Menschen und Tiere, die unserer Schar zuvorgekommen
waren, aufgewühlt worden, und wir waren daher froh, dass wir uns
aus dem hart an unserem Lagerplatz gelegenen Brunnen mit einem
kleinen Vorrat vortrefflichen Wassers versehen hatten. An diesem
Wasserbecken nahm die Waldung, welche an ihrem Rand von einer
großen Menge wilder Feigenbäume und selbst einigen Delébpalmen
belebt wurde und einen anmutigen Anblick gewährte, den einförmigen und unbehaglicheren Charakter an, der allen ausgedehnten
Waldungen des Sudans gemeinsam zu sein scheint.

120 Kilometer ohne Halt!

Der Anfang unseres Marsches war, nachdem wir unsere Tiere getränkt und die Wasserschläuche gefüllt hatten, etwas unglücklich,
denn unsere Gefährten verfehlten den richtigen Weg und riefen
mich und meine Leute, die wir den richtigen Pfad verfolgten, weit
nach Süden ab. Wir mühten uns nun eine Zeit lang vergebens ab,
uns durch ein undurchdringliches Dickicht einen Weg zu bahnen,
fanden aber endlich nach einem bedeutenden Zeitverlust – eben
nichts Erfreuliches am Anfang eines verzweifelten Marsches von
beinahe 30 Stunden – mit genauer Not unter der Leitung eines
Pullo-Hirten den rechten Pfad wieder. Dann verfolgten wir rastlos
unseren Marsch durch den dichten Wald und den ganzen Tag hindurch und noch die folgende Nacht, indem wir den »tébki-n-Gún-
dumi« genannten Teich in einiger Entfernung zu unserer Linken
ließen; wir begegneten so erst am folgenden Morgen, kurz vor 11
Uhr, einem Zeichen von Anbau. Da, als wir höchst ermüdet und
kaum fähig waren, uns aufrecht zu halten, kamen uns einige Reiter
entgegen, die man, wohlversehen mit Wasserschläuchen, vom Lager
bei Gáuassu ausgesandt hatte, um die Nachzügler aufzubringen,
welche vor Durst und Müdigkeit zurückgeblieben waren. In der Tat
gab es manche, die ihres Beistandes bedurften – eine Frau war der
Ermüdung im Laufe der Nacht ganz und gar erlegen. Der Bewohner
Afrikas kann ein ungeheures Maß an Strapazen ertragen, jedoch

muss er sein Gemüt durch belebenden Gesang erfrischen können; aber auf einem solchen forcierten Marsch fühlt er die Ermüdung um so mehr, da die Gefahr vor lauernden Feinden das größtmögliche Stillschweigen und die äußerste Ruhe zur Pflicht macht.

Nachdem wir nun einmal das angebaute Land betreten hatten, erreichten wir nach einem Marsch von 2½ Meilen die ersten »gáuassu«-Bäume, welche das Dorf umgeben, das eben nach ihnen Gáuassu benannt worden ist. Auf den Feldern – »kárkara« –, die dieses Dorf umsäumen, hatte Alïu, der Emir el Múmenin, sein Lager bezogen; er bereitete sich eben vor, einen Heereszug gegen die Goberaúa zu unternehmen.

Es war hohe Zeit, dass wir das Ziel erreicht hatten; denn wir waren, den ersten Teil der Reise von Ssanssánne Aissa bis zur Wasserpfütze selbst abgerechnet, ohne Halt 26 Stunden marschiert. Nie hatte ich mein Pferd in einem solchen Zustand völliger Erschöpfung gesehen. Auch meine Leute warfen sich, kaum angekommen, auf den Boden hin; ich selbst aber fühlte, von der Aufregung meiner eigentümlichen Lage getragen, die Ermüdung nur wenig, sondern war im Gegenteil stark genug, ohne Verzug mein ganzes Gepäck durchzugehen, um die zweckmäßigsten Gegenstände für den großen Fürsten von Sókoto auszusuchen. Denn derselbe wollte am folgenden Morgen aufbrechen und von der Art, wie er mich empfing, hing ein großer Teil des Erfolges meines ganzen Unternehmens ab. Da jedoch der Nachmittag verfloss, ohne dass ich zum Fürsten gerufen wurde, erwartete ich kaum, dass ich ihn noch an diesem Tag sehen sollte; aber nach dem Abendgebet, ganz unerwartet, erschien Alháttu in Begleitung einiger Boten des Herrschers. Der Zweck dieser Gesandtschaft war jedoch nicht, die Überreichung meiner Geschenke zu beschleunigen, sondern mir erst einen Beweis seiner eigenen Gastlichkeit zu geben. Alháttu brachte mir nämlich ein sehr anerkennenswertes Geschenk, das in einem Ochsen, vier fetten Schafen und zwei großen Strohsäcken – »tákrufa« – mit etwa 400 Pfund Reis bestand, und deutete mir zugleich an, dass mich Aliu zu sehen wünsche; ich sollte jedoch die Geschenke jetzt noch nicht mitbringen. Ich setzte mich also sogleich in Bereitschaft, und als wir zum Sultan gingen, kamen wir an dem Lagerplatz des Ghaladima vorbei, der in einem Gehöft des Dorfes einquartiert war; er schloss sich uns ebenfalls an.

Alius Quartier war im nördlichen Teil des Dorfes, und wir fanden ihn daselbst auf einer unter einem Baum befindlichen erhabenen Tonbank sitzend. Er empfing mich mit großer Freundlichkeit und in bester Laune, indem er meine Hand schüttelte und mich bat, ihm gegenüber Platz zu nehmen. Darauf stattete ich ihm vonseiten der Königin von England meinen Gruß ab und sagte ihm, dass es schon vor 2 Jahren meine Absicht gewesen wäre, ihm einen Besuch zu machen, aber die von uns auf dem ersten Teil unserer Reise erlittenen Verluste hätten mich bis jetzt verhindert, meinen Plan auszuführen.

Ich hatte kaum meine Rede beendet, als er selbst mir versicherte, dass er den Brief, den ich ihm durch Vermittlung des Sultans von A'gades zugeschickt hätte, zu rechter Zeit erhalten und daraus den Grund erfahren habe, wodurch wir damals verhindert gewesen wären, ihm unseren Besuch zu machen. Von jener Zeit an bis zum gegenwärtigen Augenblick habe er den Gang unserer Mission und besonders meine eigenen Schritte mit dem größten Interesse verfolgt, wie er denn auch von meiner Reise nach A'damaua gehört habe.

Ich kündigte ihm dann an, dass ich bei meinem Besuch bei ihm vorzüglich zwei Zwecke verfolgte: Der eine bestehe darin, ihn um einen Freibrief zu bitten, der allen englischen Kaufleuten bei einem Besuch seines Gebietes zu Handelszwecken volle Sicherheit für ihre Person und ihr Eigentum gewähre; dann sei es mein dringender Wunsch, dass er mir erlauben möge, meine Reise nach Timbuktu fortzusetzen, und mir dieselbe, welche zurzeit durch den Aufstand der Provinz Kébbi sehr erschwert würde, vermittels seines weitreichenden Einflusses nach Kräften erleichtere. Ohne Rückhalt und in der wohlwollendsten Weise willfahrte er meinen beiden Gesuchen, indem er erklärte, dass sein größtes Vergnügen darin bestehen würde, mich mit allen seinen Kräften in meinem Unternehmen zu unterstützen, da es bloß menschenfreundliche Zwecke verfolge und nur dazu dienen könne, weit voneinander lebende Nationen einander näher zu rücken.

Während er dieser höchst ermutigenden Anschauung Worte gab, drückte er zugleich in sehr gemütvoller Weise sein Bedauern darüber aus, dass Abd-Allah (Captain Clapperton), dessen Namen ich beiläufig erwähnt hatte, auf seiner zweiten Reise gerade zu einer Zeit zu ihnen gekommen sei, wo zwischen Bello und dem Scheich el Kanemi, dem Herrscher von Bornu, ein Kriegszustand – »gaba« – bestanden und so ihr freundliches Verhältnis mit dem ausgezeichneten Offizier gestört habe; unter solchen Verhältnissen sei es gekommen, dass sie es ihm nicht gestattet hätten, seine Botschaft an ihre Feinde auszurichten. Das gab mir Gelegenheit, ihm ein Beispiel vorzuführen, wie in

Bezug auf fremde Besucher oder Boten solche politischen Umstände
nie zurate gezogen werden dürften, und darauf hinzuweisen, dass der
Herrscher von Bornu, obgleich zurzeit in offener Feindschaft mit
dem mächtigsten Statthalter in Aliis Reich stehend, mir dennoch
ohne weitere Schwierigkeiten erlaubt hätte, unter den gegenwärtigen
Umständen meine Reise zu den Fullan anzutreten. –Aliu beschloss
dann unser Gespräch mit der Bemerkung, dass es sein ausdrücklicher
Wunsch gewesen wäre, mich gleich am Tag meiner Ankunft hier zu
sehen, um mir zu versichern, dass ich ihm herzlich willkommen sei
und um mich über das Schicksal Clappertons zu beruhigen; denn
er war sich wohl bewusst, dass jenes unerfreuliche Ereignis nicht
verfehlen konnte, Europäern einiges Misstrauen hinsichtlich des
Benehmens der Herrscher von Sókoto einzuflößen.

Mit überaus erleichtertem Gemüt kehrte ich von dieser Audienz
nach meinem Zelt zurück. Die Abenddämmerung, von dickem
Gewölk geschwärzt, mit ununterbrochen rollendem Donner erfüllt
und nur von den zahlreichen Feuerstätten erleuchtet, die ringsumher
auf den Feldern loderten, wo sich die Truppen unter den Bäumen
gelagert hatten, verlieh dem Platz ein besonderes feierliches Interesse
und prägte mir den bedeutungsvollen Charakter meiner Lage vollkommen ein. Es fiel zwar kein Regen, aber der Donner rollte die
ganze lange Nacht hindurch und kündigte deutlich die Annäherung
der Regenzeit an.

Geschenke für den Fürsten

Mittlerweile lag ich ruhelos auf meinem Lager und dachte über
das Geschenk nach, welches ich diesem einflussreichen Machthaber darbringen sollte, der mich bei meiner ersten Audienz mit so
viel Freundlichkeit und Rücksicht behandelt hatte und von dessen
Freundschaft und Schutz in bedeutendem Maße das Gelingen meines Unternehmens abhing. Indem ich nun glaubte, dass das, was ich
ausgewählt hatte, seinen Erwartungen nicht vollkommen genügen
möchte, fügte ich am nächsten Morgen, nachdem ich mich von
meinem Lager erhoben hatte, dem Geschenk noch einige andere
Gegenstände bei, sodass es nun aus folgenden Artikeln bestand:
einem Paar reich mit Silber ausgelegten Pistolen[34] in samtenen Half-

---

34 Dieses schöne Paar Pistolen, das vorzugsweise dazu beitrug, mir die Freund-
    schaft dieses mächtigen Häuptlings zu verschaffen, sowie ein anderes Paar,
    das ich später Chalilu, dem Herrn von Gándo, gab, und noch mehrere Dinge
    wurden von meinem eigenen Geld gekauft, das auf des Herrn Freiherrn von

tern; einem prächtigen Burnus (arabischen Mantel) mit Kapuze, von rotem Atlas und mit gelbem Atlas gefüttert; einem Burnus von gelbem und einem anderen von braunem Tuch; einem weißen Helali-Burnus von der feinsten Qualität; einem roten Tuchkaftan mit Goldstickerei; einem Paar roten Tuchhosen; einem Stambul-Teppich; drei Zuckerhüten; drei Turbanen und einer roten Mütze; zwei Rasiermessern; einem halben Dutzend großer Spiegel; Nelken und Djaúi.

Diese Geschenke band ich in fünf Taschentücher zusammen, versah mich noch mit einem Burnus von rotem Tuch für den Ghaladima und wandte mich zuerst zu Letzterem, der mein Geschenk mit Anerkennung aufnahm und auch die für seinen Herrn bestimmten Gaben mit dem äußersten Wohlgefallen und der größten Freude besichtigte. Dann begaben wir uns zusammen zu Alu; wir fanden ihn in einem aus Rohr gebauten Gemach auf einem aus dem leichten »tukkurua«-Holz verfertigten Ruhebett sitzend. Ich erhielt jetzt zum ersten Mal eine genaue Ansicht von dem Häuptling, denn bei meiner Zusammenkunft am vergangenen Abend herrschte eine solche Dunkelheit, dass es mir unmöglich war, seine Züge genau zu unterscheiden. Ich fand in ihm einen untersetzten Mann von mittlerer Größe und mit einem runden, vollen Gesicht, das deutlich eher die Züge seiner Mutter (einer Haussa-Sklavin), als diejenigen seines Vaters Mohammed Bello, eines freien und edlen Pullo, zeigte; er war gutmütig und voll guter Laune. Auch seine Kleidung war überaus einfach und legte ebenfalls Zeugnis davon ab, dass er den reinen Pullo-Charakter aufgegeben hatte; denn sie bestand fast nur in einem Hemd von grauer Farbe. Auch sein Gesicht war unverhüllt, während sein Vater Bello selbst in seiner Privatwohnung wenigstens vor einem Fremden niemals verfehlte, dasselbe zu verhüllen.

Er empfing mich dieses Mal mit derselben ausgezeichneten Freundlichkeit, die er am verflossenen Abend gezeigt hatte, und wiederholte seine volle Einwilligung in meine beiden Gesuche. Diese entwickelte ich jetzt mehr im Einzelnen und ersuchte ihn zugleich, dass der Freibrief noch geschrieben werden möge, ehe er ins Feld rücke. Auch hierzu gab er seine Einwilligung, weigerte sich aber bestimmt, mir zu erlauben, meine Reise fortzusetzen, ehe er von dem Heereszug zurückkäme, was, wie er sagte, nicht lange dauern solle,

---

Bunsens Vorschlag von meinen Angehörigen nach Tripolis gesandt worden war. Dasselbe war auch der Fall mit zwei Harmonikas, von denen ich die eine Aliu, die andere dem Scheich El Bakay gab.

und da ich mit der Etikette dieser afrikanischen Höfe wohlbekannt
war, konnte ich von Anfang an kaum etwas anderes erwarten. Dann
besah er die Geschenke und drückte zu wiederholten Malen seine
Freude darüber aus; aber als er der Pistolen ansichtig wurde, die ich
absichtlich bis zuletzt zurückbehalten hatte, gab er seinen Gefühlen
in der unzweideutigsten Weise freien Lauf. Meine Hände wiederholt drückend, sagte er: »Nagode, nagode, barka, Abd el Kerim,
barka!« (»meinen besten Dank, Abd el Kerim, Gott segne Dich!«)
Es war klar, dass er nie zuvor etwas diesen reich verzierten Pistolen
Ähnliches gesehen hatte, wie sie denn auch von den Kenneraugen
des Herrn Warrington in Tripolis ausgesucht worden waren. So verdankte ich die freundliche Gesinnung des Fürsten zum großen Teil
eben diesen Pistolen, die der gewissenlose Statthalter von Kátsena,
welchem ein Gerücht darüber zugekommen war, mir auf jede Weise
geraten hatte, ihm selbst zu verkaufen, da sie sein Lehnsherr nicht
allein nicht würdigen, sondern sich sogar vor ihnen fürchten werde.

Kaum war ich in mein Zelt zurückgekehrt, als der Ghaladima
kam und mir von seinem Herrn eine Summe von 100.000 Kurdi
überbrachte, um damit in seiner Abwesenheit die Ausgaben meines
Haushaltes zu bestreiten. Ich hatte später noch mehr Grund, für
diese freundliche Aufmerksamkeit dankbar zu sein, obgleich die
Summe 40 spanische Taler nicht überstieg, denn während meines
Aufenthalts in Wurno erfuhr ich es, wie schwierig es gewesen sein
würde, meine Taler in Kurdi umzuwechseln. Ich befriedigte dann
meinen Freund Alháttu, den jüngeren Bruder des Ghaladima, der
sich zwar allerdings nicht uneigennützig zeigte, mir aber dennoch
manchen Dienst leistete.

Obwohl die Leute außen im Lager mit den Zurüstungen zu
ihrem bevorstehenden Zug genug zu tun hatten, erhielt ich doch
verschiedene Besuche und unter anderen auch denjenigen eines
Uëlad Raschid namens Mohammed, der mir später (bei meiner
Rückkehr von Timbuktu) in Gesellschaft seines Landsmanns, des
gelehrten Ahmed Wadáui, nach Kúkaua folgte. Dieser Mann hatte
seinen Stamm an den südöstlichen Grenzen Bagirmis verlassen und
sich vor vielen Jahren in dieser Stadt angesiedelt. Da er mehrere
Heeres- oder Raubzüge mitgemacht hatte, gab er mir eine unter-
haltende Schilderung von dem Mut der Féllani-n-Sókoto; aber er
besaß etwas Neigung zum Verleumden und tischte Geschichten über
die Schwachheiten des weiblichen Teils der Bevölkerung auf, die ich
nicht wiederholen will.

(Sonntag, 3. April) Da mir viel daran gelegen war, dass der Freibrief geschrieben würde, ehe der Sultan zum Kriegszug aufbrach, schickte ich am Morgen meinen Makler Ali el A'geren mit einem Pfund guten englischen Pulvers zum Fürsten, um ihn an sein Versprechen zu erinnern; auch kam er nach einer Weile mit einem mit dem Siegel des Sultans verschlossenen Brief zurück. Derselbe war, im Ganzen genommen, in sehr gefälligen Ausdrücken abgefasst, welche besagten, dass der Fürst das von mir gestellte Gesuch um Sicherheit für englische Handelsleute und andere Reisende genehmigt habe. Da jedoch das Schreiben die Bedingungen nicht spezialisierte, sah ich mich gezwungen, um ein anderes zu bitten, das in bestimmteren Ausdrücken abgefasst wäre. Obgleich Alius Zeit sehr beschränkt war, da er gerade im Begriff stand, mit seinem Heer aufzubrechen, so wurde doch auch dies letztere Gesuch bewilligt und ich erklärte mich nun für zufriedengestellt. Ich war mir wohl bewusst, wie außerordentlich schwierig es ist, diesen Leuten ein Verständnis von Artikeln beizubringen, wie die, in denen europäische Regierungen gewohnt sind, Handelsverträge abzuschließen. In Gegenden jedoch wie dieser scheint es beinahe, als ob man mit solchen Dingen nicht zu viel Zeit verlieren dürfe, ehe es noch ausgemacht ist, ob Kaufleute mit diesen Gegenden wirklich Handel eröffnen wollen, denn sobald auf die allgemeine Bedingung der Sicherheit hin wirklich ein Verkehr festgestellt ist, überzeugen sich die Herrscher dieser Länder selbst von der Notwendigkeit einer bestimmteren und mehr ins Einzelne gehenden Übereinkunft, während auf der anderen Seite, bevor sie den Verkehr mit Europäern aus Erfahrung kennen, die Form der Artikel, in der Verträge gewöhnlich abgefasst sind, sie mit dem äußersten Argwohn und der größten Furcht erfüllt, was die schlimmsten Folgen für jeden haben kann, der einen solchen Vertrag abzuschließen hat.

Der Sultan war freundlich genug, mir, ehe er am Nachmittag aufbrach, den Bescheid zu schicken, ich möchte zu ihm kommen, um Abschied von ihm zu nehmen. Von ganzem Herzen wünschte ich ihm Glück auf seinem Kriegszug – denn der Erfolg meines eigenen Unternehmens, nämlich meiner Reise nach Westen, hing zum großen Teil von dem Sieg Alius über seine Feinde ab – und er drückte seinen Beifall über meinen Glückwunsch durch die mehrmalige Wiederholung jenes inhaltsvollen und höchst bezeichnenden Wortes aus, das dem Mohammedaner nicht weniger eigen ist als dem Christen: »amin, amin«. So nahm er von mir Abschied, um

seinen Heereszug[35] anzutreten, nur von einer kleinen Abteilung
Reiterei begleitet, da der größere Teil der Truppen schon vorausgezogen war. – Ich hatte auch an Hámmedu, den Sohn Atikus, eines
älteren Bruders und Vorgängers von Bello, ein Geschenk gesandt;
aber er schickte es mir mit der Bitte zurück, es für ihn bis zu seiner
Rückkehr vom Heereszug aufzubewahren.

Auch der Ghaladima, der den Sultan begleiten musste, besuchte
mich vor seinem Aufbruch, damit ich sein Haupt, als eine Vor-
bedeutung guten Erfolges, mit einem buntfarbigen Turban, wie ich
deren damals besaß, umwinden möchte.

Nachdem sich alle Leute davongemacht hatten, konnte ich selbst
nicht daran denken, noch eine Nacht an dieser verlassenen Stätte zuzubringen, da sie nicht allein den Angriffen der Menschen, sondern
auch denen der wilden Tiere ausgesetzt war. Selbst in der vorhergehenden Nacht hatten die Hyänen mehrere Personen angegriffen und
einen Mann so übel zugerichtet, dass er, anstatt das Heer begleiten
zu können, gezwungen war, nach Hause zurückzukehren; außerdem
war es ihnen beinahe gelungen, einen Knaben fortzuschleppen.

Die Folge davon war, dass ich selbst ein Stunde darauf, als der
Sultan sein Lager verlassen hatte, mit meinem Tross auf dem Marsch
nach Wurno war, der gewöhnlichen Residenz Alius, wo ich im Haus
des Ghaladima Quartier nehmen sollte. Aber nie machte ich eine un-
erfreulichere Reise als diese, so kurz sie auch war, denn die Vorräte,
die uns der Sultan gegeben hatte, beschwerten uns außerordentlich, sodass wir uns zuletzt gezwungen sahen, das Kalb im Dorf
Gáuassu zu verschenken. So kam es denn, dass wir erst abends spät
unser Quartier erreichten, und da wir noch dazu eine lange Zeit
am Stadttor aufgehalten worden waren, hatten wir große Mühe, im
Dunkeln davon Besitz zu nehmen. Das Tor war nämlich zwar weit
und geräumig, aber mit einer hölzernen Tür verrammt und hinter
demselben war weder ein offener Platz noch eine Straße, die von da
in gerader Richtung in die Stadt geführt hätte, sondern die Straße
teilte sich unmittelbar und wand sich hart an der Mauer entlang.

Die Fulbe

Ehe ich auf die Einzelheiten meines Aufenthalts an diesem Platz
eingehe, halte ich es für passend, dem Leser eine kurze Beschreibung
von dem Wachstum der Macht der Fulbe oder Féllani in dieser Ge-

---

35 Gegen das »Reich« Gober.

gend zu geben und den gegenwärtigen Zustand des Reiches Sókoto kurz anzudeuten.

Es kann keinem Zweifel unterworfen sein, dass, wenn irgendein afrikanischer Stamm die volle Aufmerksamkeit des gelehrten Europäers verdient, dieselbe den Stamm der Fulbe (Singular »Pullo«) oder »Fula«, wie sie von den Mandingo, »Féllani« (Sing. »Ba-féllantschi«), wie sie von den Haussa-Leuten, »Fellata«, wie sie von den Kanori, und »Fullan«, wie sie von den Arabern genannt werden, treffen muss, denn sowohl in seiner ganzen Erscheinung als in seiner Geschichte und dem besonderen Charakter seiner Sprache bietet dieser Stamm im Vergleich mit den Bewohnern der umliegenden Länder zahlreiche Anomalien dar. Es unterliegt keinem Zweifel, dass der Stamm der Fulbe der intelligenteste aller afrikanischen Stämme ist. In körperlicher Entwicklung mögen ihnen allerdings die Djoloffen vorangehen; allein es ist eben der größere Verstand, der dem Pullo bei Weitem mehr Ausdruck gibt und seinen Gesichtszügen nicht erlaubt, jene Regelmäßigkeit anzunehmen, die wir bei anderen Stämmen finden, während die mäßige Lebensweise einer großen Anzahl Fulbe der Grund ist, dass sich ihre Glieder nicht in der reichsten Weise entfalten, sodass die meisten derselben durch kleine Glieder und schlanken Wuchs sich auszeichnen.

Bei Erwägung der äußeren Erscheinung der Fulbe, die sowohl in der Hautfarbe als in körperlicher Entwicklung verschiedene Gegensätze darbietet, müssen wir zuerst berücksichtigen, dass die Fulbe als ein erobernder Stamm, der sich über einen weiten Länderstrich ausgedehnt hat, mannigfaltige und gänzlich verschiedene nationale Elemente in sich aufgenommen haben; dies ist der Grund, weshalb die verschiedenen Abteilungen der Fulbe-Nation einen sehr mannigfachen und etwas unbestimmten Charakter besitzen. Es gibt Stämme, die vom Hauptstamm so vollkommen verschlungen sind, dass man in späteren Zeiten ihre Abkunft auf die angeblichen Vorfahren der ganzen Nation zurückgeführt hat; aber außerdem gibt es noch andere, deren Stammbaum mit demjenigen der Fulbe zwar noch nicht in so enge Berührung gekommen ist, die aber dessen ungeachtet mit den Letzteren auf solche Art untermischt sind, dass sie ihre eigene nationale Sprache ganz vergessen haben und von einem Reisenden, der das Verhältnis nicht genau kennt, leicht mit jenen verwechselt werden können. Hervorragend unter diesen Letzteren sind die Ssissílbe, wie sie sich selbst nennen, oder Ssyllebáua, wie sie auf Haussa heißen, ein Stamm, den ich bei meinem Besuch von

Sókoto zu erwähnen Gelegenheit haben werde; sie sind nichts weiter als eine Abteilung des zahlreichen Stammes der Wákore oder Wángaraúa, zu denen auch die Ssussu und die sogenannten Mandingo oder vielmehr Mellinké gehören. Die Abteilung dieses Stammes, welche in Haussa angesiedelt ist, hat ihr eigentümliches Idiom ganz vergessen und neben der Fulfúlde-Sprache sogar das Haussa-Idiom angenommen; ihre Stammesgenossen in der westlicheren Provinz Sabérma dagegen bedienen sich fast ausschließlich ihrer eigenen Sprache.

Einzug in unbekanntes Land

Je mehr Heinrich Barth weiter nach Westen gelangt, desto weniger bekannt sind ihm Land und Lebensverhältnisse. Irgendwelche Berichte von Europäern gibt es nicht. Wohl hört er fortgesetzt von Streitereien der Lokalherren, und desto mehr muss er auf der Hut sein.

In Sókoto kaufte er auf dem Markt ein. In Wurno sollte er Aliu wieder begegnen, der von seinem »Kriegszug« zurückkam.

Im Ganzen bildete mein Besuch der Stadt Sókoto ein höchst interessantes Zwischenspiel zu meinem unfreiwilligen Aufenthalt in der Hauptstadt, und ich hatte mich während meiner dortigen Anwesenheit keineswegs über ungastliche Behandlung zu beklagen, da mir mein Freund Módibo Ali Tag für Tag eine große Schüssel voll »fura« (der beliebte Trank von Ghussubwasser), zwei Schüsseln mit leichtem Pudding aus *Sorghum* und zwei Näpfe voll Milch schickte. Auf der anderen Seite aber konnte dieser Ausflug auch nicht verfehlen, mir eine tiefere Einsicht in die Schwäche der Herrschaft der Fulbe über diese Gegenden zu verschaffen und mir zu zeigen, wie leicht hier plötzlich über Nacht eine neue große Umwälzung vor sich gehen kann. – Mit frischer Energie kehrte ich am 24. April von diesem Ausflug nach Wurno in mein Quartier zurück, indem ich den Weg in wenig mehr als 4 Stunden zurücklegte.

Es war gerade Zeit, dass ich ankam; denn am Abend desselben Tages traf die freudige Nachricht ein, dass der Sultan Gándi erreicht habe; aber er betrat Wurno nicht vor dem 28. Abends zuvor sandte er mir eine Botschaft von Yan-sserki (im Gebiet von Raba) aus, indem er mich ersuchen ließ, ihm am folgenden Morgen außerhalb der Stadt entgegenzukommen. Demgemäß stieg ich mit dem ersten Dämmerlicht zu Pferd, traf aber den Fürsten schon nahe am Tor, indem er von dem felsigen, von Raba herführenden Pfad auf das etwas niedrigere Niveau der Höhe herabstieg, auf der Wurno liegt.

Aliu machte, als er mich kommen sah, mit seinem Gefolge halt und begrüßte mich auf die freundschaftlichste Weise, indem er mich bei meinem afrikanischen Reisenamen (Abd el Kerim) nannte. Hinter dem Sultan ritt der Ghaladima, und ich machte hier die Bekanntschaft des gelehrten Abd el Kader dan Taffa (Mustapha), den zu sprechen ich höchst begierig war, um von ihm einige historische Belehrung zu erhalten. Ich beeilte mich daher, sobald sich das Heer aufgelöst hatte und die Leute in ihre verschiedenen Quartiere zurückgekehrt waren, ihm ein Geschenk zu senden. Er stattete mir auch gleich am Abend einen Besuch ab, wobei er mir unverzüglich einige positive Data in Bezug auf die Geschichte der Dynastie der Assaki oder A'sskia, der Herrscher von Sonrhay, mitteilte, welche er, ohne sich um ein einziges Jahr zu versehen, aus dem Kopf wusste. Diese wenigen Data waren für mich von der höchsten Bedeutung, indem sie mir die erste Einsicht in das historische Verhältnis jener westlichen Länder zu der Geschichte Mittelsudans eröffneten.

(Freitag, 29. April) Am Vormittag stattete ich Aliu einen Besuch ab, um ihm meinen Glückwunsch wegen seiner glücklichen Heimkehr von diesem Heereszug darzubringen. Denn obgleich keineswegs sehr ruhmreich, war er doch nicht ganz ohne Resultate gewesen, da Aliu die armen, kleinen Weiler des felsigen Gaues Kotórkosche, deren Einwohner sich vor einiger Zeit unter den Schutz des Feindes gestellt, zum Gehorsam gebracht hatte; aber selbst diesen unbedeutenden Sieg hatte er nur durch die Tapferkeit der Reiterei von Kátsena errungen, während sein eigenes Kriegsvolk, wie gewöhnlich, die größte Feigheit bewiesen hatte. Solange die Fulbe das Heer der Goberaúa, welches jedes Jahr ausrückt und ihnen eine Schlacht anbietet, nicht in offener, entscheidender Feldschlacht besiegen, wird der Zustand dieses Reiches von Tag zu Tag schlechter werden, indem, wie die Angelegenheiten jetzt stehen, jede der beiden Parteien, sowohl die ursprünglichen Einwohner wie die Eroberer, nur den Untergang des Landes beschleunigt, ohne einen entscheidenden Schlag zu tun.

Obwohl ich dem Fürsten gleich bei meiner Ankunft ein sehr ansehnliches Geschenk gemacht hatte, hielt ich es doch für gut, seiner freundlichen Gesinnung gegen mich einen größeren Impuls zu geben, indem ich auch diesmal etwas spendete. Ich gab ihm daher jetzt eine arabische Tuchweste und einige kleinere Artikel sowie auch eine Spieldose; die Letztere machte ihm außerordentliches

Vergnügen. Es war aber ein recht unglücklicher Umstand, dass, als
er in dem Eifer, seine Freude seinem besten Freunde, dem ersten
Minister Abdu (dem Sohne des Gedado), mitzuteilen, diesen hatte
rufen lassen, um Zeuge dieses Wunders zu sein, die geheimnisvolle
Dose, von dem Wechsel des Klimas und dem Hin- und Herschütteln
auf einer so langen Reise angegriffen, auf einmal stillstand und nicht
mehr spielen wollte. Ich will hier ein für alle Mal bemerken, dass
ich es für Reisende besser halte, solche Gegenstände, wie eben z.B.
Spieldosen, welche so leicht in Unordnung geraten, lieber nicht als
Geschenk zu geben, da sie sich selbst dadurch große Unannehmlichkeiten bereiten können. So ging es denn auch mir, obgleich es
mir gelang, die Dose, die dem Häuptling unendliches Vergnügen
gewährte, einigermaßen wiederherzustellen. Aber glücklicherweise
besaß ich noch sonstige Mittel, um den musikalischen Geschmack
Alius befriedigen zu können. Herr Ritter von Bunsen hatte nämlich
meinen Vater veranlasst, mir ein paar Harmonikas zu schicken, mit
denen der Missionar Knoblecher auf die Anwohner der Nilufer eine
so große Wirkung hervorgebracht hatte. Eine von diesen gab ich nun
dem Emir el Múmenin; die andere erfreute später die Bewohner
Timbuktus, indem ich sie den Kindern El Bakays zum Geschenk
machte.

Aliu bewilligte mein Gesuch um schnelle Abreise und versprach
mir selbst, mich in meinem, bei dem gegenwärtigen Zustand der
Provinzen höchst gefahrvollen Unternehmen mit einer kleinen Eskorte – »rékkia« – zu unterstützen; auch schrieb er mir bald darauf
einen Empfehlungsbrief an seinen Neffen Chalilu, den Herrscher
von Gándo. Es war um so wichtiger für mich, meine Reise zu beschleunigen, als der folgende Tag den ersten deutlichen Beweis von
der Annäherung der Regenzeit lieferte. Dabei setzten mir die Einwohner Sókotos, welche starke Neigung zum Betteln haben, hart
zu, und auch eine Menge Fremder befanden sich gerade in der Stadt
(vorzüglich die Kel-geréss, welche das Salz gebraucht hatten), sodass
mir viel daran gelegen war, diesen Ort zu verlassen.

Ich saß eines Tages in Gesellschaft einiger jener Söhne der Wüste
in der Eintrittshalle meines Hauses, als Gome oder Ittegama, der
Bruder des Sultans Abd el Kader von Agades (der vor Kurzem ent-
thront worden war, um einem neuen Häuptling namens Ahmed e'
Rufay Platz zu machen), mich zu besuchen kam und mich mit sehr
wichtiger und geheimnisvoller Miene darum ersuchte, ihm eine Pri-

vataudienz zu geben. Da ich mich dem früheren Fürsten von Agades aufrichtig verpflichtet fühlte, entließ ich sogleich meinen anderen Besuch und eröffnete meine Unterredung mit Ittegama. Er begann sein Anliegen damit, dass er mich an die freundliche Weise erinnerte, mit der mich sein Bruder damals empfangen hatte, und schloss mit der dringenden Bitte, doch meinen Einfluss zu benutzen, um Abd el Kader wieder zu seiner früheren Würde zu verhelfen. Es machte mir viel Mühe, ihn davon zu überzeugen, dass ich soviel wie keinen Einfluss beim Emir el Múmenin besäße und deshalb befürchtete, meine Fürsprache möchte wenig oder gar keinen Erfolg haben. Natürlich hätte ich nur zu sehr gewünscht, etwas ausrichten zu können, teils um meine persönliche Erkenntlichkeit für die Freundlichkeit meines Wirtes in dem Ort, wo ich zuerst mehr Vertrauen in den Erfolg meines Unternehmens zu setzen anfing, zu beweisen, teils in der Überzeugung, dass, wenn ich imstande wäre, diesem Mann einen großen Dienst zu leisten, ein solcher Umstand einen höchst günstigen Einfluss auf meine weiteren Unternehmungen haben würde. Ich sprach also mit dem Emir el Múmenin darüber; aber die politische Kombination der Häuptlinge der Tuareg musste ihren Lauf gehen, und Abd el Kader war noch nicht wieder eingesetzt, als ich auf meiner Rückreise diese Gegend abermals durchzog, obgleich er mit Aliu auf dem besten Fuße stand.

Unter den Leuten, die meine Bekanntschaft suchten, war auch Chalilu dan Hassan, einer der mutmaßlichen Erben der fürstlichen Macht in Sókoto; Hassan war nämlich ein jüngerer Bruder Bellos. Dieser Chalilu war ein junger Mann von noblen Manieren, aber ohne großmütige Gesinnung, wie er zur Genüge auf meiner Rückreise im folgenden Jahr bewies. Damals nämlich suchte er mir durch das Geschenk eines schwarzen Hemdes im Wert von kaum 5000 Muscheln (2 Talern) die Verbindlichkeit aufzulegen, ihm nach meiner glücklichen Heimkehr ein Paar Pistolen zu schicken.

Diese ganze Zeit hindurch hatte ich meine Mußestunden zur Lektüre eines handschriftlichen Werkes benutzt, das mir die erste Einsicht in die Geschichte des westlichen Teiles dieser Féllani-Gebiete verschaffte. Der Verfasser desselben war Abd-Allahi, der Bruder Othmans, des Reformators, dem der westliche Teil des eroberten Gebietes als Anteil zugefallen war. Allerdings enthielt dieses Buch, dessen Titel »Tesen el aúrekat« – »der Schmuck der (Schreib-)Blätter« – ist, außer viel theologischem Stoff einige wichtige historische Daten, aber es

reichte lange nicht hin, meine Wissbegierde zu befriedigen. Mit
Eifer hatte ich mich bemüht, das Werk Bellos mit dem Titel: »Infak
el mi-ssuri fi fat-ha el Tekruri«, welches mir von meinem Freund,
dem Faki Abd el Kader in Kátsena, ernstlich empfohlen worden
war, zu erhalten; aber es kam mir erst wenige Tage, bevor ich die
Stadt verließ, in die Hände. Da fand ich denn, dass der größere Teil
seines Inhalts, soweit er geographische oder historische Wichtigkeit
hatte, mit den von Captain Clapperton von seiner ersten Reise mit-
gebrachten Dokumenten, die zum Teil, von Herrn Salame übersetzt,
im Anhang zu jenem ewig denkwürdigen Reisebericht abgedruckt
sind, zusammenfällt.

Mittlerweile nahm die Unsicherheit der Umgegend immer mehr
zu. Am 5. Mai wurde aus dem Dorf Ssalame von den Leuten von
Tschéberi das Vieh fortgetrieben; das war ein harter Verlust für
meinen gelehrten Freund Abd el Kader dan Taffa, der in jenem
Ort einen ansehnlichen Besitz an Sklaven und Vieh hatte oder dem
vielmehr das ganze Dorf gehörte. Ein heftiger Regenguss, der am 6.
fiel, erinnerte mich stark an die Wirkungen der Regenzeit, indem
er mich zwang, in eiliger Flucht mein kühles Schattendach zu verlassen. Ich drang daher nun mit um so größerer Beharrlichkeit auf
meine endliche Abreise.

Infolgedessen nahm ich am Nachmittag des 8. Abschied von
Aliu, dem Herrscher der Gläubigen; es war ein warmer Abschied.
Wohlgemut sagte ich ihm Lebewohl; denn es war mir nicht allein
klar, dass er auch nicht das geringste Misstrauen in mein Unternehmen setzte, sondern auch, dass er im Gegenteil bedeutendes
Interesse an mir nahm, da er gefunden hatte, dass es mein aufrichti-
ges Bestreben sei, mich mit dem Land und seinen Bewohnern völlig
bekannt zu machen, und dass mir daran gelegen sei, freundliche
Verhältnisse mit den ausgezeichnetsten und gelehrtesten von ihnen
anzuknüpfen. Aber er gab mir wiederholt den Wunsch zu verstehen,
dass ich nicht nach Hamd-Allahi gehen möchte, ja, er machte mir
das ausdrücklich zur Bedingung seiner Genehmigung meiner Reise
nach Westen; denn er wollte nicht, dass ich seinen Landsleuten
und Glaubensgenossen daselbst und ihrem Häuptling – wer dies
auch immer sei, Schécho A'hmedu oder dessen Nachfolger – meine
Aufwartung machte. Dagegen hatte er durchaus nichts gegen meinen Besuch Timbuktus einzuwenden, soweit dieser dem Scheich El
Bakay galt; dieses Religionshaupt hatte nämlich einige Zeit in Sókoto zugebracht und unterhielt mit der fodischen Familie das beste

Einvernehmen. Der Grund jenes Missverständnisses zwischen den beiden nah verwandten Höfen lag in der Anmaßung der fanatischen Bewohner von Má-ssina, die sich überall Eingriffe erlaubten und von ihren verweichlichten Verwandten in Sókoto verlangten, dass sie die Zahl ihrer Weiber auf zwei beschränken und anstatt ihrer weiten Toben enge Hemden anziehen sollten. Davon mehr bei anderer Gelegenheit; hier will ich nur noch erwähnen, dass wir ein paar Tage vorher die Nachricht vom Tod Schécho A'hmedus erhalten hatten.

Ins Unbekannte!

(Sonntag, 8. Mai) Endlich war ich imstande, meine Reise fortsetzen zu können. Der Charakter derselben wurde nun ungleich interessanter, sobald ich Sókoto hinter mir hatte, denn sie sollte mich in fast ganz unbekannte und nie von Europäern betretene Gegenden führen.

Rund 150 km vor Erreichen des Nigerstromes liegt die »Stadt« Gando, die »Residenz Chalilus, des Beherrschers des westlichen Pullo-(Fulbe-)Reiches …, dessen Freundschaft mir zu sichern für mich von der allergrößten Bedeutung war, da seine Provinzen beide Ufer des Niger einschließen, … (der) ein Mann ohne Energie und von einem für den Christen und Europäer unzugänglichen Charakter sein sollte«.

Um von diesem »Herrscher« einen Freibrief für sich und andere durchreisende Europäer zu erhalten, muss er erpresserischen Audienz-»Vermittlern« besonders wertvolle Geschenke (silbern beschlagene Pistolen) opfern.

»Man gab mir deutlich zu verstehen, dass es nicht in meiner Macht stände, weder vorwärts- noch rückwärtszugehen, wenn ich nicht größere Geschenke geben würde.«

Zu allen diesen Unannehmlichkeiten kam noch die vorgerückte Jahreszeit; denn der Monat Mai war zu Ende und der Juni hatte mit gewaltigen Regengüssen begonnen. Dennoch aber brachte ich, obgleich ich manche bittere Stunde hatte, die Zeit meines Aufenthalts in dieser Stadt nicht ganz nutzlos zu, besonders da ich so glücklich war, von einem hier angesessenen gelehrten Mann namens Bochari, einem Sohn des verstorbenen Mohammed Wani, eine Handschrift des überaus schätzbaren historischen Werkes A'hmed Babas zu erhalten. Auf dieses Geschichtswerk hatte zuerst mein Freund Abd el Kader in Sókoto meine Aufmerksamkeit gelenkt, aber ohne imstande zu sein, meine Neugierde zu befriedigen. Nun brachte ich 3 oder 4 Tage höchst angenehm mit dem Ausziehen wichtigerer historischer

Daten dieses Werkes zu, das mir eine ganz neue Einsicht in die
geschichtliche Entwicklung der Landschaften am mittleren Lauf des
Niger, denen ich meine Schritte zuwandte, eröffnete und ein höchst
lebendiges Interesse erregte. Denn es entwickelte vor meinen Augen
in klaren und scharfen Umrissen die frühere Macht des Sonrhay-
Reiches, von der ich kaum die leiseste Ahnung gehabt hatte, und ich
bedauerte nichts mehr, als dass ich nicht Zeit genug hatte, das Ganze
zu kopieren, indem ich nur eben die mir in geographischer und
historischer Beziehung am wichtigsten scheinenden Abschnitte ohne
Rücksicht auf den äußeren Zusammenhang ausziehen konnte.[36]

In der Stadt Gándo selbst war nicht viel zu sehen, und die Lage
des Ortes – eingeklemmt, wie er ist, in ein enges Tal – gestattete
keine langen Ausflüge; dazu kam noch, dass die Unsicherheit der
Nachbarschaft es unmöglich machte, sich, wenigstens in nördlicher
Richtung, weit von der Stadtmauer zu entfernen. Zu wiederholten
Malen während meines Aufenthaltes wurde das Alarmzeichen gegeben, dass der Feind heranrücke. Der ganze politische Zustand
der Stadt befand sich in der schrecklichsten Unordnung. Der Feind
stand nämlich in mehreren festen, kaum einen halben Tagesmarsch
entfernten Plätzen, und zwar besonders in Argúngo, der Residenz
Dáuds, des aufständischen Häuptlings der unabhängigen Kábáua.
Früh am Morgen des 29. Mai rückte ein zahlreiches Streifheer –
»yaki« oder, wie die Fulbe sagen, »konno« – aus, kehrte aber noch am
selben Abend unter lärmenden Äußerungen der Einwohner wieder
heim. Es hatte jedoch nur einen weiteren Beweis seiner Feigheit
gegeben und nicht einmal gewagt, den Feind anzugreifen, dem es
soeben gelungen war, die auf der Hauptstraße nach Westen gelegene
Stadt Yara zu plündern und ihre gesamte unglückliche Bevölkerung
ungehindert in die Sklaverei zu schleppen.

(Sonnabend, 4. Juni) Endlich wurde es mir gestattet, meine Reise
fortzusetzen, und diese schien nun ein außerordentliches Interesse
gewinnen zu wollen, da ich mich dem großen Fluss näherte, der
seit so langer Zeit der Gegenstand so vielen Streits und das Ziel so
manchen persönlichen Ehrgeizes gewesen ist.

Das Städtchen Yara, bis vor Kurzem noch eine Stätte ziemlicher
Wohlhabenheit, war am 29. des verflossenen Monats vom Feind

---

36   Es sind dies die Auszüge, die Herr Ralfs mit großem Geschick im 9. Band der
     Zeitschrift der Deutschen Morgenländ. Ges. (nebst einigen Anmerkungen von
     mir und ihm) in einer Übersetzung herausgegeben hat.

zerstört und die ganze Einwohnerschaft in die Gefangenschaft geschleppt worden – ungeachtet der Anwesenheit des Heeres, das, wie
ich oben erwähnt, von Gándo zur Hilfe ihrer Landsleute ausgerückt
war. Wir waren von den Reisenden, denen wir auf unserem Weg
begegneten, dringend vor einem herannahenden Raubheer gewarnt
worden, und der über alle Maßen melancholische und traurige Anblick dieses Städtchens stimmte ganz zu der gefährlichen Lage, in
welcher wir uns befanden. Während ich aus Neugierde vom Weg
abbog und das halb verfallene Städtchen, welches aus einem lebensvollen kleinen Wohnort zu einer Stätte des Todes geworden
war, durchschritt, griff ich fast unwillkürlich an meine Büchse und
behielt sie fest in der Hand.

Aber Tod und Leben sind in diesen Gegenden innig miteinander
verbündet, und wir hatten kaum den zerstörten Ort hinter uns gelassen, als wir in einer Erweiterung der Fáddama, die sich wiederum
zu unserer Rechten öffnete, durch den Anblick eines sehr üppigen
Reisfelds erfreut wurden; die Saat stand hier fast schon 3 Fuß hoch.

Indem wir dann eine sehr reiche Gegend durchzogen, erreichten
wir nach einem Marsch von ungefähr 2 Meilen die Stadt Gúlumbe,
hart am südlichen Rand des Tals gelegen und ausgedehntes, mit
Erdwurzeln und Baumwolle bestelltes Ackerland aufweisend. Der
Bananenbaum bildete die Hauptzierde des engen, zwischen der
Fáddama auf der einen und der Stadtmauer auf der anderen Seite
eingeschlossenen Saumes, und die Gónda *(Carica Papaya)* ragte,
ihr federartiges Laub auf ihrem schlanken jungfräulichen Stamm
erhebend, stolz über die Mauer hervor.

Die Stadt war umwallt, dabei von ansehnlicher Größe und auch
dicht bewohnt, aber dessen ungeachtet hatten die Einwohner solche
Furcht vor dem Feind, dass sie ein ununterbrochenes Trommelschla-
gen unterhielten. Wir selbst sahen uns durch die Kleinheit des Tores
gezwungen, außerhalb desselben in einem zwischen der Stadtmauer
und dem Saum der Fáddama gelegenen Gehöfte unser Quartier zu
nehmen, hielten es aber für verständig, erst einige Schüsse zu tun,
um den Leuten um uns herum zu zeigen, dass wir vollkommen
bereit seien, sie zu empfangen, und verschafften dadurch den bedrängten Einwohnern große Erleichterung, sodass sie, hocherfreut
über die unerwartete Zugabe zu ihrer Macht, uns in sehr gastlicher
Weise bewirteten. Die einzige Störung unserer nächtlichen Ruhe
wurde durch die Mücken verursacht, welche uns bedeutend belästigten und fast alle meine Leute in den »rudu« trieben (jene Art auf

hohen Stangen errichteter Hütte, die ich schon bei einer früheren Gelegenheit beschrieben habe und welche in der Provinz Kébbi selbst von der ärmsten Wohnung den wichtigsten Teil bildet).

(Montag, 6. Juni) Auf die von einem Gewitter und einem leichten Regenfall heimgesuchte Nacht folgte ein schöner Morgen. Ich empfand großes Vergnügen, als ich die interessante Landschaft aufnahm, und bedauerte nur, dass der unsichere Zustand des Landes den Eingeborenen selbst nicht gestattete, ihr schönes Land in Ruhe zu genießen, denn der Krieg hatte Tausende von Haus und Hof fortgetrieben und gewiss ebenso viele in Gefangenschaft gebracht. Die Felder waren sowohl auf dieser Seite der Stadt wie auf der anderen, wo wir uns ihr am vorigen Tage genähert hatten, mit großer Sorgfalt umzäunt, und Pferde und Esel grasten auf den reichen Weidegründen.

Nach etwas mehr als 1½ Meilen ließen wir ein Pachtdorf namens I'gene zu unserer Linken. Der Besitzer, ein freundlicher Pullo von vorgerücktem Alter, nach dem der Weiler benannt worden ist, beaufsichtigte gerade die Feldarbeit seiner Sklaven. Die Saat war hier schon mehr als einen Fuß aus dem Boden emporgekeimt; etwas weiter hin erreichte sie bereits die Höhe von 2 Fuß. Außer *Sorghum* wurden auch Erdwurzeln in bedeutender Menge gebaut, aber dessen ungeachtet herrschte infolge der Unsicherheit des Landes überall Teuerung.

Etwas weiter hin ließen wir ein ansehnliches Wasserbecken zu unserer Linken, das mit einer Menge von »doroa«-, großen »kade«-Bäumen und Sykomoren geschmückt war. Die Delébpalmen hatten gerade jenseits I'gene aufgehört. – Eine breite, flache Berghöhe (namens Hamari), an deren östlichem Fuß die Stadt Tsoro liegt, unterbrach die einförmige Oberfläche des Landes.

Wie ich so durch diese reiche, aber gefährdete und politisch zerrissene Landschaft zog, machte es mir großes Vergnügen, als ich nahe bei der umwallten Stadt Kardi einem einzelnen entschlossenen Pilger, einem Djoloffen vom Ufer des Atlantischen Ozeans, begegnete. In der Tat schien er ganz darauf vorbereitet zu sein, sein geringes Gepäck, das er auf dem Kopf trug, mit seiner Doppelbüchse zu verteidigen; ein kurzes Schwert trug er an der Seite und sein Hemd war in kriegerischer Weise über die Arme heraufgezogen und über der Schulter hinter dem Nacken aufgebunden. In meiner Freude über den Anblick dieses unternehmenden Reisenden konnte ich es nicht unterlassen, ihm ein kleines Geschenk zu machen, um ihn bei seinem schwierigen Unternehmen zu unterstützen.

KAPITEL 26

AM UFER DES NIGER

*Nun näherte Barth sich mit seiner Karawane dem »Silbernen Strom«,
dem Niger, der, besonders in Verbindung mit der von Geheimnissen
umwobenen »Königin der Wüste«, der Stadt Timbuktu, in jenen Jahrzehnten Mittelpunkt des Interesses der gelehrten Welt war. Der Fluss
besaß sogar eine gewisse Volkstümlichkeit, besonders in England, seitdem
der Schotte Mungo Park den Strom von Südwesten her erreicht und
auf einer zweiten Reise ihn im mittleren Teil befahren hatte. Die Stadt
konnte dieser mutige Forscher aber nicht erreichen und er fand in den
Wellen des von ihm so heiß ersehnten Flusses auf nicht völlig geklärte
Weise den Tod.*

*Was hatte man nicht alles über den Niger schon gerätselt! Die Alten
ließen ihn, wahrscheinlich aus dunkler Ahnung vom Komadugu, dem
westlichen Zufluss des Tschadsees, in dieser Gegend in einen See fließen.
Nachrichten von Schari und Logone, die von Süden her in den Tschad
münden, und dem Trockental des Bahr el Ghasal im Osten des Sees
mögen die Vermutung einer Verbindung mit dem Nil erzeugt haben,
der seinerseits seine Quellen aus dem fabelhaften Mondgebirge bezöge.
Später hielt man bald den Senegal, bald den Gambia für Unterläufe des
Niger; nach anderen gar sollte er im Kongo auskommen, dessen Unter-
lauf im 16. Jahrhundert bereits befahren worden war. Außer seinen
Quellgebieten war zu Barths Zeit noch der Bereich des eigentlichen
Nigerbogens zu erforschen. Dieses Ziel hatte sich der Reisende gestellt
und es auch erreicht. Barths Karte bringt ein ziemlich deutliches Bild
dieser Stromstrecke.*

(Sonntag, 19. Juni) Auch die Landschaft, durch die der erste Teil
unseres heutigen Marsches führte, war überaus trocken und litt sehr
vom Mangel an Regen. Es war die Folge dieser ungewöhnlichen
Dürre, dass ungeachtet der vorgeschrittenen Jahreszeit der Boden
hier umher noch nicht in Anbau genommen war. Aber nach einem
Marsch von etwas mehr als 3 Meilen und durch eine teils angebaute,
teils brachliegende und mit Unterholz bedeckte Landschaft betraten
wir einen vom Regen mehr begünstigten Gau, in dem daher die
Feldarbeit schon ihren Anfang genommen hatte. Die Einwohner
machen dabei Gebrauch von einer Hacke mit langem Stiel, die in

der Form von derjenigen, die ich in anderen Gegenden gesehen
hatte, bedeutend abwich.

Wald und angebautes Land wechselten nun wieder miteinander
ab, bis wir etwa 4 Meilen hinter einem ausgedehnten Landbaudorf
namens Tanna unser Quartier in einem Dorfe namens Tóndifu
nahmen. Wir sahen uns jedoch genötigt, Gewalt zu gebrauchen, da
der Amtmann des Dorfes zu träge oder zu hartnäckig war, seinen
kühlen Schatten in der Tageshitze zu verlassen. Wahrscheinlich
hielt auch hier die Nachricht von dem erfolgreichen Aufstand ihrer
Landsleute in Sabérma den Sinn der Bewohner in einem Zustand
der Aufregung, und in Tanna waren die Leute nahe daran, über
die Nachzügler meiner kleinen Schar herzufallen. Tóndifu ist ein
ärmlicher Weiler. Er hat seinen Namen von seiner Lage am Anfang
einer felsigen Landschaft bekommen, die sich von hier bis zum
Fluss erstreckt; »tóndi« bedeutet nämlich in der Sonrhay-Sprache
Hügel oder Berg.

Wir waren jetzt nahe am Niger und ich durfte mich der Hoffnung
hingeben, am nächsten Tag mit meinen eigenen Augen jenen großen
Strom Westafrikas zu schauen, der die Aufmerksamkeit der Europäer
in so hohem Grad auf sich gezogen hat. Mir musste dieser hehre
Strom als ein alter Freund und Gefährte meiner Wanderungen um
so lieber und werter sein; hatte ich doch den oberen Lauf seines
großen östlichen Armes selbst entdeckt.

(Montag, 20. Juni) Nach ruhelos durchträumter Nacht und gehoben von den erhabensten Gefühlen brach ich mit meinem rüstigen
Reisetross in früher Morgenstunde auf, und nach einem Marsch
von etwas weniger als 2 Stunden und durch felsige, mit dichtem
Buschwerk bedeckte Wildnis traf der erste Schimmer der silbernen
Wasserfläche des Niger mein Gesicht. Bald lag der mächtige Strom
ganz vor mir und in geringer Entfernung von seinem Ufer ging es
entlang. Noch eine Stunde und ich stand mit meinem Ross auf dem
Einschiffungsplatz, der Stadt Ssai gegenüber.

Eine jede begünstigte Nation des zentralafrikanischen Binnenlandes hat ihren Fluss, und wie derselbe Fluss die Gebiete verschiedener
Zungen durchströmt, erhält er auch einen anderen Namen. So ist
der große Strom Westafrikas: der »große Fluss«, der »Dhiúliba« oder
»Yuli-ba« der Mandingo (Yuli) oder Wákore, der »Mayo« der Fulbe,
der »Eghírrëu« der Imo-scharh oder Tuareg, der »I'-ssa« oder »Ssai«
der Sonrhay, der »Kuara« (wahrscheinlich) der Kómbori, der »Baki-

n-rua« der Haussaua. So war endlich der berühmte Strom erreicht, der den Europäern seit der Eröffnung der afrikanischen Geographie und Forschung mystisch vor Augen und Sinnen schwebende Niger. Ruhig glitt er von NNO nach SSW dahin, mit einer mäßigen Bewegung von ungefähr 3 Meilen in der Stunde; seine Breite betrug hier nur etwa 1000 Schritt. Er ist von felsigem Ufer eingeschlossen, das im Allgemeinen eine Höhe von 20 bis 30 Fuß hat; aber der Strom selbst war ungebrochen, einen einzigen kleinen Felsen ausgenommen, der beinahe in der Mitte des Flusses, nur etwas näher am westlichen Ufer, gegenwärtig 12 bis 15 Fuß über die Oberfläche des Wassers emporragte. Ein kleinerer Fels, etwas weiter hin, war schon beinahe vom Fluss überströmt.

Dem Einschiffungsplatz gegenüber, und zwar auf flacherem Ufer, breitete sich eine bedeutende Stadt aus, deren niedrige Wälle und Hütten malerisch von einer Menge schlanker Dumpalmen überragt wurden; es war dies die »Flussstadt«, der Überfahrtsort »Ssai« (dies Wort bedeutet nämlich in dem östlichen Sonrhay-Dialekt »Fluss«). Ich glaube übrigens nicht, dass es vor der Zeit der Fulbe der gewöhnliche Überfahrtsort war; meiner Meinung nach befand sich dieser vielmehr bei der Insel Oitílli, die von den Tuareg und Fulbe »Ghútil« oder »Ghúdil« genannt wird, obgleich dieser Name später zuweilen auch auf Ssai angewandt worden sein mag. Die Ufer hier bei Ssai ragten augenblicklich nicht hoch über das Niveau des Flusses empor, und sowie der Fluss noch höher steigt, erreicht er sogar den niedrigeren Rand.

Ich hatte schon am vorhergehenden Tag einen Boten vorausgeschickt, um bei meiner Ankunft am Fluss geräumige Boote zur Überfahrt bereitzufinden; aber es hatte sich bis jetzt keines sehen lassen, und ich besaß daher hinreichende Muße, die Flussszenerie zu betrachten, von der das gegenüberstehende Bild eine Vorstellung zu geben versucht. Eine große Menge Reisender, sowohl Fulbe wie Sonrhay, wartete ebenfalls am sandigen Ufer mit ihren Ochsen und Eseln auf die Überfahrt und es fehlte nicht an kleineren Booten, um sie aufzunehmen. Zuletzt kamen denn auch die größeren Fahrzeuge an, die mich und mein Gepäck übersetzen sollten. Sie waren von ziemlicher Größe, nämlich etwa 40 Fuß lang, aber in der Mitte nur 4 bis 5 Fuß breit, und bestanden aus je zwei ausgehöhlten, in der Mitte zusammengebundenen Baumstämmen; das größte fasste drei meiner Kamele, und das Wasser wurde viel besser ausgeschlossen, als ich sonst bei den Fahrzeugen der Einwohner des Negerlandes zu beobachten Gelegenheit gehabt hatte. Diese größeren Boote werden hauptsächlich zum Transport des Korns von Ssínder, das weiter aufwärts am Fluss liegt, nach Ssai benutzt und waren bei dieser Gelegenheit ausdrücklich vom Hafenbeamten für mich requiriert worden. Letzterer führte den Titel »Herr der Fahrzeuge« – »sserki-n-djirgí« (auf Haussa), »lámido-lala« (auf Fulfúde), »hiokeu« (in Sonrhay) – und entspricht dem »Wasserkönig« – »sserki-n-rua« – in anderen am Fluss gelegenen Ortschaften. Ich legte ihm später meine Erkenntlichkeit durch ein Geschenk von 1000 Muscheln an den Tag.

Meine Kamele, Pferde, Leute und das Gepäck wurden zuerst übergesetzt, und nachdem alles ohne Unfall am anderen Ufer angekommen war, folgte ich selbst nach; es war ungefähr 1 Uhr nachmittags. Ich fühlte unendliches Behagen, als ich mich auf diesem gepriesenen Strom, dessen Erforschung schon so manchem kühnen Wanderer das Leben gekostet hat, eingeschifft fand; aber leider sollte dies nicht auf lange Zeit sein. Der Eindruck, den der Anblick des Flusses auf mich machte, musste um so tiefer sein, als ich mich bald wieder von ihm trennen sollte, denn ich hatte in Gándo volle Gelegenheit gehabt, mich von der Richtigkeit meiner früheren Ansicht zu überzeugen, dass ich im günstigsten Fall Timbuktu nicht anders als über Libtako erreichen könnte, und nährte nur eine schwache Hoffnung, dass ich vielleicht später imstande sein möchte, jenen Teil des Flusses zwischen Timbuktu und Ssai zu besuchen. Von Anfang an war es mir höchst zweifelhaft, ob ich je die westliche Küste erreichen würde; auch erschien es mir weit wichtiger, den Niger zwischen dem Punkt, wo er durch Mungo Parks und René Cailliés Arbeiten leidlich bekannt geworden ist, und seinem unteren Lauf, wo er von den Gebrüdern Lander bereist wurde, zu erforschen, als von Timbuktu aus meine Reise an die Westküste fortzusetzen, um sagen zu können, ich hätte Zentralafrika der Breite nach durchwandert.

So betrat ich denn die Stadt Ssai und erhielt, nachdem ich mich am Haus des Statthalters gezeigt hatte, alsbald Quartier, aber dies war keineswegs, wie ich es wünschte, sondern klein und eng. Die Stadt liegt so niedrig, dass kein Luftzug sie erfrischt, und hat daher im Allgemeinen eine sehr drückende Atmosphäre. Die Hütten in diesen Sonrhay-Städten sind mehr für Frauen als für Männer gemacht, und der größere Teil einer jeden wird von der »alkílla« (d.i. Frauengemach) eingenommen, nämlich dem Rohrlager, welches sich in einem besonderen Mattenzimmerchen befindet, das nur

einen kleinen Eingang hat; dadurch wird natürlich das Innere der
so schon beschränkten Hütte noch mehr beengt. (Schon bei der
Schilderung meines Aufenthalts in Agades habe ich Gelegenheit gehabt, auf die Sorgfalt hinzuweisen, mit der die Sonrhay ihre Ehelager
ausstatten.) So sah ich mich denn genötigt, sogleich dieses kleine
freundliche Schlafgemach einzureißen, um nur etwas frische Luft in
meine Wohnung gelangen zu lassen. Als ich es mir so einigermaßen
behaglich gemacht hatte, erhielt ich vom Statthalter ein Gastgeschenk von zwei Schalen mit rohem Reis und zwei anderen mit
Hirse, aber keine zubereitete Erfrischung, obwohl ich einer solchen,
da ich während der heißesten Tageszeit lange der Sonne ausgesetzt
gewesen war, wohl bedurft hätte. Bis jetzt war in der Umgegend nur
sehr wenig Regen gefallen, und auch ein Gewitter, das nachmittags
am Himmel stand, erreichte uns nicht. Die Luft war denn auch in
diesem niedrigen Tal, dessen absolute Höhe wahrscheinlich 350
Fuß nicht übersteigt, so drückend, dass es mir zuweilen vorkam,
als müsste ich ersticken, und ganz unfähig war, Luft zu schöpfen.
Besonders hatte ich dies Gefühl bei der Annäherung eines Gewitters,
und einmal war ich in einem ganz verzweifelten Zustand, gerade als
wenn mir jemand die Kehle zuschnürte.

Immerhin ist Ssai für die Europäer der bedeutendste Punkt in
dieser ganzen Flusslandschaft,[37] wenn es ihnen einmal gelingt, die
Flussschnellen zu passieren, welche den Niger oberhalb Rabba
und besonders zwischen Bu-ssa und Yaúri hemmen, und so dieses
schöne offene Wasserbecken, die große Verkehrsstraße vom westlichen Zentralafrika, zu erreichen. Der Handel und der Verkehr
der Eingeborenen am Flusse entlang sind nicht unbedeutend, aber
auch dieser Zweig der Betriebsamkeit hat natürlich durch den aufrührerischen Zustand der benachbarten Provinzen, ganz vorzüglich
der Landschaften Sabérma und Déndina, bedeutend gelitten. Die
Folge davon war, dass Boote von Ssai augenblicklich den Fluss nicht
weiter abwärts gehen konnten, als bis Kirotáschi (eine bedeutende,
etwa 15 Meilen weiter abwärts am westlichen Ufer gelegene Stadt),
während sich in entgegengesetzter Richtung, am Fluss aufwärts,
ein ununterbrochener Verkehr bis nach Kindádji erstreckte, jener
Inselstadt, mit der ich auf meiner Rückreise persönliche Bekanntschaft machte.

---

37 H. Barth berichtet nichts von Niamey, der heutigen Hauptstadt der Republik
    Niger.

Am Mittag des zweiten Tags meines Aufenthalts in Ssai stattete ich dem Statthalter einen Besuch ab. Er heißt A'bu-Bakr und ist der Sohn des berühmten Mallem Mohammed Djébbo. Ich fand in ihm eine ziemlich freundliche, lebensvolle Persönlichkeit, aber es fehlte ihm jener Zug ernster Männlichkeit, welcher einen bleibenden Eindruck macht, und es schien mir aus verschiedenen Anzeichen klar zu sein, dass er von einer Sklavin abstammte. Dabei hatte sein Benehmen etwas, was sich dem jüdischen Charakter annäherte. Er war höchst entzückt, mich zu sehen, denn ich war nicht allein der erste Christ, der diesen Platz je besucht hatte – Mungo Park scheint auf seiner ewig denkwürdigen Nigerfahrt ganz unbemerkt hier vorbeigeschifft zu sein, wenn anders die Stadt Ssai damals schon bestand –, sondern (und das war ein Umstand, der ganz besonders meinem Besuch eine erhöhte Bedeutung gab) ich war auch zu einer Zeit gekommen, wo der gesamte Verkehr des Landes unterbrochen war und sowohl Araber wie Eingeborene aus Furcht vor der Unsicherheit der Straßen den Besuch der Stadt mieden. A'bu-Bakr hatte viel von der Überlegenheit des Europäers über den Araber, sowohl in geistiger Entwicklung als in Kunstfertigkeit der Hände, gehört und hegte den ernstlichen Wunsch, dass, wenn es ohne Nachteil für die Wohlfahrt der Provinz möglich wäre, ein Dampfschiff oder ein anderes Fahrzeug der Europäer den Fluss heraufkommen und seinen unbedeutenden Markt mit allen möglichen Prachterzeugnissen versehen möge. In dieser Beziehung hörte er mit nicht geringer Verwunderung, dass ich keinen Handel treibe; ja er wurde dadurch zu dem Argwohn verleitet, dass ich, um mich so großen Gefahren auszusetzen, notwendig eine sehr geheimnisvolle Absicht haben müsste. So wurde er denn bald unruhig und ließ, weil ich meinen Aufbruch einen Tag hinausschob, wiederholt anfragen, warum ich meine Reise noch nicht fortsetzte.

Reise durch die Landschaft des Nigerbogens

In der Stadt Ssai nimmt Barth einen Eingeborenen an, der ihn das Sonrhay lehren sollte, während er zugleich eifrig dem Studium der Fulbesprache oblag, die von der herrschenden Klasse im Nigerbogengebiet gesprochen wird.

Dem Nigerlauf aufwärts zu folgen, hält er für zu gewagt. Daher durchschreitet er das Land des Flussbogens, »Gurma« genannt, mit seinen ausgedehnten Waldungen, in deren Lichtungen zahlreiche Dörfer liegen. Ihre Häuser sind oft ungewöhnlich klein, auch schrecklich dumpfig und dreckig, aber da Regenzeit war, blieb Barth, der zudem unersetzliches Gut zu schützen hatte, keine Wahl.

In einem solchen Dorf traf er den »Walater«, Uëled Ammer Walati, der sich stolz einen Scheich (also ein Mittelding zwischen einem Häuptling und Ortsgeistlichem) nannte. Seine Familie war von der ehemals bedeutenden Stadt Walata nach Timbuktu übergesiedelt. Von dort aus hatte er selbst sich handelnd zwischen den Tuaregs und den Fulbe herumgetrieben. So war er jetzt auf dem Rückweg zur Stadt Timbuktu. Als Ertrag seiner Reise führte er einen Vorrat an Baumwollstreifen aus dem Mossi-Land mit, als der gangbarsten Münze der Gegend. Außer Arabisch sprach er Fulbe, Sonrhay, Mossi und Bambara fließend und obendrein noch das Temaschirt oder Tamaschek, die Sprache der Tuaregs, und alles zusammengenommen war er einer der verschlagensten Männer, denen ich überhaupt je auf meiner Reise begegnete. Er war ein gutmütig aussehender Mensch von mittlerem, etwas schlankem Wuchs und mit fein geschnittenen, ausdrucksvollen Zügen. Seine gewöhnliche Kleidung bestand in einer langen, schwarzen Tobe und einem gleichfarbigen Schal, den er um den Kopf gewunden hatte; sein ganzes Wesen, wie er nachdenklich mit feierlichen Schritten einherwandelte, gemahnte mich oft an die Diener der Inquisition. Sein wirklicher Charakter war mir jedoch zur Zeit unseres ersten Zusammentreffens unbekannt, und es machte mir große Freude, einen solchen Mann gefunden zu haben, da mir seine Gegenwart die sicherste Hoffnung zu eröffnen schien, Timbuktu zu erreichen.

Unterwegs treffen sie Araber. Sie erfahren von ihnen, dass Hamed Uëled Habib, der Häuptling von Arauan, einer Siedlung mitten in der Wüste, nördlich von Timbuktu, nach einer Herrschaft von fast vierzig Jahren vor Kurzem gestorben sei. Barth fällt ein Stein vom Herzen, als er das hört. »Ein Feind weniger!«, konnte er sich sagen, nach einer Angabe des französischen Reisenden Caillié, der 1828 in Timbuktu war, galt dieser Hamed als das Haupt einer Bande, die den englischen Major Laing umbrachte, nachdem dieser gleichfalls (1826) Timbuktu besucht hatte.

Leider würden die Araber, die Barths Karawane voraufzogen, die Nachricht von der Ankunft eines Fremden in Timbuktu verbreiten, was dem Forscher gar nicht lieb sein konnte.

Am 20. Juli 1853 beendete Barth einen Brief an den englischen Konsul in Tripolis und gab ihn einem seiner Begleiter mit, der nach Gando, bei Sókoto, zurückkehrte.

Es traf sich nun aber unglücklich, dass dieser Bote, keineswegs
ein sehr schlauer und energischer Mensch, sich auf seiner Reise nur
sehr wenig um das Paket bekümmerte, wo er doch eine große Menge
angeschwollener Flüsse zu passieren hatte; die Folge war, dass der
Umschlag völlig vernichtet wurde, sodass der gelehrte Fulbe *(ein
Bekannter Barths in Sókoto, an den der Brief weiterbefördert wurde)*
nicht wissend, was er mit dem Brief anfangen sollte, mit dessen
Sprache er ganz unbekannt war, das Schreiben in den Händen des
Boten ließ. Bei diesem fand ich es bei meiner Rückkehr nach Gando
um die Mitte des folgenden Jahres *(1854!)* wieder. Der Bote hatte
meinen Brief die ganze Zeit über wie eine Art Talisman in seiner
schmutzigen Mütze mit sich herumgetragen, während ich mir mit
der Hoffnung schmeichelte, dass er lange in Europa angekommen
wäre.

Donnerstag, den 21. Juli 1853

Endlich trat ich den letzten und gefährlichsten Abschnitt meiner
Reise nach Timbuktu an. Ich hoffte damals, dass es mir möglich sein
würde, jene berühmte Stadt in etwa zwanzig Tagen zu erreichen;
aber ich unterschätzte die Entfernung. Die von den verschiedenen
Geographen und Reisenden Timbuktu angewiesen Lage wich um
Hunderte von Meilen voneinander ab *(!)*. Auch hatte ich keine
Vorstellung von den Schwierigkeiten, welche mit dieser Reise,
wenigstens für einen Christen, verbunden waren, und von den tau-
sendfachen Verzögerungen, welche mir mein neuer Gefährte *(der
Walater)* bereiten sollte.

*Der Weitermarsch durch unübersichtliches, von zahlreichen Sumpf-
wässern durchzogenes und teilweise mit dichten Waldungen bestandenes
Land war äußerst beschwerlich. In der während der Regenzeit von
Feuchtigkeit geschwängerten Luft traten große quälende Fliegen auf. Im
Gras krochen Blutegel umher und setzten sich an den Tieren fest. An den
Beinen von Barths Pferd rann das Blut in Strömen herab.*

Barth wird Scherif

*Als sie in einem Wald eine Furt suchten, um ein Gewässer zu passieren,
sahen sie plötzlich zwei Männer auftauchen.*

Sie weideten ein paar Esel. Obgleich wir ihnen Zeichen gaben,
dass wir keine Feinde seien, wollten sie es doch nicht glauben, sondern schlugen an ihre Schilde und riefen kreischend ihre Gefährten
zusammen. Diese stürzten dann plötzlich von allen Seiten hinter

den Büschen hervor und umzingelten uns in einem Augenblick; es
waren einhundertfünfzig bis zweihundert Menschen. Alle schlank
gewachsen und in ihrer Halbnacktheit von wildem Aussehen. Sie
trugen weiter nichts als ein armseliges, zerlumptes Tuch um den
Kopf; ein jeder war mit ein paar Speeren und einem zerfetzten Schild
aus Antilopenleder bewaffnet. Sie schwenkten ihre Waffen mit kriegerischen Gebärden über den Köpfen.

Es schien sich eine ernsthafte Angelegenheit entwickeln zu
wollen. Hierbei war nun das Geleit meines Walaters jedenfalls von
Nutzen; denn als ich, von diesen kriegerischen Gestalten umdrängt,
mein Gewehr anlegte, bat mich dieser schlaue Gefährte, ruhig auf
die Leute loszureiten. Während ich dies nun tat, gab er den Eingeborenen durch Schreien zu verstehen, dass ich ein Scherif *(ein
heiliger Mann)* sei und ein Freund des Scheichs El Bakay *(des all-
seits bekannten, gelehrten, hoch angesehenen und frommen Mannes
aus Timbuktu)*. Diesem brächte ich eine Anzahl Bücher aus dem
Orient. Infolgedessen ließen sie plötzlich ihre Speere sinken und
umdrängten mich mit den dringlichsten Bitten, ihnen meinen Segen
zu verleihen.

Die Umstände, in denen ich mich befand, zwangen mich, ihren
Wunsch zu erfüllen; aber es war keineswegs eine angenehme Sache,
meine Hand auf alle diese schmutzigen Köpfe zu legen.

Nachdem sich der Tumult so gelegt hatte, führten sie uns an eine
Stelle, wo das Wasser durchquerbar war. Aber der morastige Boden
flößte uns wenig Zutrauen ein. Meine Leute waren gezwungen, alles
Gepäck, selbst das schwerste, mit eigener Hand durch den Sumpf
zu tragen, und dieser war nicht weniger als eine halbe Meile breit.

*Barth selbst stürzte mit dem Pferd in den Sumpf; aber der Walater
hatte ihm vorher dringend abgeraten, zu Fuß den Übergang zu versuchen, da darunter seine Würde in diesem Land leiden könne. Die
kostbaren Tagebücher wurden alle durchnässt.*

Am Anfang meiner Reise nach Westen war es mir darum zu tun
gewesen, so schnell wie möglich von der Stelle zu kommen, um den
ungünstigsten Teil der Regenzeit zu vermeiden; da ich aber sah, dass
dies unmöglich war, war ich gewissermaßen gleichgültig gegen den
Zeitverlust geworden.

*Je mehr sie sich dem Niger näherten, desto weiter kamen sie in das
Gebiet eines Häuptlings, der einem in der Massina, der Landschaft süd-
westlich von Timbuktu, residierenden Herrscher untertan war. Dessen
Fremdenfeindlichkeit hatte Barth besonders zu fürchten.*

Barth als Messias

Dienstag, den 2. August 1853

So sah ich mich genötigt, den Charakter eines Arabers anzunehmen *(nachdem er bisher aus seinem Christentum kein Geheimnis
gemacht hatte)*, und da ich das einmal tat, war es das Sicherste,
die Rolle eines angesehenen Arabers zu spielen; die Eingeborenen
selbst hielten mich für den ihnen aus Osten verheißenen »Mehedi«
selbst *(Messias)*. Es war also ganz natürlich, dass ich als Scherif
auftrat.

*Bald kamen sie an einen von Fulbe-Viehzüchtern bewohnten Ort,
der aus etwa sechzig großen Rohrhütten bestand.*

Sobald wir den Platz hinter uns hatten, wurden wir von Schrecken ergriffen, denn wir bemerkten, dass alle Pfade mit jenen kleinen
roten Würmern angefüllt waren, die ich schon früher erwähnt hatte,
und welche in ununterbrochenen Reihen auf das Dorf losmarschier-
ten. Selbst meine Leute waren über das Schauspiel, das sie noch
nicht gesehen hatten, ganz entsetzt und machten ihrem Erstaunen
sowie zugleich ihrem tiefen Mitleid mit den Landesbewohnern in
dem wiederholten Ausruf »Wolla, wolla!« Luft.

*In dieser Zeit hielt der Walater des Öfteren an und tat so, als überlege
er, welche Richtung nun einzuschlagen wäre. Er dachte aber nur, wie
Barth erst später herausbekam, darüber nach, wo sich am besten eine
Gelegenheit bieten könnte, den Reisenden umzubringen. So gelangten
sie in das kleine Bergland der romantischen Hombori-Berge, die, gleich
Zinnen einer alten Riesenburg, unvermittelt aus der Ebene aufragen,
sodass sich bei den nächtlichen Ritten im Schein des Mondes zauberhafte
Bilder boten.*

*Nun kommen sie zum Lager des vorerwähnten Häuptlings, das bei
einem verfallenen Dorf aufgeschlagen war. Seinen Reitern musste Barth
die Hand zum Segen auflegen.*

*Als sich Barth dem »Emir« näherte, schien es ihm, als ob der vorauf-
geschickte Walater die zu spielende Rolle entweder plötzlich völlig vergessen hätte oder durch sein (Barths) plötzliches Erscheinen an irgendeiner
Schurkerei gehindert worden wäre.*

Er gebot mir mit einem wilden Blick, mich davonzumachen, sodass dadurch die Gefährlichkeit meiner Lage bedeutend vergrößert
wurde. Da ich ganz und gar in den Händen dieses Menschen war,
hielt ich es unter solchen Umständen für besser, einen Streit mit ihm
zu vermeiden und zog mich zurück, sobald ich dem Häuptling, der

ein schlichter Mann zu sein schien und höchst einfach gekleidet war, meine Aufwartung gemacht hatte.

Kurz darauf will der Walater wissen, ein Lager von Tuaregs sei in der Nähe. Deren Anführer müsse man ein Geschenk machen, dann würden sie unter seinem Schutz von einem Tuareg-Lager zum anderen geleitet, sicher an den Strom kommen und nicht an den Herrscher von Massina, der in der Stadt Hamd-Allahi residierte, verraten werden.

Mittwoch, den 10. August 1853

Dem hinterlistigen Walater gegenüber musste ich auch weiterhin große Vorsicht anwenden, um zu verhüten, dass er mich geradezu verriet, und so war ich gezwungen, geduldig den kleinen Streich hinzunehmen, den er mir spielen mochte, um sich zu bereichern, solange ich nur von der Stelle kam und mich dem Ziel meines gefahrvollen Unternehmens näherte.

In der Wüste war Barth froh, das Gebiet der räuberischen Tuaregs heil hinter sich gebracht zu haben. Nun betrat ich abermals ihr Gebiet und überlieferte mich ihren Händen, ohne den Schutz auch nur eines mächtigen Häuptlings zu genießen und einzig und allein vom Rat jenes verschmitzten Gauners, des Walaters, geleitet.

Das Lager bestand aus Lederzelten. Es gehörte allem Anschein nach einem Häuptling ohne große Macht; so viel wurde aus dem gänzlichen Mangel an Kamelen und Pferden klar. Ich erhielt jedoch einen günstigen Eindruck von der Muskelkraft und körperlichen Gewandtheit dieser Leute, denn als wir uns dem Zelt des Häuptlings näherten, der darin auf seinem Rohrlager saß, sprang er mit einem Satz heraus und stand plötzlich vor uns. Natürlich war das Zelt vorne offen; aber dennoch schien es mir eine große gymnastische Leistung zu sein, besonders wenn man die Niedrigkeit des Eingangs in Betracht zieht.

Sie werden freundlich aufgenommen und können unbehelligt weiterziehen zu einem anderen Lager.

Hier erregt das Zelt Barths die Aufmerksamkeit der Leute in hohem Grade, und wir waren bald von einer großen Anzahl Frauenzimmer umgeben, von denen einige durch ihre vollen Formen sich auszeichneten; aber leider sah ich mich genötigt, diese schönen Buhlerinnen fortzuscheuchen, da ich mich infolge des letzten Unwetters sehr unwohl fühlte. Wegen der zahllosen Schwärme von Mücken, welche die so sumpfige Gegend erzeugte, verbrachte ich eine schlaf- und ruhelose Nacht.

Schurkenstreiche

Der Walater nutzte nun die Lage gründlich aus. Die Tuaregs, einfache, aber raubgierige Leute, wurden mit Barth als einem großen Scherifen bekannt gemacht, der natürlich für die erwiesene Gastlichkeit auch viele wertvolle Geschenke zu machen habe. Diese musste der der Sprache kundige Walater überbringen. Er verkaufte sie aber als sein Eigentum, sodass dieses Verfahren sich endlos verlängern ließ.

Barth, der in diesem gesetzlosen Land erst recht völlig von allem Nachschub abgeschnitten war, sah in beängstigender Weise seine Mittel noch vor Erreichen des Zieles zusammenschrumpfen, ohne das Geringste dagegen unternehmen zu können.

Dann kommen sie zu einem dicken, schmerbäuchigen Tuareghäuptling namens Bele, der zwar bald heraushatte, dass Barth nicht das war, wofür er sich ausgab – seine Kenntnis des Tamaschek verriet Barth –, aber doch auch nicht herausfand, dass er ein Christ sei. Immerhin setzte er ihm mit seinen Fragen gehörig zu: Sicher sei er ein Kaufmann aus Marokko oder aus Ghadames. Doch Bele war sehr gastlich und schien selbst gutes Essen zu lieben. Man erzählte sich von ihm, er verzehre täglich ein Schaf sowie die Milch von sieben Kühen.

Dienstag, den 16. August 1853

Es war fast Mittag, als wir endlich unser Quartier verließen, denn solange mein Walater Gefährte noch etwas zu verkaufen hatte, war wenig Hoffnung zum Fortkommen vorhanden. Um meine Unzufriedenheit zu verringern, wurde vorgegeben, dass einer meiner Packochsen sich verloren habe. Vor unserem Aufbruch hatte ich jedoch noch die ganze Bevölkerung des Lagers, Männer sowohl wie Frauen und Mädchen, mit meinem Segen zu beglücken.

In der kleinen Stadt Bambara haben sie mehrere Tage Aufenthalt. Hier kommt es heraus, dass der Walater vor vier Jahren an diesem Ort eine reiche Frau geheiratet und sich in der Folge mit ihrer gesamten Habe davongemacht hatte; außerdem aber hatte er auch einen mächtigen Tuareg-Häuptling beleidigt. Nun kam er im persönlichen Schutz eines großmächtigen Scherifen, zu dem er selbst Barth ernannt hatte, hierhin zurück. Der Reisende hatte Geschenke zu liefern, um sicher weiterzukommen; weil er einen Scherifen darstellte, mussten diese bedeutend sein. Daher lieferte er seinem »Freund«, unfreiwillig natürlich, die Möglichkeit, sich wieder mit Geschenken, die als die eigenen ausgegeben wurden, zu rehabilitieren.

Zwei Tuareg-Häuptlinge stellten sich bei Barth ein, um seinen Segen, »ganz besonders aber einige kleine Geschenke einzuholen«. Heimlich hatten sie dem Walater seinen Tabaksbeutel gestohlen. Dieser ergriff nun wahllos eines der Barth'schen Bücher und schüchterte die Tuaregs damit ein, indem er mit dem furchtbaren Zorn des heiligen Mannes, seines Beschützers, und mit dem Zauber dieses hochheiligen Buches drohte. Da gaben sie ihm den Beutel schleunigst zurück. Das Buch war aber nur eine Beschreibung der Reisen von Lander. (Richard Lander, ein Diener Clappertons, erforschte von 1825 bis 1832 den unteren Niger.)

Auf meiner ganzen Reise, seitdem ich Ssai hinter mir gelassen hatte, war ich wiederholt nach dem Erscheinen des Mehedi befragt worden, denn die zweite Wiederkehr des Messias, des Erlösers aus aller irdischen Not, von der diese Gegenden in so bedeutendem Maß heimgesucht sind, erwartete man mit Inbrunst, und besonders die armen Landleute sahen mit großen Augen auf mich, den aus dem Osten kommenden weißen Mann. Die Tuaregs aber konnten sich kaum enthalten, mich mit diesem Propheten zu identifizieren.

Nun kommen sie endlich wieder in den unmittelbaren Bereich des so heiß ersehnten Flusses Niger und damit in ein Gebiet, das von zahllosen, zur Regenzeit überschwemmten Nebenarmen, Hinterwassern und Seen erfüllt ist. Ende August ist die Karawane in Sarayamo, am Ufer des Flusses, wo die Einschiffung vonstattengehen soll. Da erhält Barth am Nachmittag den Besuch des Ortsgewaltigen und der vornehmsten Familienhäupter. Der Walater hat Barth auch hier als den großen Scherifen angekündigt, daher muss er beim feierlichen Abendgebet sich in großer Aufmachung zeigen und zu Allah um Wasser für ihre Felder beten.

In der folgenden Nacht ging tatsächlich eine große Menge Regen nieder. Nur mit Mühe konnte Barth infolgedessen der Wiederholung der öffentlichen Gebetsszene entgehen.

Am Abend des letzten Augusttages schiffte er sich auf dem Niger ein. Herrlich war die Fahrt auf dem majestätisch dahinfließenden Strom. Mitunter erfüllte das hohe Byrgugras die Oberfläche des Niger so vollständig, dass das Boot auf einer grasigen Ebene dahinzugleiten schien. Dazwischen breiteten sich Teppiche von weißen Wasserlilien aus. Die Ruderer begleiten ihr Werk mit einem »barbarischen, aber nicht unmelodischen Preislied der Taten des großen Sonrhay-Fürsten Askia«. Wenn der Fluss es zulässt, wird das Boot mit Stoßstangen fortbewegt. Um einem Unwetter zu entgehen, machen sie an einem Abend im Schutz eines grasüberwachsenen Hinterarms fest. Von den benachbarten

*Fischerbooten leuchten Feuer auf. So geht die Fahrt, recht langsam zwar,
Tag um Tag, von Ufer zu Ufer, dahin.*

»*Majestätisch*«, *so beschreibt der in andächtiges Schauen versunkene
Dr. Barth eine Szenerie,* »lag der Spiegel des Flusses in der Abenddämmerung ausgebreitet, der Neumond uns gerade gegenüber,
seinen schwachen Silberschein in schmalen Streifen über die Landschaft gießend, und dann und wann ein Wetterleuchten, durch den
Himmel zuckend. Hoch erfreut über dieses herrliche Schauspiel saß
ich auf dem gewölbten Mattendach unseres schwächlichen Fahr-
zeuges *(aus Rohrgeflecht)* und schaute mit forschenden Augen über
die gewaltige Wassermasse in nordöstlicher Richtung hinaus, wo das
Ziel unserer Reise liegen sollte.«

Kapitel 27

Timbuktu oder »Die raue Wirklichkeit«

Montag, den 5. September 1853 So brach endlich der Tag an, der mich nach monatelanger Anstrengung dem Hafen von Timbuktu zuführen sollte.

Das ist eine kleine Siedlung namens Kabara und liegt an einem kanalartigen Seitenarm auf der Nordseite des Niger. Von hier aus muss man zu Land noch eine Strecke nach Norden ziehen, um die große Stadt zu erreichen. Bei der Einfahrt in die Abzweigung lag ein kleines Dorf. Hier erfuhr Barth, dass der Mann, auf den er seinen ganzen Reiseplan aufgebaut hatte, der Scheich Achmed el Bakay, von Timbuktu abwesend sei und sich nach Gundam (Ort südwestlich von Timbuktu) begeben habe, wo er einen Streit zwischen den Tuaregs und den Berabisch, den Bewohnern der westlichen Sahara, schlichten sollte. Doch nun gab es kein Ausweichen mehr! Am nächsten Tag, dem 6. September, galt es, alles für den feierlichen Einzug in Timbuktu vorzubereiten.

Jetzt war die Frage, wo nun eigentlich dieses Timbuktu liegen sollte, zwar gelöst. Aber welche Verhältnisse würde er dort antreffen? Was hatte man nicht alles schon in Europa darüber erzählt! Das Gold des Sudans ströme hier zusammen. Mächtige Handelsfamilien residierten hier in ihren Palästen.

Aber gab es kritische Berichte aus neuerer Zeit? Der blutarme Bäckerssohn aus der Vendée, René Caillié, war von der Küste Sierra Leones anno 1828 unter unsäglichen Mühen bis hierhin vorgedrungen und hatte drei Wochen in der Stadt gelebt. Dann schleppte er sich, schlimmer als ein Sklave gehalten, im Tross einer Karawane durch die westliche Sahara wieder gegen Norden. Das ist ein anderthalb Millionen Quadratkilometer großes Niemandsland, Zuflucht und Aufmarschgebiet aller Wüstenräuber, mit ganz wenig Brunnenstellen und einer einzigen armseligen Anhäufung von Salztonhütten um die unerschöpflichen Salzlager in Taudeni. Aber die Karawanen zogen doch hindurch, seit Jahrhunderten schon, und holten, einst mit zehntausend, manchmal gar dreißigtausend Kamelen, Jahr um Jahr das edle weiße Salz, das die Schwarzen des Sudans mit Gold aufwogen.

Als nun Caillié schließlich in Paris anlangte, da musste er berichten, dass die Stadt Timbuktu, die Metropole des Handels, eine ziemlich armselige Ansammlung von Lehmbauten und vielen Ruinen war; dass hier noch nicht einmal, wie in den anderen Residenzen des Sudans, ein Herrscher ein Zepter, wenn auch nur ein barbarisches, schwänge, sondern dass das einzige Beständige die permanente Anarchie sei; dass die Fulbe, von deren Vordringen nach dem Osten wir in Kano, in Kuka und selbst in Adamaua hörten, hier ständig mit den aus der Wüste und deren Bergländern kommenden Tuaregs im Kampf lagen; dass ein nie ruhender, unterirdischer Kleinkrieg der »angesehensten« Familien um die Macht tobte, auf dem Rücken der armseligen Sonrhay-Neger, der gleichen Menschen, die einst zu dem so großartigen Reich der Sonrhay-Herrscher gehört hatten.

Dieses dehnte sich im Mittelalter weit nach Westen, Süden und Osten aus, mit wirklich glanzvollen Fürsten und Riesenarmeen, mit vielen Moscheen und sehr gelehrten heiligmäßigen Männern. Große Bibliotheken nannten diese ihr Eigen. Arabische Weltwanderer holten sich hier neue Belehrung und verbreiteten den Ruhm dieses »Roms des Sudans« überallhin.

Der Reichtum der »Dynastie auf Salz« lockte den Sultan des fernen Marokko an, und der schickte im 16. Jahrhundert durch diese völlig leere Wüste über tausend Kilometer hinweg eine veritable Armee. Tausende Kamele transportierten die Waren der wandelnden Kasernen, und Tausende Tiere und Menschen blieben an den Pfaden, auf der geröllübersäten oder von Dünen überwanderten Einöde liegen. Der armselige Haufe, der aber doch schließlich und endlich an den Ufern des »Singenden Stromes« ankam, stürzte sich mutig in die Verhältnisse des von Parteiungen zerrissenen Sonrhay-Großreiches.

Als das erste Pulver rauchte, krachte eine jahrhundertealte Dynastie zusammen. Die Schätze des Nigerlandes flossen nun dem fernen Sultan von Marokko zu. Aber die Jahrhunderte schritten weiter. Große und kleine Revolutionen ließen die Verbindungen zum Süden abreißen. Der Norden vergaß seine getreuen Kämpen am »Silbernen Strom«, die ihrerseits in den Armen der schönen Mädchen von Timbuktu rasch als »Ruma« ihre Mission vergaßen.

Die Tuaregs, die schweifenden Söhne der Wüste, die einst Timbuktu als Stapelplatz für ihre Beute begründet und unter die Obhut einer Sklavin, der »Frau mit dem großen Nabel«, »Tin boktu«, gestellt hatten, kamen zurück und schnitten das Gras des Handelserwerbs kurz, sobald es sich wieder zeigte an diesem Treffpunkt der Wege.

*Mitten in den nicht endenden Kleinkämpfen wanderten unerschüt-
terlich die kilometerlangen Reihen der Salzkarawanen, Asalaï genannt,
nach Norden, in die schweigende Wüste hinein, nach Taudeni und
kamen zurück, brachten neuen Reichtum, aber auch neue Möglichkeit
zur bequemen Plünderung oder Erpressung.*

*Dieses alles nun konnte der junge, tapfere Caillié freilich nicht be-
richten. Hatte er doch genug damit zu tun, sich als armer, frommer
Pilger gegen die allein Rechtgläubigen zu behaupten. Das vielmehr
hatte erst der Dr. Barth teils aus dem von ihm entdeckten Manuskript
in Gando herausgelesen, teils durch seine jahrelang betriebene Erkun-
dungstätigkeit gehört oder erschlossen. Cailliés Angaben wurden sogar
bezweifelt von Leuten, die nie das »Bilad es Sudan« betreten hatten, weil
er es nicht so gelehrt vortragen und weil er auch keine schönen Karten
mit vielen Namen entwerfen konnte; wo sollte er es als Bäckerssohn auch
gelernt haben und wann hätte er das auch tun können? Etwa wenn er
fieberkrank auf dem von den Wassern der Regenzeit tropfenden Boden
gelegen und sich seine skorbutfaulen Zähne einen nach dem anderen
aus dem eiternden Kiefer zog? So sank er nach kurzem Ruhm, den er
als Timbuktu-Entdecker errungen hatte, in das Meer der Vergessenheit
zurück und starb einsam und verbittert.*

*Ja, und dann war da noch Laing gewesen, der englische Major,
»El Rais«, der Anführer, wie der mutige Mann genannt wurde, der
zwei Jahre vor Caillié die ganze Sahara von Tripolitanien aus bis nach
Timbuktu durchquert hatte. Und hier wanderte er, sich unerschrocken
als Christ und Weißer bekennend, überall in den Gassen und über die
Plätze Timbuktus. Er zeichnete und schrieb und fragte und schrieb. Und
als er sich danach wieder auf die Heimreise nach dem Norden machte,
um das zweite Wunder einer abermaligen Durchquerung der Sahara
auf eigene Faust und als Weißer zu vollbringen, war es da ein Wunder,
wenn ihn die Berabisch bei Arauan erdrosseln ließen?*

*Das waren also die beiden Einzigen gewesen, die Timbuktu gesehen
und von denen man Berichte hatte.*

*Der eine war ganz unauffällig angekommen und ebenso wieder aus-
gezogen. Der nächste hatte Aufsehen erregt und war ermordet worden.
Nun kam Abd el Kerim, einmal ein Christ und ein ungläubiger Hund,
den Allah verdammen möge, dann wieder ein Scherif, der Messias, der den
Leuten die Hand zum Segen auflegte. Gab es einen interessanteren Ge-
sprächsstoff? Gab es für die weit gereisten Handelsleute nicht einen klareren
Beweis, dass er, wenn vielleicht auch nicht gerade als politischer Agent, so
doch als Handelsspion käme, zumal er sich ja überall auf den Märkten*

nach Preisen und Waren und Verkehrswegen erkundigte? Und was be-
deutete sein Auftauchen gerade jetzt, wo die Franzosen im Norden die
Kämme des Atlas überschritten hatten und sich in die Wüste vortasteten?

Der Zeichner Bernatz hat den Einzug Barths in Timbuktu dar-
gestellt; einige haben daraus geschlossen, dass es sich da um einen trium-
phalen Akt gehandelt hätte. In Wirklichkeit war zwar nach außen
hin das feierliche Dekor gewahrt. Aber die Misshelligkeiten begannen
schon, kaum dass Barth in Kabara an Land stieg. Sie verfolgten ihn
bis zu der Stadt auf der wüstenhaften Ebene und steigerten sich zu
lebensbedrohenden Intrigen, als er endlich ein sicheres Dach über seinem
Haupt zu haben glaubte.

Als bedrohliches, von Barth selber nicht besuchtes Zentrum aller gegen
ihn gerichteten Aktionen zeichnete sich, lange vor dem Einzug in Timbuk-
tu, Hamda-Allahi[38] *ab, auf A. Petermanns Karte in Bd. V (west. Blatt)*
dreißig Kilometer östlich des Niger und 496 km südwestlich von Timbuktu
eingetragen[39] *und als Hauptstadt des »Reiches« Massina bezeichnet.*

Hier residierte (und agitierte monatelang unermüdlich gegen den
»Christen«) Schecho A'hmedu ben A'hmedu, der Pullo-(Fulbe-)Scheich,
der Timbuktu und sein Umland Anfang 1826 unterworfen hatte. Seit-
dem musste er um den Besitz der wegen des einträglichen Salzhandels
und der islamischen Tradition begehrten Stadt mit den von Norden
weit in den Nigerbogen eingedrungenen Tuareg Iregenaten und anderen
Gruppen dieses Stammesverbandes ringen und ortseigene Machtgruppen
im Schachspiel um die Einkünfte hin- und herzuschieben suchen.

Im Hafen von Timbuktu

Endlich legten wir in einiger Entfernung vom Ufer an; ich sandte sogleich zwei meiner Leute ans Land, um Quartier auszumachen, und
folgte ihnen, sobald ich hörte, dass sie mir eine bequeme Behausung
verschafft hatten. Es war, wenn man die allgemeinen Verhältnisse
dieses Landes in Betracht zieht, ein großes und geräumiges Gebäude,
gerade auf dem Gipfel des Hügels gelegen, auf dessen Gehänge das
Städtchen steht *(Kabara, die Siedlung von zweitausend Einwohnern,*
der Hafen von Timbuktu). Es hatte eine oblonge Gestalt und war
von sehr massiven Tonmauern umschlossen, die in gewisser Weise
selbst mit einer rohen Art Relief geschmückt waren; außer zwei
Vorzimmern enthielt es noch einen inneren Hofraum mit einer

---

38   Im Text Hamd-Allahi.
39   Auf heutigen Karten bei Mopti, Rep. Niger, etwa 350 km Luftlinie von Tim-
      buktu.

großen Anzahl kleinerer Gemächer und einem unregelmäßigen, oberen Stockwerk. Das Innere mit seinen kleinen Vorratsräumen jeglicher Art und den verschiedenen besonderen Abteilungen für die Schafe, Enten, das Geflügel und die Tauben, glich vollkommen der Arche Noahs. So bot es einen recht angenehmen Anblick von häuslicher Behaglichkeit dar, die sich hier, von älteren, glücklicheren Zeiten her, ungeachtet der Erpressungen vonseiten der Fulbe und Imoscharh *(Tuaregs)* erhalten hatte.

Nachdem ich von meinem Spaziergang durch das Städtchen in mein Quartier zurückgekehrt war, hatte ich unter einigen Leuten, welche der Walater für gut fand, mir als seine Brüder und Freunde vorzustellen, eine Anzahl Geschenke verteilt. Dann putzte ich ihn selbst mit einer neuen, glänzend schwarzen Tobe und dem weißen Burnus, den ich selbst trug, aus und bewog ihn endlich, seinen Weg in die Stadt *(Timbuktu)* anzutreten, um mir den Schutz einer mächtigen Landesperson zu verschaffen.

Bis jetzt war ich noch immer ein der Hilfe des Gesetzes gänzlich barer Mensch, und jeder Wegelagerer, der den leisesten Verdacht hinsichtlich meiner Religion hegen mochte, konnte mich erschlagen, ohne dass sich irgendjemand viel darum gekümmert hätte.

Meine beiden Boten waren noch nicht lange fort, als ein Tuareg-Häuptling namens Kneha mir seine Aufwartung machte. Es war eine imposante, hohe, kräftige Gestalt mit einem schönen, edle, ausdrucksvolle Züge aufzeigenden Kopf. So trat er ein, die rechte Hand auf seinen Eisenspeer gestützt und sein Schwert an der Seite. Der drängte sich mir auf, während ich gerade mein einfaches Reisegericht verzehrte. Dies störte ihn jedoch nicht, und er nahm mir gerade gegenüber Platz. Da ich nun keine Lust hatte, ihn zu meinem Mahl einzuladen, sagte ich ihm zuerst auf Arabisch, dann auf Fulbe, dass ich jetzt äße und also keine Zeit hätte, mit ihm zu sprechen. Infolgedessen ging er, kam aber nach einer kleinen Weile wieder zurück und begehrte auf recht herrische Weise von mir ein Geschenk, weil er, wie er behauptete, ein mächtiger Häuptling des Landes sei.

Als Barth sagte, das müsse er erst genauestens nachprüfen, wurde Kneha drohend.

Er sei ein großer Übeltäter *(behauptete er von sich selbst)* und könne mir als solcher viel Leid zufügen. Erst nach einem sehr lebhaften Wortwechsel, wobei ich ihm bewies, dass ich ihn nicht eben fürchtete, wurde ich ihn endlich wieder los.

Kneha war kaum fort, als sich das ganze Haus mit Bewaffneten füllte. Sie trugen den eigentümlichen, oben spitz zulaufenden Stroh-hut des Landes, Speer, Schild, Schwert und einige auch Flinten. Wo sie eben Platz fanden, ließen sie sich nieder, beobachteten mich mit neugierigen Blicken und fragten sich untereinander, wer dieser fremdartig aussehende Mann wohl sein möge; ich lag dabei auf meinen beiden kleineren Kisten ausgestreckt, während ich die grö-ßeren und das übrige Gepäck hinter mir hatte. Obgleich ich mich nun zusammennahm und mich äußerlich so ruhig wie möglich verhielt, war ich mir doch im Unklaren, was sie eigentlich wollten. Tuareg-Reiter, so behaupteten sie, zögen gerade durch den Ort. Sie hätten ihnen schon einige Stück Vieh geraubt, und sie selbst seien gekommen, um das andere vor ihnen zu schützen.

Vor allem fürchteten sie den Anführer Kneha, der gerade vorher Barth gedroht hatte. Im Verlauf von einer Stunde kamen so zweihundert Bewaffnete in das Zimmer, machten sich aber schließlich doch wieder davon. Solche undurchsichtigen Szenen, bei denen Barth nicht wusste, ob er es mit Verfolgten und Ratlosen oder mit Kundschaftern und Er-pressern zu tun hatte, gab es immer und überall in diesen Landen. Das kostete natürlich Nerven, besonders wenn das Fieber den Körper schüttelte. Und krank war Barth von all den körperlichen und seelischen Strapazen der Herreise! Das zeigte sich mit ganz plötzlicher Wucht in dem Augenblick, als er in dem für ihn bestimmten Haus zu Timbuktu nach seinem Eintritt zusammenbrach.

Kurz vor Mitternacht erscheint Sidi Alaute, der Bruder des abwe-senden Scheichs El Bakay, mit mehreren seiner Anhänger. Nach einem guten Essen auf Kosten Barths beginnt die Unterhaltung. Der Wala-ter hatte unter dem Siegel tiefster Verschwiegenheit verraten, dass der Fremde ein Christ sei, der trotzdem den besonderen Schutz des Sultans von Stambul genösse. In dieser Lage erwies es sich als fatal, dass der in weiser Voraussicht seit Langem erbetene Schutzbrief des Sultans Barth nicht nachgeschickt worden war; so hatte er nichts in Händen, um den Intrigen der Kaufleute von Marokko, die sich in Timbuktu aufhielten und die für ihren Handel fürchteten, wirksam zu begegnen. Aber Sidi Alaute verriet mit keiner Miene die in ihm aufgestiegenen Zweifel und verhieß dem Reisenden seinen Schutz.

Mittwoch, den 7. September 1853 Endlich sollte nun der Einzug in Timbuktu beginnen. Noch einmal erschien Kneha und forderte ein Geschenk für seine am frühen Morgen übersandte Butter-Gabe. Das hatte Barth zwar schon geliefert, aber es war über den Walater in andere Hände geraten. Mit Mühe konnte der Forscher den Erzürnten auf die Zukunft vertrösten.

Um zehn Uhr setzte sich die Kavalkade mit den elf Eseln, die das Gepäck schleppten, über die Sanddünen nordwärts von Kabara in Richtung auf Timbuktu in Bewegung. So kurz der öde, von Büschen und krüppeligen Bäumen bestandene sandige Weg zwischen den beiden Orten auch sein mochte, so unsicher war er. Vor wenigen Tagen erst hatten die Tuaregs hier einige Handelsleute erschlagen. Und halbwegs Timbuktu gelangte man an eine Stelle, die »Ur-immandess« genannt wurde, was soviel bedeutet wie »er hört es nicht«, um den Ort zu bezeichnen, wo das Geschrei des Unglücklichen, der hier vereinsamt in die Hände eines Räubers fällt, von keiner Seite hörbar ist.

Unter einem dick mit Wolken überzogenen Himmel und in einer von Sand erfüllten Atmosphäre tauchten dann die dunklen, schmutzigen Tonmassen der Stadt auf. Ein Haufen Leute erschien, um den Fremden zu begrüßen. Barth war sich bewusst, dass, wenn sie den geringsten Argwohn in Bezug auf seinen Glauben gehabt hätten, sein Leben in äußerster Gefahr wäre.

Ich befolgte also den Wink, den mir Alaute gab, und indem ich mein Pferd in Galopp setzte, sprengte ich, meine Flinte zur Hand, vor meinen Begleitern voraus, um die Entgegenkommenden zu bewillkommnen. Hinter einem solchen furchtlosen Auftreten geborgen, wurde ich mit vielen Salams empfangen. Aber ein Umstand ereignete sich, der mir großes Unheil hätte bringen können. In dieser Gruppe war nämlich ein Mann, der mich auf Türkisch anredete; allein das hatte ich fast ganz vergessen und konnte daher nur mit großer Not eine passende Antwort finden. Um weiteren zudringlichen Fragen auszuweichen, trieb ich mein Pferd an und eilte sicherer Herberge zu.

Wir zogen dann durch den Schutt, der sich rund um den Erdwall der Stadt angehäuft hat, ließen eine Reihe schmutziger Rohrhütten, welche die ganze Stadt umgeben, zu unserer Rechten und betraten so die engen Straßen und Gassen, welche kaum zwei Reiter nebeneinander passieren können, gefolgt von einem Schwarm von Städtern. Aber großen Eindruck machte der gut bevölkerte und wohlhabende Charakter dieses Stadtviertels auf mich; manche Häuser erhoben sich zu einer Höhe von zwei Stockwerken.

Nun ruht der Wanderer endlich in einem dem Scheich El Bakay
gehörenden Haus auf seinem Teppich, oder vielmehr auf dem, was die
Termiten Bagirmis von ihm übrig gelassen hatten, erschöpft von den
Strapazen und vom Fieber geschüttelt.

Aufregungen in Timbuktu

Und doch waren Geistesgegenwart und körperliche Energie zu keiner Zeit mehr vonnöten, denn gleich in der ersten Nacht, welche
ich in Timbuktu zubrachte, wurde ich von Beunruhigung und ernstlicher Besorgnis erfüllt.

Das Erste, was ich am Morgen des 8. September hörte, war, dass
Hammadi, der Nebenbuhler und persönliche Feind El Bakays, die
Fulbe davon in Kenntnis gesetzt habe, dass ein Christ die Stadt
betreten hätte und dass infolgedessen diese herrschende Klasse den
Entschluss gefasst habe, mich zu töten. Ich ließ mich indessen im
Vertrauen auf Sidi Alaute keineswegs durch diese Gerüchte ein-
schüchtern. Aber mein Sicherheitsgefühl wurde bald zerstört, indem
dieser Mann mein größter Quälgeist wurde.

Er erpresste Geschenk auf Geschenk, und Barth durfte sein Haus,
angeblich zur eigenen Sicherheit, nicht verlassen.

Doch als sich am nächsten Tag sein Befinden bessert, fasst er neuen
Mut, »indem ich mich bemühte, mich vorsichtig den Umständen, in
denen ich mich befand, anzubequemen«.

Nun verlegt er sein Arbeitsfeld auf das luftige und geräumige fla-
che Dach des Hauses und beginnt mit Barth'scher Gründlichkeit seine
Arbeit, ohne sich um das zu bekümmern, was man von dem Fremden,
den die Vorübergehenden von weither sitzen, schreiben und zeichnen
sehen, denken und reden mag. Frei schweift der Blick über die von
hier oben aus sich als wohlgehalten darbietende Stadt: über die mehr-
stöckigen Häuser der wohlhabenden Kaufleute aus Ghadames, zu den
ragenden Türmen ehrwürdiger Moscheen, zu den von vielen Tauben
überflatterten Marktplätzen, zu der im Osten angrenzenden stillen
Wüste.

Als Barth am Morgen des 10. September wieder an einem Fieber-
anfall litt, schickte Alaute eine Sklavin. Es sei Gefahr im Verzug, die
feindliche Partei wolle ihn in seinem Haus angreifen; er möge schleunigst
alle Habe in das Haus des Schatzmeisters von El Bakay bringen. Bald
darauf erscheint er selber in Begleitung des Walaters. Aber statt eines ein-
geschüchterten Mannes, der sein Gepäck im Stich ließ und Hilfe suchte,
findet er Barth mit schussfertigem Gewehr und seine ebenso bewaffneten

Diener um ihn versammelt. Es gibt einen kleinen Wortwechsel mit den
beiden Heuchlern. Ob er es denn mit der ganzen Stadt aufnehmen
wolle, fragen sie, im Inneren zwischen Ingrimm und Bewunderung
schwankend. Dann ziehen sie sich wieder zurück; und der Stadtklatsch
hat neue Nahrung.

Tage danach besucht Alaute ihn mit seinen gelehrten Schülern. Dies-
mal hat er es mit der Religion. Barth solle doch seinen Glauben wechseln
und aus einem »Ungläubigen« ein »wahrer Gläubiger« werden. Barth
fordert ihn auf, bessere Gründe für seinen Glauben zu nennen, als er
sie ihm für den seinen nennen kann; dann will er unverzüglich dem
Christentum abschwören. Da gibt die Gesellschaft ihre Einschüchte-
rungsversuche auf.

Dieser Umstand verbesserte meine Lage in außerordentlichem
Grade, indem er meine Sicherheit auf die aufrichtige Achtung
gründete, welche mehrere der einsichtsvollen Einwohner von mir
gewannen.

Am Montag, dem 23. September, langt um drei Uhr in der Nacht der
Scheich an. Barth leidet gerade wieder unter heftigem Fieber, als vor El
Bakays Haus eine Musikbande zum Empfang des mächtigen Mannes
sich hören lässt, wobei die große Trommel die Hauptrolle spielt.

Die Begegnung mit dem aufrechten und freundlichen Mann machte
auf Barth tiefen Eindruck. Unverzüglich sagte El Bakay ihm seine Hilfe
für die Rückreise zu. Drei Wege stünden ihm offen: nach Westen zum
Meer, durch das Fulbeland, zu Boot auf dem Niger oder durch das Land
der Tuaregs und die Wüste nach dem Norden.

Aber das großmütige Anerbieten meines Beschützers war etwas
voreilig; und wenn ich damals gewusst hätte, dass ich noch acht
Monate länger in dieser Gegend schmachten sollte, würde ich bei
meinem damaligen geschwächten Gesundheitszustand wohl kaum
imstande gewesen sein, eine solche Vorstellung zu ertragen: Aber
glücklicherweise enthüllt die Vorsehung dem Menschen nicht das
Geschick, welches seiner wartet, und er ringt und kämpft sich so in
rastlosem Streben durch das Leben, unkundig, wohin es ihn führen
wird.

Dienstag, den 27. September 1853
Dies war der Jahrestag des Todes Herrn Dr. Overwegs, meines
letzten europäischen Gefährten. Ich hatte ihn also schon um ein
ganzes Jahr überlebt, und in Anbetracht des schwachen Zustands

meiner Gesundheit schien es mir nur zu glaublich, dass ich ihm bald
nachfolgen würde.

*Mahnend stand vor Barth auch das Schicksal Major Laings, den
der Scheich gut gekannt hatte und dessen ritterlichen Charakter er
bewunderte.*

*El Bakay war, im Gegensatz zu seinem erpresserischen Bruder, gegen
den er trotz seines eigenen Ansehens nicht ankam, mit des Reisenden
Geschenken sogleich zufrieden. Barth musste mit ihm auf die Straße
treten und ihm zeigen, wie man aus einer sechsläufigen Pistole, die er
erhalten, schieße. Dieses gab zwar einen großen Volksauflauf, »übte aber
auch einen gewaltigen Einfluss hinsichtlich meiner ferneren Sicherheit
aus, indem die Leute glaubten, dass ich überall an mir Waffen trüge
und so oft, wie es mir beliebe, schießen könnte«.*

*Indessen traf am Nachmittag des 1. Oktober eine große Schar Bewaff-
neter, von denen einige sogar Gewehre hatten, in Timbuktu ein. Sie
waren aus der Stadt Hamd-Allahi geschickt, die in der Landschaft
Massina liegt. Hier residierte der von Barth wegen seines Fanatismus
so gefürchtete, früher erwähnte Fulbescheich Achmedu ben Achmedu,
der sich mit Gewalt im Jahre 1826 die nominelle Oberherrschaft über
Timbuktu verschafft hatte. Die Ankömmlinge gingen zu Hammadi, El
Bakays Nebenbuhler, und ließen überall verkünden, der Christ müsse
aus der Stadt gejagt werden und, wenn er Widerstand leiste, umgebracht
werden.*

*Unter diesen Umständen musste Barth nach einer Besprechung mit
dem ängstlich gewordenen El Bakay den Plan einer baldigen Abreise
nach dem Osten gänzlich aufgeben. Inzwischen hatte auch der Walater
den leichtgläubigen Scheich beschwätzt.*

*Barth hatte diesem die friedlichen Ziele erklärt, welche die ihn be-
auftragende Regierung hege und hatte ihm Hoffnungen auf stattliche
Geschenke gemacht. Daraufhin beabsichtigte El Bakay, selbst einen Brief
nach London zu schreiben, worin er seine Zufriedenheit über Barths
Besuch ausdrücken wollte. So sollte auch der schlechte Eindruck, der
durch Laings Ermordung hinsichtlich der Unsicherheit des Landes und
der Treulosigkeit seine Bewohner entstanden war, verwischt werden.
Barth selbst könne diesen Brief mitnehmen. Am Abend des 3. Oktober
aber kam ein Bote des Scheichs zu ihm und teilte ihm mit, das Schreiben
würde durch einen anderen nach Ghadames oder Tripolis gesandt; der-
weil sollte er, Abd el Kerim, in Timbuktu bleiben, »als eine Art Geisel
– bis die von El Bakay gewünschten Gegenstände eingetroffen wären«!*

Sofort parierte Barth in gewohnter Weise: Der Scheich könne tun, was ihm beliebe. Er müsse sich aber klar darüber sein, dass, ehe er (Barth) selbst nicht in Sicherheit wieder heimgekehrt sei, er von der englischen Regierung auch nicht eine Nadel erhalten würde.

Doch weiterhin riet El Bakay – zweifellos unter den Einflüsterungen des Walaters –, Barth solle seine Flinte und sein Pferd in seine Hände geben; und alsbald bekam er zu wissen: Keines von beiden würde aus dem Haus kommen, »solange noch mein Kopf seinen Platz zwischen den Schultern einnimmt«.

Um das Unglück vollzumachen, hatte am Nachmittag des 3. Oktober ein furchtbares Unwetter Barths Haus unter Wasser gesetzt und alles, die Bücher, die Arzneien, die Tauschwaren, durchnässt sowie die hintere Wand des Hauses eingerissen. Kein Handwerker der Stadt wagte, aus Furcht vor den zürnenden Beherrschern Timbuktus, dem Fremden zu helfen und die Mauer wieder aufzuführen, sodass der Vielgeplagte mit seinen Dienern die Lücke notdürftig mittels eines Dornenverhaus sichern musste.

Inzwischen kam eine neue Untat des Walaters ans Tageslicht. Er hatte die Kamele der Karawane zur Auffütterung auf die Weide geben sollen, sie aber kurzerhand auf eigene Rechnung verkauft und auf diese Weise Barth jede Möglichkeit der Abreise genommen.

Inmitten all dieser Aufregungen erschien in der Nacht des 9. Oktober der gute Scheich selbst zitternd um zwei Uhr vor Barths Tür. Er möge ja auf seiner Hut sein, erklärte er dem erstaunten, aber nicht erschütterten Doktor. Eine Bande Tuaregs sei am Abend angekommen, und er fürchtete sehr, dass etwas Ernstliches gegen ihn, den Christen, am Werke sei. In Wirklichkeit aber war die Bande von der Gegenpartei zur Einschüchterung des gelehrten, aber nicht sehr energischen Scheichs vorgeschickt worden.

Doch langsam erholte der gute Alte sich wieder. Er hatte, als ihm das Doppelspiel des Walaters endlich klar wurde, den Plan gefasst, außerhalb der Stadt, in der Wüste ein Lager zu beziehen und hatte mit dem dort lagernden Häuptling der Tademekket-Tuaregs, den Fulbe zum Trotz, entsprechende Verhandlungen angeknüpft. Bald kann Barth mit ihm dorthin übersiedeln.

Im Zeltlager der Wüste fließen die Tage dahin, bald still und in angeregter Unterhaltung mit dem Scheich und seinen Schülern über Gott und alle Welt, bald angefüllt mit Aufregung über die Nachrichten von neuen Umtrieben. Die Uëlad Sliman, ein Stamm der Berabisch, zu welcher der Häuptling Uëled Sliman, der Mörder Laings, gehörte, haben sich verschworen, den Christen zu töten. Außerdem schickt der Herr von Massina eine geharnischte Botschaft an den Stadtvorsteher mit dem Befehl an »alle weißen und schwarzen Bewohner Timbuktus«, das Gleiche zu tun. Ja, er droht sogar, ihnen die Lebensmittelzufuhr zu sperren, und Timbuktu, das in seiner wüstenhaften Umgebung nichts produziert, ist ihm auf Gnade und Ungnade anheimgegeben.

Protestversammlungen wider den »Christenhund«

So steigt die Aufregung in der ganzen Stadt. Die Parteien für und wider den Christen geraten sich in die Haare. Frommgläubige veranstalten Demonstrationen vor der Moschee nach dem gemeinsamen Gebet. Aber als ein Barth Wohlgesinnter den Hauptschreier auffordert, sich doch unverzüglich an die Spitze des Zuges zu setzen, zuckt er zurück.

»So blieb denn alles beim Alten; die Versammlung trennte sich; die Spießbürger und die herrschende Klasse gingen nach Hause, und mich ließ man fürs Erste in Ruhe.«

Außer steter Wachsamkeit und Alarmbereitschaft sind Barths bester Schutz seine Geistesgegenwart und Geschicklichkeit in religiösen Disputen. Anfang Dezember kommt ein Fulbe-Häuptling zum Scheich ins Lager und macht ihm im Beisein Barths heftige Vorwürfe, wie er einen Ungläubigen schützen könne.

Es gelingt mir jedoch, ihn zum Schweigen zu bringen, indem ich ihm bewies, welch geringe Kenntnis er in Religionssachen besäße, während er mich doch einen Ungläubigen zu nennen wagte; besäße er wirklich Kenntnis von seinem Glauben, so wäre es seine erste Pflicht, den Versuch zu machen, diejenigen seiner Landsleute zu bekehren, welche noch dem Götzendienst ergeben seien.[40]

Aber die Misshelligkeiten lassen nicht nach. Eine große Menge Fremder ist in die Stadt geströmt, die bei Weitem fanatischer sind als die an sich gutmütigen Bewohner. Es reiten einhundertundzwanzig Berabischs in Timbuktu ein. Sie bringen tausend mit Salz beladene Kamele aus der Wüste mit. Ihr Anführer ist Ali, der Sohn jenes Uëled Habib (-Sliman) aus Arauan (des Laing-Mörders).

»Ein unvermeidlicher Kampf schien sich entspinnen zu wollen.«
Durch die plötzliche Bevölkerungszunahme steigen die Lebensmittelpreise und damit die Unruhe in der Stadt. Barth erfährt es, als er für kurze Zeit dorthin zurückkehrt, weil er sich nach seiner Habe umsehen muss.

---

40   Siehe Anhang.

Da tritt ein Ereignis ein, das die Gemüter der »vielherrigen« und vor Aufregung kochenden Wüstenstadt noch mehr durcheinanderbringt. Der vorerwähnte Ali hatte bei seiner Ankunft von El Bakays Beschützer-rolle erfahren. Und obwohl es seine Pflicht gewesen wäre, als frommer Muselman dem weit berühmten und heiligmäßigen Scheich seine Aufwartung zu machen und seinen Segen zu erflehen, wie es alle Fremden von Bedeutung taten, die oft aus sehr weiter Ferne anlangten, war er nicht bei ihm erschienen. Vielmehr hatte er die Hetze gegen Barth nur noch vermehrt.

Doch durch eine wunderbare Fügung des Schicksals wurde dieser Ali, ein Mann von etwa vierzig Jahren, der bei dem hohen Alter seines Vaters schon lange fast alle Macht eines Häuptlings besessen hatte, plötzlich von einer Krankheit ergriffen und starb am Morgen des 19. Dezember. Sein Tod machte einen außerordentlichen Eindruck auf die Leute, da es eine allgemein bekannte Tatsache war, dass sein Vater der Mörder des Christen sei, welcher früher diese Stadt besucht hatte, und dieser Eindruck war um so tiefer, als man allgemein glaubte, dass ich *(Barth)* Major Laings Sohn sei.

Die Wirkung dieses Ereignisses auf Barths Sicherheit war um so größer, als ruchbar wurde, dass die Berabischs sich zur Ermordung Barths durch einen Schwur verpflichtet hatten. Da musste irgendein übernatürlicher Zusammenhang zwischen dem Mord an Laing, dem Tod des Mörder-Sohnes in Timbuktu und der Gegenwart Barths bestehen! So kam die plötzlich ihres Führers beraubte wilde Reiterschar in feierlicher Prozession zum Scheich El Bakay, um seine Verzeihung für die bisherige Vernachlässigung zu erflehen.

Nun konnten El Bakay und Barth am 21. Dezember wieder die Stadt verlassen und ins Zeltlager zurückkehren. Infolge des Höchststandes der Überschwemmung trat der Niger, über den Arm bei Kabara hinwegschreitend, nicht nur fast bis an die Stadt heran. Seine Wasser ergossen sich auch weit in die Wüste hinein, über die Dünen und in die mit Mimosen bestandenen Täler und boten einen seltsamen Gegensatz zu der weiten Sandeinöde dar.

Einen Teil des Tages las der Scheich seinen Schülern aus einer alten Chronik vor, während sein junger Sohn seine Lektion aus dem Koran laut wiederholte. Im Laufe des Abends wurden mehrere Abschnitte aus dem heiligen Buch von den Schülern bis zu später Stunde der Nacht mit melodischer Stimme gesungen. Nichts übte größeren Zauber über mich, als diese schönen Verse von so klangreichen

Stimmen in dieser offenen Wüstenlandschaft, unter dem herrlichen, unbegrenzten Himmelsgewölbe, am Abendfeuer singen zu hören, während nichts den Schall störte, der vom Abhang der gegenüberliegenden Dünen sanft widerhallte und in des Hörers Seele drang.

Das war Barths Weihnachten 1953.

Voller Freude ließ der gutmütige Scheich am Morgen des 26. Dezember die inzwischen wieder herbeigeschafften Kamele seinem Schützling vorführen und tröstete den Einsamen mit der nun sicher bevorstehenden Abreise.

Das Neujahr 1854 bringt gute Wünsche selbst von seinen Gegnern, von Hammadi, dem Nebenbuhler des Scheichs, und dem Taleb Mohammed, dem reichsten Kaufherrn der Stadt und Haupt der gegen Barth intrigierenden Kaufleute von Marokko. Religiöse Disputationen, geführt mit einem großen Aufwand an Spitzfindigkeiten, genährt selbst durch höchst gelehrte Briefe des erbittertsten Feindes von Barth, des Emirs der Massina, haben die Gewaltaktionen gegen den Christen abgelöst.

Gelehrte Zwiegespräche im Wüstenlager

Es entspann sich eine hitzige Verhandlung über die sophistische Frage, ob es nach der Rückkehr Aissas *(des als Propheten anerkannten Jesus)* auf die Erde erlaubt sein würde, Kamelfleisch zu essen. Die beiden gelehrten Männer *(der Scheich und dessen Bruder)* hatten in der Hitze ihres Streites das bedeutende Faktum ganz übersehen, dass das Kamel allerdings bei den Juden, aber nicht bei den Christen ein verbotenes Tier ist und dass also die Rückkehr Aissas keinen Einfluss auf ihren beliebten Schmaus ausüben würde. Indem ich frisch und munter auf diese Streitigkeiten einging, gelang es mir, selbst die Achtung derer zu gewinnen, deren Hauptbestreben dahin ging, einen möglichst großen Teil meiner noch übrigen Habe zu erpressen.

Daneben aber beschäftigt Barth aufs Ernsthafteste das Problem, wie es möglich sei, dass das Wasser des Niger – anders als der Benuë oder der Nil, deren höchste Schwelle im August oder September liege – erst im Januar seinen höchsten Stand erreicht. Er findet heraus, dass es das aus den Nebenwassern des Flussknies zurückströmende Wasser ist, welches diese scheinbare Anomalie herbeiführt. Die geschichtlichen Quellen und seine mündlichen Forschungen brachten die für die heutigen Verhältnisse erstaunliche Tatsache zutage, dass noch im Jahr 1640 der Einfluss der Nigerwasser soweit ging, dass sie ein Stadtviertel Timbuktus in einen

See verwandeln konnten. (Die Stadt liegt sechs Kilometer nördlich von Kabara und dreizehn Kilometer vom Niger entfernt.)

Den ganzen Monat über beunruhigten ausgedehnte Plünderungszüge umliegender Nomadenstämme die Stadt. Am Nachmittag des 14. Januar 1854 erkrankt Barth schwer nach dem Genuss von saurer Milch, und man fürchtete schon, er sei vergiftet worden, da ein Berabisch, der zum Stamm der Laing-Mörder gehörte, sie ihm gebracht hatte. Bald erholt er sich aber wieder.

Die Abreise eines kleinen Trupps armer Kaufleute aus der Landschaft Tuat im Norden der Sahara bot Gelegenheit, diesen am 26. Februar 1854 ein Paket mit Erkundungsergebnissen und Briefen mitzugeben. Es sollte an den englischen Agenten in Ghadames weiterbefördert werden. Dieser war aber in den Krimkrieg abberufen worden, und so blieb die Sendung länger als zwei Jahre in dieser Oase liegen.

Nachruf auf einen Lebenden

Meine Familie wurde infolge des *(dadurch entstandenen)* Gerüchtes von meinem Tod in die tiefste Trauer versetzt. *(In der deutschen Presse erschien sogar schon sein Nachruf!)* Alle meine Angelegenheiten gerieten in Verwirrung, und als ich endlich *(auf der Rückreise nach Kuka)* verarmt und tief verschuldet im Haussa-Land *(Gebiet von Kano)* ankam, wo ich alles zu finden hoffte, dessen ich bedurfte, waren selbst die Mittel, die ich zurückgelassen hatte, mir, als einem Verstorbenen, entzogen worden.

Fast der ganze Januar und der Anfang Februar waren im Allgemeinen kalt gewesen, mit unreiner und nebeliger Atmosphäre, und gaben so ein unvollkommen treues Bild von jener Jahreszeit, welche die Tuaregs mit dem emphatischen und ausdrucksvollen Namen »die schwarzen Nächte« benennen; und diese ganze Zeit über war der Fluss fortwährend im Steigen oder bewahrte das höchste Niveau, das er erreicht hatte. Er fing endlich am 17. Februar wirklich an zu fallen. Das war auch im Wetter die Epoche des Wechsels, und unmittelbar darauf wurde die Luft reiner, die »weißen Nächte« meiner Berberfreunde traten ein.

Die kurzen Besuche in der Stadt werden immer unerfreulicher. Wenn Barth ins Zeltlager zurückreitet, öffnen die Bewohner vorsichtig ihre Türen und starren dem Fremden nach, von dessen Untergang sie, angesichts der vielen Drohungen, die sie tagtäglich hören, überzeugt sind.

*Schließlich gibt der Scheich, ein etwas umständlicher und orienta-
lisch-langsamer Mann, dem dauernden Drängen Barths nach, und die
Reise mit ihm und seinen Schülern gegen Osten beginnt. Sie kommen
aber nicht weit, da es der Fulbe-Partei gelungen ist, einen Teil seiner
Tuareg-Anhänger gegeneinander aufzuhetzen. Ein Eilbote bringt die
neuen Verzug für Barth bedeutende Nachricht, und wirklich lässt sich
El Bakay auch nicht zurückhalten! Er sieht seine eigene Stellung bedroht
und will nach Timbuktu gehen, den Streit zu schlichten. Er erlaubt
Barth nicht, allein zum Osten weiterzuziehen; daher muss auch er
abermals den trübseligen und gefährlichen Weg zur Stadt antreten,
in die Höhle des oder vielmehr der verschiedenen Löwen, die auf den
Scheich und damit auch auf ihn lauern.*

Samstag, den 30. April 1854
Ich verbiss meinen Ingrimm und ritt schweigend vor unserer
Schar her; der herrliche Fluss, längs dessen Ufer unser Weg führte,
gewährte meinem verstimmten Gemüt den einzigen Trost.

*Es kamen Meldungen vom weiteren Vordringen der Franzosen. El
Bakay äußerte die Absicht, »die Heeresmacht der Bewohner von Tuat
und der der Auëlimmiden (Uliminden-Tuaregs des Nigerkreises, seiner
Freunde) in einem gemeinsamen Angriff auf sie zu vereinen«. Barth
hatte alle Mühe, ihm diese Sache auszureden; und da er hierbei auch
mit den verschiedensten Eingeborenen zu tun bekam, brachte er heraus,
dass schon vor Monaten Briefe für ihn in Timbuktu angelangt wären.*

*Alarm-Trommeln, Schüsse und erregte Zusammenrottungen, na-
mentlich der Kaufleute aus dem Tuat, die die Luft mit wilden Flüchen
gegen den »Franzosenfreund«, Abd el Kerim, erfüllen: Das ist die Wirkung der Nachricht auf Timbuktu, der verfluchte Christ nähere sich
wieder der Stadt. Aber Barth lagert in der Umgebung, bald hier, bald
dort. Der Scheich bleibt tagelang unsichtbar. Er hat irgendwo bei den
Stämmen zu tun, feindliche Brüder wieder zu versöhnen und sonstige
Händel zu schlichten, die man ihm vorgetragen hat.*

*Am Mittag des 17. Mai 1854 aber erfährt Barth, dass El Bakay nun
wirklich entschlossen sei, ihm zur endgültigen Rückreise das Geleit zu
geben. Die Aufregung, die ihn und seine Diener ergriff, als das zehn-
monatige Hin und Her sein Ende finden sollte, kann man sich vorstellen.
Im Nu ist alles gepackt. Aber wo steckt nun der Scheich?*

Mittwoch, den 17. Mai 1854 Wir fingen an, umherzustreifen, um
den Scheich zu suchen, aber infolge des Aufbruches einer großen

Anzahl von Tuareg-Lagern war ein großer Schwarm kleiner Fliegen
in dieser Gegend ohne Beschäftigung und Lebensunterhalt geblieben; so griffen sie uns denn mit Blutgier an, und wir eilten daher,
den Rand dieses Sumpfes zu verlassen.

Wir durchkreuzten dann die niedrigen Sanddünen, welche im
Norden umherlagen und dicht mit Dumgebüsch bedeckt waren,
worin eine zahlreiche Menge Perlhühner eine sichere Zufluchtsstätte
fand und betraten wieder sumpfiges Flachland. Endlich, nachdem
wir einen dicht bewaldeten Distrikt durchzogen hatten, erforschten
wir mit Gewissheit den Platz, wohin der Scheich sich begeben hatte.
In der Freude eilten wir mit Galopp hinzu, aber wir fanden den
frommen, gottesfürchtigen Mann im Schatten eines Siwakbusches
(Capparis sodata) schlafend, und das Geräusch unserer Pferde vermochte ihn nicht aus seinem tiefen Schlummer zu erwecken. So
bewahrte dieser milde und friedliebende Mann seinen Charakter
inmitten dieser kriegerischen und gesetzlosen Horden.

Endlich erwachte mein Freund. Er empfing mich mit einem
sanften Lächeln und übergab mir das Paket mit den Briefen.

Der Roman eines Briefpakets

*Außer einigen amtlichen Schreiben u.a. aus London, Briefen der engli-
schen Behörden vom Anfang des Jahres 1853 und ebenso alten Zeitungs-
nummern enthielt es keine Zeile von seinen Angehörigen oder Freunden.
Wohl erfuhr er, man habe ihm zur Verstärkung seiner Expedition einen
jungen deutschen Gelehrten, Dr. Vogel, nachgesandt, und Barth freute
sich schon darauf, sich wieder einmal nach so langer Zeit in der Mutter-
sprache unterhalten zu können, wenn er, ja, wenn er glücklich in Kuka
angekommen wäre! Aber seltsamerweise fand sich, obwohl das Paket
über Bornu gekommen war, keine Nachricht vom Wesir darin. Dazu
kam, dass die Umhüllung abgenommen, aber keines der amtlichen
Siegel verletzt worden war. Erst viel später erfuhr Barth die Auflösung
dieses Rätsels. In der während seiner Reise nach Timbuktu in Kuka
ausgebrochenen Revolution, von der wir früher berichteten, wurde nicht
nur Scheich Omar vertrieben, sondern auch der Wesir ermordet. Das
Paket war damals gerade in Sókoto angelangt. Man öffnete es, nahm
einen vom Wesir an Barth geschriebenen Brief heraus und überließ es
dann wieder dem Boten.*

*Aber noch weiter geht der Roman dieses Paketes. Der Reisende, der
beauftragt war, es nach Timbuktu zu bringen, war zwischen Gando und
Ssai ermordet worden. Das geschah in dem Augenblick, als es zufällig*

einem Reisegefährten übergeben hatte. Dieser brachte es dann glücklich
nach Timbuktu. Die Tuater Kaufleute belegten es hier, als die Nachricht
von dem Vorrücken der Franzosen anlangte, einfach mit Beschlag. Die
geschäftige Fama hatte inzwischen, ohne dass Barth es selbst ahnte, aus
dem unbekannten und uninteressanten reisenden Paketüberbringer Abd
el Kerim gemacht, der in der Nähe von Maradi erschlagen worden sei.
Die derzeitigen und zukünftigen Besitzer von Barth'schem Eigentum
hatten daraufhin leichtes Spiel.

In langsamer, wochenlanger Wanderung zieht nun die seltsame Schar
mit El Bakay am Nordufer des Niger ostwärts gegen Gao, die einst so
mächtige Residenz des Sonrhay-Reiches, damals mit 400 Hütten nur
noch ein ziemlich heruntergekommener Platz, mit geringen baulichen
Resten einstigen Glanzes. Barth hat Gelegenheit, diesen Teil des Flusses
und seine Randlandschaften zu studieren, vor allem die verschiedenarti-
gen und so interessanten Tuaregstämme. Er erforscht ferner die vielfach
verschlungenen geschichtlichen Zusammenhänge aus der Zeit des Alter-
tums und des Mittelalters, die über die Wüste nach Ägypten weisen. Wie
in Timbuktu geht Barth auch hier den Spuren früherer europäischer
Reisender nach. So findet er bei einem Tuareg ein Werk, von dem er ver-
mutet, dass es Davidson gehörte, der seinen Versuch, 1835 von Marokko
aus Timbuktu zu erreichen, mit dem Leben hatte bezahlen müssen. Für
drei Streifen blau gefärbter Baumwolle erwirbt er es.

Bei den Kel es Suk-Tuaregs, die sich vor den benachbarten Stämmen
durch ihre Gelehrsamkeit und friedliche Beschäftigung auszeichnen, lebt
Chosematen, die Tochter des Häuptlings.

Dies war eine der schönsten Frauen, die ich hierzulande zu
Gesicht bekommen habe. Über ihrem Untergewand trug sie ein
Obergewand von abwechselnd roten und schwarzen Seidenstreifen,
das sie gelegentlich zur Erhöhung ihres guten Aussehens über den
Kopf zog. Ihre Züge waren ausgezeichnet durch sanften Ausdruck
und Regelmäßigkeit; aber sie war etwas zur Beleibtheit geneigt,
die jedoch von den Tuaregs gerade sehr geschätzt wird. Da sie sah,
dass sie mir gefiel, schlug sie mir halb im Scherz vor, dass ich sie
heiraten möchte, und ich erklärte mich bereit, sie mitzunehmen,
wenn eines meiner etwas geschwächten Kamele imstande sein sollte,
sie mit ihrer Last zu tragen. Ich gab ihr als Zeichen besonderer
Auszeichnung einen kleinen Spiegel, wie ich stets die Gewohnheit
hatte, einen solchen der schönsten Frau in jedem Lager zu schenken,
während die Übrigen nur Nadeln erhielten.

Ich war höchst erstaunt zu sehen, wie die Pfeife beständig aus dem Mund dieser Tuareg-Edeldamen in den der Männer überging und von den Letzteren wiederum in den Mund der Frauen.

Von Gao aus sandte Barth einen Bericht über die Ereignisse in der Zeit vom 6. Januar bis 7. Juli 1854 an seinen Schwager von Schubert, der diesen erst am 16. Juli 1857 (!) in Dresden erreichte.

Die ganze Reise von Timbuktu nach Gao trug den Charakter des Idyllischen. Wieder gab es höchst erbauliche Gespräche mit dem Scheich und dessen mitwandernden Schülern. Einmal unterhielten sie sich über das Weltall und den Erdkörper.

Es gelang mir am Ende, ihnen die Kugelform derselben und die Kreisbewegungen des ganzen Planetensystems klarzumachen. Bei dieser Gelegenheit war er nicht wenig erstaunt, als ich ihm bei Erwähnung der Ausdrücke »unter der Erde« und »über der Erde« erklärte, dass man in Bezug auf den Allgegenwärtigen, als welchen sie wie wir den allmächtigen Schöpfer des Weltalls anerkannten, die Vorstellung von einem Drunter und Drüber ganz beiseiteschieben müsste, weil solche Ausdrücke nur auf menschliche Anschauung Anwendung fänden.

Ein andermal musste er ihnen in der frischen Morgenluft verschiedene Stellen aus europäischen Büchern, auch aus dem griechischen Text der Evangelien, vorlesen.

Das Deutsche zog ganz besonders die Aufmerksamkeit dieser Leute auf sich, indem ihnen die vollen, schweren Worte jener Sprache einige Ähnlichkeit mit ihrem eigenen Idiom zu haben schienen, und sie gerieten ganz in wahre Begeisterung, als ich ihnen aus dem Gedächtnis einige Verse aus »Harras«, dem kühnen Springer, vortrug. Was hätte der gute Körner gesagt, sein Lieblingsgedicht an den Ufern des Niger zu hören!

Doch am Sonntag, dem 9. Juli, heißt es Abschied nehmen! In tiefer Rührung umstehen alle den Reisenden. El Bakay erteilt ihm mit bewegter Stimme seinen Segen. Er ermahnt die Begleiter, darunter auch einige seiner Schüler, ihm in allem zu folgen und sich nie zu streiten.

Danach geht es im Galopp hinunter zum Niger, wo auf Booten über den Fluss gesetzt werden soll; denn Barth will am rechten Ufer dem Strom bis Ssai folgen. Glücklich jenseits angekommen, feuert er zum Zeichen für den Scheich sein Gewehr ab.

Damit ging jener Abschnitt einer Reise zu Ende, der nicht nur ein gerütteltes Maß an Gefahren mitbrachte, sondern der ihn auch in alte, längst versunkene und glänzende Zeiten hineinschauen ließ. Vor allem aber brachte er ihn mit einem gelehrten und edlen Menschen zusammen, der durch seine Duldsamkeit und hohe Bildung ganz seiner (Barths) eigenen Anschauung entsprach.

Am 30. Juli 1854 ist er wieder in Ssai, von wo er am 23. Juni 1853 nach Timbuktu abgereist war.

Kapitel 28

Heinrich Barths Anmerkungen zur Politik in Timbuktu und in Europa

Jahrelang so gut wie vollständig von Kontakten mit Europa abgeschnitten, entwickelte sich im Forscher, am Ertragen jeder Art von Mühsal gewöhnt, die Sehnsucht nach rascher Heimkehr zur fixen Idee. Immer wieder berichtet er von Nachrichten, die Briefe von dort für ihn verheißen. Diese sind sehr selten und haben abenteuerliche Schicksale. Dahinter aber steht meist die große Politik, die zunehmende, vom Kolonialismus ausgehende Bedrohung der Afrikaner.

Auch heutige Leser müssen die folgenden, nüchtern vorgetragenen Fakten von vor 123 Jahren nachdenklich stimmen.

Von einer Brief-»Geschichte« berichtet Heinrich Barth am 5. Juli 1854, nahe Gao am Niger, bevor er hier von El Bakay Abschied nimmt.

Während unseres Aufenthalts an diesem Ort hatte ich außer der Niederlegung meiner Marschroute zwischen Timbuktu und Ssai eine Depesche an die Regierung geschrieben und mehrere Briefe an heimische Freunde. Ich siegelte das Paket und übergab es dem Scheich, der es bei seiner Rückkehr nach Timbuktu unverzüglich befördern sollte …, denn die direkte Straße von Gogo [Gao] nach Tauat [Tuat], auf der in früheren Zeiten ein sehr lebhafter Verkehr stattfand, wird jetzt gar nicht mehr bereist. – Leider sollte dies Paket, anstatt durch eine baldige Ankunft in England allen … erwünschte Kunde zu bringen, mehr als 2 Jahre (bis 1856, ein Jahr nach seiner Rückkehr!) in Ghadames liegen bleiben.

Die Ursache für das Zurückhalten des vorerwähnten Briefpakets war die Reaktion der in der südalgerischen Landschaft Tuat beheimateten und in Timbuktu wohnenden Kaufleute (aber auch der aus Ghadames und Marokko), auf Ereignisse, von denen eine aus dem Norden gekommene Kafla (Karawane) mit mehr oder weniger Ausschmückung zu berichten wusste. –

Ereignisse, die dem aus Mitteleuropa stammenden Gelehrten vermutlich als gar nicht so ungewöhnlich erscheinen mochten.

»Europa«, zu dem ja auch er, der sogar in Sachen des Islam gewiss grundgelehrte Abd el Kerim gehörte, begann, seine unter dem doppelten

*Samthandschuh der Forscher und Missionare verborgene Eisenfaust
auszustrecken.*

*Der transsaharische Handelsverkehr bisherigen Stils, die Existenz-
grundlage aller afrikanischen Kaufleute in diesem Teil des Kontinents,
war bedroht. Kein Wunder, dass sie selbst einem Barth gegenüber miss-
trauisch wurden.*

*Des Forschers nachfolgender Bericht zeigt mit der Beschreibung der
Ohnmacht der »Betroffenen« zugleich klar den Charakter der »früh-
kolonialistischen« Unternehmung, zwar 2000 Kilometer weit weg, aber
doch für ihn heikel genug.*

*Die Erinnerung an diese Ohnmacht vor allem macht die »Empfind-
lichkeit« heutiger Afrikaner verständlich und erklärt ihre ungeduldig
wiederholte Forderung, afrikanische Geschichte endlich »neu« geschrieben zu sehen. Das ergibt die dringende Notwendigkeit für verantwor-
tungsbewusste, illusionslose Europäer, die längst fällige Revision auch
zu ihrer Sache zu machen, und zwar so, dass – da »Objektivität«
schwierig – sie auch für Afrikaner zumindest verständlich, und damit
vielleicht doch »annehmbar« wird.*

*Im Juni 1854 ist Barth in einem Lager der Issabegen-Tuareg nahe
dem Niger und wundert sich, dass sie anfangs zurückhaltend sind.*

»Diese Leute hatten nämlich etwas mit Mungo Park[41] zu tun gehabt, dessen erzwungene Politik es gewesen war, auf einen jeden zu
feuern, welcher sich ihm in irgendeiner drohenden Stellung näherte
… Es war diese Politik Mungo Parks, die er unzweifelhaft ganz
gegen seine eigene Neigung annahm, welche den Major Laing,[42]
als er während seines Aufenthaltes in Tauat davon hörte, mit so
verhängnisvoller Furcht vor dem Schicksal erfüllte, das ihn selbst
erwarten möchte.

Laing schrieb: »Wie unverständig …, ich möchte sagen, wie
selbstsüchtig war es von Park, auf Kosten des Blutes der Einwohner
in diesem Land Entdeckungen machen zu wollen, zur Verhinderung
allen späteren friedlichen Verkehrs …«

*Eben dieser Umstand, schreibt Barth, war auch schuld daran, dass
Major Laing die Matrosen, welche ihn begleiteten, zurückschickte.*

Barth fährt fort:

»Da (die Tuareg) einige aus ihrem Stamm durch seine (M. Parks)
gut treffende Kugeln verloren hatten, hielten sie sich erst in einiger

---

41   Im Sommer 1805 im Nigerbogen. Siehe Band Mungo Park, Horst Erdmann
     Verlag.
42   18. 8. 1826 in Timbuktu.

Entfernung. Als sie aber bemerkten, dass ich (Barth) mit einigen ihrer Landsleute eine lebhafte Unterhaltung angeknüpft hatte, überzeugten sie sich, dass ich nicht zur Klasse der wilden Tiere – tauakasst – gehörte; denn eine solche Vorstellung schienen sie sich nach dem Empfang, der ihnen von Park zuteilgeworden war, von den Europäern im Allgemeinen gemacht zu haben.« (Bd. V, S. 202/203)

Gerade zu dieser Zeit traf nämlich über Ghadames die Nachricht ein, dass die Franzosen die Schaamba[43] vollständig besiegt und einen Streifzug bis nach Uarghela[44] und Metlili[45] unternommen hätten, und infolge dieses Gerüchts wurde die Furcht vor dem Vorrücken dieser gehassten Fremdlinge ... ganz allgemein. Dies regte in Verbindung mit anderen Umständen ... auch den starken Verdacht gegen mich auf, indem diese Leute nur zu leicht dazu verleitet wurden, zu glauben, dass mein Besuch ihres Landes mit dem Vordringen der Franzosen in Beziehung stände.

5. Mai. Der Fluss war den ganzen Tag über mit auf- und abwärts gehenden Booten belebt. Die ganze Welt schien in einem Zustand der Aufregung zu sein ..., indem die Botschaft von dem Vorrücken der Franzosen in allen ihren Einzelheiten, wie sie von Mund zu Mund ging, ... bedeutend übertrieben wurde ... Alle Leute ... schienen von der Furcht beseelt zu sein, dass die Franzosen ohne Weiteres von El Golea, das sie eingenommen haben sollten, auf Timbuktu oder wenigstens auf Tauat losmarschieren möchten ...

Die Tauater (Kaufleute in Timbuktu) verlangten dringend vom Scheich (El Bakay), dass er die gesamte Gemeinde von Tauat schriftlich auffordern sollte, in Verbindung mit den Hogar und Asgar einen Angriff auf Uarghela zu machen. Aber ich (Barth) tat alles, was in meiner Macht stand, um ihn zu hindern, einem solchen Vorschlag seine Zustimmung zu geben ... Wiewohl es mir nun auch gelang, einen so tollkühnen Streich zu verhindern, konnte ich ihn doch nicht davon abhalten, ein Schreiben an die Franzosen zu richten, in dem er es ihnen untersagte, weiter ins Innere vorzudringen.

... Er verlangte, ich solle augenblicklich nach Tripolis schreiben, um das Gesuch zu stellen, einen Engländer als Konsul nach Tauat zu schicken ...

Wenn die Engländer und Franzosen in Bezug auf die Stämme des Inneren über eine gemeinsame Politik übereinzukommen imstande

---

43   Eine arabische Nomaden-Gruppe in Südalgerien.
44   Die wichtige südalgerische Oasenstadt Wargla (Ouargla).
45   Gebiet des Mzab (Südalgerien, die Volksgruppe der Mozabiten).

wären, könnten meiner Ansicht nach jene ausgedehnten Landschaften leicht einem friedlichen Verkehr eröffnet werden. (Band V, S.
124/26)

*Die maßgebenden Leute der Stadt erfuhren schon gleich zu Anfang,
dass Barth ein Christ sei. Aus Hamd-Allahi erfolgte wiederholt die
strikte Anweisung, den Fremden zu töten oder ihn zumindest aus der
Stadt zu vertreiben. Dabei kam es zu Tumulten in den Gassen. Barth
fürchtete vor allem für seine Habe. Manche ließen sich einschüchtern
und verweigerten ihm Hilfeleistungen. Aber andere, obgleich aufgewie-
gelt, trauten sie dann doch nicht, unmittelbar Hand an ihn zu legen.*

Die Kaufleute aus Marokko bedrängten den Scheich El Bakay, »indem sie ihm vorstellten, dass nicht einmal in ihrem eigenen Land
(Marokko) die Christen mit so viel Rücksicht behandelt würden
und nicht allein ihr Gepäck, sondern selbst ihre Kleider bei ihrem
Eintritt in jenes Gebiet durchsucht würden«.

Kapitel 29

Rückreise vom Niger zum Tschad

Es geht nun ostwärts, z. T. auf schon bekannten Wegen. Immer wieder ereignet es sich, dass aus der Mitte entgegenkommender Trupps einige mit den Freudenschreien »Abd el Kerim, Abd el Kerim!« auf ihn zueilen, um eine alte Bekanntschaft zu erneuern.

Doch wird ihm auch die Nachricht von der Ermordung des Wesirs in Kuka bestätigt, und mit Sorge denkt er darüber nach, welches Schicksal Dr. Vogel und den mit ihm gekommenen Nachschub aus der Heimat wohl betroffen haben möchte.

In Sókoto erhält er eines Tages den Besuch von einer befreiten Sklavin aus Konstantinopel. Sie erzählt dem erstaunten Forscher, dass fünf Christen mit einem Packtross von vierzig Kamelen in Kuka angekommen seien. Diese habe sie von Tripolis aus begleitet. Barth erkannte unschwer, dass es sich dabei um die Gruppe Vogel handeln musste. Aber wenn sie schon vor längerer Zeit angelangt war, warum hatte man sich nicht mit ihm von Kuka aus in Verbindung gesetzt?

In der Folgezeit zeigt ihm ein schwerer Anfall von Dysenterie, wie geschwächt doch sein Körper und wie dringlich für ihn eine schleunige Rückkehr nach Europa sei. Lange Zeit lebt er nur von etwas gestampftem Reis, dicker Milch und den Samenkörnern der Mimosa Nilotica, nach dem Rezept einheimischer Ärzte.

In Kano, wo er als alter Bekannter empfangen wird, findet er keinerlei Hilfsmittel vor. Mohammed, den treuen Gatroner, schickt er eilends nach Sinder, um von dort die bewusste Kiste mit den englischen Stahlwaren und den vierhundert Dollars zu holen. Er kommt mit leeren Händen zurück. Die Ereignisse im Gefolge der Revolution in Bornu haben sie verschlungen.

Am 13. November besucht ihn ein Mann, der am unteren Niger gewesen war und ihm in seiner einfachen Weise erste Mitteilung von einer mit Regierungsunterstützung ins Werk gesetzten Befahrung des Niger und Benuë gab. Becroft und der Schotte William Balfour Baikie führten sie auf dem Dampfboot »Plejade« in der Zeit vom Mai 1854 bis Anfang 1855 durch. Aber sie kam nicht ganz bis Yola.

Welche Genugtuung wäre es für Barth gewesen, hätte er früher von
ihr gehört und sich mit ihr in Verbindung setzen können! Wie nützlich
auch wären ihm die arabisch geschriebenen Empfehlungsschreiben an
die Fulbe gewesen, die der Gatroner als Überrest der verloren gegange-
nen Sendung von Sinder mitbrachte, wären sie vor seinem Einzug in
Timbuktu in seine Hände gelangt!

Nachdem er von den in Kano ansässigen Ghadameser Kaufleuten mit
vieler Mühe fünfhunderttausend Muscheln (gleich zweihundert Dollar)
zu den »üblichen hundert Prozent« geborgt hat und nachdem die Nach-
richt gekommen ist, Scheich Omar sei in Kuka wieder an der Macht und
habe seinen aufrührerischen Bruder Abderraman eingesperrt, macht sich
Barth auf die Weiterreise.

Ende November erreicht er das infolge der Bornu-Revolution immer
noch recht unsichere Waldgebiet von Bundi (200 km nordöstlich von
Kano).

Mittwoch, den 29. November 1854 – Von meinem treuen Gatroner
begleitet, war ich dem Zug *(in der Waldwildnis)* etwa drei Meilen
vorausgeritten, als ich eine Person höchst fremdartigen Aussehens
auf mich zukommen sah; es war ein junger Mann, dessen überaus
helle, mir schneeweiß erscheinende Gesichtsfarbe auf den ersten
Blick zeigte, dass seine Kleidung, eine Filfil-Tobe, wie ich sie selbst
trug, und der um seine rote Mütze in vielen Falten gewundene weiße
Turban nicht seine eigentliche Tracht sei.

Da erkannte ich in einem seiner schwarzen berittenen Begleiter
meinen Diener Madi, den ich bei meinem Aufbruch von Kuka als
Aufseher im Haus zurückgelassen hatte. Sobald er mich sah, benachrichtigte er seinen weißen Begleiter, wer ich sei, und nun eilte Herr
Dr. Vogel (denn er war es) vorwärts, und wir hießen uns einander
in höchster Überraschung vom Pferd herab herzlich willkommen.

Ich selbst hatte in der Tat nicht die entfernteste Ahnung, dass
ich ihm begegnen könnte, und er seinerseits hatte erst kurz zuvor
die Kunde erhalten, dass ich noch am Leben und glücklich aus dem
Westen zurückgekehrt sei. Ich hatte ihm von Kano aus einen Brief
geschrieben, und der war ihm unterwegs zugekommen; aber wegen
der arabischen Adresse, die ich der sicheren Besorgung halber auf
den Umschlag gesetzt, hatte er gemeint, es wäre ein Brief von einem
Araber, und hatte ihn, ohne ihn zu öffnen, zu sich gesteckt, bis er
jemand träfe, der ihn vorlesen könnte.

Es war ein unendlich überraschendes Ereignis! Inmitten dieser ungastlichen Waldung stiegen wir nun vom Pferd und setzten uns nieder. Mittlerweile kamen auch meine Kamele nach, und meine Leute waren höchst erstaunt darüber, einen weißen Landsmann neben mir zu finden. Ich holte einen kleinen Vorratssack hervor, wir ließen uns Kaffee kochen und waren ganz wie zu Hause.

Seit länger als zwei Jahren hatte ich kein deutsches oder überhaupt europäisches Wort gehört, und es war mir ein unendlicher Genuss, mich wieder einmal in der heimischen Sprache unterhalten zu können.

Aber unser Gespräch wandte sich bald Gegenständen zu, die keineswegs so ganz erfreulich waren. So hörte ich zu meinem großen Entsetzen von Herrn Dr. Vogel, dass in Kuka keine Mittel vorhanden seien.

Er *(Dr. Vogel)* sei selbst auf dem Weg nach Sinder, um zu sehen, ob nicht neue Mittel dort angekommen wären, und um die Lage des Ortes durch eine gute astronomische Beobachtung zu bestimmen und so meinen Arbeiten eine festere Grundlage zu geben.

Die Nachricht von dem Mangel an Geldmitteln berührte mich jedoch kaum so unangenehm wie die Angabe, dass er nicht eine einzige Flasche Wein besäße.

Mittlerweile kamen die übrigen Mitglieder der Karawane an, in deren Gesellschaft Herr Dr. Vogel reiste. Sie waren außer sich, als sie uns beide hier inmitten des Waldes ruhig dasitzen sahen, während die ganze Umgegend von Feinden bedroht war. Diese arabischen Handelsleute im Sudan sind meist Feiglinge.

Nach einer etwa zweistündigen Unterhaltung mussten wir uns wieder trennen, und während Herr Dr. Vogel seinen Marsch nach Sinder fortsetzte (von wo aus er vor Ende des Monats wieder zu mir stoßen wollte), eilte ich, meine Leute einzuholen.

Ohne Fährnisse erreicht Barth dann die Residenz Omars.

Als ich mich am 11. Dezember der Stadt näherte, fand ich den ersten Eunuchen des Scheichs mit dreißig Reitern beim Dorf Kalilua aufgestellt, um mir einen ehrenvollen Empfang zu erweisen. So den Marktplatz durchziehend, betrat ich dann wieder die Stadt Kukaua, von wo aus ich meine gefährliche Reise nach Westen begonnen hatte, in stattlichem Aufzug und war beim Eintritt in mein altes Quartier angenehm überrascht, die beiden Sappeure, den Korporal Church und den Gemeinen Macguire zu treffen, die in Begleitung des Herrn Dr. Vogel von England ausgesandt worden waren, um mir Beistand zu leisten.

Barth hatte gehofft, im sicheren Hafen Kuka angekommen, sich gründlich ausruhen zu können und dann die Heimreise nach dem Norden anzutreten.

Das war jedoch keineswegs der Fall, vielmehr war es mir bestimmt, vier Monate unter recht unerfreulichen Umständen in dieser Stadt zuzubringen.

Zunächst einmal setzte er dem Scheich auseinander, dass, wenn er mit europäischen Mächten Handel treiben wolle, fremdes Eigentum unbedingt geschützt werden müsse. Denn es ergab sich im Verlauf seiner Nachforschungen, dass kein anderer als Diggama, einer der einflussreichsten Höflinge, sich den größten Teil der nach Sinder geleiteten und dann dort geraubten Waren angeeignet hatte.

Ferner gab es Eifersüchteleien zwischen den beiden Sappeuren, die mit Vogel gekommen waren.

Doch Barth ließ es sich nicht nehmen, das Weihnachtsfest des Jahres 1854 auf seine Weise zu feiern.

Teils um ein Gelübde zu erfüllen, das ich getan hatte, teils um mir die freundliche Gesinnung der Eingeborenen um so sicherer zu gewinnen, machte ich am Weihnachtstag den Bewohnern der Hauptstadt ein Geschenk von vierzehn Rindern, indem ich dabei weder reich noch arm, weder Blinde noch wandernde Bettler und auch nicht die arabischen Fremdlinge vergaß.

Alles änderte sich aber infolge der Ankunft des Herrn Dr. Vogel am 29. Dezember, und mein Aufenthalt war nun unendlich angenehmer. Wirklich war mir die allerdings nur kurze Periode von zwanzig Tagen, die ich in der Gesellschaft dieses unternehmenden, mutigen, jungen Reisenden zubrachte, überaus erfreulich. *(Vogel war fünfundzwanzig Jahre, geboren am 7. März 1829 in Krefeld als Sohn eines Oberlehrers. Nachdem er 1847 bis 1851 in Leipzig und Berlin Naturwissenschaft studiert hatte, ging er 1851 als Assistent an Bishops Sternwarte nach London.)* Es war auffallend, mit welcher Leichtigkeit er sich in alle Verhältnisse dieses fremdartigen Lebens fand; aber während er selbst vom Impuls seines Enthusiasmus fortgerissen wurde und alle Ansprüche auf die Bequemlichkeiten und Annehmlichkeiten des Lebens aufgab, beging er unglücklicherweise das Versehen, von seinen Gefährten das Gleiche zu erwarten. Diese waren aber erst kürzlich aus Europa angekommen, hatten weniger erhabene Ideen und machten daher Ansprüche; und so war denn der Anlass zu einem bedauerlichen Zwist gegeben.

Schon bei Gelegenheit der Reise nach Mandara, die Vogel unternommen hatte, um Barth zu suchen, ließ er die Gehilfen in Kuka zurück. Dem Sappeur Macguire konnte Barth noch den Kopf zurechtsetzen, und er blieb treu an der Seite Vogels, als dieser in das gefährliche Wadai zog. Den anderen musste Barth mit nach Europa nehmen.

In Bezug auf die Aussichten des unternehmenden Reisenden *(Vogel)* waren es zweierlei Umstände, welche mir einige Unruhe verursachten – zuerst der Mangel an Erfahrung, wie man es bei einem frisch aus Europa gekommenen fünfundzwanzigjährigen Mann, der noch nie etwas Ähnliches unternommen hatte, gar nicht anders erwarten konnte, und zweitens die Schwäche seines Magens. Ja, schon der Anblick eines Fleischgerichtes machte ihn krank und er lief davon, und man kann sich denken, dass dies die Gemütlichkeit unserer einfachen Mahlzeiten nicht eben erhöhte.

Abschied von einem Todgeweihten

Barths Befürchtungen sollten sich später nur zu sehr bewahrheiten. Nachdem Vogel auf seiner Reise zum Süden die Tuburi-Sümpfe besucht, auch den Benuë an mehreren Punkten erreicht und überschritten hatte, gelang es ihm, in das gefährliche Reich Wadai, östlich des Tschad, einzudringen, das Barth noch verschlossen gehlieben war. Zunächst nahm man ihn gut auf. Aber dann, als er allzu ungeniert seinen Forschungen nachging, wurde er, während er eben eine Granitfelsmasse studierte, meuchlings ermordet. Man schlug ihn mit eisenbewehrten Knütteln tot. Er frage alle Leute, schreibe alles statt mit Feder und Tinte mit einem Stabe (Bleistift) auf, er esse nichts als Eier (was überall in diesen Gegenden den Eingeborenen widerwärtig ist), müsse also ein Spion sein. Er war eben anders als die Masse, das nahm man ihm übel – wie es auch Barth geschah, der indessen viel vorsichtiger zu Werk ging. Vogels Begleiter Macguire wurde gleichfalls beim Versuch, sich nach dem Norden zu retten, auf der Bilmastraße am einsamen Brunnen von Beduaram ermordet, sodass also das ganze Unternehmen nicht weniger als vier Opfer forderte.

Zweifellos hätte Vogel es gerne gesehen, wenn Barth mit ihm gegangen wäre. Aber der fühlte sich erschöpft und reisemüde. »Meine Sehnsucht nach der Heimat ist unbezwinglich«, hatte er im November 1854 an Bunsen geschrieben. Daher hieß es denn schon bald wieder Abschied nehmen, und Barth kam sich recht einsam und verlassen in Kuka vor.

Er mietete einen Führer nach dem Fessan. Dann verließ er am 20.
Februar die Stadt. Um sich, wie er es immer zu tun pflegte, zunächst
an das neue Klima zu gewöhnen, schlug er sein Lager bei einem kleinen
Gewässer auf. Aber am 28. Februar erschien nachmittags ein Diener
Diggamas, von dem er wusste, dass er an dem Raub seiner Waren in Sin-
der beteiligt war. Er ritt an der Spitze von vier mit Flinten bewaffneten
Reitern und brachte ihm den bestimmten Befehl vom Scheich – nach
Kuka zurückzukehren!

Omar hatte erkannt, welch schlechten Eindruck es in Europa machen
würde, wenn Barth von den vielen Räubereien erzählte. Daher wollte er
ihn einfach so lange festhalten, bis es – mit orientalischer Langsamkeit,
versteht sich – gelungen sei, ihm volle Genugtuung zu verschaffen. Auch
war ein Tibbu-Eilbote aus dem Norden angekommen, der für Barth
eine nicht weniger als zwanzig Monate alte Depesche der englischen
Regierung und zugleich die Nachricht brachte, es sei eine Araber-Ka-
rawane unterwegs. Barth ritt ihr am 23. März entgegen und fand sie
über alle Maßen erstaunt, dass er noch am Leben sei. Sie hatte tausend
Dollar für die Expedition bei sich; aber diese Sendung war bereits an
Dr. Vogel adressiert. Dieser hatte die Gerüchte von der Ermordung
Barths, in seiner Unerfahrenheit mit orientalischem Geschwätz, für bare
Münze genommen, und so war die Trauernachricht am 14. Dezember
1954 in Deutschland eingetroffen, als Barth sich nichts ahnend in Kuka
aufhielt. (Ähnliche Gerüchte waren, wie früher erwähnt, durch das
Liegenbleiben des Briefpaketes in Umlauf.)
    Natürlich hieß es in der Residenz, Barth sei bei seiner Regierung in
Ungnade gefallen und Vogel zu seinem Nachfolger ernannt worden.
Scheich Omar hatte nun keine Eile mehr, einer so unbedeutend ge-
wordenen Person sein Ohr zu leihen. Die Wirkung auf Barth, nach fünf
Jahren Strapazen und Aufregungen, kann man sich vorstellen!
Meine gewöhnliche Energie war erschöpft und meine Gesund-
heit völlig untergraben, sodass der einzige Gegenstand, der meine
Gedanken ununterbrochen beschäftigte, der war, wie ich meinen
schwachen Körper heil heimbringen sollte. Auch das Wetter trug
nicht wenig dazu bei, den erschöpften Zustand meines Körpers und
Gemüts zu verschlimmern. Schon am 15. April fielen einige von
wiederholtem Donner begleitete Regentropfen *(und kündeten das*
Nahen der Regenzeit an).
    Trotzdem bezeichnet der Unermüdliche als seine Hauptbeschäftigung
das Studium der Geschichte des Reiches Bornu! Inzwischen gelang es

ihm, einflussreiche und einsichtsvollere Männer am Hof von der Albernheit oder Böswilligkeit der umlaufenden Gerüchte, dass er in Ungnade gefallen sei, zu überzeugen. Er hatte sogar die Genugtuung, dass am 28. April der Gauner Diggama die von ihm gestohlenen vierhundert Dollar in Person zurückerstatten musste.

Am gleichen Tage kommen Briefe von Dr. Vogel, der (bevor ihn in Wadai sein Schicksal ereilte) inzwischen Jakoba erreicht hat und gerade dabei ist, ins Lager von dessen Statthalter aufzubrechen.

Am 9. Mai nimmt Barth Abschied vom Scheich.

KAPITEL 30

NORDWÄRTS AUF GEFAHRVOLLEN WÜSTENWEGEN

*Das Lager vor der Stadt verlässt Barth mit seiner Karawane als körper-
lich und auch seelisch erschöpfter Mann. Vor ihm liegt eine Strecke von
fast 2500 Kilometern. Nahezu auf ihrer ganzen Ausdehnung führt die
uralte Karawanenstraße durch ödeste Wüste. Westlich von ihr erhebt sich
das zentralsaharische Bergland, das Hoggargebirge, und südöstlich von
diesem jenes Aïr-Bergland, das Barth auf der Herreise kennengelernt
hat. Hier wohnten und von hier aus stießen die räuberischen Tuaregs in
die Wüste vor, um die Karawanen anzufallen. Im Osten aber erhob sich
das in seinem Aufbau und in seiner Ausdehnung noch völlig unbekannte
Bergland Tibesti, mit den Schlupfwinkeln jener Tibbus, die als die
»geschicktesten Diebe der Welt« bekannt und berüchtigt waren. Dazu
herrschte im Norden, wo der Türke eine mehr oder weniger nominelle
Oberherrschaft ausübte, gerade wieder einmal Aufruhr, mit Wegelagerei
und Überfällen auf die einsamen Siedlungen.*

Mittlerweile ließ ich es mir angelegen sein, meine Zeit so nützlich
wie möglich hinzubringen. Außer meiner Hauptbeschäftigung, dem
Studium der Geschichte des Bornu-Reiches, hatte ich bisweilen eine
längere Unterhaltung mit den besser Unterrichteten unter meinen
Bekannten, oder ich machte dann und wann einen kurzen Ausflug;
aber im Allgemeinen war meine gewöhnliche Energie erschöpft und
meine Gesundheit völlig untergraben, sodass der einzige Gegenstand, der meine Gedanken ununterbrochen beschäftigte, der war,
wie ich meinen schwachen Körper heil heimbringen sollte. Auch das
Wetter trug nicht wenig dazu bei, den erschöpften Zustand meines
Körpers und Gemütes zu verschlimmern, denn es war während
dieser ganzen Zeit außerordentlich heiß und das Thermometer stieg
in der letzten Hälfte des Monats April um 2½ Uhr nachmittags bis
45 °C. Aber mein erschöpfter Gesundheitszustand hatte dafür auch
das Gute, dass er dazu diente, meine Abreise zu beschleunigen, indem man sich davon überzeugte, dass ich nicht imstande sein würde,
dieses Klima noch länger zu ertragen. So machte man mir denn vom
20. April an Hoffnung, dass es mir gestattet sein sollte, meine Reise

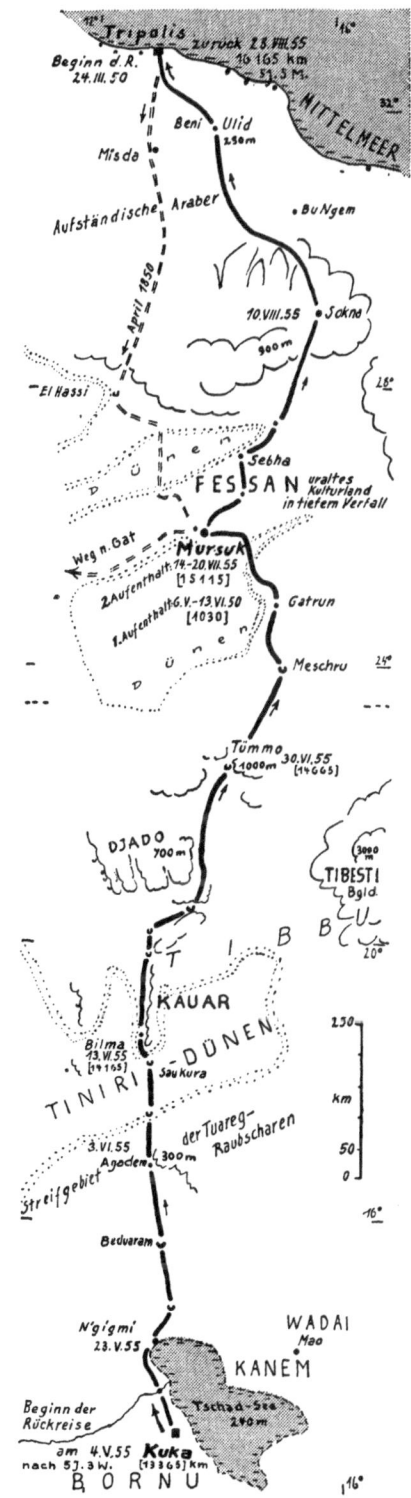

Abbildung 50.
Wegekarte zur Rückreise
von Kuka durch die
Wüste nach Tripolis.

in Gesellschaft eines Tebu-Kaufmanns namens Kolo anzutreten. Bei allen diesen Bemühungen um Beschleunigung meiner Abreise war mir Abba Ahmed von sehr großem Nutzen, und nachdem am 25. d.M. eine kleine Tebu-Kafla vorausgezogen war, um Salz von Bilma zu holen, begleitete er mich den 28. nachmittags zum Scheich, um meine Übereinkunft mit Kolo abzuschließen.

Dieser Tag war entschieden der glücklichste oder vielmehr der einzig glückliche, den ich nach der Abreise des Herrn Dr. Vogel in Kúkaua zubrachte, denn gleich am Morgen fand ich bei meiner Rückkehr von einem kleinen Ausfluge nach Dáuerghu einen Boten mit Briefen von meinem Gefährten vor. Der älteste derselben war von Gúdjeba datiert, der jüngste von Yákoba, und mein Freund benachrichtigte mich in ihnen vom Fortgang seiner Reise und dass er den letzteren Ort, der nie zuvor von Europäern besucht worden war, glücklich erreicht habe. Auch zeigte er mir an, dass er eben im Begriff stehe, nach dem Lager – »ssanssánne« – des Statthalters aufzubrechen, der während der letzten 7 Jahre eine heidnische Völkerschaft bekriegte und geschworen hatte, nicht eher in seine Hauptstadt zurückkehren zu wollen, als bis sie unterworfen wäre. Die so eröffnete Aussicht, dass es meinem Reisegenossen, den ich in diesen Gegenden zurücklassen wollte, wohl gelingen würde, die Lücken, die ich selbst in meinen Entdeckungen gelassen hatte, auszufüllen, erfreute mich sehr und ich machte daher dem Boten ein hübsches Geschenk. So aufgeheitert und voll Hoffnungen war ich nun auch imstande, mit Geduld und ruhiger Hingebung einige kleine Unfälle zu ertragen, die sich noch vor meiner Abreise ereigneten; am unangenehmsten war mir der Verlust zweier der vor Kurzem zu meiner Reise gekauften Kamele.

Der Aufbruch durch die Sahara zur Küste

Endlich, am 4. Mai, verließ ich die Stadt und lagerte draußen, in geringer Entfernung vom Tor. Hier blieb ich einige Tage liegen, indem ich auf meinen Reisegenossen Kolo wartete, der noch in der Stadt zurückgeblieben war. So nahm ich erst am 9. d.M. vom Scheich Abschied. Er empfing mich mit großer Freundlichkeit, war aber auch dafür keineswegs zurückhaltend, sogar um verschiedene Gegenstände zu bitten, welche ihm die englische Regierung senden möge, vor allem eine kleine Kanone; dies stand jedoch in gar keinem Verhältnis zu dem armseligen Geschenk, das er mir gemacht hatte. Allerdings hatte er mir außer den schon früher abgelassenen Kame-

len, deren Wert indes überaus gering war, noch ein Kamel und ein
junges Pferd geschenkt, aber das Letztere war von so schwächlicher
Beschaffenheit, dass es für die Wüstenreise nicht eben sehr geeignet
schien, und wurde auch in der Folge für mich eher eine Last als eine
Hilfe. Jedoch versprach er mir, dass ich noch ein Kamel von ihm
erhalten sollte, und dies war mir in der Tat sehr nötig, obgleich ich
den Verlust eines anderen, welches ich durch A'bbegas Sorglosigkeit
einbüßte, schon selbst ersetzt hatte. Dies geschah im letzten Augenblick, und ich sah mich dadurch gezwungen, doch noch die kleine
Summe von 30 Dollars auf jene 1000 Dollars zu erheben, welche
die Kafla gebracht hatte und die ich dringend für Herrn Dr. Vogel
zurückzulassen wünschte. Überhaupt war ich diesmal mit meinen
Kamelen höchst unglücklich; denn als ich mich kaum einige Meilen
von der Stadt entfernt hatte, unterlag noch eines, sodass ich mich
gezwungen sah, verschiedene Gegenstände, mit denen meine Leute
die Tiere überladen hatten, wegzuwerfen. Es versteht sich von selbst,
dass die Lasten bei dem Antritt einer solchen Wüstenreise, wo für
die Dauer von 2 Monaten Proviant mitgenommen werden muss,
im Durchschnitt sehr schwer sind.

So war denn auch unser Aufbruch von Dáuerghu am Nachmittag
des 10. Mai sehr ungünstig, und da ich, um die Pferde zu tränken,
etwas vom Weg abgewichen war, verlor ich bei dem Toben eines
gewaltigen Unwetters, das die ganze Gegend in undurchdringliche
Finsternis hüllte, meine Leute und hatte große Mühe, mich wieder
mit ihnen zu vereinigen. Von hier aus rückten wir in sehr kurzen
Märschen vorwärts und nur das für diese Landschaft ungewöhnlich
reich mit Bäumen besetzte Tal »hénderi Gálliram« zog meine Aufmerksamkeit auf sich. Von Nghurhútua aus erreichten wir dann am
14. d.M. die Stadt Yo und schlugen unsere Zelte in ihrer Nähe auf.
Hier mussten wir zu meinem großen Missbehagen die folgenden 5
Tage bleiben, wobei mir der Komádugu mit seinem Saum schöner
Bäume nur ungenügende Unterhaltung gewährte. Immerhin würde
es für jeden Europäer, welcher dem Gedanken einer Verbindung
des großen östlichen Armes des Niger mit dem Tschad längs dieser
Talrinne einen Augenblick nachgehangen hat, interessant gewesen
sein, uns hier auf dem trockenen Boden des Tales gelagert zu sehen.

Endlich kam der glückliche Augenblick unseres Aufbruchs von dieser nördlichen Grenzstadt des Bornu-Reiches, denn obgleich noch
ein weiter Landstrich nördlich von demselben, ja selbst Kanem dem

Namen nach hinzugerechnet wird, so hört doch bei dem gegenwärtig heruntergekommenen Zustand des Reiches in der Wirklichkeit die Herrschaft hier auf. Bis zum letzten Augenblick hatte ich die Besorgnis gehegt, dass noch irgendeine Störung eintreten und meine Abreise vereiteln könnte, und ich fühlte mich daher unendlich glücklich, als wir endlich am Nachmittag des 19. Mai (es war ein Sonnabend) den Komádugu nordwärts durchzogen, während ich mit großer Genugtuung auf diese Landschaften zurückschaute, wo ich volle 5 Jahre in ununterbrochener Arbeit und Anstrengung zugebracht hatte. Indem ich so meine Schritte nach Norden zurücklenkte, überließ ich mich der lebhaften Hoffnung, dass mir die gütige Vorsehung wohl gestatten würde, meine Heimat in Sicherheit zu erreichen, damit ich einen vollständigen Bericht über meine Arbeiten und Entdeckungen liefern und womöglich die Verbindungen, welche ich mit dem Inneren angeknüpft hatte, dazu ausbeuten könnte, einen regelmäßigen Verkehr mit jenen Gegenden zu eröffnen.

Unser erster Tagemarsch war keineswegs sehr glücklich und wir hatten gar vielen Aufenthalt und Verzug, wie sie am Anfang einer Reise gewöhnlich vorkommen. Nachdem dann die Dunkelheit eingetreten war, erregten drei Affen, welche ich mitzunehmen wünschte, durch ihr Lärmen und Schreien in meinen Kamelen eine solche Furcht, dass sie im Galopp davonrannten und mehrere Stücke des Gepäckes zerbrachen, u.a. ein starkes Gewehr. Dadurch sah ich mich gezwungen, diese kleinen bösartigen Geschöpfe loszulassen, die sich ohnehin fortwährend damit unterhielten, alle Stricke, mit denen das Gepäck auf dem Rücken der Tiere befestigt war, aufzulösen.

Wir lagerten zu später Stunde in der Entfernung weniger Meilen von Bárrua, das wir am folgenden Tage erreichten und wo wir den ganzen Tag über blieben, um uns mit getrockneten Fischen zu versehen, welche es hier in Überfluss gibt; denn dieselben bilden den besten Artikel, um sich im Tebu-Land die nötigen Bedürfnisse zu verschaffen. Hier trafen wir mit den Dasa oder Búlguda zusammen, in deren Gesellschaft wir die Reise nach Bilma machen sollten und die seit dem verflossenen Tag an dieser Stätte lagerten. Von Bárrua aus verfolgten wir die Straße nach Ngégimi, dem Ort, welchen ich auf meiner Reise nach Kanem hin- wie rückwärts passiert hatte. Aber wie außerordentlich hatte sich der Anblick der Landschaft verändert, seitdem ich sie damals durchzogen! Der ganze Weg, den ich zu jener Zeit verfolgt hatte, war jetzt mit Wasser bedeckt (die diesjährige, ungewöhnlich große Überschwemmung des Tschad war nämlich noch nicht in ihre gewöhnlichen Grenzen zurückgetreten) und das ganze Ufer schien wie bei Ngórnu auch hier nachgegeben zu haben und einige Fuß tief eingesunken zu sein. Außer diesem veränderten Anblick des Landes verliehen mehrere Weiler von Kanembu-Viehzüchtern der Szenerie einiges Leben. Auch war es interessant, zu beobachten, wie die Búdduma – die seeräuberischen Bewohner der in der Sumpfläche liegenden Inseln – emsig mit ihrer Lieblingsarbeit, nämlich der Salzgewinnung aus der Asche von Ssiwak *(Capparis sodata)*, beschäftigt waren. Wir rasteten hier während der heißen Tagesstunden und schlugen am folgenden Abend unser Lager in kurzer Entfernung jenseits eines zeitweiligen Dorfes dieser Insulaner auf. Die Búdduma scheinen nämlich mit den Tebu, mit denen sie allem Anschein nach seit alten Zeiten in politischer Verbindung gewesen sind, auf freundschaftlichem Fuße zu stehen; aber dessen ungeachtet war auch hier Wachsamkeit erforderlich, um sich vor dem diebischen Gelüste dieser guten Leute zu wahren.

(Dienstag, 22. Mai) In der Entfernung von etwa 1 Meile von unserem Lager ließen wir die Stätte von Wudi hart zu unserer Linken liegen; sie war von einigen Dattelpalmen belebt, während die ganze Grasebene zu unserer Rechten, über welche unser früherer Weg nach Kanem geführt hatte, auf größere oder kleinere Strecken mit Wasser bedeckt war. Beim Beginn der Tageshitze machten wir wiederum in einem wohlbewaldeten Landstrich halt und bemerkten bei unserem Weitermarsch am Nachmittag eine Herde Elefanten, welche die heiße Tageszeit gemächlich inmitten des Wassers zubrachte; darunter befand sich auch ein Weibchen mit seinen Jungen. Weiterhin begegneten wir einem Rudel von fünf Büffeln, was mir sehr auffiel, da ich dieses Tier auf meiner früheren Reise in der Nähe des Sees nicht wahrgenommen hatte.

So erreichten wir das neue Dorf Ngégimi – denn die frühere offene Ortschaft war von der Überschwemmung vollkommen weggerissen worden –, welches am Abhang der Hügel liegt. Hier blieben wir den Vormittag des folgenden Tages liegen; das Lager wurde von einer großen Anzahl Frauen aus dem Dorf belebt, die außer einigen Hühnern, Milch und »témmari« (d.i. Same der Baumwollpflanze) auch Fische, sowohl im trockenen als frischen Zustand, feilboten. Aber ihr Hauptverlangen beim Tauschhandel stand nach Korn, und außerdem waren sie nur noch geneigt, eine gleiche Quantität Glas-

perlen zum Schmuck für ihren ebenholzfarbigen Körper anzunehmen. Lieb war es mir, anstatt der hässlichen Bornu-Weiber die weit
proportionierteren Gestalten der Kanembu-Frauen zu sehen, bei
denen die glänzende Schwärze der Haut durch ihre weißen Zähne
und die gleichfarbigen Glasperlen angenehm gehoben wird.

Unsere Freunde, die Dasa, welche vor 5 Wochen bei einem ähnlichen Versuch, die Wüste zu passieren, von den Tuareg zurückge-
trieben worden waren, hatten hier ihr Gepäck wieder aufgenommen,
das sie damals in der Eile bei den Dorfbewohnern in Sicherheit gebracht hatten. Sie wollten sich hier auf einige Zeit von uns trennen,
da sie aus irgendeinem Grund einen westlicheren Pfad einzuschlagen
gedachten, über Bir el Hammam oder Metémmi, das von den Mitgliedern der früheren Expedition erwähnt worden ist. Unser Freund
Kolo dagegen beabsichtigte, sich näher an die Ufer der Sumpffläche
zu halten, über Kibbo.

Nach kurzer Unterhaltung mit dem Häuptling des Ortes – »mai-
Ngégimibe« – brachen wir am Nachmittag wieder auf. Die Kamele
waren noch immer sehr schwer beladen und wir rückten daher nur
langsam vorwärts; nach einem Marsch von etwa 8 Meilen hatten wir
einen weit offenen Arm der Lache zur Seite. Hier begegneten wir
einigen einzelnen, von Kanem kommenden Reisenden und lagerten
gegen 8 Uhr abends auf etwas unebenem Boden. Die Unsicherheit
der Gegend zwang uns, während der Nacht abwechselnd Wache
zu halten.

(Donnerstag, 24. Mai) Wir brachen zu früher Stunde auf und hatten
bald Hügelland zu ersteigen. Diese ganze Gegend ist so unsicher,
dass der Reisende die wenigen menschlichen Wesen, denen er auf
dem Weg begegnet, ganz natürlich für Spitzbuben oder für Spione
hält, welche ihn einer Raubbande verraten wollten, es sei denn, dass
sie den entschiedenen Charakter von Reisenden an sich tragen. So
wurde denn unser kleiner Trupp nicht wenig beunruhigt, als sich zu
unserer Rechten Leute sehen ließen, und wir drei Reiter verfolgten
sie, bis sie sich in die Außenwasser des Sees zurückgezogen hatten.
Die meisten dieser mehr oder weniger abgesonderten Pfützen enthalten salziges Wasser, aber nach einem Marsch von etwa 9 Meilen
machten wir halt bei einem fast ganz getrennten Hinterwasser, das
ganz süß war.

Bei unserem Weitermarsch am Nachmittag ließen wir wieder
ein Hinterwasser oder einen abgesonderten See zur Seite liegen

und zogen auf einem von Elefanten geöffneten engen Pfad dahin;
denn diese Tiere gibt es hier in großer Zahl. So erreichten wir nach
einem Marsch von wenig mehr als 10 Meilen die schön belaubte
Talsenkung – »hénderi« – Kíbbo und wählten unseren Lagerplatz am
jenseitigen Rande. Abgesehen von der Wichtigkeit des Brunnens ist
diese Stätte auch dadurch interessant, dass sie augenscheinlich die
nördliche Grenze der weißen Ameise bildet. Die Dunkelheit ver-
hinderte uns, den Brunnen gleich bei unserer Ankunft zu benutzen,
denn diese Talbildungen sind voll wilder Tiere, und so sahen wir uns
denn gezwungen, den Vormittag des folgenden Tages hier liegen zu
bleiben, welcher Aufenthalt mir keineswegs unlieb war, da ich mich
durchaus nicht wohlfühlte und mich genötigt sah, zu meinem beliebten Heiltrank, nämlich Tamarindenwasser, Zuflucht zu nehmen.

Immerhin hatte die Sonne noch nicht ihre größte Gewalt erreicht,
als wir Kíbbo verließen, aber wiederholter Aufenthalt unterbrach
unseren Marsch, da die Sklaven unserer Tebu-Gefährten, die schwer
bepackt waren und auf welche das halbbittere Brunnenwasser seine
Wirkung nicht verfehlte, kaum imstande waren, mit uns Schritt
zu halten; einer unter ihnen, ein großer Kerl, legte sich nieder, um
nimmer wieder aufzustehen. Ich machte überhaupt die Bemerkung,
dass die Tebu ihre Sklaven viel grausamer zu behandeln schienen als
selbst die Araber; so lassen sie denn dieselben alles mögliche Gerät
tragen, besonders aber ihren beliebten stinkenden Fisch, und die
Folge davon ist ungeheure Erschöpfung dieser armen Menschen.

So zogen wir in die Dunkelheit hinaus, und als wir nach einem
Marsch von nicht mehr als 12 Meilen in geringer Entfernung östlich
vom Brunnen Kufe haltmachten, verursachte uns die Annäherung
unserer Reisegenossen, der Dasa, nicht geringe Aufregung, indem
wir sie im ersten Augenblick nicht erkannten. Überhaupt gehört
diese Stätte, die auf dem nächsten Weg von den Wohnsitzen der
räuberischen Tuareg-Horden im Süden von Damerghu nach dem
unglücklichen, zerrissenen Kanem liegt, zu den unsichersten, und
besonders für unsere kleine Reisegesellschaft war hier kein Bleiben.
So brachen wir denn schon gleich nach Mitternacht wieder auf und
rückten rüstig dem Norden zu, bis wir nach einem Marsch von
etwa 15 Meilen einem von Kauar kommenden Eilboten begegneten,
wodurch wir uns bewogen fühlten, haltzumachen. Wirklich waren
die Neuigkeiten, welche dieser Bote brachte, von großer Bedeutung
und berührten uns ganz unmittelbar. Nämlich einerseits war Hassan
Bascha, der Statthalter von Fessan, welcher schon seit mehreren

Jahren an schwerer Krankheit gelitten hatte, endlich unterlegen, und andererseits hatten die Éfede, jener unruhige Stamm auf der Nordgrenze von Asben, der uns im ersten Abschnitt unserer Unternehmung so ungeheuere Not verursachte, gerade zurzeit einen Raubzug nach Tibesti unternommen. Besonders der letztere Umstand übte direkten Einfluss auf unser Verhalten aus, denn wir waren so der sicheren Gefahr ausgesetzt, mit dieser Raubbande zusammenzutreffen, während schon im Allgemeinen die Gefahr, welche mit dem Durchzug dieses sich zwischen dem Sudan und der angebauten Zone Nordafrikas weit ausbreitenden Wüstengürtels verbunden ist, groß genug erscheint.

Diese drängende Gefahr, verbunden mit der großen Hitze während der Mittagsstunden in dieser heißesten Jahreszeit, nötigte uns, ohne die geringste Rücksicht auf unsere Bequemlichkeit den größten Teil der Nacht zur Reise zu benutzen, und dies war denn der Grund, dass ich mit einzelnen Ausnahmen außerstande war, die Beobachtungen der früheren Expedition zu berichtigen und zu vervollständigen, denn solcher Berichtigungen wäre die Straße, deren ganze Lage durch Herrn Dr. Vogels astronomische Daten verändert worden ist, wohl auch im Einzelnen fähig.

Nach einer mittägigen Rast machten wir uns gegen 2 Uhr nachmittags wieder auf den Weg und betraten nach einem Marsch von etwa 2 Meilen schönes Hügelland, das sich zu Weidegründen für Kamele und Schafe gut eignete, aber bei dem gegenwärtigen verödeten Zustand des Landes unbewohnt war. 1½ Meilen weiter hin ließen wir den Brunnen Mul zur Seite liegen, der zurzeit trocken war, und zogen dann die schöne Talbildung entlang. Hier verursachte uns der abermalige Verlust eines Kameles einen langen Aufenthalt. Wir machten nun nur noch etwa 10 Meilen, lagerten dann, um unsere einfache Abendkost zu verzehren, brachen aber schon 1 Stunde nach Mitternacht wieder auf und erreichten nach einem Marsch von etwa 13 Meilen den Brunnen von U'nghurutin. Derselbe liegt in einer von schönem Baumwuchs umgebenen Einsenkung, die außer »had« (Kamelfutter) auch Pfriemenkraut – »retem« – hervorbringt.

(Montag, 28. Mai) Das strenge Gesetz der Wüstenreise harmonierte hier schön mit christlichen Grundsätzen, indem wir in U'nghurutin stille Sonntagsfeier hielten, denn unsere Glieder bedurften der Ruhe. So gestärkt und erfrischt brachen wir dann etwas nach Mitternacht auf und legten ohne Rast 15 Meilen zurück. Wie die Morgendäm-

merung anbrach, machte ich die sehr interessante Bemerkung, dass
längs dieses ganzen Wüstenstrichs eine ansehnliche Menge Regen
gefallen und infolgedessen der Boden mit »had« und »ssebod« bedeckt war; aber wir waren herzlich froh, dass wir endlich die große
Plage des Reisenden im Sudan, die gefiederte Klette – »ngibbi« –,
hinter uns hatten.

Als wir am Nachmittag unseren Marsch fortsetzten, wurde das
offene Land, welches wir nun zuerst durchzogen, durch einige Exemplare des Ssimssim-Baumes belebt. Ein Marsch von 12 Meilen
brachte uns so zu dem Brunnen Beduaram oder Bélkaschi-farri, wo
wir einige Stunden rasten wollten, um frische Kräfte zu sammeln;
wir wählten daher sorgsam den geeignetsten Platz und lagerten am
Fuß der östlichen Anhöhe. Einigen Schutz versprach dabei die Nähe
einer Anzahl Tebu von derjenigen Abteilung der Gunda, welche
den Namen Wándala oder Ausa führt. Im Allgemeinen gewährt
nämlich der Brunnen keineswegs einen sicheren Aufenthalt, und
allem Anschein nach war es an derselben Stätte oder wenigstens
nicht weit davon, wo der Sappeur Macquire auf seiner Heimreise
im verflossenen Jahr, nach Empfang der Nachricht vom Tod seines
Vorgesetzten, des Herrn Dr. Vogel, nach tapferer Gegenwehr erschlagen wurde.

Eine gewisse Sicherheit war uns hier um so willkommener, als wir
große Mühe hatten, die Brunnen aufzugraben, denn wir bedurften
einer großen Menge Wasser, da wir nicht allein unsere Schläuche
füllen, sondern auch alle unsere Kamele tränken mussten, und doch
war zurzeit nur ein einziger Brunnen offen, der überdies nur sehr wenig Wasser enthielt. Aus einem solchen Verhältnis kann man leicht
ersehen, in welch gefährlicher Lage sich eine kleine Kafla befinden
muss, die unter ähnlichen Umständen von einer Bande Raubzügler
angegriffen wird, wie das wohl mit Macquire der Fall war. In dieser
Hinsicht fühlte ich mich dem Scheich Omar zu großem Dank verpflichtet, dass er mir den Schutz der Salzhändler, der Dasa, verschafft
hatte; denn diese bei Wüstenreisen aufgewachsenen Afrikaner waren
den ganzen Tag über beschäftigt, die Brunnen aufzugraben. Auch die
zeitweiligen Anwohner des Platzes betrugen sich nicht allein ruhig
und anständig, sondern brachten mir sogar etwas Kamelmilch zum
Geschenk, wofür ich sie mit kleinen Spiegeln belohnte.

Auch noch den 30. Mai blieben wir hier liegen und brachen
dann am Nachmittag des Letzten auf. In frischer Rüstigkeit legten wir nun mit einem Mal eine Strecke von beinahe 20 Meilen

zurück, worauf wir auch nur eine kurze Rast hielten, indem wir
schon nach 4 Stunden wieder aufbrachen. Wir nahten uns nun dem
Herzen der Wüste und betraten nach einem Marsch von 6 Meilen
das offene Sandmeer; kurz vorher passierten wir noch eine schöne
Gruppe von Ssimssim-Bäumen. Jetzt hatte ich volle Gelegenheit,
die unermessliche Fläche dieses offenen Wüstenmeeres zu übersehen, denn nachdem wir weitere 6 Meilen zurückgelegt hatten,
lagerten wir gerade in der Mitte desselben. Früher hatte man die
ganz falsche Vorstellung, dass dies der Charakter der ganzen Wüste
wäre, während doch nur das eigentliche Zentrum derselben solcher
Natur ist, obgleich auch da noch die Fläche unendlich erscheint.
Ungeachtet ihrer Einförmigkeit hat die Wüste doch etwas unaus-
sprechlich Großartiges und ist gar wohl geeignet, dem Menschen das
Bewusstsein seiner eigenen Nichtigkeit tief einzuprägen. Allerdings
stellte sie sich aber zurzeit in ihrem ernsthaftesten Charakter dar und
die Hitze war so ungeheuer, dass man sie bei ungesunder Luft nicht
hätte im Freien ertragen können.

Im offenen Wüstenmeer

Wir hatten nun das Schlimmste vor uns, nämlich die ausgedehnte,
leblose und schreckhafte Wüste von Tintúmma, und brachen daher
schon eine Stunde nach Mittag auf, ehe noch die Hitze ihren höchsten Grad erreicht hatte und sich zu mildern anfing; aber es würde
jedenfalls besser gewesen sein, noch ein paar Stunden zu warten, da
die Hitze so groß war, dass die armen Sklaven, das Eigentum meiner
Reisegefährten, fast ganz aufgerieben waren, ehe sich die Sonne zum
Untergang neigte. Nur um 8 Uhr abends wurde eine kurze Rast von
40 Minuten bewilligt, um unser kaltes, aus gestampfter Negerhirse
bestehendes Abendessen zu genießen; dann brach die Kafla wieder
auf, um den mühevollen nächtlichen Marsch über diese grenzenlose
Sandwüste fortzusetzen. Da ich nun samt meinem Hauptdiener
beritten war, konnte ich es wagen, noch einige Zeit zurückzubleiben
und in einer Tasse Kaffee – ein unendlicher Genuss auf ermüdendem
Marsch – zu schwelgen. Jedoch blieb ich fast zu lange, und als ich
endlich nachfolgte, leitete mich nur der Schall der Schüsse, mit
denen sich meine Leute gegen meinen Befehl vergnügten, um ihre
eigene Müdigkeit wie die der Sklaven zu vertreiben. Angefeuert durch
dieses Spiel, vielleicht auch unter dem Eindruck der schrecklichen
Wüstenei, die sie zu nächtlicher Stunde durchzogen, hatten die ihrer
Freiheit und Heimat beraubten armen Schwarzen, ihre Erschöpfung

rein vergessend, in ihrer einfachen Weise einen Gesang angestimmt, dessen Schall, von Schüssen unterbrochen, gelegentlich, wie ich dem Tross in ansehnlicher Entfernung nachfolgte, mein Ohr traf. Unter dem Einfluss dieser Aufregung und erfrischt und belebt von der Abendkühle, rückte die Gesellschaft mit solcher Schnelligkeit vorwärts, dass ich sie erst nach Mitternacht einholte. Da aber war auch die unnatürliche Aufregung vorbei und Freie wie Leibeigene fingen an, sich ihrer Erschöpfung völlig bewusst zu werden; ja, sie würden sich gern in den Sand niedergeworfen haben, um dann heimlich zurückzubleiben, und ich musste mehrere Unglückliche antreiben, um zu verhüten, dass sie dem Durst und der Erschöpfung zum Opfer fielen. Aber vergebens suchte ich einen von meinen eigenen Leuten; er war nirgends zu sehen und niemand wusste, wo er geblieben war. Die Wüste von Tintúmma, schon von der vorigen Expedition her bekannt, ist in der Tat dadurch übel berüchtigt, dass Reisende leicht den Weg verlieren; der sich in unermesslicher Ferne ausbreitende weiße Sand umnebelt die Sinne so vollkommen, dass auch an diesen Wüstenweg lange gewöhnte Leute mitunter in ihrer Richtung völlig irrewerden.

Die Mühseligkeit dieses Nachtmarsches war in der Tat überaus groß, und als die Morgendämmerung eintrat, benutzte ich mit Freuden die Gelegenheit, wo der Boden etwas trockenes Gras darbot, meinem völlig erschöpften Gaul eine kleine Erfrischung zu gewähren und mich selbst, von Müdigkeit gepeinigt, einen Augenblick auf den weichen Sandboden niederzuwerfen. Dann setzten wir unseren einförmigen Marsch wieder fort, während sich ein heftiger Wind erhob und den Anblick der Wüste durch aufgewirbelte Sandwolken noch wilder machte. Endlich erblickten wir die Felshöhlen von A'gadem vor uns, aber erst nach 7 Uhr morgens betraten wir die ihnen eigentümliche Talbildung und wählten unseren Lagerplatz in einem von Ssiwakgebüsch umgebenen Winkel. Dieser Strauch *(Capparis sodata)* wächst hier nämlich in solcher Menge, dass er eine kleine Pflanzung bildet, die sogar gelegentlich zeitweilige Ansiedler, vorzugsweise vom Stamme der Bolodua oder A'm-wadebe, herbeilockt. Die Sandwehen waren jedoch so heftig, dass unser hiesiger Aufenthalt recht unerfreulich war, und dazu kam noch der Umstand, dass der Boden voller Kamelläuse war, da dies der gewöhnliche Lagerplatz für alle Karawanen ist. Aber dafür fehlte es hier nicht an dem Wichtigsten, einem Brunnen, und das Wasser war klar und vortrefflich, obgleich es keineswegs in reichlicher Menge vorhanden

war, sodass wir uns für den vor uns liegenden Marsch aus einem
weiter nördlich gelegenen Brunnen versorgen mussten.

Da derjenige von meinen Dienern, welcher sich verirrt hatte,
bis dahin nicht aufgefunden worden war, erwarteten wir ängstlich
die Ankunft der Dasa, welche sich es, weil nicht von Sklaven gehemmt, bequemer gemacht hatten und erst am Nachmittag wieder
zu uns stießen. Sie hatten den Verirrten glücklicherweise erblickt,
als er, von seiner Richtung ganz abgekommen, in großer Entfernung
südwärts wanderte; es war dies ein recht glücklicher Zufall, und
der Mann, welcher ihn zurückgeholt hatte, verdiente wohl ein Geschenk. Unseren Freunden, den Salzhändlern, verdankte ich es auch,
dass ich mich imstande sah, meinen erschöpften Vorrat an Butter
zu erneuern. Sonst gab es hier keinen anderen Genuss als die wilde
Frucht des Ssiwak.

(Montag, 4. Juni) Obgleich wir auch den Sonntag hier gerastet hatten, befanden sich doch die armen Sklaven bei unserem heutigen
Aufbruch infolge der Mühseligkeit des Marsches in einem solchen
Zustand der Erschöpfung, dass sie alles andere einer Fortsetzung
solchen Leidens vorgezogen haben würden, und da es noch dämmrig
war, versuchte es eine Sklavin, zu entwischen, indem sie sich in dem
dichten Ssiwakgebüsch versteckte; natürlicherweise wurde sie bald
entdeckt und mit empfindlichen Schlägen bestraft. Glücklicherweise
überzeugte sich indes unser Freund Kolo, dass diese armen Geschöpfe noch der Ruhe bedürften, und wir bleiben diesen ganzen Tag und
auch den folgenden Vormittag am nördlichen Brunnen gelagert, der
nur etwa 4 Meilen Wegs (längs eines recht interessanten Natronbe-
ckens) vom südlichen entfernt liegt, und zwar am Fuß des Felszuges.
Es war eine für die Wüste freundliche, offene Landschaft, während
die Höhen auf der Ostseite in größere Ferne rückten; aber es machte
uns einige Mühe, unsere Freunde, die Dasa, zurückzuhalten, indem
diese ihre Reise ohne Aufenthalt fortzusetzen wünschten.

(Dienstag, 5. Juni) Gerade um Mittag – wir ordneten eben unser
Gepäck zum Aufbruch – stieg ein Gewitter auf der östlichen
Höhenkette auf und es fielen einige Regentropfen, während wir
unseren Marsch antraten. Die ersten 3 Meilen hielten wir uns der
unregelmäßigen Talebene entlang, dann erstiegen wir bei östlicher
Richtung höheren Boden und gewannen eine Ansicht von dem östlichen Abhang der Kette, die das Tal einschließt; sie ist nicht so hoch

wie die westliche, schien aber dennoch gegen 300 Fuß zu haben.
Ich überzeugte mich hier, dass ganz A'gadem eine Art ansehnlich
weiter Vertiefung bildet, die im Osten von diesem Felszug und nach
Westen (in einer Entfernung von etwa 3 Meilen) sowie nach Norden
zu von Sanddünen begrenzt wird.

Gegen 3 Uhr nachmittags, gerade als wir aufbrachen, hatten wir
wieder einen leichten Regenschauer. Wir stiegen sogleich aufwärts
und der höhere Boden, über den sich unser Pfad hinzog, war von
ansehnlichen Einsenkungen unterbrochen, die von Ost nach West
liegen und so steile Abhänge bildeten, dass Clappertons Ausdruck,
der von hohen Sandhügeln spricht, die er hier überschreiten musste,
völlig gerechtfertigt erscheint. Auch wir wählten unseren Lagerplatz
nach einem Marsch von wenig mehr als 11 Meilen in einer solchen
Einsenkung, die nach Westen zu von hohen Sandhügeln umgürtet
war. Unsere Rast war jedoch nur von sehr kurzer Dauer, indem wir
schon bald nach Mitternacht unseren Marsch wieder fortsetzten;
denn die Wüste, welche hier ebener wurde, erlaubte jetzt bei Nacht-
zeit ruhige Märsche.

Wir schritten diesmal rüstig vorwärts und lagerten nach einem
Marsch von etwa 16 Meilen an einer Stelle, wo jene, auch von
Clapperton und Denham erwähnten, eigentümlichen kristallisierten
Sandstangen in großer Menge umherlagen; die Kanori nennen die-
selben »bargom-tschídibe« und die Haussa-Leute: »kautschin-kassa«
(d.h. Erdschote). Ihre Entstehung hat man auf sehr verschiedene
Weise erklärt, indem die einen annahmen, dass der Blitz ihre Bil-
dung bewirkt habe, andere dagegen der Ansicht waren, dass sie
weiter nichts seien als die bedeckten Gänge, mit denen die weißen
Erdameisen die stämmigen Halme der Negerhirse umgeben hätten.
Die letztere Ansicht ist wohl sicherlich unrichtig.

Die weite offene Sandwüste, welche wir betraten, als wir um 2
Uhr nachmittags unseren Marsch fortsetzten, verdiente ganz vorzüglich mit der weiten Fläche des Ozeans verglichen zu werden; aber
selbst hier brachen an einzelnen Stellen kleine Felsrücken hervor,
und wir lagerten nach einem Marsch von ungefähr 10 Meilen im
Schutz eines solchen Höhenzuges.

(Donnerstag, 7. Juni) Zu sehr früher Stunde in der Nacht brachen
wir wieder von hier auf und erreichten nach einem Marsch von
ungefähr 6 Meilen den Brunnen von Díbbela. Als wir uns der Stätte
näherten, überraschte mich ihr romantischer Charakter nicht we-

nig: ringsumher hohe Sandhügel, aus denen schwarze Felsmassen emporragten, und tiefe Einsenkungen, mit vereinzelten Dumpalmen geschmückt. Aber das Wasser war abscheulich, indem es eine ungeheure Menge Natron enthielt. Es war hier, wo Herr Henry Warrington, der Herrn Dr. Vogel nach Kúkaua begleitet hatte, auf seiner Rückreise den Folgen der Dysenterie unterlag, von der er auf dem Marsch befallen wurde; wahrscheinlich hatte die schlechte Beschaffenheit des Wassers das Übel zu einer Krisis gebracht. – Durch die rundumher aufgetürmten blendend weißen Sanddünen erschien die Hitze als ganz besonders groß, obwohl sie die gewöhnliche Höhe von 109 Grad (Fahrenheit) im schönsten Schatten um 2 Uhr nachmittags nicht überstieg, und der Charakter der ganzen Örtlichkeit besaß einen wilden Zauber.

Sobald die Hitze ihren höchsten Grad erreicht hatte und nun wieder abzunehmen anfing, verließen wir Díbbela und erstiegen die Sanddünen mit bedeutender westlicher Abweichung von unserer bisherigen Richtung. Gleich hinter der Einsenkung, in der sich der Brunnen befindet, ist eine zweite ähnliche, aber anstatt der Dumpalmen sieht man darin nur Talhabäume. Die höher gelegene Sandebene, über die unser Weg führte, wurde von einem noch höheren Sandrücken überragt, und in einer Entfernung von etwa 5 Meilen zeigte sich hier eine große Menge »kadjidji«. Wir legten im Ganzen 17 Meilen zurück und lagerten zu später Stunde auf hartem Sandboden. Es war für mich auf dieser mühevollen Wüstenreise stets ein unendliches Vergnügen, mich allemal bei unserer Ankunft am Lagerplatz der Länge nach auf dem reinen Sand auszustrecken, denn gemeiniglich ist der Letztere so fein und weich, dass man gar kein besseres Lager haben kann. Und dazu der schöne nächtliche Himmel! Es waren stets ein paar schöne Stunden, aber die Rast war nur zu kurz und das Bedürfnis nach Ruhe und Schlaf wurde bloß halb befriedigt.

(Freitag, 8. Juni) Da wir später als gewöhnlich aufgebrochen waren, ereilte uns die Hitze bald und wir machten schon nach einem Marsch von 8 Meilen halt. Der Boden war hier umher auffallenderweise am vorigen Tage durch einen Regenguss befeuchtet worden, was wieder einen starken Beweis von der Unrichtigkeit der bis dahin allgemein gehegten Ansicht lieferte, dass dieser ganze Wüstenstrich niemals vom Regen befruchtet würde. Aber allerdings hatte das belebende Element hier weiter keine Folgen und von Gras sah man nicht die

geringste Spur; dagegen war der Sand voller Fußstapfen des »bagr-
el-wahesch« *(Antilope bubalis)* und es hatte ganz den Anschein, als
wenn die Herden dieser Wüstenbewohner hier vor den Jägern von
A'gadem und Díbbela eine Zuflucht gefunden hätten.

Wir hatten hier wieder eine recht ermüdende Reise, denn
nachdem wir am Nachmittag eine Strecke von etwa 10 Meilen
zurückgelegt hatten, machten wir gegen Sonnenuntergang einen
Halt von nur 4 Stunden und brachen dann schon wieder zu einem
mühsamen Nachtmarsch auf. So erreichten wir nach einer Strecke
von 18 Meilen – die letzten über einen schwierigen Rücken von
Sandhügeln, und zwar mit ansehnlicher Abweichung von unserer
bisherigen Richtung – am anderen Morgen den Brunnen von Sau-
kura. Es war gut, dass wir am Ziel waren; der Marsch kostete uns
vier Kamele und wir alle waren in einem entsetzlich ermüdeten und
erschöpften Zustand. So war es denn um so erfreulicher, zu finden,
dass der nun erreichte Wüstenhafen doch einigen Reiz darbot; es war
nämlich eine mit »ssiwak« *(Capparis sodata)* stattlich geschmückte
Talebene mit reichhaltigen, von Palmgestrüpp umgürteten Brunnen
(nur wenige Fuß unter der Oberfläche), die einen ganz freundlichen
Eindruck machte. Dazu kam, dass wir hier eine kleine Karawane von
Tebu-Leuten trafen; es waren Bewohner des sehr alten Tebu-Ortes
A'gherim oder A'ghram, den ich bei der Aufzählung der Taten des
Bornu-Königs Edriss erwähnt habe und der 3 Tagereisen (über Yaui)
westlich oder vielmehr westnordwestlich von hier liegt. Die Tuareg
nennen dieselbe Oase Faschi, und so ist sie auch auf dem östlichen
Blatt der allgemeinen Karte niedergelegt.

Diese Tebu waren auf dem Weg nach Bornu begriffen und
wünschten daher, ihre Kamele gegen die meinigen zu vertauschen,
da die Letzteren an das Klima des Landes, wohin ihre Reise ging,
gewöhnt waren. Ein solcher Austausch ist sicherlich Reisenden an-
zuraten, welche die eine oder andere Richtung verfolgen, vorausgesetzt, dass die Tiere beider Teile von gleicher Güte sind; aber was
mich anbetraf, so bedurfte ich einerseits zu dringend der wenigen
Kamele, welche die Beschwerden des Marsches ertragen hatten, und
andererseits waren die Tiere jener Wanderer zu armselig, um mir die
Annahme ihres Anerbietens zu gestatten. So mussten sie bei ihrem
Aufbruch von hier die fünf Pferde, die sie bei sich führten, mit
Wasserschläuchen beladen. Kein Tebu-Kaufmann bereist nämlich
diese gefährliche Wüstenstraße, ohne ein Pferd bei sich zu haben, um
im Falle der Not wenigstens sein Leben und seine wertvollste Habe

retten zu können. Dabei ist es freilich immer am geratensten, wenigstens einen kleinen Wasservorrat schon auf dem Pferd zur Hand
zu haben, indem die Gefahr hier urplötzlich hereinbrechen kann.

Diese Leute gaben uns übrigens die höchst wichtige und beruhigende Nachricht, dass die Raubschar der Tuareg von Tibesti
heimgekehrt sei, dass wir also kein unerfreuliches Zusammentreffen
mit derselben zu befürchten hätten; allerdings hatten sie aber die
Drohung geäußert, dass sie bald wiederkommen würden. Die Tebu
von Tibesti waren nämlich wohl auf ihrer Hut gewesen, sodass die
Räuber diesmal nur eine kleine Beute von 40 Kamelen und 30
Sklaven gemacht hatten.

Wir blieben auch den folgenden Tag in Sau-kura im Genuss der
Ruhe liegen, deren wir so sehr bedurften. Ein heftiger Wind hatte
die ganze Nacht über geweht, aber dennoch erreichte die Hitze um 2
Uhr nachmittags fast ihre gewöhnliche Höhe und das Thermometer
zeigte 108 Grad im kühlsten Schatten. Montag nachmittags brachen
wir dann auf, um nun die Tebu-Oase zu erreichen, der wir uns bis
auf Weniges genähert hatten. Zuerst mussten wir die südöstliche
Ecke der ansehnlichen Berggruppe umgehen, der die Talsenkung
ihre Entstehung verdankt; zur Rechten hatten wir hier Sanddünen.
So zogen wir wohlgemut fort, aber gerade an der Stelle, wo wir
die den Wüstenreisenden unter dem Namen Sau-kanua bekannte
kleine Oase zu unserer Linken ließen, bemerkten wir die Fußstapfen
einer kleinen Menschenschar und wir drei Reiter, Kolo, ich und der
Gatroner, hielten es in der Voraussetzung, dass es wohl Wegelagerer
wären, für ratsam, sie eine Strecke weit zu verfolgen; da überzeugten
wir uns denn, dass es Leute waren, die einem entlaufenen Sklaven
nachsetzten. Wir legten diesmal ungefähr 16 Meilen zurück, machten um 9 Uhr abends einen kleinen Halt, brachen dann um Mitternacht wieder auf und erreichten nach einem Marsch von 14 Meilen
Musskátenu. Damit hatten wir denn den einen großen südlichen
Abschnitt unserer Wüstenreise vollendet, denn Musskátenu ist die
südlichste Grenze der Oase Kauar. Es ist jedoch erst ein leichter
Übergang von der nackten Wüste zum Fruchtland und besteht in
einer unbedeutenden flachen Einsenkung voll Mergel und Alaun.

Die Hitze war heute etwas stärker als gewöhnlich, indem das
Thermometer auf 110 Grad stand, aber wir waren so begierig, die
eigentliche Oase zu erreichen, dass wir mit großem Eifer nachmittags beizeiten wieder aufbrachen. Ist ja doch diese Oase ein
unendlich wichtiger Punkt in diesem Wüstenleben, der Sitz einer

eigenen kleinen Nationalität, der Tebu, mit ihrer eigentümlichen Bildungsweise hier im Herzen der Wüste, wo die Natur diese Kulturstätte geschaffen hat, um den Verkehr zwischen weit getrennten Völkerschaften zu erleichtern.

Ehe wir den eigentlichen Anfang des Tals erreichten, hatten wir mehrere Sandhügelrücken zu übersteigen, die sich uns entgegenstellten, obgleich der Sand nicht so tief war, wie ich nach der Beschreibung anderer erwartet hatte. Da öffnete sich das Palmental der Tebu – »hénderi Tege oder Teda«, wie es die Eingeborenen selbst, »Kauar«, wie es die Araber nennen – am westlichen Fuß einer großen und breitkuppigen Felshöhe. Die Landschaft wurde sogleich höchst interessant und der grüne Boden, wo kleine, mit leichten Zäunen von Palmblättern umgebene Gärtchen mit »ghedeb« *(Melilotus)* und etwas Gemüse bepflanzt waren, wurde von schönen Palmbaumgruppen überragt. Dieser Anblick belebte und erfreute mich nach dem öden Marsch, den wir zurückgelegt hatten, so sehr, dass ich meinen Leuten ein paar Schüsse nicht versagen konnte; denn sonst sparte ich meinen kleinen Pulvervorrat immer für dringendere Fälle auf.

Unsere Freunde, die Dasa-Salzhändler, trennten sich hier von uns und wählten ihren Lagerplatz zur Seite des dichtesten Palmenhains, wo das verfallene Städtchen Bilma gelegen ist; wir selbst zogen dagegen weiter, kamen in eine nackte Salzmulde und lagerten etwa 1 Meile weiterhin bei einem elenden, kleinen Dorf namens Kalala. Es war ein höchst unerfreulicher Lagerplatz, wie ich mir ihn in dieser Palmenoase keineswegs gedacht hatte; es gab nämlich hier nicht den geringsten Schatten und der Boden war so außerordentlich hart (ein von Salz geschwängerter, jetzt ausgetrockneter Morast), dass wir nur mit der größten Mühe imstande waren, unser Zelt aufzuschlagen. Wir hatten überdies nicht einmal Feuerung, um uns eine einfache Abendmahlzeit zu bereiten.

Da es keineswegs unwahrscheinlich war, dass uns beim Ausmarsch aus Kauar Diebsgesindel gefolgt sei, hielten wir gewissenhaft Wache und brachen schon zu früher Stunde, lange vor der Dämmerung, wieder auf. Nach einem Marsch von ungefähr 13 Meilen erreichten wir I'ggeba (Denhams Ikbar), eine am westlichen Fuß einer Berghöhe sich ausbreitende flache Einsenkung. Sie war mit einigen Kräutern bekleidet und mit einer großen Menge Dumpalmen geschmückt, und da auch das Wasser des Brunnens von der köstlichsten Frische war, so hätte sie einen prächtigen Lagerplatz abgegeben, wenn sie

nicht für unsere kleine Reiseschar zu unsicher gewesen wäre; I'ggeba
wird nämlich eben seiner vielen Vorzüge halber häufig von Raubbanden besucht. Aus diesem Grund hielten wir es am geratensten,
unseren Marsch am Nachmittag wieder fortzusetzen.

Wir wählten den westlichen Weg über Ssíggedim, welcher von der
früheren Expedition sehr unrichtig niedergelegt worden ist, indem
man sich wahrscheinlich auf die bei der Hinreise verfolgte und mit
Genauigkeit niedergelegte gerade Marschroute verließ. Diese Straße
wird Nefassa sserhira genannt, nach einem Engpass – »thnie« –, den
wir 2½ Meilen von unserem Aufbruchsplatz passierten. Etwa 10
Meilen weiter hin lagerten wir.

Bald nach unserem Aufbruch am folgenden Morgen durchschnitten wir den Pfad einer kleinen, von Brabu kommenden
Eselkarawane und erreichten nach einem Marsch von 10 Meilen, der über eine großartige Kiesfläche führte, den Anfang der
Oase Ssíggedim. Diese begünstigtere Ruhestätte breitet sich am
westlichen Fuß einer ansehnlichen, von West nach Ost ziehenden
Berggruppe aus und ist reichlich mit Dum- und Dattelpalmen
sowie mit »gerredh« *(Mimosa Nilotica)* geschmückt; dabei ist der
Boden, obgleich an mehreren Stellen eine Salzkruste offen zutage liegt, stark mit »ssebót« überwachsen. Indessen konnten wir
uns hier nicht lange aufhalten und rasteten daher während der
heißen Mittagsstunden etwas mehr als 1 Meile weiter hin hart am
Brunnen. Obgleich die Stätte zurzeit öde und ohne Bewohner war,
erhielt ich doch die Versicherung, dass etwa 1 Monat später in der
Jahreszeit dann und wann Leute ihre zeitweilige Wohnstätte hier
nehmen, und einige wenige einsame Steinwohnungen auf einem
vorspringenden Felsenriff bezeugten die gelegentliche Anwesenheit
von Ansiedlern.

Von hier aus erreichten wir nach einem Nachmittags- und einem
langen Morgenmarsch von insgesamt nahe an 34 Meilen das flache
Tal Djeháia (Denham nennt es Izhya) oder Yat. Dies war für uns
ein überaus erschöpfender Tagemarsch, da zu der Ermüdung noch
völlige Blendung durch den glänzend weißen Sand während der
Tageshitze hinzutrat, und ein kleiner Streifen Pflanzen wuchs auf der
westlichen Seite der in diesem Landstrich hie und da auftauchenden
einzelnen Felshöhlen hatte uns schon geraume Zeit zuvor die falsche
Hoffnung eingeflößt, dass wir das Ziel unseres Marsches erreicht
hätten. Als wir dann aber endlich an Ort und Stelle angekommen
waren, fanden wir das Tal mit seinem Reichtum an Kräutern höchst

erfrischend, und sowohl wir Menschen als auch unsere Tiere hatten volle Gelegenheit, unsere Kräfte wieder ein wenig zu stärken.

(Freitag, 22. Juni) Infolge des zum Teil höchst rauen Charakters der Wüste war das Pferd, welches mir der Scheich zum Geschenk gemacht hatte, schon völlig lahm geworden, und so wollte ich denn das einzige meiner Kamele besteigen, welches stark genug erschien, nebst seiner übrigen Last noch eine solche Bürde zu tragen, aber selbst dieses Tier war zu sehr ermattet und weigerte sich, sich mit mir vom Boden zu erheben, und so sah ich mich denn gezwungen, den eselsgleichen Klepper zu besteigen, den mir der Sultan von Sókoto gegeben hatte, während mein Hauptdiener, der bisher stets geritten hatte, zu Fuß gehen musste. Gewiss ist es bei beschränkten Mitteln höchst schwierig, Pferde durch diese schreckliche Wüstenei hindurchzubringen, aber auf der anderen Seite ist es für eine kleine Gesellschaft von Reisenden um so nötiger, ein oder zwei Pferde bei sich zu haben, um die umliegende Gegend zu durchstreifen und zu sehen, ob volle Sicherheit herrscht, und um im Notfall entweder einen kühnen Angriff zu machen oder im Fall eines Diebstahls die Räuber zu verfolgen.

Erschöpft am Wüstenbrunnen

Wir rückten im Laufe des Abends etwas mehr als 18 Meilen vorwärts, durchzogen dann früh am nächsten Morgen einen auf beiden Seiten von Felshöhlen eingeschlossenen Engpass in einem höchst rauen Landstrich und machten nach einem Marsch von ungefähr 12 Meilen in geringer Entfernung von der Berggruppe Tíggera-n-dúmma in einem reich mit Kräutern und einigen wenigen, gerade in Blüte stehenden Talhabäumen bewachsenen Tal halt. Tíggera-n-dúmma bildet die Grenze zwischen dem Fessan und dem Gebiet der unabhängigen Tebu. Von hier aus erreichten wir nach einem weiteren Marsch von 16 Meilen den Brunnen Máfarass, den südlichsten des Fessan, in einem Zustand so vollkommener Erschöpfung, dass uns selbst die dringende Gefahr vor den Éfade nicht abhalten konnte, uns und unseren erschöpften Tieren eine kleine Ruhe zu gestatten; ich selbst bedurfte derselben ganz vorzüglich, da ich während der letzten paar Tage viel an Rheumatismus zu leiden gehabt hatte. Dazu kam noch der Umstand, dass der Brunnen so wenig Wasser enthielt, dass es eine ungeheure Zeit erforderte, die Tiere zu tränken und unsere Schläuche wieder zu füllen. Es war daher recht erfreulich, dass das Tal mit einer großen Anzahl schöner Talhabäume anmutig geschmückt war und so einen gar angenehmen Rastort gewährte; selbst eine Dumpalme ließ sich sehen, die aber freilich ganz einsam dastand (von einer anderen war nur noch der Stamm da). – Es fiel uns auf, dass, obgleich wir so ansehnlich nach Norden vorgerückt waren, wir doch nicht die geringste Abnahme der Temperatur wahrnahmen. Das Thermometer zeigte diese ganze Zeit über um 2 Uhr nachmittags beständig 109 Grad.

Dieses Máfarass ist der südlichere Brunnen des Namens, etwa 19 Meilen südlich von dem Máfarass, wo Herr Dr. Vogel seine astronomische Beobachtung angestellt hat. Das Letztere passierten wir erst am Morgen des 26. d.M. Hier führte unser Marsch über eine weit offene Wüstenebene, eine wahre Spiegelfläche – »meraie« –, deren wild-öder Charakter auf uns einen um so tieferen Eindruck machte, als hier die Erschöpfung unserer Tiere völlig an den Tag trat, sodass auch wir uns gezwungen sahen, an derselben Stelle, wo eine kleine Tebu-Kafla, die einige Tagereisen Vorsprung vor uns hatte, eines ihrer Kamele hatte zurücklassen müssen, gerade dasjenige unserer Tiere preiszugeben, auf dessen Stärke und Ausdauer wir bisher das größte Vertrauen gesetzt hatten.

Etwa 11 Meilen jenseits des nördlichen Brunnens Máfarass machten wir während der Tageshitze an einer von Kräutern ganz und gar entblößten Stelle halt und legten dann am Nachmittag einen Marsch von 15 Meilen zurück, indem wir den wohlbekannten Berg Fadja, an dem die Straße nach Tibesti entlangführt, in einiger Entfernung zur Rechten ließen. Aber, auf unserem Lagerplatz angelangt, hatten wir nicht allein für uns selbst zu sorgen, sondern auch, und zwar noch mehr, für unsere armen Tiere, und um ihre Kräfte etwas aufzufrischen, verabreichten wir ihnen ein gutes Abendfutter, bestehend aus Datteln, Erdmandeln und Negerhirse, sodass sich jedes der armen Geschöpfe je nach seiner Gewohnheit oder seinem Appetit auswählen konnte, was seinem Gaumen am meisten zusagte.

(Mittwoch, 27. Juni) Ein Marsch von etwa 13 Meilen brachte uns zum Brunnen El A'hmar oder Máddema. Derselbe liegt in offener Wüstenlandschaft, die nach Westen zu von einer großen, imposanten Berggruppe begrenzt wird und reich mit »chareb« oder »kaie« bewachsen war; der ganze Boden war mit Koloquinten – »handal« – bedeckt und mit Knochen wie übersät. Hier brachten wir einen

ungeheuer heißen Tag zu, indem das Thermometer um 2 Uhr nachmittags in dem schönsten Schatten, den ich finden konnte, 114 °F
und um Sonnenuntergang 105 Grad zeigte; es blieb auch den ganzen
Abend überaus heiß, bis endlich nach Mitternacht ein heftiger Wind
zu wehen anfing. Die Natur zeigte hier einiges Leben und Käfer
fanden sich in außerordentlicher Menge; auch eine Herde Gazellen
kam uns zu Gesicht, aber kein einziges Raubtier.

Zu sehr früher Stunde brachen wir am folgenden Morgen auf,
mit einem tüchtigen Wasservorrat versehen, und nachdem wir etwa
10 Meilen zurückgelegt hatten, erreichten wir ein ziemlich reich mit
Talhabäumen besetztes und mit trockenen Kräutern bewachsenes
Tal. Hier sahen wir uns genötigt, den ganzen Tag zu bleiben, um
den aufs Äußerste erschöpften Kamelen einmal ruhige Weide zu
gewähren; auch mussten wir uns hier mit trockenem Holz sowie
wieder mit Wasser versehen, und so kam der folgende Vormittag
heran. Dennoch hatten wir kaum ein paar Meilen zurückgelegt, als
wir wieder eines unserer Kamele verloren, und so waren wir denn
genötigt, am Abend früher haltzumachen, als es unsere Absicht gewesen war. Um diesen Zeitverlust wieder beizubringen, brachen wir
schon vor Mitternacht wieder auf und legten ohne Unterbrechung
eine Strecke von 24 Meilen zurück; dann machten wir nur während
der heißesten Tageszeit einen kurzen Halt und lagerten am Abend
des 30. Juni nahe am Brunnen El War oder Temmi. Wir drangen
nämlich in das eng gewundene Tal ein, welches in das Herz der
überaus rauen und wilden Berggruppe selbst führt, während andere
Karawanen gewöhnlich an der Öffnung desselben lagern. Hier in
diesem Felsennest blieben wir den folgenden Morgen liegen, und als
die Sonne höher stieg, fand ich vor der zunehmenden Hitze in der
Höhle Schutz, wo sich das schöne, frische Wasser ansammelt. Ein
heftiger Wind, welcher sich schon am Abend zuvor erhoben hatte,
hielt mittlerweile ununterbrochen an.

Wir durften jedoch hier keine Zeit verlieren; denn dies war der
schlimmste und mühevollste Teil unserer Reise, und wenn wir alle
Verhältnisse berücksichtigten, hat man allerdings keinen Grund,
sich darüber zu wundern, dass Herr Dr. Vogel während seines ganzen
Marsches durch die wild-wüsten Gegenden auf eine Strecke von 3½
Grad auch nicht eine einzige astronomische Beobachtung angestellt
hat. Wir füllten also unsere Wasserschläuche, tränkten unsere Tiere
und setzten dann, noch ehe die Sonne den Zenit erreicht hatte,
unseren Marsch fort. Nachdem etwa 15 Meilen zurückgelegt worden

waren, machten wir eine kurze Abendrast, brachen um Mitternacht wieder auf und marschierten bis zur Mittagshitze 20 Meilen. Nach einer vierstündigen Rast brachen wir auch da schon wieder auf, marschierten bis zu später Abendstunde, legten uns nach dem einfachen Abendessen wiederum nur für ein paar Stunden auf dem schönen Wüstensand zur Ruhe nieder und machten dann abermals einen Marsch von etwa 15 Meilen. Es war ein schöner, kühler Morgen, so kühl im Vergleich zu der Hitze, an die wir gewöhnt waren, dass es uns bei Sonnenaufgang recht kalt vorkam; das Thermometer zeigte nämlich 68 °F, während wir am vergangenen Morgen 81 Grad gehabt hatten. Auf diesem Morgenmarsch hatten wir einen recht rauen Pass zu durchziehen namens »thnie e' sserhira«, wo die Felsen in höchst auffallender Weise wie die Wellen des Meeres gekräuselt waren. Wiederum folgte auf kurze Mittagsrast ein angreifender Marsch bis zum Abend.

(Dienstag, 3. Juli) Schon kurz nach Mitternacht brachen wir wieder auf und durchzogen früh am Morgen mit ansehnlicher Schwierigkeit und beträchtlichem Zeitverlust einen rauen, sandigen Pass namens »thnie el kebira«; dann machten wir halt. Wir waren 8½ Stunden marschiert, hatten aber nur eine Strecke von 15 Meilen zurückgelegt. Gern hätte ich hier einen längeren Aufenthalt gemacht, denn ich war außerordentlich erschöpft, aber der Brunnen war noch weit entfernt und ein langer Marsch stand uns daher bevor. So brachen wir denn am Nachmittag wieder auf und erreichten nach einem höchst mühsamen und beschwerlichen Marsch von mehr als 18 Meilen, mit wiederholtem Aufenthalt und verschiedenen schwierigen Passagen über die Sandhügel verbunden, den Brunnen Méscheru. Dieser ist allgemein berüchtigt wegen der großen Menge von Gebeinen unglücklicher Sklaven, mit denen er umgeben ist; aber obgleich diese menschlichen Überreste ohne Unterlass von dem Sturm, der über die Wüste peitscht, in den Brunnen getrieben werden, gilt doch das Wasser allgemein für ausgezeichnet; augenblicklich war es jedoch nicht eben sehr rein. Die ganze Umgegend gewährt ein höchst merkwürdiges Schauspiel, zumal der nördliche Landstrich, welcher hart an den Brunnen grenzt und den die Araber in etwas bösartig-witziger Weise »dendal Ghaladima« (d.i. Promenade des Ministers) genannt haben. Dieses Landschaftsbild würde für einen in Wasserfarben erfahrenen Landschaftsmaler ein gutes Studium bilden, aber es würde unmöglich

sein, in einer Bleistiftskizze die charakteristischen Züge desselben wiederzugeben.

Auf unserem fluchtähnlichen Marsch war es uns nicht einmal gestattet, uns hier die geringste Ruhe zu gönnen, und wir blieben nur eben lange genug, um einen hinreichenden Wasservorrat einzunehmen und eines unserer Kamele zu schlachten, das zum Weitermarsch vollkommen unfähig war. So legten wir denn heute etwa nur 18 Meilen zurück und erreichten am folgenden Tag nach einem mäßigen Marsch von 19 bis 20 Meilen den südlichsten vereinzelten Palmenhain des Fessan. Hier waren wir so glücklich, mit einer kleinen Tebu-Karawane zusammenzutreffen; darunter befanden sich auch einige sehr angesehene Männer, die uns die jüngsten Nachrichten von Mursuk brachten, und ich war hoch erfreut, zu hören, dass mich daselbst Herr Frederic Warrington, der mir vor länger als 5 Jahren so freundlich das Geleit aus Tripolis gegeben hatte, erwarte und dass der Mann, der während meines ersten Aufenthalts als Statthalter des Fessan eingesetzt worden war, einige Tage zuvor dasselbe Amt wieder übernommen habe.

Wieder im Fessan

(Freitag, 6. Juli) Dies war ein wichtiger Tag meiner Reise. Ich hatte nämlich nun den gefahrvollsten Teil dieses mühseligen Wüstenmarsches zurückgelegt und erreichte heute Tegèrri oder Tejérri, die erste bewohnte Ortschaft des Fessan. Ungeachtet der Kleinheit und Unwichtigkeit des Städtchens machte es doch einen tiefen und wohltätigen Eindruck auf uns, als uns die hohen, kastellähnlichen Tonmauern, die es einschließen, plötzlich durch den lichten Blätterschmuck zu Gesicht kamen, und ich konnte daher meinen Leuten nicht wehren, ihrer Freude, diesen wild-wüsten und unsicheren Landesgürtel in so kleiner Gesellschaft glücklich durchzogen zu haben, durch eine Menge Schüsse Ausdruck zu verleihen. Diese Demonstration hatte zur Folge, dass die ganze Bevölkerung des kleinen Städtchens herauskam, um mich zu begrüßen und mir wegen des Erfolgs meiner Unternehmung Glück zu wünschen. Das war aber auch der einzige Vorteil, den wir daraus zogen, einen Ort mit festen Ansiedlern erreicht zu haben. Denn nachdem wir unseren Lagerplatz unter den Dattelpalmen auf der nordwestlichen Seite des Städtchens gewählt hatten, kostete es uns die größte Mühe, uns auch nur den kleinsten Genuss zu verschaffen, und ich war froh, als es mir endlich gelang, ein einziges Huhn und ein paar Maß Datteln

zu erhalten. So war es denn nicht möglich, uns hier länger aufzuhalten und unseren Tieren eine kleine Ruhe zu gestatten, sondern
wir sahen uns genötigt, ohne Verzug unseren Marsch nach dem
Dorf Madrussa fortzusetzen. Das war jedoch bei dem Zustand, in
dem sich unsere Tiere befanden, keineswegs so leicht und ich hatte
die größte Mühe, den Ort am Abend des 8. d.M. zu erreichen, mit
abermaliger Einbuße eines Kamels und eines meiner Pferde; dazu
sah ich mich gezwungen, von den mir übrig gebliebenen Tieren
noch eines in Madrussa im Stich zu lassen, um dafür ein paar Kamele
zu mieten, die mein Gepäck nach Mursuk schaffen sollten.

Madrussa war der Geburtsort meines Dieners, des Gatroners, der
mir während der Dauer von beinahe 5 vollen Jahren (mit Ausnahme
einer einjährigen Dienstfreiheit, die ich ihm gewährte, um Weib
und Kind zu besuchen) mit der größten Treue und Anhänglichkeit gedient und sich fast ohne Ausnahme untadelhaft benommen
hatte. Natürlicherweise empfand er große Freude, seine Familie
wiederzusehen, aber er war zugleich auch dankbar gegen mich. So
schickte er mir denn ein gutes Frühstück und ein paar Hühner und
gab mir außerdem einige Weintrauben zum Geschenk; besonders
die Letzteren waren mir höchst willkommen, da es ein ganz un-
gewöhnlicher Genuss war. Ich war jedoch zu sehr darauf bedacht,
den noch übrigen Teil dieses Wüstenstriches hinter mir zu haben,
um mich hier lange der Ruhe zu überlassen, und brach daher kurz
nach Mittag desselben Tages wieder auf. Da begegnete ich etwa 6
Meilen weiter hin beim Dorf Bachil einer Tebu-Kafla, bei welcher
sich ein Eilbote von Kúkaua befand; dieser Bote hatte jedoch in
dem unruhigen Zustand des Landes eine Entschuldigung gefunden,
9 Monate auf seiner Sendung nach Mursuk auszubleiben, anstatt
ohne weiteren Aufenthalt in seine Heimat zurückzukehren. Nach
Erkundigung der Neuigkeiten setzten wir unseren Marsch fort und
erreichten nach etwa 4 weiteren Meilen Gatron. Der Ort besteht
aus mehreren engen, nahe beisammenliegenden Hüttengruppen
und bildet mit dem Saum seines Palmenhains einen sehr lieblichen
Kontrast gegen die nackte, kahle Sandwüste rundumher.

Auch in Gatron wurden wir gastfreundlich von den Verwandten
eines anderen Dieners behandelt; auch er war froh, seinen heimatlichen Herd erreicht zu haben. Dann lagerten wir am folgenden Tag
bei Dekir, hatten aber hier erst große Mühe, die Stelle des Brunnens
aufzufinden und dann ihn auszugraben, da er ganz und gar mit Sand
gefüllt war. Von Dekir aus erreichten wir dann in zwei sehr langen

Tagesmärschen, von denen der erste einen nächtlichen Marsch einbegriff, den 2½ Meilen diesseits des Dorfes Bedan gelegenen Brunnen und hörten hier, dass Herr Warrington 5 Meilen weiter im Dorf Yesse warte.

(Freitag, 13. Juli) Wir machten uns zu früher Stunde fertig und durchzogen wohlgemut die auf einem mit Salz geschwängerten Boden sich ausbreitende lichte Palmenpflanzung, indem wir im elenden Dorf nähere Auskunft erhielten. Da erblickten wir allmählich die solide, behagliche Zeltbehausung des Herrn Warrington und feuerten einige Schüsse bei unserer Annäherung ab. Gewiss musste es einen tiefen Eindruck auf mich machen, als ich mich nach so langer Abwesenheit wiederum in befreundeten Händen befand und im Bereich europäischer Genüsse. Gegen Nachmittag zogen wir dann ein wenig weiter bis zu einem freundlicheren Platz und betraten dann Mursuk am folgenden Morgen. Hier wurden wir bei unserem Einzug von einer großen Anzahl der Einwohner höchst ehrenvoll empfangen; auch ein Offizier des Bascha befand sich dabei, der uns weit entgegenkam.

Im Aufstandsgebiet

So hatte ich denn wieder die Stadt erreicht, wo unter gewöhnlichen Verhältnissen alle Gefahren und Schwierigkeiten zu Ende gewesen sein würden. Aber das war zurzeit nicht der Fall, da infolge der Unterdrückung der türkischen Regierung ein sehr ernsthafter Aufstand unter den mehr unabhängigen Stämmen des tripolitanischen Baschaliks ausgebrochen war, der sich von Djebel über den gesamten Ghurian ausbreitete, stets weiter um sich greifend und allen Verkehr abschneidend. Der Anstifter dieses Aufstands war ein Häuptling namens Rhoma, der vor vielen Jahren von den Türken in Gefangenschaft gesetzt worden und nun vor Kurzem infolge der Kriegsereignisse in der Krim aus seiner Haft in Trabzon entwichen war. Dieser Umstand setzte denn selbst meinem Zug durch diese Gegenden ernstliche Schwierigkeiten entgegen und verursachte mir einen längeren Aufenthalt in Mursuk, als ich mir ihn unter anderen Verhältnissen erlaubt haben würde, da mir unendlich viel daran lag, meine Reise so sehr wie möglich zu beschleunigen. Dennoch verweilte ich nicht länger als 6 Tage.

In Mursuk hatte ich einige Vorbereitungen für diesen letzten Abschnitt meines Marsches zu treffen und so volle Gelegenheit,

mit dem gewaltigen Unterschied in den Preisen der Lebensbedürf-
nisse bekannt zu werden, wie sie hier gültig sind, im Vergleich mit
denen im Sudan und vor allem in Kúkaua. So musste ich für die
kleine Ausrüstung, derer ich zu meiner Reise nach Tripolis bedurfte,
an 100 Mahbuben bezahlen. Wären solche Preise im Inneren des
Kontinents gültig, so würden sich die Kosten einer Expedition leicht
vervierfachen. Neben der Beschaffung des notwendigen Reisebedarfs
bestand mein Hauptgeschäft hier in der Auszahlung des Lohns einiger meiner Diener, besonders meines Hauptdieners Mohammed,
des Gatroners, dessen Treue und Anhänglichkeit ich schon oben
gerühmt habe. Zu dem kleinen Rest seines Lohnes, den ich ihm
noch schuldete, fügte ich das versprochene Geschenk von 50 spanischen Talern hinzu, das ich gern verdoppelt haben würde, wenn
ich die Mittel besessen hätte; denn er verdiente es in vollem Grade,
und nur die gewissenhafteste Aufrichtigkeit und ein großmütiges
Benehmen setzt den europäischen Reisenden in den Stand, sich in
diesen Gegenden Bahn zu brechen.

Um den Gefahren, welche meine Marschroute unter den obwaltenden Umständen bedrohten, zu begegnen, traf der Bascha die
Anordnung, dass eine Abteilung Soldaten, die er entlassen hatte
und die gerade jetzt in ihre Heimat zurückkehrten, mich begleiten
sollte, aber das schien mir von sehr zweifelhaften Folgen. Denn
solche Gesellschaft, die in manchen Gegenden allerdings etwas
größere Sicherheit gewährt haben würde, hätte dagegen in jenen
Gegenden, wo der Aufstand gegen die türkische Regierung Wurzel
gefasst hatte, die einheimische Bevölkerung unfehlbar gegen mich
gekehrt. Der Bascha war eine Zeit lang der Ansicht gewesen, dass
der einzig sichere Weg, den ich nehmen könnte, der über Benghasi
sei, um die in Aufstand verwickelte Landschaft ganz und gar zu
vermeiden. Aber ein solcher Plan schien mir keineswegs annehmbar,
sowohl wegen der größeren Entfernung dieser Straße und der damit
verknüpften Ausgaben als auch in Hinsicht auf die Gesinnung der
Araber jener Gegend, die, im falls der Aufstand erfolgreich gewesen
wäre, sicherlich keinen Augenblick verloren hätten, dem Beispiel
ihrer Brüder zu folgen.

(Freitag, 20. Juli) Nachmittags verließ ich Mursuk und lagerte mich
in der lichten Palmenpflanzung; dann rückte ich am folgenden Tag
eine kurze Strecke nach Schéggua vor, und hier nahm Herr Warrington Abschied von mir. Den größten Teil des folgenden Tages

rastete ich in der Nähe des Dorfes Delem und erreichte von hier aus nach einem starken Abend- und Morgenmarsch das Dorf Rhódua mit seinem hübschen Palmenhain und zahlreichen Resten früheren Wohlstandes. Am Nachmittag brachen wir dann wieder auf und lagerten nach einem langen nächtlichen und einem kürzeren Nachmittagsmarsch am Abend des folgenden Tages am Rande der Pflanzung von Ssebha, das vor einigen 20 Jahren der Wohnsitz des Häuptlings der Uëlad Sliman war. Hier blieben wir den nächsten Tag, um einige Ruhe zu genießen. Diese ganze Zeit über war die Hitze sehr bedeutend und das Thermometer stand um 2 Uhr nachmittags gewöhnlich zwischen 110 und 112 °F.

(*Donnerstag, 26. Juli*) Ein Marsch von 18 bis 19 Meilen brachte uns von Ssebha nach der kleinen Stadt Temahint, und hier lagerten wir etwas jenseits des Brunnens. Er war augenblicklich stark belebt, denn eine zahlreiche Kamelherde, die zu einem nahe liegenden Araberlager gehörte, wurde gerade getränkt. Diese Araber gehörten zum Stamm der Uëlad Sliman, die, seitdem sie sich in diesen Gegenden festgesetzt, stets einen Hauptansiedlungspunkt in Temahint gehabt haben. Eine große Menge derselben setzte mir während meines Halts stark zu; einesteils nämlich waren sie begierig, über die neuesten Verhältnisse ihrer Angehörigen in Kanem nähere Nachricht zu erhalten, andernteils bettelten sie um Geschenke. Mein freier Marsch durch die Wüste mit einer Handvoll Leute machte großes Aufsehen bei ihnen und sie wunderten sich, dass nicht diejenigen ihrer Landsleute, welche die Absicht hatten, in ihre Heimat zurückzukehren, diese Gelegenheit benutzt hatten, um sich gegen die türkischen Behörden einigermaßen sicherzustellen.

Wir hielten uns nur wenige Stunden während der heißesten Tageszeit bei Temahint auf, dann setzten wir unseren Marsch fort, machten am Abend wiederum einen kleinen Halt, brachen kurz nach Mitternacht wieder auf und lagerten am folgenden Tag in geringer Entfernung östlich vom Städtchen Sighen. Hier musste ich frische Kamele mieten, um meine Reise fortzusetzen, und konnte deshalb erst am Nachmittag des folgenden Tages wieder aufbrechen. Da erreichten wir denn nach einem Marsch durch nackten Wüstenstrich, der über O'm el Abid und über einen sehr rauen Bergpass führte, am Morgen des 2. August die wichtige Stadt Ssokna.

In Ssokna vermehrten sich die Schwierigkeiten meiner Reise infolge des aufrührerischen Zustands der Provinz, und bei unserem
längeren hiesigen Aufenthalt war es gut, dass wir ein reinliches und
luftiges Quartier außerhalb des eng zusammengebauten Städtchens
angewiesen erhielten. Ich war hier einigen angesehenen Leuten
empfohlen und musste mit ihnen überlegen, was zu tun sei; da
fand sich denn nach langer Beratung, dass das allein mögliche Verfahren darin bestehe, die übliche Straße über Bóndjem ganz und gar
aufzugeben und einen anderen Weg einzuschlagen. Aber auch die
Straße über Benghasi erwies sich als unbenutzbar und so entschied
ich mich denn für eine mehr westliche Straße, die sogenannte »trik
el Merhoma«, die über eine Reihe von Europäern noch nicht be-
suchter Täler ging.

Die Stadt Ssokna ist selbst heutzutage noch ein recht interessanter
Punkt, sowohl wegen der hier noch immer regen Handelstätig-
keit und der schönen Pflanzungen von Dattelpalmen und anderen
Fruchtbäumen als auch in Hinsicht des eigentümlichen Charakters
ihrer Bewohner, die noch gegenwärtig einen besonderen Dialekt der
Berbersprache bewahrt haben, der auch im benachbarten Fok-ha,
3 Tagereisen von hier auf der Straße nach Benghasi, gesprochen
wird. Jedoch augenblicklich war die Lage der Stadt keineswegs eine
günstige. ...

Am Abend des vierten Tages nach meinem Aufbruch von Beni-
Ulid erreichte ich die kleine Oase Ain Sara, dieselbe Stätte, wo ich
beim Antritt meiner langen afrikanischen Wanderung mehrere Tage
zugebracht hatte, um mich auf sie vorzubereiten. Hier wurde ich
mit großer Freundlichkeit von Herrn Reade empfangen, der mit
seinem Zelt und einem hübschen Vorrat europäischer Bequemlichkeiten aus der Stadt gekommen war, um mir an der Schwelle der
Zivilisation einen angenehmen Empfang zu bereiten, und man kann
sich denken, dass ich empfänglich dafür war.

Einzug in Tripolis

Nach einem angenehm zugebrachten Abend trat ich am folgenden
Morgen meinen letzten Marsch auf afrikanischem Boden an, um
nun meinen festlichen Einzug in Tripolis zu halten. Wie wir uns
der Stadt näherten, die ich vor 5½ Jahren verlassen hatte und die
mir nun als Eingangstor zu Ruhe und Sicherheit erschien, wallte
mein Herz vor Freude über und nach einer so langen Reise durch
öde Wüsteneien war der Eindruck, den der reiche Pflanzenwuchs in

den die Stadt umgebenden Gärten auf mein Gemüt machte, außerordentlich; jedoch bei Weitem größer war noch die Wirkung des Anblicks der unermesslichen Oberfläche des Meeres, das im hellen, dieser mittleren Zone eigentümlichen Sonnenschein im dunkelsten Blau sich entfaltete. Es war das prächtige, viel gegliederte Binnenmeer der Alten Welt, die Wiege europäischer Bildung, das von früher Zeit an der Gegenstand meiner wärmsten Sehnsucht und meines eifrigsten Forschens gewesen war, und wie ich in Sicherheit und wohlbehalten seinen Saum betrat, fühlte ich mich von solcher Dankbarkeit gegen die göttliche Vorsehung erfüllt, dass ich nahe daran war, von meinem Pferd abzusteigen, um am Gestade des Meeres dem Allmächtigen ein Dankgebet darzubringen, der mich mit Gnade durch alle die Gefahren hindurchgeführt hatte, die meinen Pfad umgaben, sowohl von fanatischen Menschen als auch von einem ungesunden Klima.

Es war gerade Markttag und der offen Platz, der die Meschiah von der Stadt trennt, war voll Leben und Rührigkeit. Aber wie hier die Künste des Friedens vertreten waren, so fehlte auch selbst nicht das Schaugepränge des Krieges, denn die Soldaten, die ganz vor Kurzem von Europa angekommen waren, um den Aufstand zu unterdrücken, wurden nahe am Meeresgestade gemustert, um die Eingeborenen einzuschüchtern, und ich bemerkte unter ihnen eine große Menge wohlgewachsener, kräftiger Leute, die da geeignet schienen, den ungeheuren Länderkreis des Osmanischen Reiches trotz der Fehler der Regierung und der Oberen eine Zeit lang zusammenzuhalten. Alles zusammen bildete ein überaus bewegtes, tief ergreifendes Schauspiel: das dichte Menschengewoge in den verschiedensten Charakteren und Gruppierungen, das dunkelblaue, weit offene Meer mit seinen Schiffen, der dichte Saum des Palmenwaldes ringsumher, dann die schneeweiß getünchten Mauern der Stadt, alles beleuchtet und erwärmt vom glänzendsten Sonnenschein.

So ritt ich dahin, bis in das Innerste meiner Seele erschüttert, und betrat die Stadt.

Der Generalkonsul, Colonel Herman, war abwesend, aber ich wurde in seiner schönen, von Warrington erbauten Wohnung einquartiert und von allen meinen früheren Freunden höchst liebreich und teilnehmend aufgenommen.

Ich blieb 4 Tage in Tripolis und schiffte mich dann auf dem türkischen Regierungsdampfschiff ein, das die Truppen gebracht

hatte und nun nach Malta zurückkehrte. Die Fahrt war schön und
schnell, und selbst die beiden afrikanischen Freigelassenen, A'bbega und Dýrregu, die ich mit nach Europa nahm, um bei ferneren
Unternehmungen in jenem abgeschlossenen Binnenland hilfreich
zu sein, hatten nur wenig zu leiden und gewöhnten sich bald an
das ihnen so ganz neue und wunderbare Element. Auch in Malta
hielt ich mich nur kurze Zeit auf und benutzte das Dampfboot nach
Marseille, um England auf dem kürzesten Weg zu erreichen. So
passierte ich denn ohne Aufenthalt Paris und kam am 6. September
in London an. Die Zeit meiner Ankunft war übrigens keineswegs
günstig, da alles abwesend war; aber sowohl Lord Palmerston wie
Lord Clarendon empfingen mich mit großer Freundlichkeit und
nahmen das lebhafteste Interesse an dem wahrhaft großen Erfolge,
der mein Unternehmen begleitet hatte. Von den übrigen Herren, die
mir Teilnahme bewiesen, will ich nur den trefflichen Herrn Osborne
Smith erwähnen; von Deutschen war niemand zugegen.

KAPITEL 31

RÜCKBLICK

So beschloss ich meine lange und erschöpfende Laufbahn als afrikanischer Forscher, von der diese Bände Bericht erstatten. Vorbereitet zu solchem Unternehmen an Geist und Körper, in Studien, Erfahrungen und körperlichen Strapazen, durch eine ausgedehnte, auf eigene Kosten ausgeführte Reise durch Nordafrika und Vorderasien, hatte ich mich diesem Unternehmen unter höchst ungünstigen Bedingungen als Freiwilliger angeschlossen.

Die ganze Anlage der Expedition war im Anfang äußerst beschränkt und ihre Mittel gering; nur durch den glücklichen Erfolg, der unser Unternehmen begleitete, konnte ihm eine größere Ausdehnung gegeben werden, und dieser Erfolg entsprang wieder insbesondere aus meiner Reise zum Sultan von Agades, die das durch große Unglücksfälle erschütterte Vertrauen in unserer kleinen Schar wiederherstellte. Als dann der ursprüngliche Anführer unseres Reiseunternehmens seiner schwierigen Aufgabe unterlegen war, hatte ich, anstatt mich der Verzweiflung hinzugeben, meine Laufbahn unter großen Schwierigkeiten fortgesetzt und ausgedehnt, vorher unbekannte Landschaften fast ganz ohne Mittel erforscht. Nachdem ich mich so eine Zeit lang durchgeschlagen hatte, wurde infolge des Vertrauens, das die englische Regierung auf mich setzte, die Leitung der Mission mir übertragen, und obgleich die mir bewilligten Mittel keineswegs groß und die mir wirklich zugekommenen selbst gering waren, und obwohl ich den einzigen europäischen Begleiter, der mir noch geblieben war, gerade damals verlor, beschloss ich doch, eine Reise nach dem fernen Westen zu unternehmen und den Versuch zu machen, Timbuktu zu erreichen und denjenigen Teil des Niger zu erforschen, der durch den zu frühen Tod Mungo Parks der wissenschaftlichen Welt unbekannt geblieben war. Dieses Unternehmen gelang mir über alle Erwartung und so riss ich nicht allein jenen ganzen ungeheuren Länderstrich, der selbst den arabischen Handelsleuten unbekannter geblieben war als irgendein anderer

Teil Afrikas,[46] aus dem Dunkel der Verborgenheit, sondern es gelang mir auch, mit all den mächtigsten Häuptlingen am Fluss entlang bis zu jener mysteriösen Stadt selbst freundschaftliche Verhältnisse anzuknüpfen.

Alles dies, mit Einschluss der Bezahlung der von der früheren Expedition hinterlassenen Schulden, führte ich mit ungefähr 10.000 Talern aus. Se. Majestät der König von Preußen trug 1000 Taler und ich selbst 1400 Taler bei. Allerdings ließ ich selbst auf der Straße, die ich persönlich erforschte, gar manches meinen Nachfolgern zur Verbesserung; aber immerhin habe ich die Genugtuung, mir bewusst zu sein, dass ich den Blicken des wissenschaftlichen europäischen Publikums eine höchst ausgedehnte Länderstrecke der abgeschlossenen afrikanischen Welt eröffnet habe. Ja, ich habe diese Gegenden nicht allein leidlich bekannt gemacht, sondern auch die Eröffnung eines regelmäßigen Verkehrs zwischen Europäern und jenen Landschaften ermöglicht, und ich hoffe, dass diese glückliche Erforschung des Inneren Afrikas stets als eine ruhmvolle Errungenschaft deutschen Geistes dastehen wird.

---

46 »Es erscheint auffallend, daß das Land unmittelbar östlich von Timbuktu bis nach Kaschna [Kátsena] den maurischen Kaufleuten unbekannter sein sollte als der übrige Teil Zentralafrikas« *(Quarterly Review,* Mai 1820, S. 234). In demselben Sinn drückt sich Captain Clapperton über die Gefahren der Straße von Sókoto nach Timbuktu aus (zweite Reise, S. 235).

KAPITEL 32

HEINRICH BARTHS LEBENSWEG
NACH DER GROSSEN REISE

Wieder in Europa

Heinrich Barth konnte nicht ahnen, dass ihm, dem 34 Jahre alten Mann, nach seiner Ankunft in London, am 6. September 1855, nur noch zehn Jahre und zwei Monate Lebens bestimmt sein würden. Sein unterwegs immer wieder gezeigtes Mitgefühl für die Not anderer und die unter Afrikanern stets bewiesene Kaltblütigkeit und taktische Klugheit wichen, scheinbar ganz plötzlich, einer wenig diplomatischen Reaktion auf »europäische« Schwierigkeiten, was sich in Schroffheit gegenüber der für ihn »neuen« Welt äußerte.

Er war ein »Heimkehrer« aus dem »Land der Schwarzen«, der selbstherrlich ein Reich nach dem anderen durchschritt, der Menschen und Tiere durch Wüsten und Wälder Tausende von Kilometern weit dirigierte, und für den als Maß aller Handlungen jahrelang nur der eigene Wille gegolten hatte.

Nun sah er sich nur noch von Europäern umgeben. Sie konnten sich 15.000 Kilometer auf Pferden und Kamelen ebenso wenig vorstellen wie ein fünf Jahre währendes, täglich gleiches Eingeborenen-Menü, das nur von »Kuren« mit Reiswasser oder Hirsebrei unterbrochen war. Nicht mehr in der freien Natur lagern zu können, bedrückte ihn ebenso wie zwischen die vier Wände seines Zimmers eingesperrt zu sein; nachdem er 620-mal genötigt gewesen war, für seine Fortbewegung am kommenden Tag zu planen. Im Foreign Office eines Weltreiches war er nicht mehr nur der sagenhaft berühmte »Abd el Kerim il Inglesi«.

»Endlich sehen wir ihn, den schon Verschollenen, aus jenen Gegenden, in denen seit dem Jahr 1788 sechzig Europäer ihrem Forschungseifer zum Opfer gefallen waren, wohlbehalten … zurückkehren … Seine Heimkehr glich fast einem Triumphzug. Doch nicht lange sollte dieser erste Rausch für ihn, der den heimatlichen Verhältnissen entrückt, ja denselben fast völlig entfremdet war, währen. – Schonungslos warf sich die Kritik auf seine Leistungen … Man ging in diesem Eifer so weit, seine Entdeckungen, durch welche er

einen unbekannten Erdraum, größer als Europa, erschlossen hatte,
geflissentlich herabzusetzen und sein Verdienst um die Geographie
auf Kosten der Naturwissenschaften zu schmälern« (W. Koner).

Als er am 1. Oktober wieder in Hamburg bei seiner Familie war,
erschien er äußerlich ruhig, wie wenn er eben erst von irgendeiner
Reise zurückgekehrt wäre. Sein Biograph von Schubert berichtet:
»Sein Auftreten hatte das Ernste, Würdevolle, Zurückhaltende, Stolze, fast Hochmütige im Benehmen der Wüstensöhne angenommen.
In den verwickeltsten Lebenslagen hatte sich sein ebenso kühner wie
überlegener Geist bewährt. Kein Wunder, dass sein Selbstvertrauen
noch mehr gestiegen war!

Aber das stete Auf-der-Hut-Sein gegen seine Umgebung hatte
auch das ihm angeborene Misstrauen zu bedenklicher Höhe entwickelt. Überall witterte er nun Absichtlichkeit und Berechnung
auf Ausbeutung seiner Person.«

Als Lebensstellung hatte Barth, wie selbstverständlich, eine Professur für Geographie an der Universität Berlin erhofft. Aber der ihm
wohlgesonnene von Bunsen schrieb ihm am 2. November 1855:
»Sie können sich nicht in eine allgemeine Professur der Geographie
hineinarbeiten, wobei man sehr vieles von Ihnen erwartet, und zugleich Ihr Werk rasch vollenden ... Ich will dabei nicht in Anschlag
bringen, dass Sie den Ansprüchen und Erwartungen Kieperts (eines
einflussreichen Berliner Professors) und seiner zahlreichen Freunde
in den Weg treten dürften, und eine große Opposition gegen sich
erwecken.«

Wie ein Schlag traf es ihn noch 1863, als die Berliner Akademie
der Wissenschaften, die ihn 1855 zu ihrem korrespondierenden
Mitglied ernannt hatte, es ablehnte, ihn zum ordentlichen Mitglied zu ernennen. Sein Lehrer Böckh, Lepsius und die Gebrüder
Schlagintweit (Asienforscher) stimmten gegen ihn. Er war für die
philologisch-historische Abteilung vorgeschlagen worden; aber es
hieß, er habe ja in der Philologie noch nichts geleistet. (Man bedenke
seine Arbeiten auf dem Gebiet der Sprachenforschung!) Nach der
schließlichen Ernennung zum außerordentlichen Professor am 13.
Mai 1863 (wozu man acht Jahre nach seiner Rückkehr brauchte)
schrieb er dem Schwager: »Das Cliquenwesen hier ist fürchterlich,
und der elende Schiller-Goethe-Streit charakterisiert die ganze Geschichte.« Das bezog sich auf die Streitereien eines Schiller-Komitees
und eines Goethe-Komitees in den Jahren 1860 bis 1863 wegen

der Frage, ob man beide Dichter-Heroen auf einem Denkmal zusammenbringen könne ...

Obwohl Barth eine rastlose Aktivität entfaltete, in der wesentlich auf seine Veranlassung hin gegründeten Carl-Ritter-Stiftung, durch einen weltweit gespannten Briefwechsel, als 2. Vorsitzender der Geographischen Gesellschaft, durch Vorträge, Aufsätze, seine Studienreisen, sein (wenig erfolgreiches) Eintreten für das »Vogel-Such-Komitee«,[47] vereinsamte Heinrich Barth von Jahr zu Jahr innerlich mehr. Schwer traf ihn der Tod des Vaters am 3. November 1856. Kurz nacheinander starben mächtige Gönner: Alexander von Humboldt, Carl Ritter und Christian von Bunsen (6.5., 28.9.1859 und 28.11.1860). Sogar mit August Petermann gab es Streit.

Unangenehm war auch das Scheitern der von ihm in Timbuktu angeregten Mission einer Abordnung des Scheich El Bakay nach London. Sie wartete seit dem 22. Juni 1857 in Tripolis vergebens, zu Handelsgesprächen nach England zu reisen. Denn während der Jahre, da Barth in Afrika weilte, grenzten England und Frankreich ihre Interessengebiete in Nordafrika ab. Barths Reisegebiet am Nigerknie fiel nun in das der Franzosen, und das Foreign Office wollte sie nicht durch einen Empfang von Emissären El Bakays verärgern.

Für den stets auf penibles Einhalten gegebener Versprechungen bedachten einstigen Leiter der »African Mission«, eben Heinrich Barth, sah das wie Treuebruch aus. Aber wie sollte er das seinem »Schutzherrn« von einst von Europa aus verständlich machen? Zu Neujahr 1858 äußerte er sich von Bunsen, damals noch preußischer Gesandter in London, gegenüber: »... denn das wussten Sie doch, ... dass ich nicht ein ganz gemeiner Lump sei (Verhalten zu El Bakay), ... und dass ich zu dieser sogenannten Regierungskrise selbst habe beitragen müssen.«[48]

In England gab es Misshelligkeiten ebenso mit der Londoner Geographischen Gesellschaft und der British and Foreign Anti-Slavery-Society. Beschuldigungen wurden laut, er und ebenso Dr.

---

47   Als »Wadai-Comité« sollte es die Suche nach dem verschollenen Reisegenossen
     Dr. Eduard Vogel fördern, über dessen Schicksal (Tod am 8. 2. 1956 in
     Wara, der alten Hauptstadt von Wadai) Barth erstmals am 28. Febr. 1857
     erfuhr. Amtlich teilte ihm der britische Generalkonsul Herman in Tripolis den
     Todesfall im Januar 1861 mit, im 6. Jahr nach dem Verschwinden des jungen
     Forschers. Erst Nachtigal erfuhr Näheres 1875 über die Tragödie in Abescher.
48   Die Abordnung wurde im Oktober zurückgeschickt. Man schob schlechtes
     Wetter für die Seefahrt vor!

Vogel hätten Sklavenhandel getrieben, Anwürfe, die nur aus völliger Unkenntnis der wahren Verhältnisse entstanden.

Alexander von Humboldt glaubte kritisieren zu müssen, es sei doch ein Mangel, dass Barth in Afrika keine astronomischen Lagebestimmungen durchgeführt habe. Obwohl gerade er doch hätte wissen müssen, dass sein »guter Bekannter« auch noch einiges andere für die Wissenschaft geleistet hatte, und dass er damit dem Ansehen des von Neidern umgebenen Mannes nur weitere Steine in den Weg legte.

»Wie sehne ich mich nach einem freien Nachtlager in der Wüste«, seufzte der also Bedrängte, »wo, ohne Ehrgeiz, ich mich im Hochgenuss der Freiheit nach Beendigung des Tagesmarsches auf meine Matte zu strecken pflegte; um mich meine Habe, meine Kamele, mein Pferd. Fast bereue ich, dass ich mich selbst in diese Ketten gelegt habe.«

Verhandlungen wegen eines Konsulatspostens für Barth in Konstantinopel, Damaskus oder Siam verliefen im Sande.

Im Mai 1857 kamen nach vierzehn Monaten Schreib-Schwerstarbeit die ersten drei Bände seines Hauptreisewerks in Englisch und in Deutsch heraus, im Jahr darauf, dank der sorgfältig geschriebenen Tagebücher, die beiden letzten.

Sie sollten endlich »der Welt« zeigen, was geleistet wurde.

Es gab neben guten auch schlechte Kritiken. Man vermisste Eleganz des Stils und bemängelte Überladung des Textes mit unwesentlichen Kleinigkeiten. Vom »Gelehrten alter Schule« war die Rede (damals schon!).

Alles Negativa also, zu dem sein Wesen und seine heftigen Reaktionen – man muss dies hinzufügen – nicht wenig beitrugen. Schon in London, wo der berühmte Reisende bei seiner Heimkehr »mit ausgesuchter und echt britischer Gastfreundschaft« aufgenommen worden war,[49] ließ er sich nur wenig Zeit für Geselligkeit.

Als er dann nach Berlin übersiedelte (August 1858), setzte er zwar »daheim« sein einsiedlerisches Junggesellenleben fort und sah hier nur wenige wirkliche »Bekannte« bei sich; aber der Wunsch, »eine Lebensgefährtin zu finden«, war doch in ihm erwacht. Wieder ist es der Schwager, dem er sein Herz ausschüttet: »Eine Genossin, wenn ich glücklich wählte, würde mein ganzes Leben erst zur Entfaltung

---

49   D. Livingstone begrüßte ihn besonders herzlich, als er ihn nach seiner ersten Afrika-Durchquerung am 28.2.1857 traf.

bringen können. Ich schmachte nach Herzensaustausch und gemütlicher Gesellschaft.«

Während der Vorbereitungen zum Druck seines Reisewerks meinte er: »Kommt mein erster Band nur heraus, so werde ich schon Gelegenheit finden, entsprechende Naturen kennenzulernen.« Aber auch beim fünften erfüllte sich seine Hoffnung nicht. Gustav von Schubert konnte da nur von »naiver Lebensauffassung« sprechen.

Lebensabend eines großen Forschers

Für einen Mann wie Heinrich Barth, der nach seiner Rückkehr ganz erfüllt davon war, den Bericht über die Expedition so genau wie möglich zu gestalten, der den dornigen Weg der Berufssicherung zu gehen hatte, Kritiken und Intrigen standhalten musste, war alles, was mit Geld zusammenhing, begreiflicherweise keine angenehme Sache. Da galt es, mit dem Foreign Office über die Kosten der Expedition abzurechnen, die Finanzierung der englischen wie der deutschen Ausgabe seines Reisewerkes zu sichern und eine angemessene Besoldung für die Zeit in London und später in Berlin zu erreichen. Es gibt hierzu in den Quellen eine Menge nicht gerade übersichtlicher Angaben.[50] Die erhaltene Korrespondenz zeigt, welchen Unmut sie bei dem grundehrlichen Mann erzeugten, der zudem auch auf eigene Gelder (von Vaters Seite) zurückgreifen konnte.

Mehrfach musste Heinrich Barth den preußischen Kultusminister von Bethmann-Hollweg an die Zahlung der vor der Reise ihm zugesagten Jahresbeträge erinnern.

In der Sammlung von Barth-Archivalien, die die Hamburger Staatsbibliothek bewahrt, findet sich der Entwurf eines darauf zielenden Schreibens an den Geheimrat Olshausen (im Kultusministerium):

»… denn auch ich kann nicht von der Luft leben … Ich glaube wohl, dass ich genug von Eigenem geopfert habe, und 3500 T. sind bis jetzt das einzige, was ich von der hiesigen Regierung oder der Gnade S. M. des Königs bezogen habe. Will man mich trotz meiner Aufopferung hier nicht haben, so braucht man es mir nur klar und unumwunden zu sagen, und ich hege die Hoffnung, dass irgendein anderer deutscher Staat einen Jahresgehalt von wenigstens 1500 T. für mich erübrigen wird.«

---

50 So wurden als »Totalkosten«, die der englischen Regierung durch das Unternehmen entstanden, angegeben: 12.167 Pfd., 11 sh, 5 d; einschließlich der Zahlungen an Heinrich Barth und an die Witwe von Richardson.

Die Universität Jena bot ihm die Professur an, die ihm Berlin
versagte. Doch erst acht Jahre nach seiner Heimkehr berief ein neuer
preußischer Kultusminister ihn als außerordentlichen Professor für
1500 T./Jahr. Befriedigt, auch deswegen, weil er erster Vorsitzender
der Berliner Geographischen Gesellschaft geworden war, schrieb
er an v. Schubert am 13. Juli 1864, 16 Monate vor seinem Tod:
»Wirklich fange ich an, die geistigen Früchte meiner Bemühungen
zu genießen.«

Von den sechs z.T. sehr anstrengenden Studienreisen, die der ge-
sundheitlich geschwächte, aber rastlose Mann seit 1858 durchführte
(Türkei, Alpen, Italien), fiel die letzte in sein Todesjahr. Zuvor hatte
er sich in Cannstatt einer »Radicalcour« unterzogen, »um meinen
Leib einmal von allen Schäden und Gebrechen zu reinigen und
desto gesünder und frischer die mir noch verbleibende Lebenszeit
nutzen zu können ...« (Brief an den Schwager). 1866 wollte er den
Sommer im Süden genießen. Aber sein Zustand verschlechterte
sich. Die Enttäuschungen nach der Rückkehr aus Afrika verstärkten
seine depressive Gemütslage. Der persönliche Verkehr schrumpfte
auf wenige Personen zusammen.

Die Folgen jahrelanger Gewohnheit, sich selbst zu kurieren,
machten sich um den 20. November 1865 in starken Schmerzen bemerkbar. Von der Inangriffnahme seines Planes, ein umfangreiches
Werk über Afrika und das Becken des Mittelmeeres zu schreiben,
war keine Rede mehr.[51] Stetige Sorge quälte ihn wegen des jüngeren
Bruders Ludwig, dessen Schulden er immer wieder beglich. Das
väterliche Haus am Hopfenmarkt in Hamburg musste im Juni 1864
verkauft werden.

Die letzte Korrespondenz befasste sich mit G. Rohlfs, der gerade
auf seiner großen Reise zum Sudan Mursuk erreicht hatte. Auch
war er, auf Drängen von Petermann, in den Ausschuss für Polar-
forschung eingetreten, ohne viel zu erreichen. Am 12. 10. 1865
schrieb er über ihn, der Berichte und Karten Barths bearbeitete
und seine Werke verlegerisch betreut hatte, an den Schwager: »P.
ist mir, trotz seiner großen und wahrhaft ausgezeichneten geistigen

---

51 Auch konnte er das monumentale Sprachenwerk (1862, 1863, 1866) nicht
    mehr abschließen. Erst Doris Essing befasste sich 1967 näher mit der »afrika-
    nisch-linguistischen Hinterlassenschaft von H. Barth« in »H. B., ein Forscher
    in Afrika«, Wiesbaden, S. 371–396.

Befähigung, als Erzschreier und gesinnungsloser Wetterhahn ganz widerlich geworden.«[52]

Barths letzter von vielen an den Schwager gerichteten Briefen (31. 10. 1865) berichtete vom soeben gemeldeten Tod des Scheichs El Bakay in Timbuktu.

Schon im Mai hatte Barth über allgemeine körperliche Schwäche geklagt. Nach nur zweitägigem Krankenlager starb der Vierundvierzigjährige am 25. November unter großen Schmerzen.

Die langjährige mütterliche Freundin, Witwe des Prof. Weiss, schloss ihm, im Beisein von Prof. Beyrich und eines Hausgenossen, die Augen.

Die Diagnose lautete auf »Diätfehler und Zerberstung der Magenwände infolge einer heftigen Magen- und Darmentzündung«.

Der berühmte Chirurg Prof. Virchow war bei der Sektion zugegen, wenn er sie auch nicht, wie v. Schubert angibt, selbst vorgenommen hat. Er wunderte sich über die Schrift von Barth. Die Buchstaben sind heute noch fast alle gut leserlich und millimeterklein. Unwahrscheinlich, wenn man z.B. die Umstände bedenkt, unter denen in der Karawanenzeit oft die Itinerare entstanden (siehe den Anhang). – Ein graphologisches Gutachten, zu dem die Unterlagen reichlich im Nachlass zu Hamburg vorhanden sind, bleibt, als sicher lohnende Ergänzung von Heinrich Barths Persönlichkeitsbild, seit dem Analysen-Kompendium von 1967 (H. B., ein Forscher in Afrika) ein Wunsch des Herausgebers.

Am 29. November 1865 wurde er, nachmittags 3 Uhr, zu Berlin auf dem Jerusalemer Friedhof bestattet. Ein hohes Marmorkreuz kennzeichnete das Grab. Darauf war eine Inschrift angebracht. Sie verkündete:

> »Der vielgewanderte Erforscher
> Zentralafrikas[53] fand hier
> die Stätte der ewigen Ruhe.«

Eine Gedächtnisfeier veranstaltete die Berliner Geographische Gesellschaft am 9. Januar 1866. W. Koner rühmte den »Weltbürger«.

---

52 Der überaus impulsive Petermann gab sich, als sein Einfluss auf Geographie und Welterforschung zurückging, mit 56 Jahren selbst den Tod (1878).

53 Auch hier die Vorstellung von der »Mitte« Afrikas, während andere danach (Stanleys Kongo-Fahrt 1874–77) das Kongo-Stromgebiet als den Zentralraum ansahen.

Die Royal Geographical Society zu London charakterisierte den Verstorbenen mit den Worten: »Ein solch intelligenter, unermüdlicher und zuverlässiger Forscher wird selten gefunden werden.«

Zum 100-jährigen Todestag (1965) ließ die Berliner Gesellschaft für Erdkunde die Grabstätte wieder würdig herrichten.

Es waren britische und französische Forscher, die im späten 19. und beginnenden 20. Jahrhundert seine Pioniertaten am nachdrücklichsten würdigten.

Noch dreißig Jahre nach Heinrich Barths Tod erhielt der Forscher Emile Hourst am Niger-Bogen von einem Tuareg den Rat: »Sage, du seist ein Sohn Abd el Kerims; das wird dein Schutzbrief sein.« Hourst bereitete die Befahrung des Niger vor (die er 1896 durchführte) und wollte Näheres über die Sicherheitslage im Nigergebiet wissen, nachdem 1894 Timbuktu in französische Hände gelangt war.

Walter Reichhold, der im deutschen diplomatischen Dienst in Westafrika tätig war und bis heute ebendort um die Erforschung der Lebensweisen und der Gedankenwelt in den von Heinrich Barth durchwanderten Regionen erfolgreich bemüht ist, stellte 1958 fest: »Das Andenken Heinrich Barths ist heute bei den Stämmen des nördlichen Obervolta (Emirat von Liptako) noch lebendig.« In Nigeria würdigten einheimische Wissenschaftler 1965 das Wirken Abd el Kerims.

Im deutschen Sprachenraum wurde er nie so volkstümlich wie Gustav Nachtigal, Gerhard Rolfs oder Georg Schweinfurth.[54]

Wohl trägt in Hamburg eine Straße seinen Namen und wurde 1965 ein Barth-Preis gestiftet.

Die internationale Wissenschaft kannte »ihren« Barth und bezog sich bei der Abhandlung schwieriger Fragen verschiedenster Disziplinen auf ihn als Autorität.[55]

Erst das 1967 erschienene Sammelwerk »Heinrich Barth, ein Forscher in Afrika« (15 Autoren, Wiesbaden, bei Fr. Steiner) bemühte sich, auf den Nachlass (Staatsarchiv Hamburg) gestützt, interdisziplinär die Leistungen Heinrich Barths darzustellen (u.a. H. Beck, D. Essing, E. Jany, F. Klein-Franke, R. Furon, J. Weinand und H. Weis).

---

54 Er selbst bezweifelte, ob sein mit trockener Historie, Tabellen und Anhängen überladenes Werk überhaupt mehr als ein paar Spezialisten als Leser gewinnen werde. Nachtigals »Sahara und Sudan« war dagegen lange eine Art von Bestseller.

55 A. A. Boahen, E. Banse, E. Bovill, R. Italiaander, A. H. M. Kirk-Greene, E. Migliorini, E. Plewe, R. M. Prothero, Lord Renell of Rodd.

Dass in der Folgezeit Politiker und mit Entwicklungshilfe Befasste glaubten, aus dem so detaillierten Barth'schen Situationsbericht über ein zu seiner Zeit noch unabhängiges Afrika nichts lernen zu können, mag sich aus der erst langsam wieder weichenden, bequemen Historie-Feindlichkeit erklären. Inzwischen jedoch bahnt sich, angesichts vermehrter, auf Heinrich Barth zielender Themenstellung der Arbeiten an unseren Hochschulen, eine Barth-»Renaissance« an.[56]

Schrifttum

1. *Barth, Heinrich, Dr.: Reisen und Entdeckungen in Nord- und Central-Afrika in den Jahren 1849 bis 1855, Tagebuch seiner im Auftrag der Britischen Regierung unternommenen Reise, Gotha, Justus Perthes 1857 (Band I–III), 1858 (Band IV–V).*

2. *Bernus, Suzanne: Henri Barth, chez les Touaregs de l'Air. Niamey 1972.*

3. *Boahen, Albert Adu: Britain, the Sahara and the Western Sudan 1788–1861. Oxford 1974.*

4. *Bovill, Edward William: The golden trade of the Moors. London 1958.*

5. *Brown, Robert: The Story of Africa and its explorers. London 1892/95, 4 Bde.*

6. *Embacher, Friedrich: Lexikon der Reisen und Entdeckungen. Leipzig 1882.*

7. *Gardi, René: cram cram. Erlebnisse rund um die Aïr-Berge in der südl. Sahara. Stuttgart, 1973.*

8. *Hassert, Kurt: Die Erforschung Afrikas, Leipzig 1941.*

9. *Italiaander, Rolf (Hrsg.): Heinrich Barth. Im Sattel durch Nord- und Zentralafrika, Wiesbaden 1967.*

10. *Italiaander, Rolf (Hrsg.): Heinrich Barth. Er schloß uns einen Weltteil auf. Unveröffentl. Briefe u. Zeichnungen des großen Afrika-Forschers, Hamburg 1970.*

11. *Mauny, Raymond: Tableau géographique de l'Ouest Africain au Moyen Âge, Dakar 1961.*

---

56 Eine zweibändige, von Dr. Lorentzen in Gotha bearbeitete Ausgabe erschien bei Perthes 1859 und 1860, das Hauptwerk in niederländischer, dänischer und französischer Übersetzung. Ein Neudruck des Hauptwerkes kam 1965 heraus. Die 5 Bände des Originalwerks wurden 1975 mit bis zu 10.000 DM gehandelt.

12. Schiffers, Heinrich (Hrsg.): Heinrich Barth, ein Forscher in Afrika. Leben, Werk, Leistung. Wiesbaden 1967. Darin: Stationen des Reisewegs. Tagebücher und Sprachenwerk. – Quellen.

13. Schiffers, Heinrich: Wilder Erdteil Afrika. Das Abenteuer der großen Forschungsreisen. Bonn 1962. Darin: Zeitliche und räumliche Nachbar-Beziehungen. 228 Abb.

14. Schleucher, Kurt: Frühe Wege zum Herzen Afrikas. Darmstadt 1969. Darin über A. Overweg und E. Vogel.

15. Souvenirs de H. Barth (1821–1865), Acta Geographica, 4ᵉ Trimestre 1967, Fascicule Spécial 69–70, Paris, Société de Géographie. – Darin: Nachlass (Tagebücher) in Paris. Beiträge von Felix Klein-Franke und Heinrich Schiffers.

16. von Schubert, Gustav: Heinrich Barth, der Bahnbrecher der deutschen Afrikaforschung. Berlin 1897.

17. Wagner, Hermann: Ed. Vogel, der Afrika-Reisende. Leipzig 1860

Afrikanisch-europäisches Gespräch vor 125 Jahren

Vorbemerkung

Dialogszenen wie die folgenden sind nach Thema und Ausführlichkeit selten in anderen Reisewerken jener Zeit. Sie zeigen eine andere Persönlichkeit als die des unbeholfenen Einzelgängers daheim, der sich vergeblich um die Erringung einer Lebensgefährtin bemüht, eine andere auch als die des Gelehrten, der zwischendurch Hunderte von Seiten mit Vokabularien, mit »Chronologischen Tabellen über die Geschichte von Sonrhay« u.ä. füllt.

Und doch macht das noch nicht den ganzen Menschen aus! Auch in Timbuktu sichert er Überleben und gewinnt Ansehen und Jahrzehnte nachwirkenden Ruhm allein durch die Kraft des Geistes, die sich in der Auseinandersetzung mit Afrikanern bewährt. Es ist für uns Heutige vielleicht überraschend, wenn festgestellt wird, dass auch und gerade die »Gegner« die Diskussion mit Abd el Kerim suchen, um aus überzeugenden Argumenten das Recht herzuleiten, ihn vertreiben oder gar vernichten zu können. Bei manchen Unterhaltungen, mit El Bakay und seinen Schülern, wird über das Wesen Gottes, das Weltall oder über Götzenbilder gesprochen.

Die Welt des Islam und die der Christen bilden das Hauptthema. Die Gesprächspartner sind überrascht von der genauen Kenntnis der Dinge und Barths Schnelligkeit im Argumentieren. Obgleich er mit seinen Einwürfen nicht immer durchdringt, reicht es doch meist zu stummer Duldung, wenn nicht gar zu Achtung.[57]

Man hat manchmal den Eindruck, als wenn von den »Gegnern« Pressionen oder Drohungen nur darum inszeniert wurden, um nachher Stoff zum Palavern zu haben, da es sich rasch herumsprach, dass Abd el Kerim sich dabei nicht eben fürchte. Das geistige Florettfechten gehört zum Wesen aller Bewohner dieses

---

57 Barth berichtet näher über vierzehn Gespräche: Bd. IV S. 455, 462, 472, 475, 495, 510, 511/2, 515, 524/5, und Bd. V S. 3/4, 65, 92/93, 104, 233/34.

Erdenstrichs, wie man immer wieder den Reiseberichten entneh-
men kann. Es steht dahinter das Gefühl, dass mit dem etwaigen
Vordringen des Christentums *der Islam herausgefordert sei,* dessen
Alleingültigkeit nicht nur als Religion, sondern weitaus mehr als
allgemeine Lebensnorm angefochten zu sein schien. Ferner bot
die »neutrale« Plattform solcher Gespräche einen Weg, sich seine
Sorgen wegen des *Vordringens der Europäer* vom Herzen zu reden,
mit dem das Christentum absolut identifiziert wurde. Drittens
war es möglich, indem man den so sehr islamkundigen Abd el
Kerim einmal als Ebenbürtigen gelten ließ, ihn als Katalysator für
Entwürfe und Beschlüsse auf dem Felde der eigenen *Landespolitik*
zu benutzen.

Eine Beurteilung der *Unterhaltungen* muss den Neben- oder
Unterton des Kuriosen, den Akzent der gefälligen Beigabe vermeiden, der sich in früheren Darstellungen von Barths Reisen nicht
selten bemerkbar macht. Sie sollten vielmehr die ihnen gebührende
zentrale Stellung bei Untersuchungen über das »Erwachen« Afrikas
einnehmen, das zehn, zwanzig Jahre später von Truppenlandungen,
Truppenformierung aus Afrikanern, Grenzziehungen und Flaggen-
hissungen überdeckt wurde.

Die Gespräche

Die nachfolgend angeführten *Beispiele* sollten nicht mit dem Maßstab systematisch aufgebauter Vorlesungen gemessen werden. Sie
verstehen sich vielmehr ganz aus der *jeweiligen Situation,* in der
sich die Gesprächspartner gerade befinden. Sie enthüllen auch
alle mehr oder weniger den *unmittelbaren Zweck* oder eine *Neben-*
absicht.

1. »*Eines Tages besuchte … mich … (Alauate in Timbuktu),* in Gesellschaft seiner hauptsächlisten Schüler, und drang in ernstlicher Weise
in mich, meinen Glauben zu wechseln und aus einem Ungläubigen
ein wahrer Gläubiger zu werden. Da fühlte ich mich denn in meinen
Beweisgründen stark genug, um meine religiösen Grundsätze zu
verteidigen und forderte ihn auf, mir den Vorzug seines Glaubens
zu beweisen, in welchem Falle ich nicht verfehlen würde, denselben
sofort anzunehmen, aber auch nicht eher.

Darauf begann er denn, unterstützt von seinen Schülern, mit
Eifer eine lebhafte Disputation, in der festen Hoffnung, dass sie bald
imstande sein würden, meine Gründe zu widerlegen.

Aber nach einer kleinen Weile fanden sie meine Gründe doch etwas zu stark und sahen sich gezwungen nachzugeben, hielten es zurzeit auch nicht geraten, ihre Bemühungen, mich zum Islam zu bekehren, fortzusetzen.

Dieser Umstand verbesserte meine Lage in außerordentlichem Grade, indem meine Sicherheit auf die aufrichtige Achtung gründete, welche mehrere der einsichtsvollsten Einwohner von mir gewannen« (IV, 455).

2. *El Bakay hat den Stamm (der nördlich Timbuktus in der Wüste nomadisierenden) Tademekket aufgefordert, zu seinem Beistand in die Stadt zu kommen.* »Am Abend des 6. Dezember kam Auab, das Haupt der Tin-ger-egedesch, mit 50 Reitern an und wurde vom Scheich in der Nähe unserer beiderseitigen Wohnungen einquartiert *(in Timbuktu)*.«

»Ich *(Barth)* begrüßte ihn *(Auah)* und erklärte ihm …, wofür ich mir ihren Schutz erbäte. Er machte mir einen Einwurf hinsichtlich meines Glaubens, weil ich Mohammed nicht als Propheten anerkenne. Aber es gelang mir, seinem Angriff auszuweichen, indem ich ihm erwiderte, dass sie ja selbst Mohammed nicht als den einzigen Propheten annähmen, sondern gleichfalls Mussa, Aissa und manchen anderen, und dass sie selbst in Wirklichkeit den Vorrang Aissas (Jesus) in gewisser Beziehung dadurch anzuerkennen schienen, dass sie voraussetzten, er werde am Ende der Welt wiederkommen.

Indem wir nun so zwar einen verschiedenen Propheten hätten, aber einen und denselben Gott verehrten und, abgesehen von einigen wenigen Abweichungen in Bezug auf unsere Lebensweise und unsere Sitten, denselben religiösen Grundsätzen folgten, wie sie, schiene es mir, dass wir einander näherstünden, als er glaube, und wohl gute Freunde sein könnten, indem wir einander solche Vorteile darböten, wie sie einem jeden zu Gebote stünden« (IV, 509–511).

»Der Häuptling … schien hoch entzückt zu sein, als ich ihm sagte, wie alt der Islam in diesem Stamm sei.

Wie mir meine geringe Kenntnis dieser historischen und religiösen Verhältnisse überhaupt von großem Wert war, so war es doch ganz besonders hier der Fall, um mir die Achtung der Eingeborenen zu erwerben und ihre Vorurteile zu besiegen.«

3. »Während ich beim Scheich (El Bakay) war, kam ein Pullo-Häuptling (Gegenpartei!) mit zwei Gefährten von Gundam an. [Er] machte meinem Beschützer in meinem Beisein Vorwürfe darüber, dass er einem Ungläubigen so viel Rücksicht bewiesen habe und meinte, dass doch wenigstens meine Habe dem Herrscher von Hamd-Allahi hätte ausgeliefert werden müssen. Es gelang mir jedoch, ihn zum Schweigen zu bringen, indem ich ihm bewies, welche geringe Kenntnis er in Religionssachen besäße, während er mich doch einen Ungläubigen zu nennen wagte.

Besäße er wirklich Kenntnis von seinem Glauben und Vertrauen in denselben, so wäre es seine erste Pflicht, den Versuch zu machen, diejenigen seiner Landsleute zu bekehren, welche noch dem Götzendienst ergeben seien.

Zugleich sprach ich gegen den Häuptling Auab, der ebenfalls zugegen war, meine Ansicht aus, dass es scheine, als ob sie sich vor den Fulbe fürchteten; denn sonst würden sie den Letzteren wohl nicht erlauben, Reisende zu belästigen, welche diese Stadt in friedlicher Absicht besuchten, während ihre angemaßte Oberhoheit über die Stadt nicht einmal so weit reiche, dass sie die Eingeborenen beschützen könnten ...« *(Die Tuareg stritten mit den Fulbe um die Schutzherrschaft über Timbuktu) – (IV, 511–12).*

4. *Heinrich Barth bei seinem Schutzherrn El Bakay in Timbuktu (Lager).* »Nachdem ich etwas Ruhe genossen hatte, war ich imstande, am Abend eine lange Unterhaltung über das Paradies und den göttlichen Charakter des Kuran (Koran) mit dem Scheich zu führen. Überhaupt bot diesmal unser Aufenthalt bei den Zelten mehr Gelegenheit zu einer interessanten Unterhaltung als gewöhnlich dar, da meinem Beschützer daran gelegen war, seine Freunde und Anhänger von der Tiefe der religiösen Überzeugung der Christen zu überführen.

Einen Teil des Tages las der Scheich seinen Schülern Abschnitte aus dem ›hadith‹ Bocharis vor, während sein junger Sohn ... seine Lektion aus dem Kuran laut wiederholte. ... Im Laufe des Abends wurden mehrere Abschnitte – ssurat – (Suren) aus dem heiligen Buche von den Schülern bis zu später Stunde der Nacht mit melodischer Stimme gesungen. Nichts übte größeren Zauber über mich, als diese schönen Verse von so klangreichen Stimmen in dieser offenen Wüstenlandschaft unter dem herrlichen unbegrenzten Himmelsgewölbe am Abendfeuer singen zu hören ...

Ein Christ muss Zeuge solcher Szenen gewesen sein, um die Mohammedaner und ihren Glauben mit Gerechtigkeit zu beurteilen.

Lasst uns nicht vergessen, dass, wenn nicht die Verehrung der Heiligenbilder den christlichen Glauben im 7. Jh. geschändet und nicht Streitigkeiten um die abgeschmacktesten und abergläubischsten Vorstellungen die christliche Kirche zu jener Zeit zerrissen hätten, gar keine Möglichkeit da gewesen wäre, dass ein neuer Glaube, auf die Grundsätze des Monotheismus begründet, aber dem Christentum in offener Feindschaft gegenüberstehend, sich erhoben hätte ...« (IV, 523/4).

5. *(Wie vor.)* Wir blieben ein paar Tage hier und hatten am Abend des 24. Dezember wieder eine lange Unterhaltung, die für den verschiedenen Bildungsstand des Christen im Vergleich mit demjenigen des Mohammedaners bezeichnend genug war. Indem wir die Einrichtungen der Europäer besprachen, belehrte mich mein Wirt (El Bakay) darüber, wie wir gewohnt wären, unser Eigentum zur See und zu Land zu versichern, selbst die Saat auf dem Felde, ja sogar das eigene Leben.

Der Scheich schien äußerst erstaunt und war kaum fähig, meinen Worten Glauben zu schenken. Allerdings konnte er nicht leugnen, dass das eine gute ›debbara‹ sei, eine kluge Vorkehrung für die Sorgen dieser Welt. Aber als frommer Moslem war er der Ansicht, dass solche Wege das Heil der Seele gefährden könnten ...

... Auch war es leicht, ihm zu beweisen, dass, was Gewinn betrifft, seine Glaubensgenossen, die doch jede Art von einfachen Zinsen für ungesetzlich halten, durchaus nicht besser als die Christen seien; denn obgleich die Moslems nicht eigentliche Zinsen nehmen, wissen sie doch die Geschäfte so geschickt abzuschließen, dass sie in Wirklichkeit einen viel höheren Zinsfuß erzielen, als irgendein ehrlicher Christ nehmen würde ...« (IV, 525).

6. *(Auf einem Ausflug mit dem Scheich El Bakay nach Kabara bei Timbuktu.)*

»... und da religiöse Punkte von meinen Feinden stets mehr und mehr in den Vordergrund geschoben wurden, besonders aber in den gelehrten Briefen, welche der Emir von Hamd-Allahi dem Scheich als Antwort sandte, fing meine Unterredung mit dem Ersteren an, sich mehr und mehr religiösen Gegenständen zuzuwenden, wie dem Punkte der Rückkehr des Messias am Ende der Welt und der Er-

klärung des Namens ›Paraklet‹, der im Neuen Bund dem Heiligen
Geist gegeben wird ...«

7. »Auch unter sich waren die beiden Herren (Scheich El Bakay
und sein Bruder) durch meine Dazwischenkunft mehr auf religiöse
Streitpunkte geführt worden, und als ich dem Scheich eines Tages
Besuch abstattete, fand ich die beiden Brüder in lebhaftem Streite
über das Verhältnis Aissas (Jesus) ... zu Mohammed, und es entspann sich eine hitzige Verhandlung über die sophistische Frage, ob
nach der Rückkehr Aissas auf die Erde erlaubt sein würde, Kamelfleisch zu essen ...« (V, 4/5).

8. *Unterredung mit El Bakay und seinen beiden Brüdern.*
»Ich hatte mittlerweile einen harten Stand Ssidi Mohammed
gegenüber, der fortwährend ernste Angriffe auf meine Religion
machte und mich nur mit dem eben nicht ehrenvollen Prädikat ›kafir‹ bezeichnete. Ich erklärte ihm aber, dass ich ein wahrer
Moslem sei, denn der reine Islam, die wahre Verehrung des einen
Gottes, schreibe sich von der Zeit Adams her und nicht erst von
der Periode Mohammeds, dass ich, da ich in vollem Sinne dem
Grundsatz der Einheit und der rein geistigen und erhabensten
Natur des göttlichen Wesens anhinge, ein Moslem im wahren
ursprünglichen Sinne des Wortes, ein Anhänger des wahren Islam
sei.
    Ich hielt meine Verteidigungsrede mit großer ... Lebendigkeit.
Als ich sie beendigt hatte, sah sich Ssidi Mohammed ganz außer-
stande, ein Wort zu seiner Verteidigung zu sagen ... Sein gelehrter
Bruder El Bakay hätte wohl etwas vorbringen können, um ihm aus
der Klemme zu helfen, aber dieser war hoch entzückt über die klare
Entwicklung meiner religiösen Grundsätze.
    Sein jüngerer Bruder dagegen ... behauptete, dass die Kalifen
El Harun und Mamun, auf deren Befehl die Bücher des Plato und
Aristoteles ins Arabische übersetzt würden, keine wahren Gläubigen,
sondern Metazila (d.h. Ketzer) seien. Diese Behauptung ließ ich
natürlich nicht zu ... Jedenfalls verschaffte mir meine ... Verteidi-
gungsrede einige Ruhe vor den Angriffen meiner Freunde ...« (V,
65/66).

9. *Mit den Tuaregs, seinen Beschützern, drohte es eines Tages, als die Rückwanderung von Timbuktu aus am Niger-Fluss bereits begonnen hat, über eine Diskussion zu Differenzen zu kommen.*

»Ayub ... fragte mich nämlich, was der Grund davon wäre, dass wir unser Gebet nicht in derselben Weise verrichteten wie sie. Ich antwortete ihm, dass unser Gott nicht bloß im Osten lebe, sondern allüberall gegenwärtig sei und dass wir daher nicht einsähen, warum wir uns beim Beten ostwärts wenden sollten. Diese Antwort schien ihn zu befriedigen; aber er tat die zweite Frage, ob wir denn auch den Gebrauch der Beschneidung hätten. Als ich nun verneinend antwortete, stellte er sich aufs Höchste entrüstet und gab sich Mühe, den Fanatismus des gesamten Lagers gegen mich rege zu machen.

... Auch erklärte ich meinen Freunden (den Tuaregs), dass, wenn sie meinten, die Beschneidung sei ein Privilegium und ein Kennzeichen des Islam, sie stark im Irrtum wären, da viele der heidnischen Stämme in ihrer Nachbarschaft, die sie mit so tiefer Verachtung behandelten, eben denselben Gebrauch hätten.

Die letztere Bemerkung insbesondere machte einen tiefen Eindruck auf diese Leute, und sie verfehlten nicht, zu bemerken, dass ich nie in Verlegenheit wäre, wenn es gälte, einem gegen meinen Glauben gemachten Angriff auszuweichen.

Diesmal führte mich der Widerspruch etwas weit; aber sonst war ich vorsichtig genug, jeden Streit zu vermeiden ...« (V, 104/5).

10. *11. Oktober 1853. Im Lager des Scheichs El Bakay bei Timbuktu.*
»... und es war hier, wo mir mein Freund (El Bakay) einen Entwurf seiner ferneren Politik vorlegte. Wie er sagte, beabsichtigte er nämlich, den alten Häuptling Galaidjo aus seinem Exil ... nach diesem Teile des Sudans zurückzubringen, welchen er früher beherrscht hatte, und ihn mithilfe der Tuareg wieder in die Regierung von Ma-ssina einzusetzen, indem er das ganze Land samt der Hauptstadt Hamd-Allahi den Händen der Familie Lebbos entreißen wollte.

Aber selbst für den Fall, dass es wahrheitsgemäß war, was er vorgab (nämlich die Fulbe selbst ... seien der Regierung Lebbos abgeneigt), war es mir doch klar, dass ein solches Vorhaben ein größeres Maß an Entschlossenheit und Ausdauer erforderte, als ich meinem edlen Freunde nach allem, was ich gesehen, Zutrauen durfte. Jedoch hegte er zu jener Zeit keinen Zweifel, dass Alkuttabu, der große Häuptling der Tuareg, ihm unverzüglich in Person zu Hilfe kommen und mich dann mit seinem mächtigen Schutz sicher an den Ufern des Niger entlang geleiten würde.

Wenn man den milden Sinn meines Beobachters berücksichtigt, so waren seine Pläne jedenfalls etwas übertrieben, und es konnte nicht fehlen, dass er durch Aufreizung der Fulbe die Schwierigkeiten meiner Lage noch vergrößerte.« (IV, 474/5).

Es wird hier nicht auf die namentlich in früheren Jahrzehnten breit ausgesponnene Diskussion um Barths Politik in Timbuktu eingegangen, auch nicht, ob es klug war, gerade Scheich El Bakay als Schutzherrn zu wählen. Hier soll ausschließlich dargestellt werden, was und wie Barth über seinen Aufenthalt in Timbuktu berichtet hat.

11. *So entspann sich denn eines Tages ein recht lebhaftes Gespräch (wieder im Zeltlager draußen).*

»Nämlich ein Araber namens Abd e' Rahman, ein naher Verwandter meines Wirtes (des Scheichs), aber von etwas arroganten Manieren, der von Asauad zum Besuche gekommen war, begehrte sehr dringend, die Gründe kennenzulernen, welche mich bewogen hätten, dieses Land zu besuchen.

Denn er hegte nicht den geringsten Zweifel, dass es gar keinen anderen geben könne als den Wunsch, es zu erobern.

Um nun meinen Freunden zu zeigen, von wie geringem Wert der Besitz dieses Landes den Europäern sein würde, sagte ich scherzweise zu ihnen, dass mich meine Regierung auf die Kunde hin, dass die Eingeborenen von Sand und Ton lebten, ausgesandt habe, um zu erforschen, wie das möglich sei, damit dann auf ähnliche Weise auch die Armen in unserem Land versorgt werden könnten.

Der Araber war natürlicherweise über meine paradoxe Angabe nicht wenig betroffen; aber der Scheich selbst brach in ein recht herzliches Gelächter aus und fragte im Tone des Zweifels, ob es unter Christen wirklich auch arme Leute gäbe« (IV, 495).

12. *Letztes Gespräch mit El Bakay vor dem Abschied, bei Gao am Niger am 2. Juli 1854.*

»Am folgenden Morgen, als ich im Genuss der frischen Morgenluft vor meinem Zelt lag …, sammelten sich alle meine Freunde um mich, und ich musste ihnen verschiedene Stellen aus europäischen Büchern mit Einschluss des griechischen Textes der Evangelien vorlesen. Das Deutsche zog ganz besonders die Aufmerksamkeit dieser Leute auf sich, indem ihnen die vollen, schweren Worte jener Sprache einige Ähnlichkeit mit ihrem eigenen Idiom zu haben schienen, und sie gerieten in eine wahre Begeisterung, als ich ihnen aus dem Gedächtnis einige Verse aus ›Harras‹, dem kühnen Springer, vortrug. Was hätte der gute Körner[58] gesagt, sein Lieblingsgedicht an den Ufern des Niger zu hören!

Ich hatte im Lauf des Abends eine sehr lebhafte Unterhaltung mit (El Bakay) und dem Gelehrtesten seiner Schüler ... über die Gestalt der Erde. Es gelang mir am Ende, ihnen die Kugelform derselben und die Kreisbewegung des ganzen Planetensystems klarzumachen. Bei dieser Gelegenheit war er nicht wenig erstaunt, als ich ihm bei Erklärung der Ausdrücke ›unter die Erde‹ und ›über die Erde‹ erklärte, dass man in Bezug auf den Allgegenwärtigen, als welchen sie wie wir den allmächtigen Schöpfer des Weltalls anerkennen, die Vorstellung von einem Darunter und Darüber ganz beiseiteschieben müsste ... Als guter Moslem war er von der Autorität des Koran befangen und konnte eine solche Ansicht ... nicht teilen, aber da er ... das Panorama der Halbkugel vor Augen hatte, überzeugte er sich doch ..., während er, solange er zwischen den engen Wänden seines Gemachs in der Stadt eingesperrt war, stets der Ansicht gewesen, dass es ebenso absurd wie unheilig wäre, so etwas zu behaupten.« (V, 333/34).

Afrikanisches »Selbstverständnis« und afrikanische »Nationen«

Reisende wie Barth haben auf ihre Weise *Kulturkontakte* von kaum schätzbarem Ausmaß gepflogen, und er war sich dieser Sendung wohl bewusst. Wie er für fremdes Wesen Verständnis zeigte, forderte er auch Achtung vor seinem eigenen Wesen und seinen Überzeugungen, z.B. in den zahlreichen religiösen Gesprächen, zu denen er aufgefordert wurde. Wenn manche Afrikaner ihm, wie allen »Weißen«, misstrauten und meinten, er verfolge dubiose Zwecke mit den ihnen nicht immer verständlichen Fragen, so ließen sich führende Persönlichkeiten, als sein Charakter und seine gleichbleibende Zu-

---

58 Th. Körner, Sohn des Chr. G. K., eines Freundes von Fr. Schiller, geb. am 23.9.1791 in Dresden, 1813 Hoftheaterdirektor in Wien, dann im Lützow'schen Freikorps gegen Napoleon. Er fiel mit 22 Jahren bei Schwerin am 26.8.1813. Seine enthusiastischen Gedichte lernte man noch vor 60 Jahren im Deutsch-Unterricht unserer Schulen.

verlässigkeit offenbar wurden, Ansichten und Einsichten von ihm wenigstens vortragen.

Er war zwar kein »Flüssesucher« wie Livingstone, aber seine Begleiter hatten keinen Anlass, von ihm, wie von jenem Engländer zu sagen: »Er hat Wasser im Hirn.«[59] Bei Barth war nichts von einer »fixen Idee« zu spüren; dazu war er selbst im Fieber zu nüchtern und kaltblütig, ein überlegen disponierender Mann.

Seine zahlreichen Äußerungen über Afrikaner aller Regionen ergeben, dass Tuareg, Haussa, Fulbe und Araber, bei aller volklichen und oft auch individuellen Verschiedenheit, doch das gleiche wache Bewusstsein erfüllte, eine »Nation« zu sein, ein Wort, das von Barth mehrfach gewählt wurde. Damit wird ein ebenso historisch bedeutsames wie immer noch aktuelles Problem berührt.

Das nachstehende Zitat soll zeigen, wie durch die Persönlichkeit und die Verhandlungen eines wirtschaftskundigen und diplomatisch geschickten Reisenden rein *afrikanisch-nationale Überlegungen* ausgelöst wurden. Hinter ihnen zeichnen sich die Konturen von *Ländern* in ihrem historischen Auf- und Abstieg und entsprechend mobilen Grenzen ab, wobei der Vor- und Rückstoß über 2000 km reichte.

Es betrifft den türkisch okkupierten Norden, das »ganze Land der Tebu«, Kauar mit Bilma, im Herrschaftsbereich der Tuareg, Kano (den »großen Stapelplatz Inner-Afrikas«) und das Reich Bornu am Tschad. England wirkt herein und mit ihm Barth, der sich ziemlich lange um die Unterzeichnung des als eine Art von bilateraler Entwicklungshilfe aufzufassenden Handelsvertrags bemühen musste. Selbst von Interventionspolitik ist die Rede. Nun erscheinen mit einem Mal die hundert Jahre zwischen damals und heute gar nicht als eine so gewaltige Zäsur.

Band III, Reisewerk
10.–12. August 1851, Kukaua

»Die Verhältnisse zu den Ossmanli waren zu der Zeit eigentümlicher Art. Wie wir gesehen haben, umfasste dieses Reich vormals alles Land bis Fessan; aber seit seinem Verfall während der letzten Hälfte des vorigen Jahrhunderts sind diese Grenzen aufgegeben worden, wodurch die Verkehrsstraße nach dem Norden meistens sehr unsicher wurde. Ein solcher Zustand der Dinge aber muss notwendig

---

59   Siehe H. Schiffers, »Wilder Erdteil Afrika«, Bonn/Frankfurt 1962, S. 180.

überaus nachteilig auf ein Land wirken, welches in vielfacher Beziehung auf die ihm von Norden her zufließenden Mittel angewiesen ist (Fessan). Der Regierung des Landes muss es daher, da sie bei ihrer gegenwärtigen Schwäche nicht imstande ist, die Sicherheit dieser wichtigen Verkehrsstraße herzustellen, angenehm sein, wenn eine andere Macht ein solches Resultat herbeiführt. Der Wesir (in Kukaua) erklärte daher in einer Unterredung, die ich nach meiner Ankunft im April mit ihm bezüglich der vorhandenen Aussichten auf einen geregelten Verkehr mit England hatte, es würde ihm sehr erwünscht sein, wenn die Türken Kauar und besonders Bilma in Besitz nehmen, bei den Salzgruben dieses Ortes ein Fort erbauen und in dasselbe eine Besatzung legen wollten, um die Tuareg von Aïr in Schranken zu halten und sie für alle auf der Fessaner Straße vorfallenden Räubereien verantwortlich zu machen. Infolge dieser Mitteilung machte ich nun der britischen Regierung die Eingabe, sich bezüglich dieses Gegenstandes mit der Hohen Pforte in Verkehr zu setzen, welches auch geschah.

Die Sache hatte jedoch für Bornu auch ihre sehr bedenkliche Seite. Man konnte fragen, ob die Türken, wenn sie sich einmal in Bilma festgesetzt hätten, nicht damit umgehen würden, sich auch das ganze Land der Tebu zu unterwerfen. Ja, es war sogar zu befürchten, dass sie nur zu dem Behufe, ihre Herrschaft auszudehnen, dort festen Fuß fassen möchten.

Als daher in Bornu die Nachricht ankam, es sei der ehrgeizige Hássan Baschá mit sehr ausgedehnten Verhaltungsbefehlen wieder als Statthalter von Fessan eingesetzt worden, fühlte sich der ganze Hof von Bornu beunruhigt. Diese Nachricht übte auf die Willigkeit des Scheichs und Wesirs, mit der englischen Regierung in freundschaftlichen Verkehr zu treten, einen gar bemerkenswerten Einfluss aus.

Am 5. August waren sie nicht imstande, ihre Besorgnis zu verbergen, es möge eine zahllose Schar von Engländern ihr Land überströmen, nachdem ihnen einmal infolge des jetzt von ihrer britischen Majestät Regierung vorgelegten Vertrages freier Zutritt gestattet worden sei; denn obwohl ihnen die Armut ihres Landes im Vergleich mit Europa nicht unbekannt war, so pflegten sie dies doch mitunter zu vergessen.

Am Nachmittag des 6. kam der Bote mit jener Nachricht an, und noch an demselben Abend ließ mir Hadj Beschir anzeigen, dass sie bereit seien, den Vertrag zu unterzeichnen. Bei späterer Gelegenheit drückten sie ihren eifrigen Wunsch aus, die englische Regierung möge es sich angelegen sein lassen, die Ausführung der ehrgeizigen Absichten des Statthalters von Fessan zu verhindern.

Ich hatte mich aber schon damals davon überzeugt, dass die nördliche Straße durch die Wüste sich für den europäischen Verkehr nicht eigne und dass eine bequeme, mehrere Hundert Meilen in das Innere des Erdteils hineinführende Straße, welche nicht sehr weit südlich von Kano, dem großen Stapelplatz Inner-Afrikas, und nur 200 Meilen in gerader Linie südlich von Kukaua sich hinzieht, in dem Fluss Benuë entdeckt worden sei.«

Afrikanische Politik, deren volle Aktivität erst das Erscheinen der Europäer ausgelöst hatte, beschrieb Barth auch aus der nach damaliger Auffassung von schweifenden, beutelustigen Nomaden bewohnten Sahara. Er sagte voraus, dass sie sich nur noch mehr erhitzen werde, wenn die Franzosen weiter vorstoßen würden, woran H. Lhote[60] wieder erinnert hat. Die nicht für möglich gehaltene Folge war der Untergang der Mission Flatters (1881).

General Meynier rundete das Bild des schon damals in Abwehrwillen geeinten Raumes ab:[61]

»Le jour, où Flatters vint donner aux Touaregs le sentiment que leur cher indépendance, pour eux le plus précieux des biens, était menacé, il y eut dans tout le désert une réelle poussée de patriotisme instinctif, sinon raisonné, qui groupa toutes les tribus nobles.«

Noch bleibt die Frage, welchen Eindruck die *Afrikaner* von europäischen Reisenden erhielten, und ob und wie sie daraus *ihr Bild von Europa* formten.

---

60   In: Les Touaregs du Hoggar, 1955, S. 377.
61   ebd., S. 387.

Aus dem Nachlass

Vorbemerkung

Über die den umfangreichen Nachlass behandelnden Einzelheiten findet sich das Nähere (mit Abbildungen) in »Heinrich Barth. Ein Forscher in Afrika.« Wiesbaden 1967.

Bei der Betrachtung von »Nachlass-Blättern« wie die vom »Sprachenbüchlein« und der Sprachenvergleichstabelle macht sich der Leser nur schwer eine Vorstellung davon, was sie bedeuten. Bei unseren heutigen Entwicklungshilfekonzeptionen der Ministerien oder der karitativen Organisationen rangieren sprachliche Dinge weit hinter anderen Überlegungen. Junge Leute schickt man hinaus, die Vorstellungen von in Europa erworbenen technischen Praktiken haben, mit den Grundzügen tropischer Landwirtschaft vertraut wurden und die erfahren, welche politischen und administrativen Dinge im Zielland zu beachten sind. Daneben hören sie, von Europäern, auch einiges über Geschichte und Lokalsprachen. Während gerade diese Dinge die eigentliche Arbeitsgrundlage bilden sollten, um etwas von dem zu begreifen, mit dem sie Tag für Tag und ganz allein draußen fertig werden müssen. Wir meinen: die Mentalität.

Das detaillierte Studium von Heinrich Barths Hauptreisewerk sollte – das gilt für ganz Afrika – das A und O sein. Es weckt Fragen, an die auch unsere Statistiker und Soziologen, wenn überhaupt, dann nur ganz am Rande denken. Ihre richtige Beantwortung aber gäbe effektivere Hilfe als die Kalkulation von Brunnenbauten und möglichen Anbauverbesserungen. – Es geht um Erstkontakte.

Missionare »alten Stils« und Leute wie Heinrich Barth zeigen uns, wie sie vorgehen. Diese Männer haben es bereits im 18. Jahrhundert für selbstverständlich gehalten, Wörterlisten und Grammatiken anzulegen, wobei man fragen muss, welche hellseherischen Fähigkeiten diese Männer im Busch dazu befähigten, ohne irgendwelche »Quellen« die ersten 100 Wörter richtig aufzufassen. Sie lernten, man weiß nicht genau wie, welcher Weg über solchen Rohstoff zur Vertiefung des seelischen Kontakts führte.

Die falsche Deutung eines einzigen Wortes konnte den Untergang des ersten Erkundungstrupps bedeuten. Heinrich Barth fand es

selbstverständlich, wenn er vor einem »neuen« Land stand, wochen-
lang zu lagern, einen Arabisch oder Haussa sprechenden Händler
des Lagerorts zu engagieren und ihm die entsprechenden Fragen
vorzulegen.

Stanley passierte es, dass er den Namen eines Flusses mit »Aru-
wimi« auf den Karten des Kongosystems verewigte. Während die
befragten Buschleute sich über seine Fragerei amüsierten und »Aru-
wimi?« riefen. Es bedeutete: »Was will der Kerl eigentlich?«

Die Leistung eines Heinrich Barth gewinnt die richtige Wertung,
wenn man sieht, wie er zehn und mehr Sprachen, von denen man
zumeist in Europa überhaupt nichts wusste, nebeneinander in Ver-
gleichslisten unterzubringen lernte.

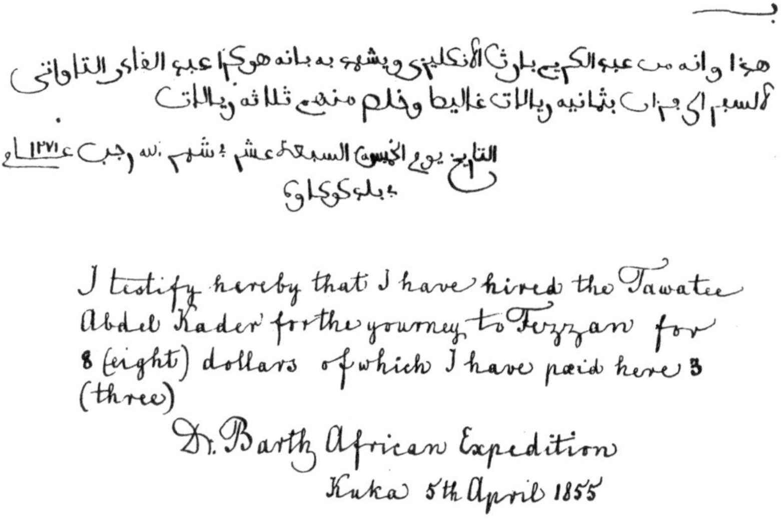

ب

هذا وانه من عبدالكريم بارث الأنكليزي ويشهد به بانه هوكرا عبد القادر التاواتي
السعر اى جرات بثمانيه ريالات غاليط وخلم منه ثلاثه ريالات .

التاريخ يوم الخميس السبعة عشر يشهر سه رجب عام ١٢٧١
يايدي كوكاوي

I testify hereby that I have hired the Tawatee
Abdel Kader for the journey to Fezzan for
8 (eight) dollars of which I have paid here 3
(three)
Dr. Barth African Expedition
Kuka 5th April 1855

Abbildung 51.
Quittung für einen Diener, ausgestellt von H. Barth am 5. April 1855.

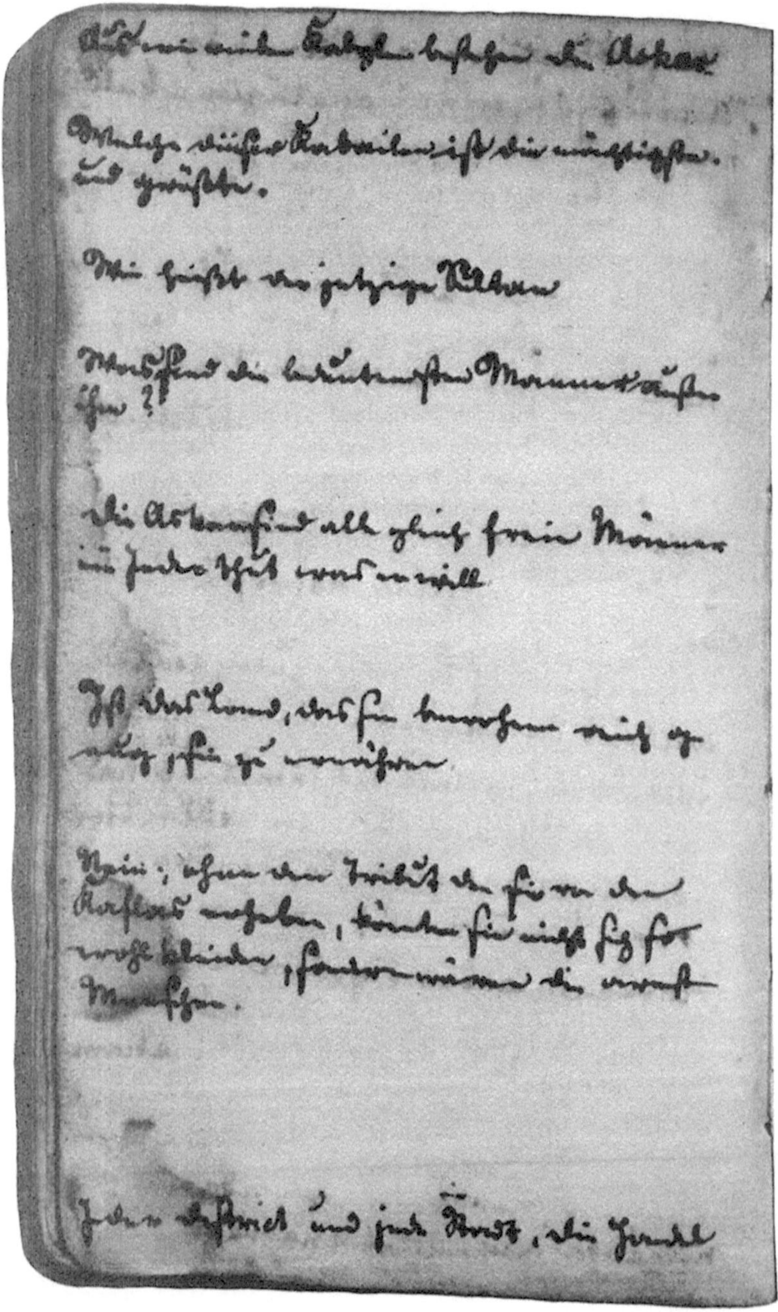

Abbildung 52. Aus dem »Sprachenbüchlein« von H. Barth (in Originalgröße). Erste Vorbereitung in ein »neues Land«. Unterwegs geschrieben (Nachlass Staatsarchiv Hamburg)

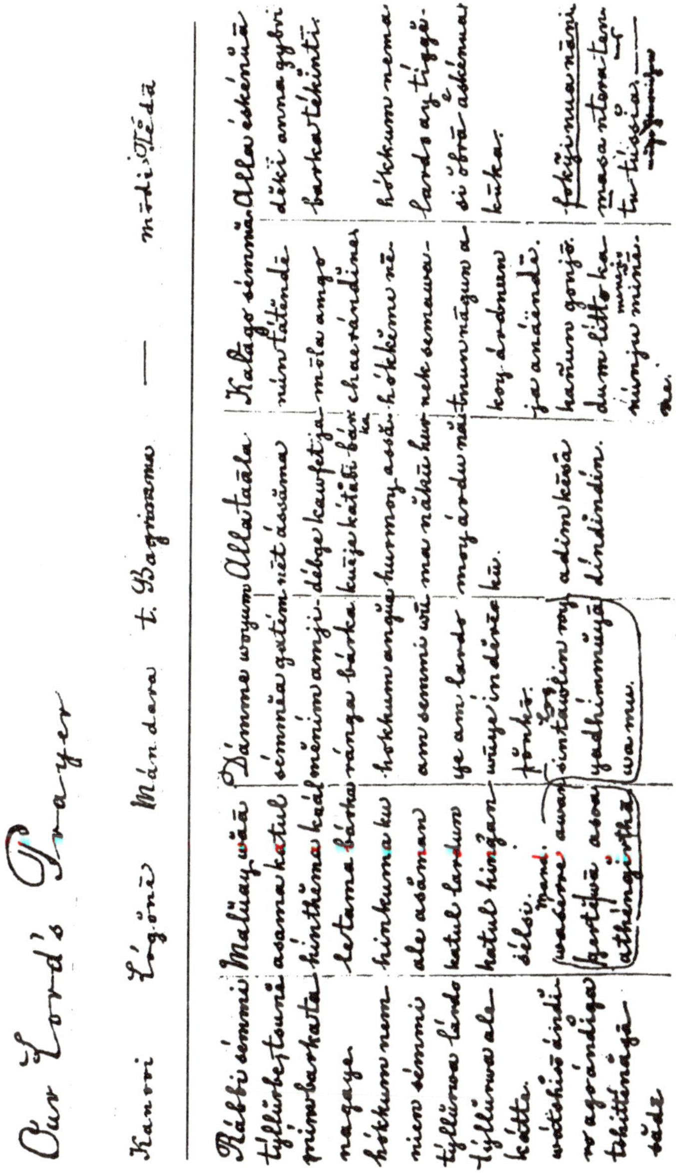

Our Lord's Prayer

Kanuri   L'gönö   Mandara   t. Bagrimma   —   Mōdī-Tēdā

Abbildung 54. Aus dem Sprachenwerk von H. Barth. Übersetzung des »Vater-unser« in die Sprachen Kanuri, Logone, Mandara, Bagrimma, Modi-Teda.

Itinerare

Diese Itinerare sind, anders als der in der Londoner Gelehrtenstube ausgefeilte Text des Hauptreisewerkes, unterwegs entstanden, meistens abends bei Kerzenlicht, oder auch tagsüber, wenn er irgendwo auf die Erlaubnis zur Weiterreise warten musste. Die Angaben basieren auf Tagebucheintragungen zu Fuß, auf dem Rücken des Reittiers, beim Halt. Sie finden sich auf blauem Seidenpapier im Hamburger Nachlass.

Kano – Kuka 1854
23rd Nov. 1854

8'50 E 10 N		leave the E. gate of Kano, Kofa Magardi
8'55		cross a swamp
9'5	E	
9'30 E 20 N		all cultivated ground
10'	E 10 N	
10'3 E 15 N		cross a small brook of nice cool water running N.
10'25 N 30 W		L. a small hill, underwood
10'35 E 35 N		fine doroatrees
10'50 E 40 N		
11'		very fine country full of cattle
11'45		desund
12'5 E 15 N		cross waterchannel, which now is close R.
12'45		a little delay, isolated dumtrees
–5 m		
1'30 E 30 N		
2'	N	
2'5		enter Wasa a walled town through the W. gate
24th Nov.		
6'40 N		leave E. gate, the diameter of the town being 800 y. much underwood
6'55 N 30 E		cultivated ground the durra still lying on the ground
7'		great numbers of the doroatree
7'8 E		a small hamlet; isolated datetrees
7'30 E 40 N		
7'45		cross a hollow
8'10 E 20 N		the country wilder
8'35		cornfields & pasture-grounds
9'	E 40 N	a very fine landscape
9'30		marketplace of Sabóngari, a town wich lies L. of our road, with 2 beautiful bauretrees

V n. (1)   Kano—Kuka 1854

23rd Nov. 1854
8.50   E 10 N   leave the ~~W gate~~ E. gate of Kano , kofa Magaroi
8.55   cross a swamp
9.8   E
9.30   E 25 N   all cultivated ground
10.   E 10 N
10.3   E 15 N. cross small brook of nice cool water running N.
10.25 N 30 W   L. a small hill . underwood
10.35 E 35 N. fine dōōa trees
10.50 E 40 N
11.
11.48   very fine country full of cattle
                descend
12.5   E 15 N   cross waterchannel, which now is close N.
12.45   a little delay . isolated dumtrees
=5 m.
1.30   E 30 N
2.   N.
2.5   enter Wāsa a walled town through the W gate
        24th Nov.
6.40   N   leave E. gate; the diameter of the town being 800 y.
                much underwood
8.55   N 30 E   cultivated ground . the durra still lying on the
                ground.
2.   great numbers of the dōōa tree .
7.8   E   a small hamlet ; isolated datetrees.
7.30   E 40 N
7.45   cross a hollow
8.10   E 20 N   the country wilder
8.55   ?   cornfields & pasturegrounds
9.   E 40 N   a very fine landscape
9.30   marketplace of Sabóngari, a town which
                lies L. of our road, with 2 beautiful baure-
                trees

*Abbildung 53. Itinerar aus dem Jahre 1854. Aufbruch von Kano ostwärts.
– Staatsarchiv Hamburg.*

mit dem Leben bleibt, hat ihn eigenen
Schätzungen, dem die Kaufleute einen Tribut
zahlen.

Ist dieser Tribut freiwillig geben

Nein wichtigsten verschieden, Einiche bezahlt
den höchsten Tribut; andern Orte wie Man
man sind ganz frei.

Weshalb bezahlt Einiche mehr, als die
andern.

das stammt aus alter Zeit her.

Welche Nutzen haben die Kaufleute davon
daß sie diesen Tribut bezahlen.

Sie gehen frei und sicherlich auf der
Straße und kein anderer Adler darf ihnen
etwas zu Leid thun.

Bibliografische Information der Deutschen Nationalbibliothek
Die Deutsche Nationalbibliothek verzeichnet diese Publikation in der Deutschen
Nationalbibliografie; detaillierte bibliografische Daten sind im Internet über
http://dnb.d-nb.de abrufbar.

3. Auflage 2020

© by Edition Erdmann in der Verlagshaus Römerweg GmbH, Wiesbaden 2012
Lektorat: Dietmar Urmes, Bottrop
Covergestaltung: Nicole Ehlers, marixverlag GmbH
Bildnachweis: Edri im südlichen Fessan (Libyen),
Illustration aus der Edition Erdmann Ausgabe 1977
Satz und Bearbeitung: Medienservice Feiß, Burgwitz
Der Titel wurde in der Adobe Garamond gesetzt.
Gesamtherstellung: CPI books GmbH, Leck - Germany

ISBN: 978-3-86539-827-7

Mehr über Ideen, Autoren und Programm des Verlags finden Sie auf
www.verlagshausroemerweg.de und in Ihrer Buchhandlung.

Azoren

C. S.t Vincent

Madeira   Porto Santo

St...

Seba...
Rabat...

C Blanco
C Cantin
Tensift   Safi
Moquitore
Cap de Ger...
Maroc...

Bay v. Agad...

Canarische In

Palma   Teneriffa   Lancerote
       Laguna   Cap Nun
Gomera   Canaria   C. Jubi   Fortaventura
Ferro

SUSE
B...
Tetta

Seke Assa   Abur

Monselminen

Cap Bojador

Schwarz Bge

Helel-Araber

SAHEL   Dikna

W. Sevgre

R del Or...

Woled Abussah

Ost

B S.t Cyprian

Woled Delcim

Oase Gua...

B S.t Anna

Luday...

I Lobos

Weisse Berge

Cap Blanco

Golf v. Arguin

E F

Cap Mirik   John F   el Hoden

Tejakant

Tuu...

r   zas

Tisdalt   Shingarin

Bracknas u. A...anaghis

Benowen

Senegal   Futaks

Tisi   Jerra...

S.t Louis

Karmura   Cat:

Krumut...

uenavista

Jaloffen   GAMBIA

Murj...

Cap Verde   Medina
I Gore

Tyat   Simbani   Lek Ba Walima   Bengass...
      Wildniss   Mandingo   Keminin

Cap S.t Mary   Gamba

Badu   Susilu   Jallonka Wildniss

Felups

Cap Roxo   Bulare...
      Ghanat

Ba Dimat   Faleme   Ba fing   Joli ba Niger

Brissagos I...

Laber   Timbo

KONG PLATE...

C. Varga...

Kubba   Futaka
Rokelle   Leona B...

HOCHL...

C Sierra Leone

Kangranka...

Folgier   Ashan...

I Sherbro
P.t Mann...
C Merurula   Liberia